牡丹江师范学院学术专著出版基金资助

中国少数民族审美文化研究丛书编委会

主任委员：段　超
委　　员：罗秉武　冯广艺　柏贵喜　向柏松　舒服明
　　　　　刘为钦　昭则遂　杨　彬　李庆福　彭修银

中国少数民族审美文化丛书
彭修银 主编

鄂伦春族审美文化研究

王丙珍◇著

ELUNCHUNZU SHENMEI
WENHUA YANJIU

中国社会科学出版社

图书在版编目（CIP）数据

鄂伦春族审美文化研究/王丙珍著．—北京：中国社会科学出版社，2018.11

（中国少数民族审美文化丛书）

ISBN 978-7-5203-2747-3

Ⅰ.①鄂⋯　Ⅱ.①王⋯　Ⅲ.①鄂伦春族—审美文化—研究　Ⅳ.①K282.4

中国版本图书馆 CIP 数据核字（2018）第 143025 号

出 版 人	赵剑英
责任编辑	郭晓鸿
特约编辑	席建海
责任校对	闫　萃
责任印制	戴　宽

出　　版	中国社会科学出版社
社　　址	北京鼓楼西大街甲 158 号
邮　　编	100720
网　　址	http://www.csspw.cn
发 行 部	010－84083685
门 市 部	010－84029450
经　　销	新华书店及其他书店
印　　刷	北京明恒达印务有限公司
装　　订	廊坊市广阳区广增装订厂
版　　次	2018 年 11 月第 1 版
印　　次	2018 年 11 月第 1 次印刷
开　　本	710×1000　1/16
印　　张	18.75
插　　页	2
字　　数	269 千字
定　　价	78.00 元

凡购买中国社会科学出版社图书，如有质量问题请与本社营销中心联系调换

电话：010－84083683

版权所有　侵权必究

总　序

彭修银

2006年农历丙戌年伊始,我有幸被中南民族大学聘为该校的第一位首席教授。我到中南民族大学以后,根据民族院校的特点和学科建设的需要,在学校领导的支持下,成立了"中南民族大学中南少数民族审美文化研究中心"。中心成立不久就被湖北省教育厅批准为湖北省人文社会科学重点研究基地。中心的主要任务:一是对中国少数民族的美学思想资源进行挖掘和整理;二是在中国少数民族审美文化整体研究的基础上,侧重于对中国南方少数民族美学和艺术理论的系统梳理和文化阐释;三是研究中国少数民族审美文化与当代审美文化建设的关系,探究适合中国南方少数民族地区审美文化事业的发展模式和对策。为了有效地反映中心的研究成果,我们创办了《民族美学》(以书代刊),拟订了《中国少数民族审美文化丛书》(20种)的编写方案。

审美文化是介于人类感性的、物质的文化活动和理性的、精神的文化活动之间的所有审美化活动、审美化事象。具体包括以下四个层面:(1)理论性、思辨性、概念性话语层面。这一层面主要以美学思想的形式表现出来。(2)体验性、文本性、形式性创造层面。这一层面主要以艺术活动、艺术作品表现出来,以绘画、音乐、舞蹈等艺术门类为主体。(3)时尚性、习俗性、风情性层面。这一层面主要以社会性、公众性、主流性文化趣尚表现出来。以言语行为、交际往来、服饰装扮等方面的好尚为重心。(4)工艺性、器物性、设计性层面。这一层面主要以物质的形式呈现出来，如住室设计、民间工艺设计、日常生活实用品设计等。根据审美文化的四个层面以及中国少数民族审美文化的特点，本丛书将采用两种体例进行编写：一种是从挖掘中国少数民族门类艺术文化的审美意蕴来编写，即"中国少数民族服饰文化审美论""中国少数民族建筑文化审美论""中国少数民族舞蹈文化审美论""中国少数民族音乐文化审美论""中国少数民族戏剧文化审美论"等。一种根据对中国南北方各个少数民族审美意识外化的理性形态美学思想的挖掘和感性形态艺术作品的整理来编写，即"土家族审美文化""瑶族审美文化""苗族审美文化""壮族审美文化""彝族审美文化""侗族审美文化""高山族审美文化""傣族审美文化""纳西族审美文化""白族审美文化""羌族审美文化""黎族审美文化"等。

中国少数民族审美文化和美学思想是在各个民族独立自存的文化背景中形成的，其历史悠久、蕴含丰富、形态鲜活，具有"现代性"价值和东方文化特征。在全球文化不断趋向交流融合的今天，它正以深刻的思想智慧、特殊的理论形态和广泛的艺术实践，为西方美学和艺术的发展提供了丰富的思想资源和实践力量。越来越多的世界级的学者和艺术家把向往的目光投向了中国少数民族审美文化和艺术。本丛书的编写、出版，一方面向国人提供一套专门性的中国少数民族审美文化文本，另一方面向世界审美文化提供丰富的思想资源。

有关中国少数民族审美文化和美学思想的研究在我国还刚刚起步，本丛书诸多未备，难免谬误百出，尚祈学术界同人和广大读者不吝批评指教，不胜感幸！

自　序

　　本书研究内容涉及历史、理论与实践三个层面，史论结合是难点，在宏观与微观两个层面采用人类学、民族志的田野调查方法确认鄂伦春族审美文化的研究范畴与内涵。鄂伦春族审美文化内涵是指具有审美意义的鄂伦春族文化现象，涵盖了鄂伦春族的民族精神，其形成的要素包括地理环境、民族迁徙、原始宗教和森林文化，涉及自然因素、历史因素、心理因素和文化因素四个层面。从审美文化发生学角度审视，鄂伦春族审美文化史也是人与自然关系的演变史，在全球化时代，体现为多元文化的交融、生态环境变化对鄂伦春族审美文化的冲击、三次历史跨越和六重生计方式对鄂伦春族审美文化的影响。鄂伦春族绘画、音乐和舞蹈属于艺术门类，具有明显的艺术特征；宗教、民俗、文学和工艺既有综合文化内涵，又具有一定的审美意义或审美形式。

　　本书研究方法立足于"四个统一"，即思辨与实证相统一、理论与实践相统一、历史意识与当代意识相统一、兼收并蓄与民族特色相统一。本书基于"民族审美意识是民族文化的载体与象征系统"，诠释鄂伦春族审美文化的核心范畴；基于中国审美文化研究、少数民族美学研究、生态美学研究、区域美学研究与西方美学研究的日常生活转向，凸显森林生态文化特征与地域审美文化传统；基于快感与大众娱乐的表层走向民族信仰文化的深层，达成跨文化认同的理论思考。鄂伦春族审美文化体现在宗教信仰中，包括自然崇拜、图腾崇拜、祖先崇拜等原始信仰的审美观念，呈现神灵意识、本族意识和审美意识；以鄂伦春族最后的萨满关扣妮的口述及经历为例，探讨萨满在鄂伦春族审美文化中的地位和职能；在请神仪式、降神仪式、娱神仪式、送神仪式中，凸显净化与对话、迷狂、歌舞与模仿和共享的审美构成与表现。鄂伦春族文化的审美特性贯穿于日常生活和民族文学之中，在日常生活语境中，把握鄂伦春族文学的审美品格与当代口述传统的美学思考。鄂伦春族艺术和工艺的审美表现于绘画的审美意识、欢歌乐舞的审美情趣及民间工艺的审美取向和表达，触及生命的体验、情感的表露和信仰的思考；鄂伦春族民间工艺的审美标准存在功利性和审美性两个维度，在审美意象的延续中，审美主体在创造过程中得到审美享受。

鄂伦春族审美文化的当代危机源于全球文化西化、中国文化汉化的趋势、人类对话方式的改变、传承主体的渐渐消失，加上人文环境、生态环境和社会类型的急剧变化，导致鄂伦春族文化艺术的碎片化，鄂伦春族审美文化事象已然有些模糊。鄂伦春族审美文化反思可揭示传承和创造的功能与意义，找到民族精神栖居的家园。

本书的调研、写作、编辑和出版过程，既是机遇也是挑战。首先，感谢博导于文秀教授推荐，感谢中国社会科学出版社主任郭晓鸿沟通，感谢彭修银主编"中国少数民族审美文化丛书"，感谢牡丹江师范学院重点出版社资助项目，正是诸种指导、帮助、资助与合作，使此博士论文得以顺利出版。其次，学术研究经历的都是以生命为代价体验到的。自从2006年10月1日开始鄂伦春族文化研究的田野调研工作以来，始终觉得自己是世界上最幸运的人，也是最幸福的人，值得本人庆幸一生，更是终身受益匪浅，可以说，这种研究方法、研究内容和研究中的所遇、所见、所闻、所思、所得不仅改变了我的价值观，而且改变了我的人生轨迹、科研道路、理论根基和教学内容与方式。无论是作为山东人、大兴安岭人、牡丹江人、北方人还是汉族人，我都是中华民族大家庭的一员，热爱自己的家园与文化。最后，感恩生活中所有支持与帮助我的人们。在学习、教学与科研中，得到了社会上那么多人的鼓励与认可，我是幸运的；可以为民族审美文化研究添砖加瓦，我是自豪的；能够为保护和传承我国非物质文化遗产工作作出应有的贡献，我是骄傲的。今后，我定会把各方的期

自 序

望与厚爱变成向前、向上、向真、向善、向美的动力与勇气，在"人"与"生"两个维度，在人性、人权、人文、人生及生命、生存、生活、生态八个层面，继续认真学习、努力工作、勇于探索，做好一名人民教师和国家科学研究人员该做的事情。

正值 2017 年新春来临之际，恭祝鄂伦春族审美文化代代传承！恭祝中国美学大家庭平等、团结、和睦、幸福！恭祝伟大的祖国繁荣昌盛！

王丙珍

2017 年 1 月 30 日

加格达奇·山水嘉苑

目 录

导 论 ··· 1

第一章 鄂伦春族审美文化生成的历史语境 ················· 25
   第一节 鄂伦春族审美文化探源 ······························· 25
   第二节 鄂伦春族审美文化形成的要素 ······················ 50
   第三节 鄂伦春族审美文化的流变 ···························· 60

第二章 鄂伦春族宗教信仰的审美意蕴 ························ 73
   第一节 原始信仰的审美观念 ································· 73
   第二节 萨满的审美地位与职能 ······························ 101
   第三节 宗教仪式的审美构成 ································· 129

第三章 鄂伦春族日常生活与文学的审美传统 ············ 144
   第一节 日常生活审美化 ······································· 144
   第二节 文学的审美传统 ······································· 183

第四章　鄂伦春族艺术和工艺的审美表现 …… 222
第一节　绘画的审美意识 …… 222
第二节　欢歌乐舞的审美情趣 …… 233
第三节　民间工艺的审美取向和表达 …… 247

结　语 …… 262
参考文献 …… 265
后　记 …… 286

导　论

审美文化研究渐次转向民族化、地域化与生态化，"鄂伦春族审美文化研究"有利于美学汲取来自北方狩猎民族的审美经验，激活美学对北方少数民族审美传统和本土性的思考，拓宽美学研究视界。

一　选题的学理背景

本选题结合中西方美学走向和中国实际情况，跨越纯思辨与田野求证的鸿沟，跨越美学研究中的西方中心主义和大汉民族主义的理论偏差，在历史与现实之间，透析鄂伦春族风俗习惯、性格心理、日常生活、审美取向和审美意识。

（一）中西美学走向

中西美学的对话关系涵盖了东方美学的建构、审美文化的发生、审美人类学的兴起、环境美学的确立与少数民族美学的发展等。

1. 东方美学的建构

20世纪以来，后殖民主义、现代性扩张、晚期资本主义、文化冲突论、西方衰落成为全球论的新语境，西方知识分子逐渐失去政治的信仰或幻想，进而转向东方文化资源，寻找精神上的审美文化家园，形成一种带有鲜明政治性和文化批判色彩的学术思潮，"东方学是一个解释学派，这个学派的材料恰好是东方（the Orient），东方的文明、民族和地域。"① 东方学就这样塑造了东方及东方主体，"因为东方学完全是一种现实的政治视角，其结构促进了熟悉的东西（西方、'我们'）与陌生的东西（东方、'他们'）之间的不同"②。此外，斯皮瓦克践行了哲学、美学、心理学层面的东方文化研究，她将回声（echo）与文化、美学、政治、权力、女性联系在一起，因为回声有义务回应每一个说话的人。③

中国文化是东方文化的重要组成部分，面对西方学术思想与中国现状融合的现实，中国美学研究的本体论、方法论及应用研究都有全新发展，"社会和文学文化只能放在一起理解和研究"④。在世界文化的学术环境中，"批判性地区主义的实践取决于权衡的过程"⑤。因此，中国学者要以那些长期被忽视的本土少数民族审美文化为基础升华审美文化理论，推动中国生态美学研究，建构东方美学的中国少数民族美学维度。

就美学而言，黑格尔是第一位在哲学史中考察东方艺术的西方哲学家。法国学者雷纳·格鲁塞于1948年在其著作《从希腊到中国》中最早提出了"远东美学"与"东方美学"⑥的概念。1965年，美国思想家托马斯·芒罗的《东方美学》论述了东方美学的价值、特点、文化背景、思辨哲学假说等，"东方美学高度重视艺术家的内在心态和精神过程"⑦。国内，2003年，邱紫华的《东方美学史》阐述了东方美学研究的价值，旨在"增强东方各民族人民在艺术创作和理论研究中的自豪感和自信心"⑧。因此，中国美学关注的视角包括各少数民族的美学资源。

---

① Edward W. Said, *Orientalism*, New York: Random House, 1979, p. 203.
② Ibid., pp. 43—44.
③ Gayatri Chakravorty Spivak, *On Echo*, New Literary History, 1993, (1).
④ Edward W. Said, *Orientalism*, New York: Random House, 1979, p. 27.
⑤ Kenneth Frampton, "Towards a Critical Regionalism: Six Points for an Architecture of Resistance", Hal Foster. *The Anti—aesthetic: Essays on Postmodern Culture*, Port Townsend, Washington: Bay Press, 1983, p. 21.
⑥ ［法］R. 格鲁塞：《从希腊到中国》，常书鸿译，浙江人民美术出版社1985年版，第2页。
⑦ ［美］托马斯·芒罗：《东方美学》，欧建平译，中国人民大学出版社1990年版，第49页。
⑧ 邱紫华：《东方美学史》，商务印书馆2003年版，第1196页。

2. 审美文化的发生

"审美文化"与"文化美学"是学术界对文化与美学双重关注的结果。从"感性学"诞生起就直接指向美、美感和艺术问题，西方理性主义历史不仅割断了理性和情感，还割断了人性与感性，使理性变成人类证明自己的唯一工具，然而，"文化是价值、激情、感官经验的汇总之地，它更关注的是人们的感知的世界，而不是现实的世界"①。由此，"审美文化"与"文化美学"以宗教信仰和日常生活为中介达成了文化与美学的一体两面。

20世纪末期，审美文化研究才引起中国学术界的关注。在西方，席勒在1793年至1794年发表的《审美教育书简》中，"最早地提出'审美文化'与'美的规律'的密切关系，对于二十世纪以来的审美文化学或者文化学美学的兴起和发展，具有十分重要的意义"②。席勒将"游戏"作为人类审美文化的前提，"审美文化使既不受自然法则约束，又不受理性法则约束，而受人的任性支配的一切东西，都服从于美的法则。"③ 席勒以审美趣味为基点引导人类走向"审美王国"。19世纪中叶，美国学者梭罗将审美文化研究转向"生活艺术化"；英国哲学家斯宾塞关注审美文化对健康的文明生活的创造；法兰克福学派早在20世纪30年代就主张"重建审美化、艺术化的世界，使人们在对审美文化的观照中实现精神的升华和对现存现实的超越"④。20世纪60年代，环境美学和审美文化生态学研究开始兴起，"生态美学侧重的是人与自然关系中自然的一面，而审美文化生态研究看到的是人与自然的联系中的另一面，即在人与自然的互动中生成的文化活动"⑤。美国学者爱德华·萨义德在《文化与帝国主义》中申明："当我使用'文化'一词的时候，尤指两种含义。首先，它指所有的那些实践，如描述、交流和表现的艺术。这些实践独立于经济、社

---

① [英]特里·伊格尔顿：《理论之后》，商正译，商务印书馆2009年版，第82页。
② 曹俊峰、朱立元、张玉能：《西方美学通史》（第四卷），上海文艺出版社1999年版，第473页。
③ [德]席勒：《审美教育书简》，张玉能译，译林出版社2009年版，第74页。
④ 朱立元主编：《美学大辞典》，上海辞书出版社2010年版，第7页。
⑤ 高小康：《从审美文化研究到审美文化生态研究》，《学术研究》2010年第11期。

会和政治领域,经常存在于美学形式中,其主要目的之一是娱乐。"① 就西方美学而言,人的问题及其生存、文化、民族、国家的问题是其美学研究传统,从康德、席勒到法兰克福学派社会文化批判的研究重心都是人的问题,列菲伏尔和赫勒的"日常生活批判"理论更是关注了人的日常生活层面;瓦格纳追求的是一种自由审美状态的酒神现象;海德格尔为寻找人类的"精神家园"而建构了柯尔德林的"诗意的栖居"。由此,审美文化成为人类实现多元文化共存的途径,进而成为人类文明的"第三种文化形态"②,美学从过分狭窄与自律的领域通至各民族文化的最高理想境界,中国少数民族美学应运而生。

3. 审美人类学的兴起

审美文化研究涉及族群表达及其生存意义的审美符号系统,涵盖了物质、精神与制度三个层面。早在1798年,康德就将人类学当作自己哲学体系和原理的最终归宿,他将人类学的教授方法界定于认识人的内心和外表的方式,③因此,康德的实用人类学是哲学人类学、社会人类学或文化人类学。20世纪20年代,德国哲学家马克斯·舍勒开创了现代哲学人类学,他终生关注人的本质、人在宇宙中的位置和人的价值问题,"哲学人类学的任务是,精确地描述人的一切特殊的专有物、成就和产品是如何从在以上篇幅中简短地阐述过的人的存在的根本结构中产生出来的。"④ 德国哲学家米夏埃尔·兰德曼在《哲学人类学》中强调了人类学的终极意义,"每一种文化创造总是包含着一种神秘的或隐藏的人类学。"⑤ 故而,审美文化研究与审美人类学相交织。20世纪70年代开始,新兴的审美人类学结合人类学田野调查和美学理论阐释的方法,关注被边缘化的区域族群文化现象和审美经验。20世纪90年代,德国接受美学家伊瑟尔将文学虚构作为人类表演、陶醉与转换的过程,"想象以游戏呈现

---

① Edward W. Said, *Culture and Imperialism*, New York: Vintage Books, 1993, p. xii.
② 张晶主编:《论审美文化》,北京广播学院出版社2003年版,第34页。
③ [德]康德:《实用人类学》,邓晓芒译,重庆出版社1987年版,前言第1—4页。
④ [德]马克斯·舍勒:《人在宇宙中的地位》,李伯杰译,贵州人民出版社1989年版,第76页。
⑤ [德]米夏埃尔·兰德曼:《哲学人类学》,张乐天译,上海译文出版社1988年版,第9页。

自我，但不能经游戏来确定主题，因为无论想象是本能行为还是激进想象，它总是与当前的迫切需要紧密相关。"① 21世纪以来，德国法兰克福学派的克里斯托夫·门客在《力量：审美人类学的基本概念》中强调感性活动包括自我意识和审美主体的想象、实践、游戏、道德的作用，审美化就是实践的转化，"审美人类学不同于主体性哲学，就其内容的层面：它在人的基础上设想主体性，而不是基于人的主体性设想人"②。巴赫金的狂欢美学和诗学理论将美学关注点定位于仪式、民间、大众、身体，"人类学家—他体，或个人观察者，替代了整个社会群体，正是在这个意义上，人类学家—他体或个人观察者的认识才成了一种权力"③。这种权力不仅涵盖经济权力，也涉及政治权力与文化权力，激活美学对人类现实的思考，表明人类在日常生活和仪式活动之中创造了美，美学也观照了人类的生存状态与文明前景。

国内的审美人类学始于20世纪90年代初，以郑元者为代表的学者侧重于理论，集中于广西师范大学的学者侧重于考证。就美学研究而论，有多少个民族就有多少种美学思想，全球化导致的文化同质与身份认同问题迫使各族人民自觉地维护"我们"的审美文化，据此建构民族身份，达成民族文化认同，激发少数民族的审美文化复兴。

4. 环境美学的确立

原始文明、农业文明、工业文明和生态文明的演进呈现的是人类与生态环境的循环关系史，"以生态价值观为理念，致力于人、社会、自然协调发展"④。美国民族学家朱利安·斯图尔特于1955年构建文化生态学，关注地域性差异的生态文化在史前文化中的作用，"凭借某些文化手段开发环境也可能

---

① [德]沃尔夫冈·伊瑟尔：《虚构与想像：文学人类学疆界》，陈定家等译，吉林人民出版社2003年版，第278页。
② Christoph Menke, *Force: A Fundamental Concept of Aesthetic Anthropology*, translated by Gerrit Jackson. New York: Fordham University Press, 2013, p. 49.
③ [美]弗雷德里克·詹姆逊著，王逢振主编：《詹姆逊文集第3卷：文化研究与政治意识》，蔡新乐等译，中国人民大学出版社2004年版，第26页。
④ 余达忠主编：《生态文化与生态批评》，民族出版社2010年版，第178页。

强烈地影响到环境,环境又反作用于文化"①,强化了环境对人类文化的影响。美国学者阿诺德·伯林特认为环境美学或曰应用美学还不是学科发展的需要,"所谓应用美学,指有意识地将美学价值和准则贯彻到日常生活中、贯彻到具有实际目的的活动与事物中。"② 由此,美学研究重心从物之美、思之美转移到经历之美。

文化生态学者认为生态环境、生活观念及社会发展趋势为不同民族的文化的生存提供了不同场域。1964 年,美国生态学家蕾切尔·卡逊在《寂静的春天》中关注了生态环境及生命本身,"这种破坏不仅仅直接危害了人们所居住的大地,而且也危害了与人类共享大自然的其他生命。"③ 可见,文化生态学、生态美学或环境美学、环境伦理学皆是文化人类学,"文化人类学是第一种这样的人类学,它不是人为地把人与人生活于其中的自然界隔离开来,而是在与自然界的相互联系中观察人,把人看成既是自然界的承担者又是由自然界养育而成的。"④ 20 世纪 90 年代中期,"后现代人用在交往中获得享受和任其自然的态度这种后现代精神取代了现代人的统治欲和占有欲"⑤。但是,英国文化人类学家马克·萨顿与尤·安德森承认"孟子及许多早期的中国作家为环境管理提供了大量的信息,显示出当时的中国已经是一个高度发展的社会了。中国环境科学继续发展,对西亚和欧洲产生了持续的影响"⑥。因此,美学研究与生态文化、民族文化的结合强化且超越了中国古典文化的"天人合一"的宏大叙事。

5. 少数民族美学的发展

从 1949 年起,中国经历了 50 年代和 80 年代的两度"美学热",20 世纪

---

① [美] 朱利安·H. 斯图尔特:《文化生态学》,潘艳等译,《南方文物》2007 年第 2 期。
② [美] 阿诺德·伯林特:《环境美学》,张敏等译,湖南科学技术出版社 2006 年版,第 1—2 页。
③ [美] 蕾切尔·卡逊:《寂静的春天》,吕瑞兰等译,吉林出版社 1997 年版,第 73 页。
④ [德] 米夏埃尔·兰德曼:《哲学人类学》,张乐天译,上海译文出版社 1988 年版,第 201 页。
⑤ [美] 大卫·雷·格里芬编:《后现代精神》,王成兵译,中央编译出版社 1998 年版,第 22 页。
⑥ Mark Q. Sutton and E. N. Anderson, *Introduction to Cultural Ecology* (2nd), UK: Rowman and Littlefield Publishers, INC., 2010, p. 14.

80年代末，中国美学转向审美文化研究热潮及生态美学、审美人类学和艺术人类学的建构，关注感性的日常生活、审美生成、生态环境、宗教信仰与历史语境及民俗文化事项，如1988年，全国民族院校文艺理论研究会主编了《民族风情与审美》；1989年，少数民族美学思想研讨会的召开标志着中国少数民族美学学科构建的开始。20世纪90年代，少数民族美学思想进入美学研究视域，在1990年10月全国少数民族美学思想讨论会的推动下，1994年，青海人民出版社发行了《中国少数民族美学思想研究丛书》。

21世纪以来，中国美学与民族艺术学术讨论会提出建构包括少数民族美学资源的中国美学。2000年，满都夫出版的《蒙古族美学史》填补了少数民族美学史的研究空白。2009年，首届"全国少数民族审美文化学术研讨会"与"全球视野中的生态美学与环境美学国际学术研讨会"召开，探讨少数民族审美文化研究中"审美""文学""艺术"与"日常生活"的交融，反思少数民族审美文化抢救及转型问题。更重要的是，张文勋的《民族审美文化》、覃德清的《审美人类学理论与实践》、黄秉生的《民族生态审美学》、梁一儒的《民族审美文化论》等尝试建构中国审美人类学和民族生态审美学，"既然承认当代中国存在全球化的主流经验模式，那就应该承认当代中国的审美结构（包括少数民族的审美结构）在这一模式运作中将出现新的组合和超越问题。"[①] 2011年，中华美学学会以"生态文明的美学思考"为议题，以中国古代生态思想和少数民族古老的生态文化理念为少数民族美学研究奠基。

日常生活审美的现实意义就是对生命的关注，非物质文化遗产保护是"作为生活整体的过程研究"，一如美国文化批评家佳亚特里·斯皮瓦克担忧民族文化的发展，"对母语的热爱，对我存在的小角落的爱，这些何时以及如何成为民族的事呢？我说的是民族的事，而不是民族主义的事，因为像民族、集体一类的事是生而有之的。"[②]

---

① 覃守达：《审美人类学概论》，广西民族出版社2007年版，第101页。
② Gayatri Chakravorty Spivak, *An Aesthetic Education in the Era of Globalization*, Cambridge: Harvard University Press, 2012, p.279.

(二) 中国实际情况分析

据全国第六次人口普查统计数字,我国人口总数的 8.49% 为少数民族,他们居住在全国面积 64.3% 以上的土地上,这些区域大部分是生态环境保护较好的边缘地区,由此,少数民族文化的审美之维从日常生活的文化立场做出批判与建构,"审美是自由的生活方式,而日常生活是异化的生存方式。"①

在美学研究层面,科技的发达使现代人拥有更多的自由时空,然而,物质的追求遮蔽了人性向真、向善、向美之光。"我们生活在一个决定性的不美的世界中,在这个世界里,人们故意漠视美的价值观念,深深迷陷于经济利益的诱惑而无视所有其他的价值体系。"② 由此,日常生活的审美批判是少数民族审美文化研究应该关注的重心。

美的时空扩展导向所有生境,"美学思考上的发展已大大扩展了美在现代生活中的范围。"③ 因此,生态审美经验的价值需要整合到日常生活中去,当下及未来的生态审美文化将直接关乎我们自己,以及我们的环境和我们的日常生活。2008年5月9日,中国社会科学院民族学与人类学研究所承办的"中国民族与文化多样性"博士后论坛探讨了民族、民族认同、民族主义与爱国主义等问题;2014年9月18日,中国社会科学院民族文学研究所承办的"当代社会口头传统的再认识"博士后论坛探讨了口头传统在当代社会的民俗利用和非物质文化遗产保护,表明了少数民族审美文化所蕴含的在生命的、生活的、生存的、生态的层面的价值。

---

① 杨春时:《"日常生活美学"批判与"超越性美学"重建》,《吉林大学社会科学学报》2010年第1期。
② [美] 阿诺德·伯林特:《美和现代生活方式》,陈望衡主编《美与当代生活方式》国际学术讨论会论文集》,武汉大学出版社2005年版,第4页。
③ 同上书,第9—10页。

二　国内外研究现状

（一）国外研究综述

日本与俄国学者从18世纪下半叶开始对库页岛、千岛群岛以及虾夷地区展开调查。1800—1808年，日本学者间宫林藏两次只身前往黑龙江下游一带了解俄国边界扩张情况及当地风土人情，1810年，他口述完成的《东鞑纪行》和《北夷分界余话》记录了黑龙江下游的地理、民俗、民风和沿途见闻，描述了鄂伦春族民俗民风。1855年4月8日，俄国皇家地理学会西伯利亚分会派P. 马克率"考察队"从伊尔库茨克出发抵达黑龙江下游的奇集湖；1859年，P. 马克出版的《黑龙江旅行记》使用了鄂伦春族民族志方面的资料。另外，1856年，俄国语言学家亚历山大·卡斯特伦的《通古斯诸语语法教科书》为通古斯语言学奠定了基础。

早在19世纪初，国外学者就对中国鄂伦春族文化产生了兴趣，至20世纪初，鄂伦春族文化研究才真正进入学术视野，鄂伦春族语言学、宗教学、民族学、人类学的研究成果相继问世，尤其是俄国人类学的奠基人史禄国首次向西方世界介绍了通古斯各族的历史文化，增强了通古斯文化研究的国际影响力。1912—1917年，史禄国对当时生活在库尔滨河和逊河河口附近的鄂伦春人展开调查，1922年，《满族的社会组织》与《族体：民族和民族志现象变化的基本原则研究》提出了"族体"理论和"民族心理特质综合体"理论，并且阐释了萨满降神的原理。史禄国的《北方通古斯的社会组织》以西伯利亚和我国东北地区所收集的材料为基础，研究了北方通古斯人的历史、民族关系、财产和协作、社会习俗、家庭组织及基本功能。1944—1954年，史禄国在日本东京出版了《通古斯字典》。此外，日、俄学者在此时期关注萨满其人与萨满教仪式，如俄国民俗学家В. Г. 博戈拉兹发表的《论东北亚民族的萨满教心理学》阐述了萨满的病态心理。美国学者也关注中国西北的生态环境与北方各民族，如林德润发表了论文《满洲西北部及使鹿通古斯族》。

20世纪30至40年代是国外学者研究鄂伦春族的高潮，德国、俄国、日本、美国的学者在中国东北地区开展地理学、民族学实地调查，涉及当时鄂伦春族的生态环境、氏族生活、狩猎生产、民族性格等层面，如德国学者布鲁诺·普列奇柯的《满洲的西北山地》记录了北大兴安岭的地形与植被资料，描述了中国北方民族的生态环境。值得关注的是，日本调研的特点在于视野宽广、团队合作、内容详细、服务当局，研究成果主要有白鸟库吉的《东胡民族考》、须山卓的《亚细亚民族之研究》等。在伪"满洲国"建立以后，吉冈义人、山岛贞雄、秋叶隆等以军事和殖民统治政策为目的，调查了鄂伦春族的居住建筑、服装、日常饮食、狩猎生产、祈神活动、萨满、婚葬、禁忌、神话传说等。社会学家秋叶隆发表的《大兴安岭东北部鄂伦春族调查报告》《中国东北民族志》《鄂伦春族的社会与文化》和《满蒙的民族与宗教》（与赤松智城合作）记录了鄂伦春族的生存状况、萨满教等。泉靖一发表的《探寻大兴安岭那边的鄂伦春族》《大兴安岭东南部鄂伦春族调查报告》等论述了绰尔河流域鄂伦春人的语言、居住与饮食、狩猎与家畜、分工与贸易、氏族与家族、部落及行政组织、结婚与女性、疾病与死亡、天文与神系等。永田珍馨发表了《使马鄂伦春族》（《满洲鄂伦春族研究》），分析了鄂伦春族的风俗、信仰与性格，指出鄂伦春人刻画的神偶没有艺术性，分析了萨满的必要条件在于神经质的、忧郁性的、感受性的、想象力较强的、经常做梦等。[①] 浅川四郎的《兴安岭之王》描述了鄂伦春族的风土人情及艺术。大间知笃三在东北地区进行民族学考察，探险队队员今西锦司、伴丰撰写的调查报告《大兴安岭鄂伦春人的生态（1）》《大兴安岭鄂伦春人的生态（2）》涉及狩猎观念、社会制度、经济机构等。今西锦司发表于美国《地理学杂志》的论文《大兴安岭生态考察》引起西方学者对中国北方狩猎民族生态环境的关注。

---

① 参见［日］永田珍馨《满洲鄂伦春族研究》（第一篇），内蒙东北少数民族社会历史调查组译，内部资料，1953年，第51页。

俄罗斯学者的萨满教研究成果辉煌,如 Л. Я. 斯特恩堡的《原始宗教原理》《西伯利亚民族的鹰崇拜》《从民族角度看原始宗教》等论证了万物有灵性、拟人性、神及灵魂构成的原始宗教二元论,记录了西伯利亚民族的萨满教信仰,分析了西伯利亚民族以鹰为太阳的主人、祖先等,阐释原始宗教原理与阿伊努部落的"伊纳乌"崇拜的特点。此外,俄罗斯侨民文学流亡作家的代表人物 Н. А. 巴依科夫在《满洲北部的狩猎部落》中讲到鄂伦春夏季衣服是用蓝色土布做成的,虽然没有关于服装性别差异的记录,但作者对服装颜色的观察有助于鄂伦春族审美心理研究,他还预测了鄂伦春族的命运,"狩猎范围将日益缩减,这些部落赖以生存的条件逐渐丧失,他们将根本改变自己的生活方式以及自己的生产方式,从经常迁徙转向定居。"① 另外,苏联民族学家伊万诺夫的《十九世纪至二十世纪初西伯利亚民族造型艺术资料集》描画了黑龙江流域诸民族的造型艺术,搜集了大量的西伯利亚诸民族的神鼓与鼓槌图案,关注了被奉为保护神的蛇、蜥蜴、鸟等动物,"由于我们不掌握足够的材料,因而不允许对奥罗奇人的图画作出甚至是简单的评述。"② 1990 年 10 月,孙运来将此书编译为《黑龙江流域民族的造型艺术》。

新中国成立以后,国外学者到中国调查研究已不可能,直到改革开放以后,国外学者才得以陆续来中国从事实地调查,此阶段的研究成果集中在语言学领域,本青的《论通古斯诸语言》与戈尔切夫斯卡雅的《通古斯语满语动名词概论》(俄文版)均涉及我国鄂伦春语的动名词形式;1959—1968 年,美国学者约瑟芬·坎贝尔的《神的面具》(《原始神话学》《东方神话学》《西方神话学》《创造神话学》四卷本)系统地对地域神话进行了类型学研究,论及了中国神话和通古斯萨满教文化,"我称之为**神话民族**学,这是典型的,不仅是中国哲学,而是所有的古老体系"③。

---

① [俄] Н. А. 巴依科夫:《满洲北部的狩猎部落》,吴文衔《黑龙江考古民族资料译文集》(第一辑),黑龙江省博物馆,内部资料,1991 年,第 181 页。
② 孙运来编译:《黑龙江流域民族的造型艺术》,天津古籍出版社 1990 年版,第 322 页。
③ Joseph Campbell, *The Masks of God: Oriental Mythology*, London: Secker & Warburg, 1962, p. 383.

20世纪70至80年代，国际通古斯语言研究和萨满教研究取得了令人瞩目的成就，美国、日本、韩国和欧洲的学者，如林赛、格林伯尔、津曲敏郎、风间伸次郎、金周源、杨虎嫩等多次到满—通古斯各族的生活区开展田野调查。1977年，韩国学者崔吉城发表的《初监祭》与《朝鲜萨满教的"根"》追溯了朝鲜萨满教是从北方传入的，而且与西伯利亚萨满教有共通概念，分析了巫衣能给人带来好运，巫乐能帮助巫女进入忘我的境界，巫舞是"接神的象征"，巫歌是神灵与人的对话。[①] 80年代，韩国语言学界发表了金东昭的《韩语和通古斯语的语音比较研究》及金芳汉、金周源、郑堤文的《蒙古语与通古斯语的关系》等。苏联学者苏尼克在《通古斯诸语满语名词研究》中分析了我国鄂伦春语词汇和语法结构。日本语言学家福田昆之的《日本语和通古斯语》提出了日本语与满—通古斯诸语属于同一语系的学术观点。1984—1987年，日本学者大林太良的《东亚萨满教》将东亚萨满教分为游离型和附着型两类，指出"对于中国萨满教的深入系统的研究乃是今后不可忽略的重要课题"[②]；俄国学者 Е. В. 列武年科娃的《萨满其人》、А. И. 马津的《埃文克—鄂伦春人的传统信仰与仪式》和 Е. А. 奥克拉德尼科娃的《西伯利亚的萨满岩画》均论述了东北亚地区的萨满教的萨满主体、信仰、仪式及萨满教艺术，尤其是萨满与萨满教岩画的研究与分析打开了萨满教研究的美学之窗。此外，"'萨满与演员'这个多角度的题目需要加以独立的研究"[③]，这就引发了萨满表演与戏剧艺术的关系研究。

20世纪90年代以来，鄂伦春族研究拓展至生物科学、农业、经济学、医药等领域，此阶段的重要研究成果仍是鄂伦春语的语音、词汇、语法以及使用情况。日本学者津曲敏郎著有《通古斯语言文化论文集》（与黑田新一郎合

---

① 参见［韩］崔吉城《朝鲜萨满教的"根"》，吉林省民族研究所《萨满教文化研究》（第二辑），天津古籍出版社1990年版，第281页。

② ［日］大林太良：《东亚萨满教》，吉林省民族研究所《萨满教文化研究》（第二辑），天津古籍出版社1990年版，第132页。

③ ［俄］Е. В. 列武年科娃：《萨满其人》，吉林省民族研究所《萨满教文化研究》（第二辑），天津古籍出版社1990年版，第70页。

著)、《通古斯语的类型和差异》《关于通古斯诸语及相关语言的所有式和让步式》《通古斯诸语言以及文化》《日本满通古斯诸语研究概况》《满通古斯语言文化研究的新进展》《近代化和语言变异——以通古斯诸语为例》《从通古斯诸民族的发展看现代化以及语言变异》《中国的通古斯诸语言》等；日本学者风间伸次郎发表了《关于通古斯诸语言方位名词》《通古斯诸语言基本名词》《通古斯诸语言基础词汇里的动词和形容词》《关于通古斯诸语言的确定宾格》《关于通古斯诸语言表示让步的后缀》《关于通古斯诸语言动词使动态的形态变化》等论文，讨论了鄂伦春语的语音、语法、词汇及方言特征。日本成泽胜教授主持完成课题《古代通古斯研究》，还有日本学者棹忠夫的《日本早期在通古斯与蒙古研究方面的情况》、河内良弘的《日本关于东北亚研究成果选编——满学研究论文目录（一）》等综述类研究成果。芬兰东方学研究学者杨虎嫩的《东北亚民族史》运用比较语言学方法，探寻了东北亚语言的变迁，深化了东北亚地区民族的迁徙、同化、异化及族源问题，开辟了语言学、历史学、考古学和民族学的综合研究之路。美国学者林赛和李凤祥有《鄂伦春语后缀－Kan》，罗杰瑞有《关于满语有关词源问题》等。

20世纪后期到21世纪初，在国内外学者及非物质文化遗产项目传承人合作的基础上，美国学者格林伯尔和林赛发表的《自上而下重览北方通古斯诸语的分类——鄂温克语与鄂伦春语比较》是他在我国通古斯语地区展开区域田野调查的研究成果，林赛和李凤祥发表了《鄂伦春语的强调重叠和阿尔泰语境》，林赛发表了《鄂伦春语元音和谐》，珍妮佛·布顿和林赛发表了《在鄂伦春叙事的基础上：现在时标记的再分析》，李凤祥发表了《接触、消耗和结构的转变：来自鄂伦春族的证据》等系列论文。此外，美国满学研究刊物《喜鹊》《东方文明社会》等刊载了中国鄂伦春族相关论文。林赛在《鄂伦春族语言和文化正在渐增的阴影》中推论鄂伦春族没有书面语形式；没有方言被接受为标准；在任何社会环境包括家庭生活中，鄂伦春语不被用来作为主要语言。鄂伦春人分散在不同省份的多个城镇和村庄，每一个鄂伦春族居住区都以汉族为主，因为中国的政治气候高度重视民族团结，鄂伦春文化和语言注定成为历史文物,鄂伦春族人口语流利的只占总人口的六分之一,加之鄂伦春族萨满好像都故去了,大多数萨满死于"文化大革命",这是一个生活在自己即将死亡的阴影里的社会。① 可见,作者强调了民族语言与宗教文化在民族生存和文化发展中的生命力。

综上所述,从18世纪下半叶迄今,国外学者对我国鄂伦春族的研究已有200多年的历史,他们长期在中国鄂伦春族地区进行田野调查,不仅积累了经验,增加了体验,获得了感性认识,得到不同时期的民族学和人类学的第一手资料,尤其是在鄂伦春语研究层面采用了国际音标标注鄂伦春语,使鄂伦春语研究得以进入国际研究领域。国外的相关学术机构也培养了人类学、民族学、东方文化研究和通古斯研究的专业型人才,他们的田野调查功底深厚,研究角度新颖,研究内容翔实,注重国际性的合作。由此,鄂伦春族文化研究成为世界文化研究的一个组成部分。

(二)国内研究综述

"鄂伦春"这一族称最早出现在清代,清代以前有关鄂伦春族的记述分散在北方各少数民族研究中,散见于县志、文档的简短记录中。1751年,傅恒等编撰的《皇清职贡图》绘有"鄂伦绰男、妇"的图像,包括17世纪欧洲探险者对北方通古斯语族考察的图像记录及萨满教题材绘画。另外,清代的鄂伦春族研究文献主要分为两类:一类是官方的文献、档案,主要包括《清实录》、衙门的档案,如《黑龙江库玛尔路档案》等;另一类是文人的笔记、游记,包括秋涛的《朔方备乘》、曹廷杰的《西伯利东偏纪要》、西清的《黑龙江外记》、徐宗亮的《黑龙江述略》、英和的《卜魁纪略》、方观承的《卜魁风土记》、方式济的《龙沙纪略》等。

20世纪20至70年代间,前半期的鄂伦春族研究成果延续了清代的研究特点,如万福麟、张伯英等人编辑的《黑龙江志稿》和《瑷珲县志》等。自

---

① Whaley Lindsay, "The Growing Shadow of The Oroqen Language and Culture", *Cultural Survival Quarterly*, Vol. 25, No. 2, 2001.

50年代以来,我国民族学者对鄂伦春族进行了大规模的调查研究,但毕竟比俄国人和日本人晚了几十年,鄂伦春人的生产生活状况已经发生了很大的变化,尤其是各部落的鄂伦春人陆续下山定居。国内第一本鄂伦春族研究专著是杨英杰的《黑龙江边兴安岭里的鄂伦春族》(1952),此书分析了鄂伦春族与人民政府的关系,记录了鄂伦春人当时的生活状态和文化事项。这一时期的研究特点是以马克思主义理论为本,以民族学和人类学研究方法为纲,扩展至跨学科研究,研究的主体是官方组织的专家和学者,研究方式为集体合作,研究内容主要有民族识别、民族语言调查和少数民族社会历史调查等,集中在经济生产、数据分析和氏族组织等方面。

20世纪80年代至20世纪末,鄂伦春族学者以本族身份记录了民族历史与个人的生活回忆,增加了鄂伦春族的文化情感与体验方面的研究成果,然而,这类作品更像文学文本而非学术成果。鄂伦春族民间文学的挖掘和保护是此时期的主要成就,孟淑珍抢救的"摩苏昆"引发了说唱文学与史诗的争论。1980年,鄂伦春族自治旗文联《鄂伦春文艺》(现刊名为《鄂伦春》)开始刊发鄂伦春族现当代文学作品;1991年,内蒙古自治区鄂伦春民族研究会《鄂伦春研究》开始刊发鄂伦春族学者和民间艺人的研究成果。80年代中后期,鄂伦春族萨满教研究也成为学术热点,秋浦主编的《萨满教研究》涵盖了鄂伦春族萨满教文化;富育光、王宏刚、关小云等展开鄂伦春族萨满教文化遗存调查。1986年,费孝通在鄂伦春自治旗考察时说过:"如果按照我的文化是为人的认识,选择是明显的,就是要保存的是人而不是文化,这就是说鄂伦春人只有从文化转型上求生路。"① 实质上,这也从一个侧面表明了人与文化是共生共存的,生命才是一切存在和发展的前提。

21世纪初,空特勒发表《鄂伦春风情剪画》,黄任远发表《通古斯—满语族神话研究》,鄂·苏日台发表《鄂伦春狩猎民俗与艺术》。2001年,莫拉呼尔·鸿苇发表《莫拉呼尔·鸿苇画集:桦皮镶嵌艺术》、张碧波与董国

---

① 马戎、周星主编:《田野工作与文化自觉》,群言出版社1998年版,第46页。

尧发表《中国北方民族文化史》、何文柱发表《鄂伦春族生存发展问题研究》。2002年,白银纳乡志编辑组编修《白银纳鄂伦春族乡志》,王肯发表《1956鄂伦春手记》。2003年,韩有峰发表《鄂伦春族历史、文化与发展》、关小云发表《大兴安岭鄂伦春》。2005年8月,"首届鄂温克族、鄂伦春族、达斡尔族民族民间文化学术研讨会"关注了民族生态文化、民间口头文化、宗教文化的开发与利用等问题;10月,白亚光、暴侠发表《鄂伦春族民歌选》。2006年,鄂晓楠、鄂·苏日发表《原生态民俗信仰文化》、季敏发表《赫哲、鄂伦春、达斡尔族服饰艺术研究》、何群发表《环境与小民族生存——鄂伦春文化变迁》、吴雅芝发表《最后的传说:鄂伦春族文化研究》、汪立珍发表《满—通古斯诸民族民间文学研究》等。2006—2008年,北方少数民族文学集成成为里程碑,包括《中国民间故事集成·黑龙江卷》《中国歌谣集成·黑龙江卷》《中国谚语集成·黑龙江卷》。2007年,关捷发表《东北少数民族历史与文化研究》、毅松等发表《达斡尔族、鄂温克族、鄂伦春族文化研究》。2008年,刘玉亮发表《中国北方狩猎民族纹饰图案与造型艺术:鄂伦春族卷》,全国政协文史和学习委员会编写《鄂伦春族百年实录》,陈辉主编了《鄂伦春原创金曲80首》,刘迁编写了《二十世纪达斡尔族鄂温克族鄂伦春族小说集萃》。2009年,王为华发表《鄂伦春原生态文化研究》,黑龙江省民族事务委员会编选了《黑龙江少数民族优秀歌曲选》,贺兆坤发表《森林骄子鄂伦春》。2010年,闫立华发表《鄂伦春族发展问题研究》,刘晓春发表《鄂伦春人文经济》,关小云与王宏刚合著《鄂伦春族萨满文化遗存调查》,闫利霞、鄂晓楠发表《北方民族民间艺术与审美》,何青花与宏雷发表《鄂伦春服饰》等。

2011年,凌云发表《鄂伦春剪纸》,张敏杰发表《猎民绝艺:鄂伦春族狍皮制作技艺》。2013年,何文柱发表《鄂伦春族发展问题研究》,马连军发表《皮衣桦篓秀兴安:访鄂伦春民族工艺大师》,呼玛县人民政府印制《关桃芳桦树镂刻艺术》等,值得学习的是,鄂伦春自治旗学者马连军的《皮衣桦篓秀兴安:访鄂伦春民族工艺大师》采访了15位鄂伦春族工艺大师,用文字、图片和录像记录了鄂伦春族森林文化、兽皮文化和桦皮文化等。

综上,早期的鄂伦春族研究归属于民族学、人类学、语言学的研究范畴;20世纪80年代的田野调查工作基本沿袭了50年代的研究框架;90年代以后,鄂伦春族文化变迁、文化保护、民族生存与经济文化发展问题得到普遍关注。21世纪以来,鄂伦春族审美文化受到重视,陆续出版了各类手工艺品的图片集。总之,以上研究成果均为本书提供了文字和图片资料。国内相关研究的学术成果分散在风俗文化、原始信仰、文学研究、艺术研究、美学研究和社会学研究六个方面。

1. 鄂伦春族文化与风俗习惯研究

鄂伦春族传统文化、狩猎文化及非物质文化遗产等著作有赵复兴的《鄂伦春族游猎文化》、张璇如与陈伯霖等的《北方民族渔猎经济文化研究》、何群的《环境与小民族生存:鄂伦春文化的变迁》、王为华的《鄂伦春原生态文化研究》等。鄂伦春本民族学者也有不少研究成果,吴雅芝的《最后的传说:鄂伦春文化研究》及毅松、涂建军、白兰的《达斡尔族、鄂温克族、鄂伦春族文化研究》以本民族文化认同为前提,"急切地企盼自己的家园能够得到休养生息、恢复原生态,对放下猎枪本身他们没有抵触情况,关键是接续产业问题"[①]。2005年以后,随着非物质文化遗产项目的申报及相关政策的出台,鄂伦春族非物质文化遗产项目的保护策略和建议成为学术热点。

鄂伦春族风俗习惯研究涵盖了狩猎、文学、音乐、婚姻、丧葬与禁忌等,综合性论著有秋浦的《鄂伦春人》、吕光天的《北方民族原始社会形态研究》、赵复兴的《鄂伦春族研究》、韩有峰编的《鄂伦春族风俗志》等;学术论文主要有吉登等的《鄂伦春族风俗习惯浅谈》、白兰与赵复兴的《对鄂伦春族婚姻方式的民族学考证》、白水夫的《库玛尔路鄂伦春人吊棺葬习俗初探》、关小云的《鄂伦春族的丧葬习俗》等;在民间工艺研究中,尚缺少女性创作主体研究视角。此外,内蒙古少数民族社会历史调查组于20世纪50年代初期全面展开

---

① 吴雅芝:《最后的传说:鄂伦春族文化研究》,中央民族大学出版社2006年版,第241—242页。

田野调查研究；全国人民代表大会民族委员会办公室于1957年至1963年编印了13本调研材料。

2. 鄂伦春族原始信仰研究

21世纪初，鄂伦春族原始信仰文化研究成果集中于自然崇拜、图腾崇拜和祖先崇拜层面，秋浦主编的《萨满教研究》探讨了鄂伦春族诸神的地位平等问题。另外还有，吕大吉等编著的《中国各民族原始宗教资料集成·鄂伦春族卷》、关小云与王宏刚的《鄂伦春族萨满文化遗存调查》等。在萨满绘画的专题研究中，王纪与王纯信的《萨满绘画研究》深受匈牙利学者米哈依·霍帕尔的《图说萨满教世界》之影响，揭示了北方民族的萨满岩画、神灵绘画、祖先神画像、萨满服装绘画、神鼓绘画、萨满剪纸、萨满刺绣、萨满雕刻、萨满题材绘画。学术论文有孟志东的《鄂伦春族宗教信仰简介》、赵光远的《鄂伦春人的萨满观》、万星的《鄂伦春族的生产禁忌》等，这些文献探讨了鄂伦春人的萨满观及其传承和嬗变的历史形态。迄今为止，研究鄂伦春族神偶体系、萨满其人、宗教绘画与家祭仪式的理论专著尚未出现，从一个侧面说明鄂伦春族萨满教信仰的断裂和没落。

3. 鄂伦春族文学研究

鄂伦春族文学整理研究工作始于1980年，张凤铸等人编选了《鄂伦春民间文学选》、隋书金整理了《鄂伦春族民间故事》。1981年7月，内蒙古文联召开"首届达斡尔、鄂温克、鄂伦春民族文学创作"会议，此次会议不仅结束了鄂伦春族没有书面文学的历史，而且成就了鄂伦春族第一位作家敖长福。1984年，鄂伦春族学者孟淑珍搜集的"摩苏昆"被收入《黑龙江民间文学》第17集、第18集；2006年，鄂伦春族"摩苏昆"被列入国家级非物质文化遗产名录，国家级传承人为莫宝凤；2007年，"摩苏昆"又被列入黑龙江省级非物质文化遗产名录，省级传承人为莫宝凤和孟淑珍。

1987年可谓"民间文学的集成年"，黑龙江省的黑河市、逊克县、塔河县、呼玛县等文学集成编辑委员会编写了民间故事、歌谣、谚语三套集成。

1995年,《中华民族故事大系》之鄂伦春族分册是集大成者。孟淑珍整理的《鄂伦春民间文学》与黑龙江民族研究所编制的《鄂伦春民间故事选(上)》均采用鄂伦春语和汉语对译的形式,缺点在于没有用国际音标标注鄂伦春语,也没有留下任何音像资料,因为"艺术人类学依赖于一系列数据收集和分析的方法,基本的方法是参与观察,用收集和分析的口头或书面材料作补充,如视频和录音带。因此,文化和语言人类学家之间在艺术的研究层面关系紧密。"① 在全球化语境中,鄂伦春语的式微及研究的国际化表明"在每一种可能的意义上说,翻译是必要的,但是不可能的"②。

21世纪以来,钟进文在《中国民族》的"人口较少民族的书面文学"专栏中,回顾了鄂温克族文学、鄂伦春族文学的发展态势,"他们的创作根植于本民族历史文化的肥沃土壤,始终把自己民族的历史、现实和未来命运作为关注的焦点。"③ 在全球化时代,满—通古斯文化研究备受国际关注,中国社会科学院民族学与人类学研究所分别于2000年9月、2004年8月在海拉尔召开"首届国际通古斯语言文化研讨会"和"第二届国际通古斯语言文化研讨会",探讨满—通古斯语族、蒙古语语族、突厥语族以及日本人、朝鲜人、日本阿伊努人、印第安人、因纽特人、萨米人、俄罗斯西伯利亚地区诸民族之间的语言、文化和宗教问题。

4. 鄂伦春族艺术研究

鄂伦春族艺术研究集中在美术、音乐和舞蹈等层面,缺失对岩画、玩具和游戏的研究成果。

(1) 美术研究

20世纪70年代后半期开始,鄂伦春族美术研究涵盖了手工艺术品的图形

---

① Barbara Miller, "Cultural Anthropology in a Globalizing World", *Upper Saddle River*, N. J.: Prentice Hall, 2011, p. 232.
② Gayatri Chakravorty Spivak, *An Aesthetic Education in the Era of Globalization*, Cambridge: Harvard University Press, 2012, p. 241.
③ 钟进文:《书写我们自己的历史与未来——人口较少民族的书面文学掠影》,《中国民族》2004年第6期。

和图像、艺术理论、美术史三个层面。其一,东三省工艺美术工业公司编印的《兄弟民族形象服饰资料·蒙古族、朝鲜族、鄂伦春族、达斡尔族》以绘图的形式展示了鄂伦春族服饰。20世纪末期,鄂·苏日台、哈纳斯等人研究了鄂伦春族服饰、桦树皮、纹饰造型。21世纪初,空特勒的《鄂伦春风情剪画》、莫拉呼尔·鸿苇的《鄂伦春族莫拉呼尔·鸿苇画集》、刘玉亮的《中国北方捕猎民族纹饰图案与造型艺术·鄂伦春卷》、何青花与宏雷的《鄂伦春服饰》、凌云的《鄂伦春剪纸》、张敏杰的《猎民绝艺:鄂伦春族狍皮制作技艺》等采用图像形式展示鄂伦春族手工艺品。其中,《鄂伦春风情剪画》是以萨满信仰为核心,"树非树,山非山,草非草,潮非潮的波纹式的花,清清凉凉的。坐在波纹里的鄂伦春人像坐在一片片叶子上,每片叶子上都有一滴晶莹的露珠,像她们祈祷的眼泪"[1]。其二,鄂伦春族艺术理论论著主要有鄂·苏日台的《鄂伦春狩猎民俗与艺术》,探讨了鄂伦春族民俗文化的审美价值取向、审美个性及民族心理,"人们的思想意识、道德观念、价值取向、社会心理、审美标准及其生产生活中的各种行为,都是由他们自己幻想并创造出来的'神'控制着。他们只能是神的奴仆"[2]。季敏的《赫哲、鄂伦春、达斡尔族服饰艺术研究》力图从实用审美、性别审美、意识审美、自然审美和服饰的表现形式层面探索"鄂伦春族服饰美学",这种审美需求是人类在生活过程中对事物的感受,"审美需要(aesthetic need)是在人的社会实践、审美实践中形成、发展的,实践需要决定了审美需要的发生和内容,表现为人改造世界、改造自己的自觉要求。"[3] 其三,王伯敏的《中国少数民族美术史》(第一编)是鄂伦春族美术研究最具代表性的著作,其第三章"鄂伦春族美术史"介绍了鄂伦春族建筑、服饰、手工雕刻艺术、萨满教绘画等。陈兆复的《中国少数民族美术史》涉及鲜卑民族美术与鄂伦春萨满教绘画内容。高卉民的《黑龙江流域少数民族美术史研究》论及黑龙江流域的8个少数民族美术发展史。卢禹舜的

---

[1] 空特勒:《鄂伦春风情剪画》,中国文联出版社1998年版,第48页。
[2] 鄂·苏日台:《鄂伦春狩猎民俗与艺术》,内蒙古文化出版社2000年版,第112页。
[3] 朱立元主编:《美学大辞典》,上海辞书出版社2010年版,第77页。

《黑龙江美术发展简史研究》探讨了黑龙江美术发展的历史及规律。

鄂伦春族传统艺术研究涵盖服饰、传统工艺和民间工艺家三个层面。一是服饰研究，这方面的成果有丰收的《地理气候环境与鄂伦春族服饰》、白梅的《浅谈鄂伦春族服饰》、王咏曦的《鄂伦春族的服饰艺术》、康建春的《萨满服饰造型艺术研究》等。二是工艺研究，桦皮工艺研究成果有哈纳斯的《试论鄂伦春族桦树皮工艺》、孙一丹的《浅谈鄂伦春桦皮雕刻艺术》、王海冬的《鄂伦春族桦皮工艺的传承方式》、田艳的《鄂伦春族桦树皮制作技艺法律保护研究》等；鄂伦春族狍皮工艺研究成果有哈纳斯的《试论鄂伦春族的兽皮文化》《鄂伦春族狍头皮帽的特点、功能和艺术价值》等。三是非物质文化遗产研究，如娜敏的硕士学位论文《鄂伦春族桦船的传承研究——以传承人郭宝林为个案》等。此外，剪纸与刺绣研究成果有王纪的《鄂伦春族剪纸传承保护现状的调查与思考》。

鄂伦春族现当代艺术研究分为两个层面，一是鄂伦春族艺术家及其作品研究，二是创作鄂伦春族题材的艺术家及其作品研究。学术成果有柳邦坤的《鄂伦春第一代女画家的人生路》、何欣的《永恒的森林记忆：专访鄂伦春族画家白英》、张阳的硕士学位论文《鄂伦春族画家白英油画创作研究》、温继菡的硕士学位论文《鄂伦春画家白英的油画艺术研究》等。鄂伦春族学者敖荣凤的《森林的颂者——记鄂伦春族第一代画家白英》被收录到刘晓春的《鄂伦春历史的自白》。鄂伦春族当代女作家代红的《走出森林——记鄂伦春族画家白英》论及"至今还保存着母亲年轻时缝制的狍皮钱包和父亲早年使用过的皮条马笼套，它们像古董一样悬挂在画室里，带给他无尽的创作灵感"①。另一方面，研究其他创作鄂伦春族题材画家的论文有王璜生的《北方大地的生命奏鸣曲——观女画家曹香滨的画》、李振宇的《古老的桦皮艺术和刘恒甫的新桦皮画》等。综合性论文有戚峰等的《当代鄂伦春题材绘画创作概览》，论及蒋悦、曹香滨和蒋荣慧的中国画、白英的油画、赵晓澄和徐成春的版画、莫拉呼尔·

---

① 代红：《走出森林——记鄂伦春族画家白英》，《鄂伦春》2007年第2期。

鸿苇的桦皮画，此类研究并未触及鄂伦春族艺术家与其他艺术家创作的艺术特色及自我认同。

(2) 音乐研究

改革开放以后，综合民族语言与音乐的研究成果《呼玛民间歌谣谚语集成》为鄂伦春族民歌标注了音标。1978—1980年，《鄂伦春族民歌》和《鄂伦春歌曲选》由鄂伦春自治旗文化馆刊印。1981年，中国民歌集成内蒙古自治区卷编辑委员会刊印了《中国民歌集成：内蒙古自治区分卷·鄂温克族鄂伦春族分册》。1988年，黑龙江省民族研究所编印的《鄂伦春传统民歌》收集了155首鄂伦春民歌。同年，王丽坤主编了《鄂伦春传统民歌》。1997年，杨士清先生主编了《中国民间歌曲集成·黑龙江卷》。自20世纪50年代起，作词家和作曲家根据鄂伦春族传统民歌元素创作了新民歌，如《鄂伦春小唱》《鄂伦春姑娘》《阿里河哟，母亲河》等。

2001年，萧梅的《田野的回声——音乐人类学笔记》之《森林的启示——鄂伦春、鄂温克民间音乐考察》说明了"活态"鄂伦春旋律曲调与唱词的关系，关注了民族歌曲个性与整体性的关系，提出了鄂伦春族民歌的"所有权"问题，思考了民歌的个人与集体创作、分类观念、族群文化的历史认同等。同年，国家"十五"规划2001年度课题"黑龙江北方民族音乐文化研究"由陈恕主持，探寻鄂伦春族民歌的历史发展轨迹及鄂伦春族新民歌的艺术特性问题。2002年，黑龙江省艺术研究所参与编写了《中国曲艺音乐集成·黑龙江卷》。2005年，白亚光与暴侠汇编的《鄂伦春族民歌选》收录了鄂伦春族原生态民歌200多首。2008年，陈辉主编了《鄂伦春原创金曲80首》。2009年，大兴安岭地区鄂伦春族民歌赞达仁编委会编印的《赞达仁》收录了鄂伦春族民歌289首。

(3) 舞蹈研究

鄂伦春族舞蹈研究集中在新舞蹈创作与拟兽舞传承方面。20世纪50年代初期，贾作光编创的男女群舞《鄂伦春》通过模仿狩猎活动和动物展现鄂伦春族的民族性格。孙培珍与房承礼在原生态舞蹈中注入了新动作，创作了女子三人舞《山果熟了》。2007年，栾延琴编著的《呼伦贝尔民族民间舞蹈》涉及鄂伦春族民间舞蹈，"以节奏化的呼号（模仿兽类的吼声或叫声）来伴舞。呼号在这里成了不可缺少的组成部分，它不仅统一了节奏，也渲染了气氛，又起到了交流感情的作用"①。论文主要有李涵雯的《拟兽舞蹈初探——以鄂伦春黑熊搏斗舞为中心》、王昕的《试论民族学视野下的鄂伦春族舞蹈》等，本民族学者尚缺少民族舞蹈层面的研究成果。

5. 美学层面的研究

21世纪以来，张一凡的《鄂伦春、达斡尔、赫哲民族音乐审美特征》、王同亮与韩雅怡的《鄂伦春族图形特点研究——鄂伦春民族图形的简约之美》、杜志东的《浅谈鄂伦春族桦树皮制品的美学意蕴》、温继菡与王洪波的《浅析鄂伦春族桦树皮制品的审美特征》、杨丽红的《鄂伦春族桦树皮艺术美感研究》、吕胜男的《鄂伦春族桦皮文化的审美特点》等讨论了鄂伦春族工艺品的材质美、技术美、功能美与形式美。2008年，北京林业大学张慧平的博士论文《鄂伦春族传统生态意识研究——民族森林文化的现代解读》探究了鄂伦春族的自然与人和之美的生态审美观念，"自然是第一审美标准，是鄂伦春族审美观的第一个特征。"②

6. 其他层面的研究

研究内容涉及社会历史、经济制度、教育、医药卫生、人口、健康与体质、抵抗侵略的有《鄂伦春族简史简志合编》《鄂伦春族社会历史调查》《清代鄂伦春族满汉文档案汇编》、秋浦的《鄂伦春社会的发展》、郑东日的《鄂伦春族社会变迁》；县志类的著作有《鄂伦春自治旗志》《大兴安岭白银纳乡志》《新生鄂伦春族乡志》等。鄂伦春族的族源问题研究有陈雪白的《关于通古斯语族（北支）各族名称的问题》、冯君实的《鄂伦春族探源》、徐芳田的《鄂伦

---

① 栾延琴：《呼伦贝尔民族民间舞蹈》，内蒙古文化出版社2007年版，第3页。
② 张慧平：《鄂伦春族传统生态意识研究——民族森林文化的现代解读》，博士学位论文，北京林业大学，2008年，第104页。

春族源流简述》。另外，鄂伦春族在抗日战争中的历史地位与贡献方面的学术论文主要有刘德全等的《浅析鄂伦春族在抗日战争中的历史地位和作用》和《鄂伦春人民在抗日战争中的贡献》等。

纵观国内外百余年研究成果，美学研究仍相对薄弱。当下，系统地研究鄂伦春族审美文化可以深入挖掘鄂伦春族的审美观，通过东方文化与西方文化体系比较，必然对中国美学和世界美学研究产生重大意义。

第一章　鄂伦春族审美文化生成的历史语境

鄂伦春族审美文化生成的因素分为外在因素和内在因素。外在因素主要是指鄂伦春族赖以生存的自然环境，包括地理位置、气候温度、植被水土、动植物资源等；内在因素是指鄂伦春族的民族迁徙、思维方式、民族语言、宗教信仰、道德心理、价值标准、风俗习惯、文学艺术等。

第一节　鄂伦春族审美文化探源

鄂伦春族在远古时代是分散而居的部落氏族，最早生活在黑龙江以北，外兴安岭以南的广大区域，长期以来以狩猎为生产生活方式，形成了以抗击严寒、勇敢正直、吃苦耐劳、知足常乐、敢作敢当、自我牺牲为核心的民族精神。史实表明，鄂伦春族不仅与北方各民族有关系，而且同汉族的关系也极其密切，这在古代文献史籍中也能找到依据，梳理鄂伦春族的历史起源，有助于了解鄂伦春族的民族源流和文化根源。

一　鄂伦春族的族称、族源、人口及聚居地

鄂伦春族是西伯利亚的先住民族，原本生活在鄂霍次克海西至叶尼塞河之间，南端分布于黑龙江一带。新中国成立后，曾长期在兴安岭一带以狩猎为生。鄂伦春族创造了灿烂的民族文化,形成了独具一格的森林文化,这也是鄂伦春族智慧的结晶。

(一)族称

鄂伦春族作为一个独立民族的文字记载相对来说出现较晚。在汉文史料里,元朝之前,还没有专门的鄂伦春民族方面的文字记载。在元朝时期,鄂伦春族与其他北方民族被统称为"林中百姓"。清初,鄂伦春族与其他北方民族被统称为"树中人";1683—1882年,鄂伦春族被编入"布特哈八旗";1882—1893年,鄂伦春族归属于"兴安城总管衙门"。伪满时期,鄂伦春族由特务机构控制。新中国成立以后,鄂伦春人才真正以平等的地位生活在中华民族大家庭中。自古以来,鄂伦春族就沿河而居,在玛哈依哈·斤沙布讲述的《桦皮图》中,大水将后妈厌弃的哥仨冲散后,阿里克里一带的鄂伦春人得名"敖乐千顺",库玛尔里阿延一带的鄂伦春人得名"库玛千顺",库拼、乌地尔尖多因一带的鄂伦春人得名"毕拉尔千顺",难怪小兴安岭北麓生活的鄂伦春人自称"毕拉尔"或"毕拉尔千"(沿河居住的人们)。① 在民间传说《阿雅莫日根》中,鄂伦春人自称"奥老欠博耶"(山岭上的人)。② 在鄂伦春语中,"奥伦"及其谐音"奥老"包含山岭、仓库、驯鹿三种意思。

日本人岛田好在《东鞑纪行》中解说:"虾夷人对库页岛的鄂伦春、大陆的鄂伦春,都叫作鄂伦春。大陆的鄂伦春以图姆宁河为中心,在由奇吉湖的南岸到考匹河的北岸之间狩猎。"③ 日本人永田珍馨认为使马鄂伦春族和使鹿鄂伦春族皆过着原始游猎生活,"鄂伦春人自称'敖伦浅'"④。日本学者大木伸一认为鄂伦春族自称"奥罗奇"(意为"有住所""有座位""本地人")。⑤ 19

---

① 孟淑珍整理:《鄂伦春民间文学》,黑龙江省民族研究所,内部资料,1993年,第43页。
② 隋书金整理:《鄂伦春民间故事》,黑龙江人民出版社1980年版,第27页。
③ [日]间宫林藏:《东鞑纪行》,黑龙江省日报(朝鲜文报)编辑部译,商务印书馆1974年版,第40页。
④ [日]永田珍馨:《满洲鄂伦春族研究》(第一篇),内蒙东北少数民族社会历史调查组译,内部资料,1953年,第6页。
⑤ [俄]史禄国:《北方通古斯的社会组织》,吴有刚等译,内蒙古人民出版社1985年版,第79页。

第一章 鄂伦春族审美文化生成的历史语境

世纪初,日本人间宫林藏在《东鞑纪行》中记录了鄂伦春人,"在此地将粟赠与鄂伦春(居住满洲地方之夷)"①。

苏联学者的争论在于鄂伦春族是否是鄂温克族的分支及他们是否养过驯鹿。帕特卡诺夫认为鄂伦春族没有自称,而是同其他西伯利亚的种族一样以地区、氏族的区分为族称的。阿尔塞耶夫认为费雅喀是乌德赫族,毕亚喀指鄂伦春族,两族是血缘较近的民族。施特恩贝格认为鄂伦春族是被同化了的涅吉达尔族的自称,又根据鄂伦春族的传说故事论定鄂伦春族是养鹿的民族。日本学者大木伸一持反对态度,"据此推断,这个氏族如果过去诞生在满洲,由于它的祖先是从南方来的,它就不会是养鹿者。"② 2014年1月29日至2月15日,笔者在大兴安岭地区呼玛县白银纳民族乡调研时,此地的鄂伦春人仍自称"奥伦千"(饲养驯鹿的人),"黑龙江所属东北部族有俄伦春者亦使鹿盖俄伦即鹿名也"③。据此,我们不能说鄂伦春人从未养过驯鹿,"从奥罗奇作为几乎全部都是养鹿的民族而同非养鹿民族——那乃、乌德赫、奥伦千、满洲、蒙古、尼夫赫、阿伊努诸民族有关联这点上看,不能把奥罗奇说成是全部养鹿的"④。

俄国人将生活在石勒喀河、黑龙江上游、外贝加尔的某些部族称为"奥罗绰人",并将之归为东亚分布极广的通古斯种族。1855年,"俄国皇家地理学会西伯利亚分会"的P. 马克认为"奥罗绰一词的来源很难准确无误地确定,虽然一般地说来都认为是由奥龙(鹿)一词派生的,因为奥罗绰一词的意思是养鹿的人"⑤。P. 马克还认为这个词源于中国,"在那里久远以来就知道这族人叫奥伦羌和鄂伦春。"⑥ Л. Я. 斯特忍堡分别于1891年、1896年7月考察了库

---

① [日]间宫林藏:《东鞑纪行》,黑龙江省日报(朝鲜文报)编辑部译,商务印书馆1974年版,第8页。
② [日]大木伸一:《苏联南哈巴罗夫地方的鄂伦春族》,赵复兴译,《内蒙古社会科学》1989年第2期。
③ 何秋涛:《朔方备乘》,文海出版社1964年版,第867页。
④ [日]大木伸一:《苏联南哈巴罗夫地方的鄂伦春族》,赵复兴译,《内蒙古社会科学》1989年第2期。
⑤ [俄]P. 马克:《黑龙江旅行记》,吉林哲学社会科学研究所翻译组译,商务印书馆1977年版,第72页。
⑥ 同上书,第72—73页。

页岛的奥罗克人，确认黑龙江地区的奥罗克人、奥罗奇人、满珲人和果尔特人是同一个部落，因为他们都使用同一个自称，"他们（皇帝港的奥罗奇人）一直使用的自称是那尼，但奥罗奇一词也绝不是凭空臆造的，整个有亲缘关系的部族也正是这样称呼他们的。"① Л. Я. 斯特忍堡建议称奥罗克人为库页岛那尼人，称奥尔奇人为黑龙江那尼人，称奥罗奇人为滨海那尼人；东南部那尼人（奥罗奇人）又分为博奇屯迤上的北部那尼人（纯奥罗奇人）和南部那尼人（恰恰人、恰喀喇、恰喀尔）。② 在苏联，鄂伦春族被称为"南哈巴罗夫斯克地方的少数民族"，南哈巴罗夫斯克的中国传统名称为"伯力"（颇黎、勃利、博和哩、剖阿里）等，谐音源于部落名博和哩，"博和哩，满洲语豌豆也"③。唐朝的此处为黑水都督府勃利州；辽代设有黑龙江下游各部的五国部节度使，博和哩是五国之首；明朝在此设巴忽鲁卫；清朝设博和哩噶珊。

在中国，清朝之前，鄂伦春族与其他北方游猎民族一般源出通古斯族系内，被泛称为"林中百姓""北山野人""树中人"。清朝初期，鄂伦春人被称为"树中人"或"使鹿部民"。④ 清朝时期，鄂伦春人被称为"五哈合"（满语"跑了"），也被称为"骑马的人"。但是，鄂伦春族老人却不知道有人称呼本族为"林中百姓"或"树中人"，甚至从来没有听说过。⑤

"鄂伦春"这一族称始见于清初，对其最早的记载出现于清朝崇德五年三月己丑（1640年4月28日），"兀鲁苏屯之博穆果尔、索伦、俄尔吞、奇勒里、兀赖布丁屯以东。"⑥ 此处记载的"俄尔吞"指鄂伦春。鄂伦春人属于大

---

① ［俄］Л. Я. 斯特忍堡：《鞑靼海峡的奥罗奇人》，郭燕顺、孙运来《民族译文学集》（第一辑），内部资料，1983年，第225页。
② ［俄］Л. Я. 斯特忍堡：《黑龙江沿岸地区基本居民分类》，郭燕顺、孙运来《民族译文学集》（第一辑），内部资料，1983年，第7页。
③ （清）阿桂等撰：《满洲源流考》，孙文华、陆文良点校，辽宁民族出版社1988年版，第177页。
④ ［日］永田珍馨：《满洲鄂伦春族研究》（第一篇），内蒙东北少数民族社会历史调查组译，内部资料，1953年，第9—14页。
⑤ 参见内蒙古少数民族社会历史调查组《鄂伦春自治旗甘奎、托扎敏努图克和黑龙江省呼玛县十八站鄂伦春族社会历史补充调查报告——鄂伦春族调查材料之十三》，内部资料，1963年，第1页。
⑥ 内蒙古少数民族社会历史调查组编：《达斡尔、鄂温克、鄂伦春、赫哲史料摘抄：清实录》，内蒙古人民出版社1962年版，第49页。

兴安岭与外兴安岭索伦部的"八牛录"之一,"黑龙江索伦地,今所居不尽索伦,满洲汉军徙自吉林,巴尔呼、鄂勒特归自蒙古,达呼尔、鄂伦春、毕喇尔则其同乡,而别为部落者,世于黑龙江人,不问种族概称索伦。"① 此后,在康熙年间的上谕与奏折中被称为"俄罗春""俄乐春""俄伦春"。1691 年,清政府组建了布特哈八旗(满语"打牲八旗"),"夫辽金元清四代之崛兴乎,必有达胡尔、鄂伦春健儿之踪迹,驰骋中原,大显身手,为功臣、为名将,勋业烜赫,图像立祠者斑斑可考,故世称:深山大泽必生龙蛇,而天宝地灵之区精华所聚必生英俊。"② 布特哈总管衙门称正式编入八旗的鄂伦春族猎民为"摩凌阿鄂伦春"(骑马的鄂伦春族),称散居在山林中以捕貂为役的猎民为"雅发罕鄂伦春"(步行的鄂伦春族),"深居不可踪迹矣,毕喇尔亦然,毕喇尔有骁骑校四员分治其人,有姓默讷赫尔者,有姓都讷赫亨者,盖即俄伦春类"③。

鄂伦春族曾受到不同民族的贬称。"达呼尔族称他们为'洪高鲁',满族一般以居住地带称其为'栖林',这些称谓是不怀好感的。"④ 鄂伦春人还被俄罗斯族统称为"鞑子",毋庸置疑,这些称谓都含有民族歧视的意味。据俄国民族学家史禄国考证:"他们自称为鄂温克。然而这个名称大部分是老人使用,并且多少是一种亲切的称呼。他们也称满洲驯鹿通古斯人为鄂温克。正如兴安通古斯人的名称一样,他们的另一名称是奥罗千。满族称他们为鄂伦绰、鄂伦春、吉林或栖林。他们的邻人,驯鹿通古斯人、小兴安岭通古斯人和墨尔根通古斯人称他们为库玛尔千,而兴安通古斯人称他们为库玛尔阿尔。汉人称他们为吉林和栖林。汉人对所有北方通古斯人都用这个名称,这或许是因为他们是在吉林省首先遇到北方通古斯人的。"⑤ 综上,现存的史料与现实情况足以证明鄂伦春族是中华民族大家庭中的一个古老成员。

---

① 西清:《黑龙江外记》,文海出版社 1967 年版,第 81 页。
② 孟定恭:《布特哈志略》,台湾学生书局 1967 年版,第 4 页。
③ 西清:《黑龙江外记》,文海出版社 1967 年版,第 84—85 页。
④ [日]浅川四郎、永田珍馨:《兴安岭之王,使马鄂伦春》,赵复兴译,内蒙古文化出版社 1999 年版,第 121 页。
⑤ [俄]史禄国:《北方通古斯的社会组织》,吴有刚等译,内蒙古人民出版社 1985 年版,第 105 页。

(二) 族源

鄂伦春族与中国的鄂温克族、日本的阿伊努族、苏联的埃文基、奥罗奇、那乃、乌德赫等族源较近，再者，因为鄂伦春族没有文字，所以没有确切的史料可资研究，正如史禄国所言："在某些满洲通古斯集团中，我看到了汉族理论的影响。"① 这种情况自然是无法避免的，至今，鄂伦春族的族源问题在国内仍没有统一的说法，主要有"东胡说""通古斯说""鲜卑说""室韦说""肃慎说""综合说"等。

笔者倾向于"东胡说"，因为根据民族名称、语言、疆域、宗教信仰、经济类型的区分，东胡是一个部落联盟，是现在聚居于华北北部和东北地区的蒙古、满、鄂伦春、鄂温克等民族的先民。语言是族系划分的最可靠的依据，鄂伦春语属于阿尔泰语系满—通古斯语族，东胡的语言亦系阿尔泰语系，包括蒙古语族与通古斯语族；在信仰层面，东胡人崇尚自然，崇拜自然万物，如日月、星辰、水、火等，图腾有熊、虎、鹿、狼等；在生活区域上，东胡在春秋战国时活动于燕国的北部和东北部（老哈河与西拉木伦河流域一带）；在经济类型上，"鄂伦春族与鄂温克族同源，是个游猎民族"②，这在神话传说中也能得以验证，据孟高杜和关春兰说，鄂伦春族、鄂温克族和特格等被归为同一个民族，他们说着同一种语言，因为在民族大迁移的时候，风将路标吹斜导致大家走散了，"鄂伦春、鄂温克和特格在迁徙时还没有马，多是弓箭步行狩猎。鄂伦春和鄂温克人在迁徙时已经使用驯鹿"③。从历史层面看，这个传说不过是个解释性的神话而已。内蒙古农业大学的贾原却认为鄂伦春族和鄂温克族的语族属于通古斯系，其先人最早应是肃慎—挹娄—勿吉—女真等族系，鄂伦春

---

① [俄] 史禄国：《北方通古斯的社会组织》，吴有刚等译，内蒙古人民出版社1985年版，第207页。
② 蒋松秀、朱在宪：《东北民族史纲》，辽宁教育出版社1993年版，第138—139页。
③ 内蒙古少数民族社会历史调查组：《鄂伦春自治旗甘奎、托扎敏努图克和黑龙江省呼玛县十八站鄂伦春族社会历史补充调查报告——鄂伦春族调查材料之十三》，内部资料，1963年，第24页。

族和鄂温克族属于东胡系室韦族。①

"通古斯说"的观点主要是人种学的观点，从体貌与言语上来划分，根据"通古斯"词义又分为"食猪肉说""东胡说"和"非东胡说"三种。凌纯声相信雅库特人称吃猪肉的邻族为通古斯。当然，历史上的通古斯人却并不养猪。法国人杜阿德认为，莫斯科人称生活在贝加尔湖周围的土著为通古斯，称鞑靼人为鄂伦春。②俄罗斯的 S. M. 希罗科戈罗夫认为"通古斯"一词源于雅库特冬古斯（tongus）。③法国人阿卜尔·勒缪塞认为"东胡"与"通古斯"音近，"通古斯"就是"东胡"。④日本学者白鸟库吉在《东胡民族考》中提出反对观点："东胡与通古斯二名，在声音上虽相酷似，而就住地论，就种类论，就名义论，皆可证其为互无关系之二民族也明矣。"⑤由此可知，"通古斯"本身的来源尚有争议，以此为标准找寻鄂伦春族的起源，则会陷入死循环中。

鄂伦春族起源于拓跋鲜卑人的观点源于考古发现，现居住在鄂伦春自治旗的鄂伦春人多信此说。1980 年 7 月 30 日，米文平在大兴安岭北部鄂伦春自治旗境内发现了鲜卑石室，找到了公元 443 年 7 月 25 日北魏太平真君的石刻祝文，这些文物证实了嘎仙洞就是《魏书》所记载的拓跋鲜卑祖先居住的旧墟石室，"作为族名的'鲜卑'一词的原义，也即'养神兽的人们'，或'养祥瑞的鹿类动物四不像的人们'。"⑥据史书记载："阿（里）、多（普库尔）两路鄂伦春均系鲜卑索伦部之一种，其言语与满洲略同。"⑦自此，大多数鄂伦春人逐渐认定那里就是祖先的居住之地，在呼玛河流域的鄂伦春人中也流传着《嘎仙洞》的传说：很久以前，这是一片原始森林，獐狍、野鹿、群熊成为这里的主

---

① 参见贾原《鄂伦春与东北古民族的族源关系》，《前沿》2008 年第 3 期。
② 参见凌纯声《松花江下游的赫哲族》（上），民族出版社 2012 年版，第 7 页。
③ 参见［俄］S. M. 希罗科戈罗夫《通古斯诸群团的名称》，郭燕顺、孙运来《民族译文集》（第一辑），内部资料，1983 年，第 322 页。
④ 参见［法］阿卜尔·勒缪塞《鞑靼语研究》，1920 年版，第 148 页，转引自干志耿、孙进已《"通古斯"与通古斯的起源》，干志耿《探颐索隐集》，黑龙江人民出版社 1993 年版，第 87 页。
⑤ ［日］白鸟库吉：《东胡民族考》，方壮猷译，商务印书馆 1934 年版，第 18 页。
⑥ 米文平：《鲜卑源流及其族名初探》，《社会科学战线》1982 年第 3 期。
⑦ 黑龙江省档案馆、黑龙江省民族研究所编：《黑龙江少数民族》，内部资料，1985 年，第 69 页。

人，鄂伦春祖先就生活在这里。① 鄂伦春自治旗的葛德宏讲述的《嘎仙洞与奇奇岭的传说》提到嘎仙洞好像一个大的斜仁柱，对面的山就是奇奇岭。吃人的"蟒猊"（魔鬼）霸占了嘎仙洞，猎人柯阿汗打败了"蟒猊"，两者比武时扔到昆仑山上的大石砬子，鄂伦春语称之为"奇奇勒"，后来人们就叫成"奇奇岭"了，"人们不忘记柯阿汗的功劳，就尊称他为柯阿汗仙。后来叫来叫去就叫成嘎仙了，便管这洞叫嘎仙洞，管这座山叫嘎仙山了"②。所以，"鲜卑后裔说"是很有说服力的，而且，"东胡在早期包括鲜卑与乌桓诸部"③。据《史记·匈奴列传》记载，燕北有东胡、山戎，匈奴冒顿单于灭东胡后，东胡国分出乌桓、鲜卑两支。"【索隐】服虔云：'东胡，乌丸之先，后为鲜卑。在匈奴东，故曰东胡。'"④ 因此，"鲜卑后裔说"也即"东胡说"。

公元5至10世纪，室韦作为东胡后裔主要活动区域在嫩江、绰尔河、额尔古纳河、黑龙江流域，"失韦国，在勿吉北千里，去洛六千里……语与库莫奚、契丹、豆莫娄国同。"⑤ 魏徵等所撰的《隋书》记载："又北行千里，至钵室韦，依胡布山而住，人众多北室韦，不知为几部落。用桦皮盖屋，其余同北室韦。"⑥《北史》卷九四记载："'室'或为'失'，盖契丹之类。"⑦ 刘昫等所撰的《旧唐书》有云："今室韦最西与回纥接界者，乌素固部落，当俱轮泊之西南。"⑧ 据《新唐书》记载，室韦在唐朝分为20余部，"其国无君长，惟大酋，皆号'莫贺咄'，摄筦其部而附于突厥……其语言，靺鞨也"⑨。《辽史》记载了黄室韦、小黄室韦、大黄室韦。⑩ 总之，"鄂伦春民族的起源，可以追

---

① 参见黑龙江民族研究所《鄂伦春民间故事选》（上），内部资料，1996年，第111页。
② 隋书金编：《鄂伦春民间故事选》，上海文艺出版社1988年版，第140—144页。
③ 史念海：《中国历史地理纲要》（下），山西人民出版社1992年版，第176页。
④ （汉）司马迁：《史记》，上海古籍出版社1997年版，第2186—2190页。
⑤ （北齐）魏收：《魏书》，中华书局1974年版，第2221页。
⑥ （唐）魏徵等：《隋书》，中华书局1973年版，第1882—1883页。
⑦ （唐）李延寿：《北史》，中华书局1974年版，第3129页。
⑧ （五代）刘昫等：《旧唐书》，中华书局1975年版，第5357页。
⑨ （宋）欧阳修、宋祁：《新唐书》，中华书局1975年版，第6176页。
⑩ 参见（元）脱脱等《辽史》，中华书局1974年版，第431页。

溯到公元 386 年，在贝加尔湖地区和黑龙江上游一带，居住着我国室韦部落。"① 方衍认为鄂伦春族是散居于黑龙江以北广大地区的钵室韦人的后裔②。然而，金代之后，室韦族已不见于史了，孙进己认为拓跋族是室韦先人的一个支系。③ 由此，"室韦说"经由"鲜卑说"归于"东胡说"。

不同历史时期对东北各民族的称谓不同。夏周时代，人们称北满为肃慎、乌夷、山戎；称南满为东胡。秦代称东方游猎民族为东胡，称北方草原民族为匈奴。两汉时代称东方民族为扶余，南满为挹娄，称今内蒙古地区诸民族为鲜卑、玄菟、乌桓、匈奴。战国时代称北方民族为鲜卑、扶余、挹娄、高句丽等。《尔雅》记载："九夷、八狄、七戎、六蛮，谓之四海。"④《山海经》中的《大荒北经》与《海内西经》记录了肃慎、东胡、夷人、貊国等，"东胡在大泽东。夷人在东胡东。"⑤ 其中所记的"玄股之国""毛民之国"⑥指的是黑龙江下游的民族，可知，东胡是一个古老的以游牧为主的多民族的共同体。

先秦时期，古代大兴安岭地区为东胡部落活动的区域，东胡人与华夏民族共同创造了中华历史。历经夏、商和周三代，黄河流域的居民不断吸收周围羌、夷、戎、狄、苗、蛮等族逐渐形成华夏族。殷商称周围的少数民族为"方"，中国古代北方少数民族鬼方族即东胡族先世活动于夏朝旧都亳（今河南商丘市北）、殷（今河南安阳市小屯村正北的乌梁海东隅），北迄克鲁河（今蒙古国境内），南抵山西大同一带；其后裔东胡族活动于呼伦湖、内外兴安岭、黑龙江、嫩江上游、结雅河（今俄罗斯境内）、石勒克河（今俄罗斯境内）、额尔古纳河的山水间。⑦ 居住地的气候寒冷及地域空间的天然封闭导致东胡文明发展缓慢，他们过着渔猎、采集的生活，长期处于原始氏族社会中期，部落联盟还没有形成。

---

① 林盛中：《中国鄂伦春民族人口》，黑龙江人民出版社 1989 年版，第 2 页。
② 参见方衍《黑龙江少数民族简史》，中央民族学院出版社 1993 年版，第 79 页。
③ 参见孙进己《鲜卑源流考》，《黑龙江文物丛刊》1982 年第 3 期。
④ 郭璞注，邢昺疏：《尔雅注疏》，李传书整理，北京大学出版社 2000 年版，第 337 页。
⑤ 袁珂校注：《山海经校注》，上海古籍出版社 1980 年版，第 293 页。
⑥ 同上书，第 263—264 页。
⑦ 参见大兴安岭地区史志鉴编纂委员会《大兴安岭历史编年》，方志出版社 2001 年版，第 3 页。

中国历史上第一次通过武力改朝换代的"成汤革命"后,东胡与商王朝确立了贡属关系,所以深受中原文化的影响。东胡族进入原始氏族社会末期,族人分为森林与草原两个部落群体,自周夷王七年(公元前863年)开始,东胡人南进中原,从此,东胡人以刚强的意志打破了环境的封闭,拓展了自身生存的空间,合力追逐中原地区的华夏文明。自商代初年至西汉,东胡存在了大约1300年。春秋时期,东胡居住在燕国北部。秦初,东胡强盛,"当是时,东胡强而月氏盛。"① 秦汉之际,东胡逐渐衰落。公元前206年,东胡被匈奴冒顿单于击败,自此,东胡的名字从历史上消失,东胡余部聚居乌桓山和鲜卑山,形成后来的乌桓族与鲜卑族,"乌丸、鲜卑即古所谓东胡也。"②《后汉书》有云:"乌桓者,本东胡也……鲜卑者,亦东胡之支也,别依鲜卑山,故因号焉。其言语习俗与乌桓同。"③ 西汉高祖六年(公元前201年),匈奴冒顿单于号令全族征讨东胡族,东胡南部部落联盟溃散,一部分被匈奴掳至今锡林郭勒盟一带为奴;一部分北退大兴安岭(鲜卑山),向祖居地大兴安岭东北部的鲜卑族靠拢,史称鲜卑人;一部分北退至今大兴安岭余脉的乌桓山(又称赤山即今赤峰市阿鲁科尔沁旗西北),因居此山而得名乌桓人。东汉和帝永元五年(公元93年),北匈奴被汉族、鲜卑族、乌桓族彻底击败后,各部鲜卑大规模南迁、西徙至匈奴故地,鲜卑与匈奴互相通婚,在民族大融合中,史有"鲜卑父胡人母"和"胡父鲜卑母"的记载。④

魏晋南北朝时期,汉族和少数民族王朝鼎立并峙,除西晋统治全国半个世纪以外,国家经常处于群雄割据的状态。早在东晋时代的公元384年,鲜卑慕容垂称帝,始建后燕政权,政权仅存在了23年。公元386年,鲜卑拓跋珪在牛川(今呼和浩特市西南)建国,自此,南朝由汉族统治,北朝以北魏鲜卑政权为首。北魏时期,大兴安岭南为乌洛候地,大兴安岭北为室韦("森林地区"

---

① (汉)班固:《汉书》,中华书局1962年版,第2775页。
② (晋)陈寿:《三国志》,中华书局1982年版,第832页。
③ (南朝)范晔:《后汉书》,中华书局1962年版,第2015—2019页。
④ 参见大兴安岭地区史志鉴编纂委员会《大兴安岭历史编年》,方志出版社2001年版,第26页。

"沼泽地区"),"室韦和契丹是一个部落,住在南部的称契丹,住在北部的叫室韦。"① 鲜卑族建立的北魏政权分裂为东魏与西魏而终止,虽然仅存在了148年,但自拓跋珪起创造了灿烂的北方文化;北魏孝文帝颁布于公元485年的均田令在北齐、北周乃至隋唐时皆因袭其制;北魏孝文帝从北方迁都至洛阳,改革和汉化政策推动了北方社会的经济文化发展。

隋唐五代时期,世代在北魏为官的隋文帝杨坚的祖辈深受鲜卑影响,公元581年,室韦族与隋王朝确立了政治上的从属关系。隋朝统一全国后,鲜卑后裔契丹族与室韦族分别居于大兴安岭山脉的南与北;公元625年,大兴安岭为室韦督都府属地;公元907年,契丹族首领耶律阿保机建立契丹国,后改称为辽。文字是人类从野蛮状态进入文明阶段的重要标志之一,契丹文化之伟大处就在于创有契丹文字,契丹文字的出现标志着契丹文化广泛传播的开始。军事上,契丹势力深入大兴安岭北部及嫩江上游一带;公元926年,契丹攻占渤海国后,女真、室韦先后向契丹朝贡。

五代十国的多元割据结束以后的宋辽金时期,宋朝先后同契丹族建立的辽朝、女真族建立的金朝处于南北对峙状态,汉族和契丹、女真、党项等族开发了我国北部地区,极大地发展了北方各民族的生产力。室韦族败于辽军而解体,南部室韦融入契丹族或女真族,北部室韦深化为蒙古族留在大兴安岭和黑龙江中上游地区,"在从一种民族类型向另一种民族类型转变的过程中,各民族都保留了某些自身特征,尤其是语言、民族意识"②。金初,室韦部归附女真后遂少见其名,"金之先,出靺鞨氏。靺鞨本号勿吉。勿吉,古肃慎地也"③。金代,大兴安岭属蒲与路,归东北路招讨司管辖,金代文化上承宋代文化,下启元代的北方文化,为北方各少数民族文化的发展奠定了基础。

我国古代第一个由少数民族建立的大一统封建王朝是元朝。公元1206年,

---

① [俄] Д. Л. 鲍罗金、В. С. 萨布诺夫:《关于阿穆尔河沿岸地区中世纪考古文化族属问题的探讨》,郝庆云译,《北方文物》1995年第4期。
② 同上。
③ (元) 脱脱等撰:《金史》,中华书局1975年版,第1页。

成吉思汗统一蒙古高原各部落;公元1214年,大兴安岭归入帖木哥·斡赤斤封地;公元1234年,蒙古族首领窝阔台汗率领蒙古大联盟攻灭金朝;公元1235年,在全国大部分地区设立行中书省,开创了以行省为地方行政区划的建置;公元1271年,忽必烈建立"大元"(元朝);公元1279年,元世祖攻灭南宋,内地和少数民族地区的联系得以加强,各民族间的经济发展和文化交流得到推动。元代,北方少数民族被统称为"野牒亦纳里"("林中百姓"),"是岁,遣按弹、不兀剌二人使乞力吉思。即而野牒亦纳里部、阿里替也儿部,皆遣使来献名鹰。"①

明朝,朱元璋统一贝加尔湖以东、外兴安岭以南、大兴安岭以北、库页岛以西的广大地区,北方游猎民族被称为"林中人"或"野人","二十年十二月置三万卫于故城西,兼置兀者野人乞例迷女直军民府。"② 明朝末期,统治者称黑龙江中上游地区的索伦部联盟为"索伦部",包括居住在此的鄂温克族、鄂伦春族和达斡尔族。

17世纪中叶以前,鄂伦春人主要生活在贝加尔湖以东、黑龙江以北直至库页岛的广大地区;17世纪40年代,沙皇俄国入侵黑龙江流域,鄂伦春族逐渐迁移至黑龙江南岸大小兴安岭地区。1644年,清军入关后,整个东北地区由盛京总管府管辖。1667年,居住在外兴安岭以南的鄂温克、鄂伦春、达斡尔各部,相继南迁至嫩江流域和今天的大兴安岭地区,留在当地的后来成为俄罗斯的少数民族,"位于苏联附近的鄂伦春族,大部分是所谓的使用驯鹿的鄂伦春人,他们生活比较富裕,但这部分已俄罗斯化了,因此叫作雅库特,但应当把他们看作纯粹的鄂伦春血统。"③ 1683年,鄂伦春族归布特哈部衙门管理,必然受到农业比较先进、政治比较强大的民族的影响,"他们才变成了被统治被压迫的少数民族"④。各地鄂伦春人习惯以居住地区的河流名加上"千"(鄂

---

① (明)宋濂等撰:《元史》,中华书局1976年版,第14页。
② (清)张廷玉等撰:《明史》,中华书局1974年版,第957页。
③ [日]浅川四郎、永田珍馨:《兴安岭之王,使马鄂伦春》,赵复兴译,内蒙古文化出版社1999年版,第119页。
④ 杨英杰:《黑龙江边兴安岭里的鄂伦春民族》,东北人民出版社1952年版,第8页。

伦春语"人")作为民族自称,现聚居于呼玛流域的鄂伦春人自称"库玛尔千";迁到逊河、沾河和嘉荫河等地的鄂伦春人自称"毕拉尔千";现聚居于阿里河流域的鄂伦春人自称"阿里千";迁至多布库尔河流域的鄂伦春人自称"多布库尔千";迁至托扎敏河流域的鄂伦春人自称"托千"。

民国时期,民国政府于巴尔虎地区(额尔古纳河流域)设 10 个国境监视所,归漠河国境守备队管辖;在呼玛县设 6 个国境监视所;今加格达奇区、松岭区归属嫩江县管辖,鄂伦春人就在这一带从事游猎活动,生活处于不定居状态。

新中国成立以后,鄂伦春人与全国人民一起为祖国建设贡献了智慧与力量。1951 年 10 月 31 日,呼伦贝尔盟在小二沟(内蒙古自治区诺敏镇)成立了鄂伦春自治旗,这是我国最早成立的少数民族自治旗,旗内设 3 个努图克(相当于汉族地区的乡),下设 7 个自然村。

没有文字的鄂伦春人用神话、传说和故事形象地将民族历史表述出来,在哦母苛抻讲述的《寻找太阳的传说》中,鄂伦春人是黑暗大地的孤儿,鱼仙子告诉部落长西文伊嘎布(思念太阳)只有找到太阳才能摆脱苦海。鄂伦春人遇到一伙举着"明"字旗的非人非鬼的东西,那根本不是什么太阳,而是吸血鬼。人们碰到一伙举着"清"字旗的东西,他们用"清朝就是太阳,清朝的一切清真无比"之类的话欺骗鄂伦春人。鄂伦春人遇到一帮举着"民国"旗的家伙,"一切从民出发,一切为民着想"。鄂伦春人又碰到日本鬼子举着一轮日头旗,"我们带来的可是真太阳,看看旗帜上的白天红日。"鄂伦春人杀死了路上遇到的毒蛇,猎人们被三座大山压着,正在这时,一声惊雷将三座大山劈碎,他们看到了真正的太阳:"你把天空和受苦的人同样照亮了,太阳!你是大地的父亲,人类的母亲,太阳!"[①]

综上,鄂伦春人拥有历史悠久的民族文化,因为没有本民族文字记录先祖的活动,后人多迷失在寻祖觅宗之中,现实的状况使"找祖宗"问题远没有活

---

① 参见巴图宝音《鄂伦春族民间故事集》,中国民间文艺出版社 1984 年版,第 190—194 页。

下去与传承民族文化那么重要,实际上,不知道自己从哪里来固然是可悲的,不知道自己该往哪里去却是可怕的。

(三)人口及聚居地

据俄国学者史禄国1917年的调查,当时的鄂伦春族共计4111人,兴安岭一带有950人,墨尔根有430人,毕拉尔路有899人,库玛尔路有1832人,"在所有满洲北方通古斯人中,库玛尔千是人数最多的集团。一九一五年在满洲境内,大约有四百二十六户。他们编为八个佐,并有一名首领。他们的总部设在呼玛河口附近"①。1934年,日本人松室孝良的调查结果是3700人。而俄罗斯人 H. A. 巴依科夫的统计数字约为2500人,可见,由于鄂伦春人游猎迁徙,人口统计数字的出入比较大。1939年6月,日本人永田珍馨实地调查统计"仅有3000人左右的鄂伦春族,居住在重要地带的兴安岭里,从国防上来看,也是应该重视的"②。当时,鄂伦春族人口之所以逐年递减,除了在游猎经济时期居无定所,生活环境极其恶劣外,更主要的原因在于国内的商人压迫榨取、烟酒毒害、医药缺乏、军事充丁等,国外侵略者提供鸦片、抓壮丁、发动侵略战争等使鄂伦春族呈现早婚、早育、早衰、早亡的"四早"状态,鄂伦春人的平均寿命不到40岁。新中国成立后,据1953年的全国第一次人口普查数字,鄂伦春族仅有2256人。

据2010年11月的全国第六次人口普查统计数字,全国鄂伦春族人口共计8659人,其中内蒙古自治区呼伦贝尔市计3147人,黑龙江省大兴安岭地区计1098人、黑河市计1894人。其中,鄂伦春族主要定居地鄂伦春自治旗1941人;黑龙江省黑河市的逊克县1034人、瑷珲区417人;大兴安岭地区的塔河县十八站鄂伦春民族乡395人、呼玛县白银纳鄂伦春民族乡226人。

---

① [俄]史禄国:《北方通古斯的社会组织》,吴有刚等译,内蒙古人民出版社1985年版,第105页。
② [日]浅川四郎、永田珍馨:《兴安岭之王,使马鄂伦春》,赵复兴译,内蒙古文化出版社1999年版,第208页。

第一章 鄂伦春族审美文化生成的历史语境

鄂伦春人沿河流而居，依部落而分，根据传说故事，鄂伦春人最初只有五个姓氏，在孟古古善、孟寿禄讲述的《五大姓的来历》中，大兴安岭有一户鄂伦春人家，猎人遇到一个白胡子老头求食物，他分给老人狍子肉多的臀尖部位，老人将要发大水的事告诉了他，并给他一张桦树皮和一只小花猫自救与做伴，猎人的妻子不听猎人的忠告。猎人和小花猫躲在桦皮变成的船上得救了。后来，小花猫变成一个漂亮的小媳妇与猎人共同生活，一共生育了五个男孩，妈妈给他们起了姓，依次为孟、吴、关、葛、魏，他们分别从很远的地方娶来媳妇，哥五个就分开住了，他们的子孙互相结亲、繁衍，鄂伦春人才多起来。① 而且，"据传说，玛纳基尔和吴查特坎是兄弟俩，吴查特坎是弟弟。因此，孟与吴两姓间、魏与葛两姓间不能通婚。"②

黑龙江流域应是鄂伦春族的发祥地，"鄂伦春人最早的发源地，许多老人都说是哈拉木伦，即由哈拉木伦那边移动过来的。有的且说是七百年前移动到兴安岭的。也有个别的说一部分鄂伦春人是'伊犁新疆'移过来的。在索伦人中，也有着他们的祖先是从'伊犁新疆'移过来的说法。"③ 17世纪中叶，随着沙俄的南侵，世代居住在石勒喀河、精奇里江一带的达斡尔、鄂温克与鄂伦春人被迫越过黑龙江，南迁至大、小兴安岭的原始林区与嫩江流域。同时，鄂伦春人又受到清政府对北部边疆的压制及汉族北移的影响等，他们不得不避于深山之中，其居住区域逐渐缩小。目前，鄂伦春人主要居住在内蒙古自治区与黑龙江省的13个鄂伦春聚居地，其中，内蒙古自治区包括鄂伦春自治旗的乌鲁布铁乡、讷尔克气乡、多布库尔猎民村（朝阳村）、古里乡、诺敏镇、托扎敏乡及扎兰屯市南木民族乡；黑龙江省伊春市嘉荫县乌拉嘎镇，黑河市瑷珲区新生乡、逊克县的新兴乡与新鄂乡，大兴安岭地区呼玛县白银纳民族乡与塔河县十八站民族乡。

---

① 参见隋书金编《鄂伦春民间故事选》，上海文艺出版社1988年版，第368—369页。
② 参见［俄］史禄国《北方通古斯的社会组织》，吴有刚等译，内蒙古人民出版社1985年版，第201页。
③ 全国人民代表大会民族委员会办公室编：《鄂伦春族情况：鄂伦春族调查材料之一》，内部资料，1957年，第1页。

在文明创建之初,命名标志着人类所拥有的智慧和能力,人类对事物的命名标志着文明诞生。西方人借上帝的万能达成命名的智慧与权力,命名不仅包括有形世界中的一切,而且能够表明有形世界与无形世界的密切关联。地名是人类社会发展的产物,鄂伦春人对地理实体识别表明鄂伦春人与山岭、森林、河流的生命依托与联系。鄂伦春人是以山、林、河等自然地理实体之名命名本民族生活区域的,鄂伦春族聚居地多以河流之名命之,如内蒙古自治区的鄂伦春自治旗政府所在地阿里河镇,阿里河为鄂伦春语"磷火"之意,因为阿里河沿岸夏季无风时,夜间常有沼气自燃的现象,鄂伦春人因而误认为是"鬼火",2006年7月,阿里河镇建成了库图尔其民族广场,鄂伦春语"库图尔其"意为"有福气的地方"。托扎敏民族乡的蒙古语称"托河路"包括希日特奇与木奎两个猎民村,鄂伦春语"西日特奇"意为"红柳"。乌鲁布铁镇包括原甘奎乡与讷尔克气乡,鄂伦春语"乌鲁布铁"意为"孤山",鄂伦春语"讷尔克气"意为"山"。① 大杨树镇包括古里猎民村与多布库尔猎民村(朝阳村)。古里乡位于多布库尔河西岸,"古里是鄂伦春语'古部落'之意"②。多布库尔猎民村得名自多布库尔河,蒙古语"多布库尔"或"多布和尔"意为"隆起的二十个山头的河"③。诺敏镇(小二沟)"小二沟为鄂伦春语,小河流之意"。南木民族乡隶属于扎兰屯市,鄂伦春语"南木"意为"有山有树的地方",苏联人在修建南木铁路时看到此处生活着鄂伦春人,他们将南木火车站命名为"阿巴扭尔站"意为"有部落的地方"。黑龙江省大兴安岭地区呼玛县白银纳民族乡的"白银纳"的鄂伦春语意为"富裕"。④ 十八站("十八站谭宝山站")⑤,是清朝康熙皇帝为迅速奏报军机而设立的30个驿站之一。伊春市的乌拉嘎镇因乌拉嘎河而得名,鄂伦春语"乌拉嘎"意为"上边来的河"。⑥

---

① 参见鄂伦春自治旗史志编纂委员会编《鄂伦春自治旗志》,内蒙古人民出版社1991年版,第31页。
② 《呼伦贝尔年鉴》编辑部编:《呼伦贝尔年鉴》,内部资料,1993年,第422页。
③ 杨锡春等编:《黑龙江省满语地名》,黑龙江朝鲜民族出版社2008年版,第289页。
④ 李治亭主编:《关东文化大辞典》,辽宁教育出版社1993年版,第261页。
⑤ 十八站林业局志编审委员会:《十八站林业局志》,黄山书社1992年版,第58页。
⑥ 杨锡春等编著:《黑龙江省满语地名》,黑龙江朝鲜民族出版社2008年版,第98页。

此外，鄂伦春族拥有口传心授的历史，鄂伦春族历史文化在发展过程中吸收其他民族的文化成分，正因为民族间的文化交流，鄂伦春族得以在不同文字记载中留下印迹。诚然，民族文化的"一潭死水"也是好的，因为毕竟有"水"；每当大江、大河、大海泛滥过后，那"水"就会消退。然而，就人类发展的历史而言，民族与文化间的交流与融合是不可避免的。

二 鄂伦春族的民族精神

鄂伦春族的民族精神是中华民族精神的组成部分，是鄂伦春人在历史进程中积淀而成的民族意识、民族文化、民族习俗、民族信仰、民族价值观念和人生追求的共同特质，是鄂伦春族的价值取向、共同理想、思维方式和文化规范的集中体现，是鄂伦春族赖以生存、生活和发展的精神支柱与动力，是维系、协调、凝聚鄂伦春族内部关系的精神纽带，是鄂伦春族审美文化的基石。鄂伦春族的民族精神涵盖了民族性格，反过来说，鄂伦春族的民族性格也是构成鄂伦春族民族精神的要素。鄂伦春族的民族性格是鄂伦春人表现在文化特点上的心理状态，最终促使鄂伦春族形成固定的行为模式。

（一）不同主体眼中的鄂伦春族精神

鄂伦春族民族精神的评价主体可分为他族与本族，他族又分为国外研究者与国内学者；本族又分为学者与大众。就鄂伦春族民族精神内涵而言，包括积极与消极两个层面。

国外研究者认为鄂伦春族以勇敢敬老而著称于世，善良与诚实是其突出的特点。俄国人 P. 马克认为"奥罗绰人特别以诚实和助人为乐闻名，几乎可以肯定地讲，他们不晓得什么是盗窃"[①]。史禄国认为满族人承认通古斯人具有更高尚的精神，"通古斯人特别受赞赏的是他们对地域的完备知识、他们的定

---

① ［俄］P. 马克：《黑龙江旅行记》，吉林哲学社会科学研究所翻译组译，商务印书馆1977年版，第74页。

向能力、学习语言的才能、在狩猎和行路中吃苦耐劳的精神"①。日本人浅川四郎认为鄂伦春人与大和民族有亲密的血缘关系,相同之处在于完美自然、天真烂漫。② 日本人永田珍馨认为,鄂伦春族的缺点表现在猜疑心重、怯懦与迷信等方面,性格优点是勇敢、耐劳、敬老、亲爱、正直、朴素、尚武等:"他们的敬老和互相扶助的彻底使文明人也要敬仰。"③ 国内他族学者秋浦推崇鄂伦春人勇敢、坚强、淳朴、机智的民族性格。④ 赵复兴赞扬"鄂伦春人以骁勇善射著称于世。"⑤ 生活在鄂伦春自治旗的汉族老兵季秀志认为鄂伦春人的美好品质主要在于不畏强暴、英勇善战、勤劳智慧、爱党爱国爱社会主义。⑥

鄂伦春族学者孟松林认为鄂伦春人具有坚韧、勇敢、吃苦耐劳的心理素质及纯朴、善良、无私的美好人性。⑦ 关小云坦言:"鄂伦春族最重要的精神是精忠报国、热爱自然、敬畏万物、勤劳勇敢、自强不息、自由大度、无私乐观等。"⑧ 另一方面,作为一个人口较少的北方民族,鄂伦春族文化难免受到外来文化的冲击,外加狩猎业的禁止及国家照顾政策,孟松林认为族人客观上存在着保守、封闭、排他、缺乏主动求新、求变的内在动力。⑨ 何文柱认为鄂伦春族"勤劳勇敢、自强不息、积极进取、开朗达观"及"一些鄂伦春人不适应现代复杂社会,眷恋猎业,轻视农业商业、精神萎靡、意志消沉、情绪低落、灰心丧气、心态失衡、脾气暴躁、性格不良、借酒浇愁、过度饮酒、酗酒、轻生、易走极端、自杀或者非正常死亡比例高,心理承受力低,自卑心理强,法

---

① [俄]史禄国:《北方通古斯的社会组织》,吴有刚等译,内蒙古人民出版社1985年版,第150页。
② 参见[日]浅川四郎、永田珍馨《兴安岭之王,使马鄂伦春》,赵复兴译,内蒙古文化出版社1999年版,第2页。
③ [日]永田珍馨:《满洲鄂伦春族研究》(第一篇),内蒙东北少数民族社会历史调查组译,内部资料,1953年,第53页。
④ 参见秋浦《鄂伦春人》,民族出版社1956年版,第1页。
⑤ 赵复兴:《鄂伦春族研究》,内蒙古人民出版社1987年版,第13页。
⑥ 参见季秀志《我爱勇敢勤劳智慧的鄂伦春人》,《鄂伦春研究》2012年第1期。
⑦ 参见孟松林《鄂伦春民族价值观的变化》,《民族团结》2000年第2期。
⑧ 被访谈人:关小云。访谈人:王丙珍。访谈时间:2011年1月7日。访谈方式:电话。访谈地点:大兴安岭地区塔河县—加格达奇。
⑨ 参见孟松林《鄂伦春民族价值观的变化》,《民族团结》2000年第2期。

纪观念淡薄,有盲目的民族优越感与'等靠要'思想,学习接受新事物能力不高等"①。

2014年1月2日至2月23日,笔者在鄂伦春族聚居地的田野调查得到勤劳勇敢、聪明智慧、勇于创造、吃苦耐劳、勇往直前、敢为人先、万物有灵、保护森林、刚强、豪爽、热情好客、爱人爱物、团结友爱、互帮互助、关爱孤儿、扶危济困、平等待人、孝敬父母、家教严厉、按老人规矩生活、不怕冷、不怕苦、不偷、不抢、不打人、不坑害人、不骂人、不记仇等观点。当问及鄂伦春人的缺点与不足时,许多鄂伦春人认为过去的鄂伦春人没有缺点,现在的鄂伦春人的缺点是过度饮酒及酒后打人。当然,他们还要补充并解释原因,几乎每个人都有或大或小的理由,大至生活无目标,小至生活中的各种烦恼,更主要是不会说也不会写,只有醉酒后感情才得以发泄。由此,我们能在鄂伦春族历经沧桑、饱经磨难、坚强发展的历程中,感悟到鄂伦春族精神的基本内涵、作用和力量。

(二) 抗击严寒、勇敢正直、吃苦耐劳的精神

鄂伦春人在接近北极圈的林海雪原中培育了抗击严寒、正直勇敢、吃苦耐劳的民族精神。鄂伦春人世世代代承受着冷、适应着冷、抗击着冷,具体表现在衣、食、住、行等日常生活中,人类的适应能力、生存能力与创造能力给予生活主体以悲壮、刚强与崇高的审美情怀,彰显人类是生命王国里最至高无上的种类。日本人浅川四郎称鄂伦春人为"兴安之王""严寒的征服者","鄂伦春人必须经过抗拒严寒的锻炼,才能适应他们的生活环境,生存下去"②。鄂伦春女人即使在隆冬生孩子也要忌火待娩,"如生小孩,冬即用雪,夏以冷水而洗之"③。刚出生的孩子就得到抗击严寒的锻炼,"满洲通古斯人,为了使孩

---

① 何文柱:《论鄂伦春民族精神与鄂伦春民族经济发展》,《鄂伦春研究》2013年第1期。
② [日]浅川四郎、永田珍馨:《兴安岭之王,使马鄂伦春》,赵复兴译,内蒙古文化出版社1999年版,第11页。
③ 于多三:《库玛尔路鄂伦春历史沿革概要》,东北少数民族调查组印,内部资料,1957年,第6页。

子习惯于寒冷的气候，往往让他们赤裸着在户外挨冻，当然时间不会很长。"①在狩猎的时候，猎人在冰天雪地中席地而眠，鄂伦春人在成长的过程中承受了人类严寒极限的挑战，造就了耐寒的机能、抗寒的本领及与寒为伴的习惯，也塑造了鄂伦春人无比坚强、勇敢的民族精神。

鄂伦春族有着勇敢正直的民族精神，狩猎本身就是勇敢者的活动，王肯创作的《鄂伦春族小唱》使"勇敢"成为鄂伦春人的代名词，"高高的兴安岭一片大森林，森林里住着勇敢的鄂伦春，一呀一匹猎马，一呀一杆猎枪，獐狍野鹿满山满野打也打不净。"②鄂伦春人不仅要与天气抗争，与比自己力量强大的动物拼命，还要与自身的心理抗争，用坚强无畏的精神战胜孤独、寂寞、死亡的恐惧。大兴安岭地区呼玛县十八站民族乡鄂伦春族老人葛淑贤说："过去的人必须勇敢，才能生存、保护家人。"③鄂伦春人的勇敢也表现在抗击沙俄的战争中，1900年，协领凤翔带领500多名鄂伦春官兵与沙俄交战，"颇称勇敢，因寡不敌众，两有损伤，失城溃散"④。鄂伦春人喜爱的娱乐活动是赛马、射箭与摔跤，在日常生活中锻炼、表现、传承着勇敢精神。鄂伦春人的忠诚正直也体现在日常交往中，"通古斯人经常非常正直、有礼、有魅力、殷勤周到，极少粗鲁和粗野；令人生厌的也很罕见；他们永不贪心、永不怯懦、永不背叛。"⑤鄂伦春人讲究做人的诚实与善良，他们从不盗窃、为人诚恳、讲信义。往昔，他们将吃不完、带不走的食物、衣物及用品放在高处的"奥伦"（仓库）里，有需要的族人可以任意拿取，以后再归还。2013年4月2日至5月10日，笔者在托扎敏乡调查时，听希日特奇鄂伦春人说，一个韩国人在此地调研时丢

---

① ［俄］史禄国：《北方通古斯的社会组织》，吴有刚等译，内蒙古人民出版社1985年版，第447页。

② 鄂伦春自治旗文化馆编：《鄂伦春族民歌》，内部资料，1978年，第5页。

③ 被访谈人：葛淑贤。访谈人：王丙珍。访谈时间：2012年2月24日。访谈地点：大兴安岭地区塔河县十八站林业宾馆。

④ 于多三：《库玛尔路鄂伦春历史沿革概要》，东北少数民族调查组印，内部资料，1957年，第2页。

⑤ ［俄］史禄国：《北方通古斯的社会组织》，吴有刚等译，内蒙古人民出版社1985年版，第488页。

过一架相机，结果是被汉族人偷了去。2013年4月26日，当地鄂伦春族学校达斡尔族教师苏程明证实"鄂伦春人不偷东西，韩国人的相机是其他民族团结户偷的。"① 在田野调研期间，好心的鄂伦春人常常提醒笔者看好随身携带的物品，2013年6月28日，笔者在希日特奇参加篝火节时，委托一个不相识的在"斜仁柱"（木杆搭建的简易住房）里吃饭的鄂伦春女人看管相机包，在活动结束时，人们早已吃完饭各自散去，笔者发现相机包被放在鄂伦春自治旗电视台的器材堆里。

鄂伦春人吃苦耐劳的精神根源于狩猎生产，因为狩猎生产的无保障性，如果猎人没有打到猎物，全家人就没有食物可吃，往往受到死亡的威胁，"在原始时代，谷物即使实际存在，也还没有为人类所知晓；而狩猎又太无保证，始终不能成为维持人类生活的专门手段。"② 然而，鄂伦春族做到了，正如俄国学者H. A. 巴科依夫所言："鄂伦春人是最固执的游猎民族，还过着经常迁徙的生活，专门狩猎为生。他们对日常生活的态度是保守的。"③ 鄂伦春人狩猎生产的主要目的就是供给自己生活资料，这与他们具有的吃苦耐劳精神是分不开的。在日常生活与狩猎生产中，鄂伦春人表现出超强的忍耐力，包括忍饥挨饿、忍耐渴、忍耐蚊虫叮咬等。2014年1月27日，笔者在鄂伦春自治旗托扎敏乡木奎村调研时，翻译何代希英曾感慨："打猎多辛苦呀，我也体验过这种生活，打不着就饿着，没有火就完了，不容易。为了繁衍民族子孙，那也得挺着，生儿育女都照顾不到。"④ 2013年4月27日，笔者与鄂伦春族老人Buenbashan对话时，老人家就感慨过当年挨饿受冻的情形。鄂伦春族人家除夏季外，习惯吃两顿饭，2013年5月2日至10日，笔者在鄂伦春自治旗托扎敏乡调研时住在希日特奇猎民村孟英梅家，她家就吃

---

① 被访谈人：苏程明。访谈人：王丙珍。访谈时间：2013年4月26日。访谈地点：鄂伦春自治旗托扎敏乡鄂伦春族学校食堂。
② [美] H. 摩尔根：《古代社会》，杨东莼等译，商务印书馆1977年版，第20页。
③ [俄] H. A. 巴科依夫：《满洲北部的狩猎部落》，吴文衔主编《黑龙江考古民族资料译文集》（第一辑），黑龙江省博物馆，内部资料，1991年，第181页。
④ 被访谈人：何代希英。访谈人：王丙珍。访谈时间：2014年1月27日。访谈地点：鄂伦春自治旗托扎敏乡木奎村被访谈人家中。

两顿饭,接近中午的时候,大家补充点小食品。

(三) 热爱生命、感恩回报、自强不息的精神

鄂伦春族是个极度热爱生命、感恩回报的民族。格尔巴杰老人说:"我们杀生得了生命,得欠动物多少条命?现在保护动物了,蒙古族也养牛呢,这是我们民族的特点。"[①] 翻译何代希英也说过:"我可不敢杀羊,活生生的,一枪打死得了。我不敢,也不爱吃牛、羊肉,吃不惯。"[②] 昔日,鄂伦春人是从来不过生日的,其深层原因也许就是以命抵命的生命轮回意识,因为每个人来到这个世界上,就必须得依靠众多动物的生命存活,正是无数动物的生命养育了有限的鄂伦春人的生命,这样的心理构成了鄂伦春人无法解开的生命轮回情结。鄂伦春族民间故事也体现了鄂伦春人热爱生命的内质,如关扣杰、孟淑清、莫和讲的《叔日阿达罕》中讲到:在很久以前,有个叫叔日阿达罕的小伙子在挖百合的时候,看见一只老鹰叼着一个小摇篮,他扔木棒去打老鹰,老鹰扔下摇篮飞走了,他看到摇篮里有个小孩,就抱回家抚养。第二天,叔日阿达罕又出去挖百合,回到家里,小孩变成了一个姑娘,并成为他的妻子,叮嘱他千万别告诉别人她在这儿。一天,叔日阿达罕正在草地里挖百合,有几个人问他,是否见过一只老鹰叼着一个小摇篮,他说没有。回家后,他把这事告诉了妻子。妻子怕他泄露秘密,不让他再去挖百合了,他不听,照常每天去挖百合。后来,有一天,叔日阿达罕和几个人来家里喝茶,妻子被这几个人抢走了。过了几天,妻子逃回来了。她又告诫他不要再去挖百合了,叔日阿达罕又没有听妻子的话,他爱吃百合呀,还是去挖。结果,妻子放火烧了草甸子,叔日阿达罕气得上吊死了。[③] 这个故事反映了鄂伦春人生活得简单自然,"尊重

---

① 被访谈人:格尔巴杰。访谈人:王丙珍。访谈时间:2014年1月17日。访谈地点:鄂伦春自治旗多布库尔猎民村(原朝阳村)被访谈人家中。
② 被访谈人:何代希英。访谈人:王丙珍。访谈时间:2013年6月23日。访谈地点:鄂伦春自治旗托扎敏乡木奎村被访谈人家中。
③ 参见黑龙江省呼玛县民间文学集成编委会《呼玛民间故事集成》(第二集),内部资料,1987年,第86—87页。

自然就是愿意站在每个生物的角度去看问题，不管它是什么物种，并且从它的善的视角看世界。没有任何一个物种比其他物种有更大的权利要求得到我们的同情。从这一点来看，我们可以认为不干涉规则体现了尊重自然的道德态度。"① 鄂伦春族现当代文学亦是如此，如鄂伦春族女作家空特勒的《鄂伦春女人》刻画了谢润、乌丽丹、娜奇拉等形象，描述了她们顽强、坚贞、刚毅的性格和生命韧力，"如实地接受生命本身，无论是幸福还是苦难。"②

鄂伦春族宗教信仰的主题就是感恩，是基于感恩回报基础上的万物有灵的思想，这种思想以图腾的形象表达感恩回报的道德理念，如故事《虎恩人》讲到了人无意中施恩于虎，虎又救人于危难的双重感恩关系，"这是虎恩人哪！咱们得敬重它，它能保佑咱们一家的平安。"③ 这个故事的弱者一方显然是人类，而且孩子又是人类中的弱势者，而老虎作为兽中之王却也需要人类的救助，在人类伸出援助之手后，老虎开始报恩，人类也将老虎当成山神。鄂伦春人认识到，正是在人与动物的双向关系中，人类才得以生存下来。另一方面，鄂伦春人又通过老虎的形象表达对狡猾、奸诈、贪婪、忘恩负义的嘲笑和批判，如孟古古善讲的《欺师忘恩的老虎》中讲到：山狸猫原本打算把自己的武艺全部传授给老虎徒弟，可是老虎学到几招之后想把师父吃掉，山狸猫蹿上树去躲避，老虎再也别想从师父那里学到本领。④ 鄂伦春人在同一种动物身上寄寓了感恩与负义两种相矛盾的品质，意在用负面的例子强化感恩的母题，鄂伦春人就这样将自己的感恩理念和善恶判断移情到动物身上。

鄂伦春人在团结互助中学会了感恩，在回报中体现着感恩的责任，促成鄂伦春人礼尚往来的生活习惯。鄂伦春人之间总是互相帮助，只要一家有了猎获物，大家就一起分享。2013 年 5 月 7 日，笔者在鄂伦春自治旗托扎敏乡调研时，木奎猎民村猎民孟和告诉笔者，他的妻子昌布伦曾经是萨满，因为"文化

---

① ［美］保罗·沃伦·泰勒：《尊重自然：一种环境伦理学理论》，雷毅等译，首都师范大学出版社 2010 年版，第 114 页。
② 空特勒：《鄂伦春女人》，作家出版社 2001 年版，第 105 页。
③ 张凤铸、蔡伯文编：《鄂伦春民间文学选》，内蒙古人民出版社 1980 年版，第 10 页。
④ 参见隋书金编《鄂伦春民间故事选》，上海文艺出版社 1988 年版，第 343—345 页。

大革命"期间禁止鄂伦春人跳大神,1966年,他去河边扔萨满服的时候,留下了萨满服上的一个"夸嗯日塔"(铃铛)。2013年5月3日,笔者在孟和家调研时,他当场送给笔者,一再用鄂伦春语反复地说:"给钱,就不给了,送给她了。就这么拿,白给!"① 当下,鄂伦春人走亲访友时,总要带上故乡的土特产,带上自己贮存的山野产品,体现了鄂伦春人感恩回报的民族精神,也表明了礼物交换在民族生活中的地位及作用。

自强不息不仅是鄂伦春族的民族精神,也是中华民族精神的核心。鄂伦春人在天灾、人祸、欺压、殖民面前表现出一往无前的抗争,"鄂伦春民族酷爱自由,富于反抗精神,为维护和捍卫祖国统一大业贡献出自己的一切。"② 鄂伦春人在抗俄、抗日、抗清、抗奸商、抗匪的斗争中表现出无比的决心与勇气,彰显了鄂伦春人自强不息、抗击侵略、保家卫国的民族精神,如1923年在呼玛河一带爆发了杀奸商的"刚通事件",以吴滚都为首的鄂伦春人展开了大规模的暴动,杀死了许多汉人。1941年,鄂伦春人盖山领导本族人民支援抗日联军王明贵、陈雷部队的事迹已传为佳话,鄂伦春自治旗文联主席敖荣凤据此创作了散文《盖山一家人》,"鄂伦春人下马把自己打的野物从马背上卸下来,交给了王明贵支队长,盖山首领用不太熟练的汉语说:'只要是打日本鬼子的军队,都是鄂伦春人的朋友。'"③ 1941年8月11日晚,他们取得了格尼河战斗的胜利。2015年,为了纪念抗日战争胜利70周年,鄂伦春自治旗政府与北京电影学院合作将此抗联事迹拍成电影,此片剧本由鄂伦春族第一位作家敖长福执笔完成。

(四)知足常乐、敢作敢为、自我牺牲的精神

鄂伦春人在狩猎生产中绝不乱捕滥杀,始终与大自然保持一种微妙的友好

---

① 被访谈人:孟和。访谈人:王丙珍。翻译:何代希英。访谈时间:2013年5月3日。访谈地点:内蒙古自治区鄂伦春自治旗托扎敏乡木奎村被访谈人家中。
② 敖长福、敖荣凤:《不应该忘记的历史》,《鄂伦春》2005年第2期。
③ 敖荣凤:《盖山一家人》,《民族文学》2008年第12期。

与平衡,形成了鄂伦春人知足常乐、随遇而安、艰苦朴素、乐天知命的民族精神。鄂伦春人不像现代人一样欲望无止境、道德无底线、人生图利不言它。对内心宁静且无欲无求的鄂伦春人而言,生活反而是闲适、自足、从容的,他们能够感受到祖先、部落、氏族、家庭及个人的生命律动,仰望星空就能感受到万物有灵,所以,法国哲学家卢梭才会仰羡原始人的生活。李水花讲唱的《"摩苏昆"的由来》中讲道:"那时候,男人们除了打打猎,侍候侍候马,女的烧火弄饭做皮活,余下不少空闲时候。闲着没事,干什么呢?有的是能说能讲,会跳会唱的人,什么歌啊、故事呀,唱的人,唱得好;讲的人,讲得来劲儿;听的人,听不够。特别是天一擦黑,猎人们便凑一块儿,说呀唱啊,一直到深夜,几乎天天如此。要不,鄂伦春族怎么被称为能歌善舞的民族呢?"①因此,对个体而言,知足常乐是一种乐观诗意的心境;对民族而言,知足常乐能达成人与自然的和谐共处;对环境而言,人类的知足常乐就会减少生态危机。

  鄂伦春人敢于冒险、敢于反抗、敢于担当、敢于碰硬、敢于创新,狩猎是一种风险系数极大的生产活动,存在着诸多不可确知的、潜在的危险因素,因此,鄂伦春人的生死观是自然达观的,鄂伦春人不怕困难险阻、不怕强大的动物、不怕天气变化,表现出一种大无畏的精神。鄂伦春族男孩13岁时就跟着大人出猎,年满16岁就单枪匹马地独立打猎,没有冒险和创新的精神是不行的。笔者的翻译何代希英的绰号是"代三枪"。据他说,20世纪90年代,他曾在吉文镇连开三枪,震慑了当地欺行霸市的大无赖"李三刀"(杀人就三刀)。从此,得了这个绰号,笔者也曾向村人证实过此事。何代希英对笔者说:"我若得病,不住院,如日本人剖腹。"② 在日常生活中,鄂伦春人却少有飞扬跋扈的,他们往往不善言辞,待人诚恳正直。笔者在托扎敏民族乡调研时发现,鄂伦春族老人的说话声都很小,原来这是在狩猎生产中养成的习惯,"因为打猎的缘故,所以不能多说话,不能大声说话,怕惊吓了动物,所以从小养

---

① 孟淑珍:《黑龙江摩苏昆》,黑龙江人民出版社2009年版,第261页。
② 被访谈人:何代希英。访谈人:王丙珍。访谈时间:2013年6月23日。访谈地点:鄂伦春自治旗托扎敏乡木奎村被访谈人家中。

成习惯,说话声音小小的。"①

鄂伦春人有着强烈的自我牺牲精神,体现了民族的集体感与道德感,当民族、集体或他人的利益受到威胁时,在失去家园、外敌入侵的危急时刻,个体就会挺身而出,甚至不惜献出生命,个体无条件地做出的这种牺牲不但是壮美的,而且也表现出勇于担当的使命,这样的人通常被称为"莫日根"(狩猎能手)。2013年4月15日至5月10日,笔者在鄂伦春自治旗托扎敏民族乡木奎猎民村调研时,发现翻译何代希英就是这样的人,他曾是这个村的村支部书记,虽然他经常喝醉酒,但颇具绅士风度。他总是为笔者挡着村里的大狗,在他眼中,那些大狗不具备猎狗的"专业"品性,所以,他也非常害怕它们,笔者曾见过他被大狗狂追着乱跑的情景,可他总会豪气地说:"别怕,我保护你。是人是狗都别怕。"何代希英这个翻译一直是义务的,他从来没有要过一分钱。

每个民族的文化模式均是建构民族文化心理和审美习惯的尺度,进而构成一个民族的审美世界,"一种文化就像是一个人,是思想和行为的一个或多或少的贯一的模式。每一种文化中都会形成一种并不必然是其他社会形态都有的独特的意图。"② 因此,鄂伦春族审美观念最终还是受到民族传统文化的制约,毕竟,有什么样的文化传统就有什么样的审美文化内涵及其表现形式。

第二节 鄂伦春族审美文化形成的要素

鄂伦春族的审美活动是在地理环境、民族迁徙、宗教信仰与森林文化中展开的,现实生境、想象性体系和情感体验构成了审美文化的内涵,其中,地理环境、民族迁徙是外在因素;宗教信仰、森林文化是内在因素。

---

① 被访谈人:苏程明。访谈人:王丙珍。访谈时间:2013年4月26日。访谈地点:鄂伦春自治旗托扎敏乡鄂伦春族学校食堂。

② [美]露丝·本尼迪克特:《文化模式》,王炜等译,社会科学文献出版社2009年版,第32页。

一 地理环境的审美基础

每一种文化皆是一定地理环境的产物,地理状况、气候变化和动植物资源等构成文化的生态环境,人是环境和文化互动的中介。早在18世纪中叶,法国近代地理学派的代表人物孟德斯鸠高度重视地理环境因素对人们气质性格的影响,他认为寒冷的气候造就了勇敢的气质性格和心理状态,北方人造就了自由的政体。① 19世纪初,法国学者斯达尔夫人认为地理、气候会影响民族性格、社会制度与文学艺术,"北方人喜爱的形象和南方人乐于追忆的形象之间存在着差别。气候当然是产生这些差别的主要原因之一。"② 19世纪60年代,法国艺术史家丹纳论及艺术精神受制于生态环境,"在民族的事业上和历史上反映出来的,仍旧是自然界的结构留在民族精神上的印记。"③ 可见,地理环境是影响一个民族审美观念形成和发展的外在因素。

鄂伦春族与其他北方民族是外兴安岭最早的居民,"宁古塔之东北海岛一带,《唐书》所云少海之北。三面阻海,人依屿散居,有鱼盐之利者。人有数神,鄂伦绰其一也。在近海之多罗河、强黔山游牧,男女皆披发跣足,以养角鹿捕鱼为生,所居以鱼皮为帐,性懦弱。岁进貂皮"④。此段记载中所指鄂伦春人生活的"多罗河"(图古儿河)、"强黔山"(外兴安岭东卅门山脉),在其他民族到来之前,鄂伦春人就给这些地方起好了名字,这些地名目前在鄂伦春语、蒙古语、鄂温克语、达斡尔语、汉语中共用。17世纪以后,由于沙皇俄国的入侵与殖民,鄂伦春族才被迫迁徙到大小兴安岭。

国内的兴安岭包括大兴安岭和小兴安岭,大兴安岭纵贯南北,小兴安岭沿黑龙江斜向东南。兴安岭地处寒温带,属大陆性季风气候区,冬季漫长寒冷,

---

① 参见〔法〕孟德斯鸠《论法的精神》(上),张雁深译,商务印书馆1961年版,第270—272页。
② 〔法〕斯达尔夫人:《论文学》,徐继曾译,人民文学出版社1986年版,第146—147页。
③ 〔法〕丹纳:《艺术哲学》,傅雷译,人民文学出版社1963年版,第255页。
④ (清)傅恒等编著:《皇清职贡图》(卷三),辽沈书社1991年版,第6页。

夏季短暂而多雨，年平均气温约-3.5℃，最低气温曾达-52℃，无霜期76—120天。"大兴安岭"古称"大鲜卑山"，在东经120°—127°和北纬45°—53°间的地槽褶皱隆起形成大兴安岭山脉的雏形，非限指今天的大兴安岭地区。中生代后期，在1亿年前的"燕山运动"中形成了大兴安岭"新华夏构造体系"。新生代的"喜马拉雅运动"使大兴安岭山脉发生不对称断裂，形成西高东低的走势，成为中国"南北向构造带"的挤压带。① 人类出现在新生代的第四纪冰川期（距今约260万年前）；北京猿人生活在距今大约77万年前，黑龙江地区在诺敏河冰期（距今约1万—7万年间）出现人类，而诺敏河正是鄂伦春族自认的祖先发源地，"我们试图推崇'山前理论'。大兴安岭山地和呼伦贝尔草原、松嫩平原，山地和平原交汇地带是适合人类生存的地方，与渔猎经济、农业经济的起源都有直接的关系"②。正是这种极地、极寒的严酷生态环境铸就了鄂伦春人刚性的民族性格，鄂伦春人崇尚"纯净""素朴""勇敢""坚韧""刚健""豪爽"的审美品性。

兴安岭拥有美丽的风光，动植物的多样性和差异性铸就了鄂伦春族多元的生态审美观，鄂伦春人擅长识别与利用资源，这是大自然的馈赠。兴安岭素有"百河千溪"之誉，水中盛产各种冷水鱼类；森林中到处栖息着虎、熊、鹿、狍、犴、狼、狐、野猪、貂、榛鸡、天鹅、兴安鸳鸯、野鸭、大雁、雪兔、松鼠等动物；还盛产猴头、灵芝、木耳、蘑菇、黄花菜、柳蒿芽、野山芹、野韭菜、山葱、蕨菜、榛子、五味子、黄芪、百合、金莲花等野菜和药材；森林里长着都柿（蓝莓）、雅格达（红豆）、稠李子、羊奶子（蓝靛）、灯笼果、高粱果、山丁子、山杏、山葡萄等野果；地下埋藏着丰富的煤、铁、金等矿产。

兴安岭是鄂伦春人世世代代生活居住的地方，也是他们的精神和灵魂之所在。古代的兴安岭地区是鬼方—东胡—室韦—契丹—蒙古系肇兴之域，"中国幅员广大和自然条件之复杂，决定了史前文化的多元性和不平衡性，形成相当

---

① 参见大兴安岭地区史志鉴编纂委员会《大兴安岭历史编年》，方志出版社2001年版，第1页。
② 王俏梅：《昂昂溪考古文化初论》，《理论观察》2001年第2期。

复杂的谱系"①。可知,中华文明的起源是多元文化的融合,绝非长江与黄河流域起源的"文化中心论",人类历史文化从中心到边缘的关系是变化的,从边缘的视角关注文化可以形成宽容的文化情怀。

鄂伦春人的形象经历了由日本人浅川四郎所谓的"兴安之王"到俄国人P.马克所说的"森林之子",再到今日的"兴安卫士",事实上,只有了解兴安岭,才能热爱兴安岭,"了解了鄂伦春族,也就了解了兴安岭的秘密"②。总而言之,森林文化已化为"文化DNA"融入鄂伦春人的血脉中,鄂伦春人以"集体记忆"的方式代代传承下来,"集体记忆是家园感的支柱,它本身依赖仪式的操演、身体的实践和纪念的庆典。在这里需要强调的是,我们的过去意识并不主要来自书写文本,而是靠行动的仪式操演和仪式语言的形式。"③ 鄂伦春族、鄂温克族、达斡尔族、蒙古族、俄罗斯族、锡伯族、朝鲜族、汉族等共同生活在兴安岭,所有这些构成了兴安岭区域文化的多元,部分来自原住民族及其祖先,部分来自开发兴安岭的人,部分来自相互间的文化交流,不同民族之间没有明确的地理边界分隔,构成多元文化的"伊甸园",汇聚成多元的日常生活审美体验,每个民族都成为审美文化的创造者、见证者、旁观者、学习者和探索者。

二 民族迁徙的文化交流与融合

鄂伦春族是一个不断迁徙的民族,这在民间传说与文献记载中均有所反映。民族迁徙(民族生存空间的转换)也是民族及民族之间的整合、融合与斗争,包括民族内部的迁徙及民族与民族之间的迁徙,既有本民族在一定区域的迁徙,也有外民族流入本区域的迁徙。鄂伦春族为了生存和发展、为了躲避疾

---

① 严文明:《中国史前文化的统一性与多样性》,《文物》1987年第3期。
② [日]浅川四郎、永田珍馨:《兴安岭之王,使马鄂伦春》,赵复兴译,内蒙古文化出版社1999年版,第2页。
③ [英]迈克·费瑟斯通:《消解文化:全球化,后现代主义与认同》,杨渝东译,北京大学出版社2009年版,第129页。

病、为了政治、军事、战争的原因而迁徙,这种迁徙促进了民族之间的文化交流,也促成了鄂伦春族审美观念的形成。

鄂伦春人有着丰富的关于民族迁徙的传说及谚语。在鄂伦春自治旗托扎敏乡,流传着北方民族同根同源的传说:鄂伦春人、达斡尔人和鄂温克人以前是一个民族,都住在"哈拉木伦"(黑龙江)以北的地方。后来,官方命令他们到黑龙江以南。大家过江后,一部分人看到山里的野兽很多,不想再往南走了,在山里打猎过活,这一部分人被称为鄂伦春人;另一部分人不愿留在山里,继续往南走,到了平地种地,他们后来被称为达斡尔人和鄂温克人,"哈拉木伦"以北的地方还留有"特格人"(使用驯鹿的鄂温克人)。① 据说雅库特、鄂伦春、索伦的族称标志民族移动的方向,"雅库特在原地,在山岭上;鄂伦春的含义是山岭,但已移到山下;而索伦则干脆从山上下去,离得更远了。"② 十八站的孟寿禄讲到:大兴安岭有过一个叫达古尔汗的人管辖这里,他要迁移到别的地方去,没有马匹的不能跟着走,他们就留在了大兴安岭,这就是今天的鄂伦春族。正是六月天,达古尔汗率领大批人马来到了大江边,他每天派一名部下去看江水是否结冰,禀报的人若说没有,就被斩首。有一天,轮到一个人去看,他没有办法只好说结冰了。达古尔汗到了江边一看江水果然结冰了,就下令过江。过江后,他问部下是否全部过江了,部下回答说是的,这时,正在江上的达古尔汗的儿子掉进江里淹死了,原来那是蛤蟆搭成的桥。为此,达古尔汗的儿媳妇大为不满,和公公分开了人马,跟随达古尔汗的这伙人变成了另一个民族,当中有很多鄂伦春人。③ 此外,孟亭杰讲的《乌龟桥的故事》流传于塔河县十八站民族乡一带:相传很久以前,库玛尔路的鄂伦春人在黑龙江沿岸捕鱼打猎为生,几个"阿赫汗"(小伙子)不见回来,他们被

---

① 参见内蒙古少数民族社会历史调查组编《鄂伦春自治旗木奎高鲁、爱辉县新生村和逊克县新鄂村补充调查报告——鄂伦春族调查材料之九至十一》,内部资料,1963年,第3页。
② 全国人民代表大会民族委员会办公室编:《鄂伦春族情况:鄂伦春族调查材料之一》,内部资料,1957年,第7页。
③ 参见内蒙古少数民族社会历史调查组编《黑龙江省呼玛县十八站鄂伦春民族乡情况——鄂伦春族调查材料之四》,内部资料,1959年,第6页。

"满盖"（魔鬼）吃掉了，"满盖"逼迫鄂伦春人赶快过江，部落长决定全部落的人都迁到黑龙江南岸。"恩都力"（天神）为鄂伦春人搭起乌龟桥，他们一直走到很密的森林才停下来，从此，他们一直在大森林里狩猎和保护森林。① 鄂伦春族自治旗托扎敏民族乡也流传着《萨格古勒铁汗的传说》，据说是在满文书籍中记载的关于民族分化的历史。② 通过对比分析达斡尔族研究会乐志德的口述文本，《萨格古勒铁汗的传说》应为达斡尔族民间故事《萨吉尔迪汗的传说》。

当然，其他北方民族也有此类传说，如赫哲族的传说《白城人的后代》记载金兀术过江时，夏季江面封冻，过江后，由于路标被风吹转了向，赫哲人分散到三江一带生活。③ 2013年11月20日，笔者在莫力达瓦自治旗调研时，达斡尔族研究学会的乐志德讲过《鱼鳖搭桥的传说》（《萨吉尔迪汗的传说》），萨吉尔迪汗过江的地点在嫩江七家子附近的宜卧其屯东边（月亮泡子），太子淹死后，又引出"乌尔科"（从宜卧其屯到热河的边壕）的传说。④ 乐志德一再强调："这是达斡尔族最重要的传说，先祖的传说。"⑤ 可知，此类传说也是达斡尔族的民间传说。2009年，《萨吉尔迪汗的传说》被确认为莫力达瓦自治旗第二批非物质文化遗产保护名录，结合北方各民族祖先迁徙的传说的相似性，可透视北方各民族在迁徙过程中的文化对话与交融。

此外，鄂伦春族谚语也能说明民族的迁徙，如"鄂伦春人从哈拉木伦（黑龙江）迁来，鄂伦春人世代居住在兴安岭"，"遥远的黑龙江北是鄂伦春故乡，高高的大兴安岭是鄂伦春家乡"。⑥ 这些传说故事、谚语作为鄂伦春族历史的

---

① 参见大兴安岭地区民间文学集成编委会编《大兴安岭民间文学集成》（上），内部资料，1987年，第9—11页。
② 参见全国人民代表大会民族委员办公室编《鄂伦春自治旗托扎明努图克情况：鄂伦春族调查材料之二》，内部资料，1957年，第4—5页。
③ 参见王士媛等编《赫哲族民间故事选》，上海文艺出版社1986年版，第1—4页。
④ 参见萨音塔娜《达斡尔民间故事选》，内蒙古人民出版社1987年版，第8—9页。
⑤ 被访谈人：乐志德。访谈人：王丙珍。访谈时间：2013年11月20日。访谈地点：莫力达瓦自治旗达斡尔族研究会三楼办公室。
⑥ 娜日斯编：《达斡尔 鄂温克 鄂伦春谚语精选》，内蒙古文化出版社1993年版，第84页。

参照与见证,不仅反映了鄂伦春族不断迁徙的经历,还反映了鄂伦春人对故土的留恋和对祖先的缅怀之情。鄂伦春人敬拜山神"白那恰","白那恰"包含着自然崇拜、图腾崇拜和祖先崇拜,鄂伦春族经由民族迁徙与原始信仰达成了族人的文化认同与归属感。

千百年来,民族迁徙不仅形成了鄂伦春族不同于其他民族的生产生活方式,而且塑造了与众不同的民族性格。俄国学者P.马克甚至将鄂伦春族归为"漫游部落"而不是游猎部落。鄂伦春人在不断迁徙的过程中融合了不同民族的文化,以狩猎为主要特征的森林文化成为鄂伦春族流动历史的见证:"我们在各个大陆都发现了处于蒙昧社会状态中的燧石器和石器遗物,其中有充分的资料足以证明上述人类迁移的事实。"① 只是到了17世纪中叶,由于战争及与外民族的交往,情况才有所改变。据史禄国考证,通古斯人的迁移主要分为向北方或向南方,前者是因为驯鹿的繁殖、人口的增长或者异族的压迫,后者是因为俄国人的入侵与殖民。② 因而,鄂伦春族先辈的迁徙成为鄂伦春人共同的心理积淀,直接影响到鄂伦春人的审美观念,建构了鄂伦春族审美观念中的本族意识。

1951—1958年,鄂伦春族陆续下山定居,首先面临着生产生活方式的重新选择问题,农业、养殖业、旅游经济是鄂伦春人重新选择生活方式的结果。"现代性是一种后传统秩序,在其中,'我将如何生活'的问题,必须在有关日常生活的琐事如吃穿行的决策中得到回答,并且必须在自我认同的暂时呈现中得到解释。"③ 定居至今,经过60多年的发展,鄂伦春族文化仍面临着生态环境与人文环境的双重适应问题,鄂伦春族文化的内部结构也发生了变化。

总而言之,民族迁徙沉淀着鄂伦春人的文化记忆。历史上,鄂伦春族同沙俄与日本帝国主义侵略者英勇斗争,是保卫祖国安全的忠诚战士。今天,鄂伦

---

① [美]H.摩尔根:《古代社会》,杨东莼等译,商务印书馆1977年版,第20页。
② 参见[俄]史禄国《北方通古斯的社会组织》,吴有刚等译,内蒙古人民出版社1985年版,第233—249页。
③ [英]安东尼·吉登斯:《现代性与自我认同:现代晚期的自我与社会》,赵旭东、方文译,生活·读书·新知三联书店1998年版,第15页。

春人是保护生态环境的楷模。但确实很难说,鄂伦春人已经"定居"且适应了现代的生产生活方式。虽然大多数鄂伦春人仍居住在民族乡内,但也有一部分人迁移到北京、哈尔滨、呼和浩特、海拉尔等。"环境、经济、家庭、政治因素导致的人口流动,在全球范围内看似处于高水平。然而,人类学研究表明,在整个人类进化的过程中,在一个人的一生和群众运动期间皆已发生频繁的流动。采摘者、园艺师和牧民将经常的搬迁作为他们正常生活的一部分。"① 诸多的鄂伦春人"游走"在大城市中求生存,这些城市虽比民族乡(镇)提供了更多的工作和教育机会,但也隔开了民族文化的空间。

三 原始宗教的审美心理

鄂伦春族审美观念与其宗教信仰有着直接的联系,宗教信仰已经渗入鄂伦春人的审美思维结构中,展现了鄂伦春人审美观念中的神灵意识与本族意识。鄂伦春族信奉的神灵主要有天神、太阳神、月神、北斗七星神、雷神、雨神、风神、山神、火神等,"在(人类社会)这种初期阶段里所具有的特征,就是狩猎文化所特有的万物有灵论信仰。万物有灵论对自然界的一切有生命的物体和无生命的物体都赋以灵魂"②。在原始宗教看来,自然万物不仅能够影响人类的福祸吉凶,而且能主导人类的灵魂、思想和意志。

鄂伦春族宗教信仰属于原始自然宗教的范畴,乌丙安称其为"自然民族的自然信仰"③。原始宗教源起的时间更久长,鄂伦春族萨满信仰及万物崇拜归属于"萨满文化圈"。鄂伦春族生活在俄罗斯境内时不受基督教的传播和影响,坚定地信仰萨满教,"也有受过洗礼的人,但这些基督教徒并不重视自己的新

---

① Barbara Miller, "Cultural Anthropology in a Globalizing World", *Upper Saddle River*, N. J.: Prentice Hall, 2011, p. 252.
② [匈]米哈伊-霍帕尔:《图说萨满教世界》,王杉译,内蒙古自治区鄂温克族研究会选编,内部资料,2001年,第10页。
③ 乌丙安:《神秘的萨满世界——中国原始文化根基》,上海三联书店1989年版,第6页。

信仰，仍然继续参加萨满教仪式"①。鄂伦春族原始信仰建立在自然崇拜、图腾崇拜、祖先崇拜的基础之上，鄂伦春人通过神话、传说、史诗、图腾、祭神仪式、服饰、工艺等表达神秘古朴的审美情趣，可以说，不了解鄂伦春族的宗教信仰，根本无法抵达他们的审美世界。

鄂伦春族萨满教的主要特点是以神灵作为其精神世界的构成形式，通过萨满实现人与神的对话。萨满是鄂伦春族社会民间的神职人员，是鄂伦春族原始宗教仪式的主持者，是沟通人神两界的中介和桥梁。因此，主持占卜、祭祀的萨满也被当作巫师，说明鄂伦春族原始宗教存有原始巫文化的内容。鄂伦春族信仰文化仍保留着先民原始宗教的遗迹，透过五彩斑斓的图案色彩、各式各样的服饰品、热烈的诗词、忘我的舞蹈、迷狂的境界，可以看到鄂伦春族先民对神灵的虔诚崇拜，体现了鄂伦春人问祖寻根的集体无意识。新中国成立后，萨满教曾一度被当作封建迷信加以禁止，人们采取了拆神房、烧萨满衣物等清除行动，同时，随着社会经济的发展、科学文化知识的提高和医疗卫生条件的改善，萨满教在鄂伦春族社会生活中的地位和作用已大为削弱。目前，只剩下民族文艺表演中的审美形式，历史几乎全部抽空了鄂伦春人审美心理的信仰之维。

四　森林文化的审美根基

鄂伦春族的森林文化是审美的、生态的、活态的与实用的。鄂伦春族审美文化涵盖了萨满文化、狩猎文化、兽皮文化、桦皮文化、人文工艺等，涉及生态条件下形成的信仰、衣食住行、神话、传说、歌舞、工艺美术等内涵。鄂伦春族审美意识包含审美主体的自由实现意识与生态观照意识。鄂伦春族文化既不是封闭的农业文化，也不是开放的海洋文化，而是山林中的生态文化，鄂伦春族与环境相依相守，双方融为一体，不分内外地相合统一。日本人永田珍馨

---

① ［俄］P. 马克：《黑龙江旅行记》，吉林哲学社会科学研究所翻译组译，商务印书馆 1977 年版，第 79 页。

认为，如同称蒙古族为"草原民族"，称赫哲族为"江河民族"一样，可以从文化科学的角度，称鄂伦春族为"森林民族"；从生产方式的角度，称其为"狩猎民族"；从充分利用白桦方面，称其为"白桦民族"。①

鄂伦春人的家园是兴安岭，他们有着热爱家乡的优良传统。鄂伦春人根据活动区域划分，"如居住在黑龙江上游的鄂伦春部落称玛涅克人，游猎于毕拉尔河一带的称毕拉尔人，游猎于黑龙江下游恒滚河等处的，称奇楞或奇勒人"②。鄂伦春人有着关爱生命、猎取有节、保护森林、自觉的防火意识，成为当之无愧的"兴安卫士"。1996年1月23日，鄂伦春自治旗实行全面禁猎，当时担任旗长的孟松林说："从文化的角度来讲，我可能是个罪人；但是从生态角度来看，我可能算是个功臣。"③ 毋庸置疑，这当然不是个人的责任问题，也不仅是个人的矛盾、自责与痛苦问题，而是一个狩猎民族的无奈之举。

鄂伦春人基于大自然血脉相连的理念，体现在居住地的分布、迁徙地的选择、生态环境的保护、自然万物的认知与粗略的分类上。鄂伦春人革除了"烧荒引兽，放火寻角"④，据鄂伦春族老人说："在每年开春，猎人先在河边打防火道，然后烧阳坡的草。被火烧过的地方会比未烧过的地方先长出青草，吸引野兽来此吃草。"⑤ 其实，这只是狩猎民族生产工具不发达阶段的一种捕猎方法。另一方面，狩猎烧荒不同于农业烧荒，也起到了"春风吹又生"的作用。目前，俄罗斯远东地区仍在每年的七月末烧荒。

鄂伦春人有着高度自觉的防火意识，史禄国曾在《北方通古斯的社会组织》中赞扬通古斯人防火的意识与行为："通古斯人对如何保护森林了解得很清楚。他们采用的办法较原始但很有成效。比如在他们离开营地时，从不留下未熄灭的火种。"⑥ 鄂伦春族老人葛淑贤在夏天防火期的时候，因为她随身携

---

① 参见〔日〕浅川四郎、永田珍馨《兴安岭之王，使马鄂伦春》，赵复兴译，内蒙古文化出版社1999年版，第121页。
② 蒋松秀、朱在宪：《东北民族史纲》，辽宁教育出版社1993年版，第139页。
③ 敖继红：《放下猎枪的抉择》，《人与生物圈》2003年第6期。
④ 鄂伦春自治旗史志编纂委员会编：《鄂伦春自治旗志》，内蒙古人民出版社1991年版，第7页。
⑤ 关红英、何青花：《浅议鄂伦春人对"火"的意识》，《鄂伦春研究》2003年第1期。
⑥ 〔俄〕史禄国：《北方通古斯的社会组织》，吴有刚等译，内蒙古人民出版社1985年版，第26页。

带着烟火，防火检查站的工作人员不让她上山采野菜，她就给人家递烟，两个人就一起蹲在道边抽烟，葛淑贤老人一边抽烟，一边在地上挖坑，她把烟灰和烟蒂扔到里面，埋好后，进山了。2014年2月12日，葛淑贤老人自豪地说："这就是我们鄂伦春人，我们最知道防火与爱护森林了。"① 说明鄂伦春人的生态保护意识已扎根在习惯中，铸就了鄂伦春族审美观念的森林文化意识。

当今世界，人类无力解决日益严重的生态危机问题导致了人类的文化危机，正如美国环境史学家唐纳德·沃斯特在《自然的财富》中的论述："我们不仅对市场或工业主义精神表示怀疑，而且也对过去的两或三个多世纪讲给自己的主要故事表示怀疑：人类通过理性战胜了自然其他事物的故事。"② 当代的消费主义充斥全球及其所投射出的精神生态危机问题皆源于人类中心主义与理性中心主义的"专制"，然而，自然更需要人类用美学与伦理学的理念相待，自然孕育了人类，人类创造了文化，文化诞生了文明，文明又传播了文化，文化最终要回报自然。

第三节 鄂伦春族审美文化的流变

旧石器时代晚期是人类审美意识觉醒的时代，自此，人们产生了审美需要，开始了审美创造，跨入了审美时代，造就了具有神灵意识的古典型审美文化形态。多元文化的融合、生态环境的变化与生产生活方式的转变，导致了鄂伦春族审美文化变异因素的出现，"变迁一般是由社会文化环境或自然环境的改变引起的。这两方面的变迁经常是同时或先后发生的。"③

---

① 被访谈人：葛淑贤。访谈人：王丙珍。访谈时间：2014年2月12日。访谈地点：大兴安岭地区呼玛县白银纳民族乡私房菜饭店。
② Donald Worster, *The Wealth of Nature: Environment History and the Ecological Imagination*, Oxford: Oxford University, 1993, p. 218.
③ [美] 克莱德·伍兹：《文化变迁》，施维达等译，云南教育出版社1989年版，第22页。

第一章 鄂伦春族审美文化生成的历史语境

一 多元文化的交融

鄂伦春族审美文化受到其他民族文化的影响和渗透，导致其审美文化的多元性和混同性，究其原因，这与北方独特的地理、民族分布与民族迁徙有关，虽然兴安岭对民族文化的传播和民族迁徙造成了自然的阻隔和屏障，但狩猎民族、游牧民族的特性使北方各民族加强了往来。中华民族本身就是一个多民族融合的共同体，而且民族融合又成为文化融合的原因和动力。传说中的禹的继承人嬴伯益是夷族，可知，华夏族的祖先早就包括一部分原属夷族的成员。公元前2249年，"今黑龙江东部地区的肃慎先民，派使者前往中原地区，向华夏部落大联盟首领帝舜贡献弓矢；今大兴安岭地区等黑龙江西部地区的先民们，也一同前往，与帝舜有一定联系"[①]。

明熹宗天启五年（1625年），鄂伦春族与鄂温克族、达斡尔族统称"索伦部"，也表明民族间的文化融合，"居黑龙江中游的鄂伦春人有'玛涅依尔'部，于今大兴安岭漠河县、塔河县和呼玛县西北部一带，与达斡尔族和鄂温克族杂居。现居住于呼玛县白银纳民族乡和塔河县十八站民族乡。'毕拉尔'部，于今大兴安岭呼玛县东南部、精奇里江（今结雅河）与牛满江（今布列亚河）一带，与达斡尔族杂居。居住于今黑龙江黑河市新生乡和逊克县新鄂乡。索伦部和萨哈尔察部人，一部分人已定居生活，学会建木城，用纸糊窗，制作桦皮器皿和船，缝制衣服，种植大麦、燕麦、荞麦和各种蔬菜，每屯有石磨"[②]。可见，民族间的文化影响是双向的、互渗的。

17世纪中叶以前，鄂伦春族与外界接触很少。17世纪中叶以后，传入鄂伦春地区的马匹取代了驯鹿，鄂伦春族的生产力得到极大的提高。19世纪末，一夫一妻制的小家庭狩猎组织，达斡尔语"阿那格"（"围着一堆火的人们"）代替了家庭公社。光绪八年（1882年），清政府成立了兴安城总管衙门后，鄂

---

① 大兴安岭地区史志鉴编纂委员会：《大兴安岭历史编年》，方志出版社2001年版，第3页。
② 同上书，第142页。

伦春人在嫩江县东北的喀尔通屯"半定居",雇请汉人或达斡尔人教鄂伦春人农业知识。"呼玛地区的鄂伦春族在民国年间,受了其他民族的影响,农业有了萌芽。"①日本殖民者占领满洲后,对鄂伦春人实行种族隔离政策,1939年,日本人又将鄂伦春人赶往山林,"战时隔离利用,用后就地消灭"。日本人永田珍馨认为鄂伦春人生活现状同日本建国时代的居住方式、生活方式和宗教信仰有相似之处。永田珍馨指出当时的鄂伦春族是唯一的原始民族,因为鄂伦春族还没有实行定居生活,而且忠于狩猎生产生活,同时,永田珍馨发现满族、达斡尔族和赫哲族已被其周围地区的满族、蒙古族和汉族所同化,他们住着汉族式的房子,作为民族特点的生活习惯正在消失。②史禄国在《北方通古斯的社会组织》中也认为"索伦人依自然环境的不同,以饲养牛马、狩猎或农业为生。从民族志学来说,他们受蒙古、满和汉人的影响,但保存着一定程度的北方通古斯人的特点"③。

鄂伦春族与周邻民族关系密切的依据还有语言,其外来语主要有满语、达斡尔语、鄂温克语、汉语、蒙古语、俄语等。鄂伦春语属于满—通古斯语族通古斯语支,鄂伦春族在清朝通用满文,"1915年,二十岁以上的毕拉尔千和库玛尔千几乎全都会讲满语,其中很多人能读、会写满文"④。日本人占领东北的时候,鄂伦春人也学过日文。目前,鄂伦春人一般通用汉文,鄂伦春族孩子在学校还学习英文,由于少数民族杂居生活和民族语言相近的原因,鄂伦春人大多会说鄂温克语、达斡尔语、蒙古语等,最具代表性的地方是鄂伦春自治旗的小二沟即诺敏镇猎民村,由于这里的主体民族是达斡尔族,而且离莫力达瓦达斡尔族自治旗很近,因此,此处的鄂伦春人早已不会说鄂伦春语了,80多岁的鄂伦春族老人也说达斡尔语,他们在舞台上所跳的民族舞蹈也是达斡尔族

---

① 内蒙古少数民族社会历史调查组编:《黑龙江省呼玛县十八站鄂伦春民族乡情况——鄂伦春族调查材料之四》,内部资料,1955年,第66页。

② 参见[日]浅川四郎、永田珍馨《兴安岭之王,使马鄂伦春》,赵复兴译,内蒙古文化出版社1999年版,第119—120页。

③ [俄]史禄国:《北方通古斯的社会组织》,吴有刚等译,内蒙古人民出版社1985年版,第94页。

④ 同上书,第130页。

舞蹈,可以说,此处的鄂伦春族文化已经"达斡尔族化"了。然而,即使是被誉为"中国犹太民族"的达斡尔族,其文化本身也是个综合体,达斡尔族文化主要受到汉族文化与蒙古族文化的影响,日本人秋叶隆描述过达斡尔族巫术:"服浅黄色中国服穿蒙古鞋、一带发辫之男巫,急出独迎之,其妻亦中国服戴耳环,且穿蒙古鞋而坐于炕席上,以红茶而款待吾等,诚一摩登之巫也,有以线香五支、月饼三个、白酒一瓶来请为友看病者,以助手赴海拉尔卖牛未归,使稍候之。"① 从中可见,从服色、款式、饮品、发式等方面来看,这两个达斡尔族萨满已然是民族文化综合体的全权代表了。鄂伦春人在这方面的情形与之相同。俄国学者 P. 马克通过鄂伦春语的混杂情况解释了民族之间的交往,"奥罗绰人的语言中有从俄语和满语中借用的词汇,因为奥罗绰人和俄国人、满人有来往。"② 当下,鄂伦春族日渐遗失了本民族语言,鄂伦春语只在本民族内部的日常生活中使用。在田野调研中,笔者发现白银纳鄂伦春族民族乡的鄂伦春族老年人之间经常使用鄂伦春语,老年人和中老年人之间尽可能使用本民族语言,中老年人和青少年之间基本上使用汉语。年轻的鄂伦春人在政治生活、学校教育、日常交往中则全部使用汉语。诺敏镇猎民村的鄂伦春人则使用汉语和达斡尔语。呼伦贝尔市扎兰屯市南木民族乡的多数鄂伦春人会说达斡尔语或蒙古语。此外,各民族之间的交融与影响通过语言在民间文学中传承至今,尤其是关于虎、熊与狼等动物传说,构成了各民族语言交杂的"口头文学网络"。

近三百年的商品交换加速了鄂伦春族与其他民族的融合,虽然鄂伦春族与其他民族的贸易带有掠夺性质,但"安达"(最好朋友或结拜兄弟,代指奸商)剥削制度的延续、大量商人的涌入、猎物商品化的过程皆使鄂伦春族文化发生了变化。新中国成立以后,为了响应党的政策与号召,各流域的鄂伦春从原居住地撤到山下的各城镇中,开始过着以农耕文明为基础的采集狩猎生活,因

---

① [日] 秋叶隆:《满洲民族志》,党庠周译,满日文化协会1938年版,第83—84页。
② [俄] P. 马克:《黑龙江旅行记》,吉林哲学社会科学研究所翻译组译,商务印书馆1977年版,第73—74页。

为生存地域发生了变化，鄂伦春族与其他民族之间构成共生关系。随着国家与社会的变迁、人口的流动、经济贸易交往成为提供林产品的族群。迄今，定居后的鄂伦春人仍然留恋狩猎生活，言谈举止之间对祖先的狩猎生产生活方式不胜向往、惋惜与唏嘘，与其说是为了回归生活本身，不如说是对祖先的认同与追忆。

对鄂伦春人而言，婚姻不仅仅是个人的事，而且是氏族发展壮大的事。鄂伦春族婚姻保持严格的族外婚制，实行的是交错从表婚。定居后，鄂伦春人的结婚程序有选婿择媳、求婚、认亲、过彩礼、娶亲等，可见，鄂伦春人的婚姻词汇及程序很受蒙古人、满族人和汉人的影响，正如史禄国所云："因此从表面上看是通古斯的古老风俗，其实并不起源于通古斯。"① 鄂伦春人与汉人通婚是在清朝末年，19世纪中后期，清政府在黑龙江流域设立驿站，随着大兴安岭呼玛地区的黄金开采及土地开垦，汉族商人随之进入鄂伦春族地区，加速了鄂伦春族婚姻关系的变化。汉族商人为了获取更大的利益，实现扩展经济实力、垄断商品的目的，采用娶鄂伦春女子为妻或纳妾的办法。1915年，"有些汉人已在库玛尔千中定居，娶库玛尔千的姑娘为妻，她们通常是替父抵债的。汉人还把农业传入库玛尔千"②。1916年，呼玛县汉族商人谭宝善、李金泰皆娶鄂伦春女子为妻或妾。新中国成立以后，鄂伦春人逐渐由父母包办婚姻转向自由恋爱，由民族内部通婚变为与其他民族通婚。鄂伦春族的婚姻形式也由传统的氏族外婚转向多民族通婚，这种婚姻形式被称为"团结户"，这也是民族融合的主要方式，较多的情况是女方是鄂伦春族，男方是其他民族。因此，古里乡一带也被称为"姑爷户"，一方面滋生了其他民族懒、等、靠、要的思想，另一方面也导致鄂伦春族出现了男子娶不着媳妇的现实局面。如今，从外表上已很难区分出鄂伦春人了，虽然纯鄂伦春人的颧骨还是很高，正是鄂温克诗人维佳所说的"高骨人"，但现代社会里具有纯正鄂伦春血统的人数很少，这也印证了史禄国的说法："通古斯作为一个民族单位能够保存下来的唯一途径，

---

① ［俄］史禄国：《北方通古斯的社会组织》，吴有刚等译，内蒙古人民出版社1985年版，第382页。
② 同上书，第105页。

是不与其他任何民族集团通婚,并保持其民族志学和语言的纯洁性。"①

鄂伦春族早期狩猎工具主要是扎枪、弓箭、桦皮船、滑雪板、驯鹿、猎犬、猎马等,17世纪以后,火枪逐渐取代了弓箭,成为主要的狩猎工具。19世纪末,鄂伦春人普遍使用别拉弹克枪。20世纪初,一部分鄂伦春人开始使用现代步枪。同时,马匹也大量输入进来,成为强有力的生产工具,"用于使役马匹的新术语,包括'马鞍'这样的词,是借自达斡尔族、满族和蒙古族的。"② 其中,除了少数是本民族的创造发明以外,大都是与各兄弟民族接触、交流、融合的结果。

近现代以来,由于文化上的交流及周边民族的影响,鄂伦春族节日主要有除夕、春节、元宵节、清明节、端午节等,这使得鄂伦春族的岁时风俗文化丰富多彩。其中,春节最为热闹,以往,人们在春节前要备足吃到正月十六的食品,还要制作新的皮衣,除夕之夜要烧旺火塘与篝火,全家敬火神祈求平安、祭祖、给老人磕头。从初一到初五的活动主要有音乐、舞蹈、摔跤、射箭与赛马等,男女一起通宵达旦地跳仪式性的"依和纳仁"舞。现在,鄂伦春人的风俗习惯已与汉民族基本趋同,"鄂伦春人也受其他民族的影响,到了过年,也喜欢在大门上贴对联。"③ 北方民族中操满—通古斯语的各民族都有一些共同的文化传统,"一切文化的历史都是文化借鉴的历史。文化不是不可参透的"④。以崇拜习俗为例,鄂伦春族、鄂温克族、赫哲族、达斡尔族都有拜火习俗,北方各民族关于火的神话传说皆与其民族历史文化渊源相联系,中华民族的先祖燧人氏也被尊为火神,这表明北方民族的文化传统与中华民族文化有着某种内在联系。

北方各民族之所以特别崇火,是与北方的生态环境息息相关的,火能带来温暖和光明、驱逐严寒和野兽、烧熟食物、提高狩猎生产力、沟通人际关系,

---

① [俄]史禄国:《北方通古斯的社会组织》,吴有刚等译,内蒙古人民出版社1985年版,第179—180页。
② 同上书,第55页。
③ 空特勒:《鄂伦春女人》,作家出版社2001年版,第16页。
④ Edward W. Said, *Culture and Imperialism*, New York: Vintage Books, 1993, p. 217.

而且能够起到净化作用，还能够将死去的人送到另一个世界，也能将其接到生前的住地。内蒙古自治区鄂伦春自治旗与黑龙江省黑河市的新生乡也分别将每年的 6 月 18 日与 8 月 6 日定为"古伦木沓"（篝火节），其他各鄂伦春族乡村也有各自的篝火节，人们围着篝火聚餐、说家常、唱歌、跳舞，享受火神带来的幸福生活，"在鄂伦春族中，火象征着生命、光明。因此，平日里的人际纠葛积怨，在圣火面前便化为灰烬，只有如火般温暖的情谊。甚至闹别扭的两口子，也在篝火舞中和好如初。因此，篝火舞一直跳到深夜群星闪烁的时候，大伙儿才尽兴而止"①。另一方面，民族间的融合有和平互益也有矛盾战争，如传说《毛考代汗》讲述了鄂伦春族与特格（鄂温克族）的矛盾斗争，其原因在于特格人抢走了柯尔特依尔氏族首领毛考代汗的妻子，毛考代汗用妙计杀了仇人，夺回了妻子。从此，两个民族结下了世仇，毛考代汗与特格人的首领牛牛库春进行了长期的战争。②在异文《毛考代汗的传说》中，当牛牛库春端水时，毛考代汗一手接碗，一手砍死了他，又砍死身边的大力士和两个勇士，然后，飞也似地逃离了："毛考代汗和牛牛库春的这段怨仇，使双方都流了不少血，两个部落都因为此事而遭到很大损失。这是早年人们干的糊涂事，这种事今后再也不会发生了。"③正如鄂伦春族谚语所云："若是遇见别族兄弟，应和他们共处团结。"④

文化是一个民族的内在规定性与传承性，"真正把人们维系在一起的是他们的文化，即他们所共同具有的观念和准则"⑤。鄂伦春族作为"漫游民族"经历过不断地迁徙、分化和融合的历史，在极端的矛盾冲突中与多元的融合中表现了真、善、美，彰显了鄂伦春族生态文化和审美文化的对话与交往。

---

① 敖长福、敖荣凤：《神圣的篝火》，《鄂伦春》2006 年第 1 期。
② 参见内蒙古人民出版社编《鄂伦春民间故事集》，内蒙古人民出版社 1981 年版，第 26—30 页。
③ 参见峻林等编著《鄂伦春民间故事集成》，内蒙古文化出版社 1997 年版，第 65 页。
④ 娜日斯编：《达斡尔 鄂温克 鄂伦春谚语精选》，内蒙古文化出版社 1993 年版，第 90 页。
⑤ ［美］露丝·本尼迪克特：《文化模式》，王炜等译，社会科学文献出版社 2009 年版，第 11 页。

二　生态环境变化对鄂伦春族审美文化的冲击

生态环境包括自然生态环境与人文生态环境，我们从鄂伦春族神话、故事、传说、神歌、民歌和祭仪等文化现象中，可以感知鄂伦春人对自然的谦卑、敬畏、热爱、感恩、回报、祈求等。从外部原因来看，自然生态环境导致鄂伦春族文化出现变异，最直接原因是历史上的民族迁徙引发的文化演变，鄂伦春族分布在不同的国家与地区，导致文化内部出现细微差异，而且文化渊源的一致性、语言的相通、生活方式的相似性等促使鄂伦春族文化具有整体上的密切联系。鄂伦春人世世代代以狩猎为生，但大自然的休养生息、动物的瘟灾及繁衍速度慢、生产工具的进化、护林防火的限制等原因使得鄂伦春族难以维系狩猎生产生活方式。狩猎文化的消逝在19世纪末期已有征兆，"为市场而狩猎，已激烈地改变了通古斯人的生活，他们开始泛猎而不顾自己的将来"，"动物行将灭绝，随之以狩猎为生的通古斯集团也将绝灭"[1]。1935年，库玛尔路协领为黑河直署正蓝旗二佐呈文《关于围猎困难要求开垦问题》提到引导鄂伦春人从事农业的建议。[2]

鄂伦春族是一个天性爱美的民族，他们喜爱"美好的食品、漂亮的衣料和一切美好的东西，如好的猎枪、驯鹿和马匹等"[3]，如今的鄂伦春人早已不再拥有猎枪与驯鹿了，诸种美好的东西已成为"不可望也不可即"了。作为"新生"的农耕民族，马匹对鄂伦春人而言也不再有用武之地。另一方面，就人文生态环境而言，在中华民族相互融合的历史大背景下，鄂伦春族先后融入北方各民族中，特别是在清代的政治制度的治理下，鄂伦春族一度被并入索伦部。近百年来，在东北多民族的土壤中，鄂伦春族受到不同民族文化的影响，詹姆

---

[1]　[俄]史禄国：《北方通古斯的社会组织》，吴有刚等译，内蒙古人民出版社1985年版，第66页。
[2]　参见东北少数民族社会历史调查组《库玛尔路鄂伦春族档案材料》（第二册），内部资料，1958年，第154页。
[3]　[俄]史禄国：《北方通古斯的社会组织》，吴有刚等译，内蒙古人民出版社1985年版，492页。

逊认为文化至少源自两个群体以上的关系,每个群体不可能独占一种文化,"它是那个群体陌生奇异之处的外化"①。可是,这种关系可能致使弱小民族的文化与其文化母体之间产生断裂。

新中国成立后,随着下山定居、兴安岭的开发建设及其他民族的大量涌入,鄂伦春族与人口占绝对优势的汉族广为接触,从目前的情况来看,鄂伦春族虽然还保留了许多原有的文化传统和习惯,但与下山定居前的情况相比,已经出现了较大的文化变异,美国人类学家C.恩伯、M.恩伯的《文化的变异——现代文化人类学通论》论述了文化变迁的原因在于发现、发明、传播、反抗、叛乱、涵化、商业化、移居劳动力等,阐释了不同文化群体在深入接触中的双向涵化过程,"我们必须记住自己是人,不管人们属于什么文化,他们仍然是人,而作为一个种属不管属于什么文化的人都有许多共同的需要和特征。"②

人类更需要精神的安居之所,一个没有精神家园的民族永远在流浪,定居的鄂伦春族却失去了心灵依托,只能遥望着渐行渐远的精神家园,换言之,漫游的鄂伦春族是精神定居的民族,定居的鄂伦春族是精神"漫游"的民族。鄂伦春族老人不断地强调本族意识和发展意识,"我们民族人生活都很苦,日本人来以前及以后,生活得很苦,怎么让穷人生活提高?谁把我们弄穷了?"③目前,鄂伦春族有识之士正在仿效美国印第安人生态保护区的做法:"狩猎文化的保护必须与资源权和生存权联系起来,即把文化保护与鄂伦春人的未来发展联系起来。换言之,只有保障他们的'环境资源权利',才可能谈及他们的生存权和发展权,也才能谈及对这个少小民族的文化保护。"④ 鄂伦春族所遇到的困境与难题是传统与现代之间的碰撞问题,需要每一个鄂伦春人保有高度的文化自觉。

---

① [美]弗雷德里克·詹姆逊著,王逢振主编:《詹姆逊文集第3卷:文化研究与政治意识》,蔡新乐等译,中国人民大学出版社2004年版,第24页。
② [美]C.恩伯、M.恩伯:《文化的变异——现代文化人类学通论》,杜杉杉译,辽宁人民出版社1988年版,第547页。
③ 被访谈人:额尔登卦。访谈人:王丙珍。访谈时间:2013年1月14日。访谈地点:鄂伦春自治旗阿里河镇被访谈人家中。
④ 白兰:《为什么保护狩猎文化:反思开发模式,实现科学发展》,《鄂伦春研究》2012年第12期。

三 三次历史跨越、六重生计方式对鄂伦春族审美文化的影响

鄂伦春族在与现当代文明接轨的过程中，共完成了三次历史飞跃，达成狩猎业—林业—农业—手工业—养殖业—旅游业的六重生活生产方式的联合与转变。一方面，鄂伦春族依靠中国现代化实现了三个阶段的跨越，被迫快速地融入现代化进程，有些鄂伦春人的生活方式和思维方式已经汉化；另一方面，大多数鄂伦春人仍墨守其古老的森林文化思想和传统习惯，却又失去了狩猎生产生活方式与生存的原生态生存环境。"喜欢山岭的鄂伦春人、喜欢土地的鄂伦春人、喜欢经济的鄂伦春人是这个民族最复杂的思维方式，同时又是三代人的三次跨越。"①

自17世纪中叶以来，鄂伦春人开始实物交易，我们只能说鄂伦春人并不懂得商业规律，但却不得不适应市场经济，"妨碍了他们取得即或是有限的财富"②，鄂伦春人对商人供应的货物的依赖性日益增长，包括枪支弹药、布料针线、药盐米面、烟酒糖茶等，这就使得保护生态的各种禁忌不可避免地被淡化、被舍弃了，以至于鄂伦春人不可避免地采用"杀鸡取卵"式的生产方式，完全忘记了民族自身的生存与发展，而且大量的皮张外流导致传统手工艺的无为，给鄂伦春人的社会文化模式带来了变化。新中国成立前，鄂伦春族内部私有制虽已确立，但仍保持着浓厚的原始公社残余，终年的原始游猎生活使鄂伦春人获得的收入较低，"这是因为，首先，他们狩猎活动的地区资源贫乏，价值高的珍贵的动物不多。其次，也是最主要的原因是，这个部落的猎人以个体经营的方式从事狩猎生产，所以生产发展的水平很低。"③ 伪满时期，日寇的"消灭和利用""以夷制夷"政策使鄂伦春族濒于灭绝，据杨英杰《黑龙江省兴

---

① 敖长福：《大岭歌谣》，《鄂伦春》2008年第4期。
② ［俄］H. A. 巴科依夫：《满洲北部的狩猎部落》，吴文衔主编《黑龙江考古民族资料译文集》（第一辑），黑龙江省博物馆，内部资料，1991年，第181页。
③ 同上。

安里的鄂伦春民族》记载,早在1925年以来,奇克和瑷珲一部分鄂伦春人开始从事定居农业生产。① 新中国成立后,鄂伦春族是我国11个从原始社会末期直接进入社会主义社会的少数民族之一。1951年开始,鄂伦春人陆续下山定居;1958年,鄂伦春族结束了游猎生产和不定居的生活,从事有计划的狩猎和其他辅助性的经济生产方式,完成了鄂伦春族历史上的第一次飞跃。1951年4月7日,中央人民政府批准成立鄂伦春自治旗,这是中国第一个少数民族自治旗。从此,鄂伦春人拥有了土地,"按照通古斯人的观念,土地不属于人而属于最高的神灵—布嘎。"② 在鄂伦春族的信仰层面,"布嘎"相当于"恩都力"(天神)。下山定居的鄂伦春人开始在居住点周围开荒,但"黑龙江省土著部落,向以游猎为生,不娴耕种"③。因此,至今仍有一定数量的鄂伦春人怀念狩猎生活,可以说,鄂伦春族从狩猎到农业生产生活方式的转变是痛苦与无奈的,"就鄂伦春人对于狩猎生产的深厚感情说来,他们是不愿意去考虑离开枪和马,从事另一种生产的。"④ 由此带来了一系列的文化心理矛盾冲突。

鄂伦春人仍不喜欢像汉族人那样将各种蔬菜种满园子,他们还是喜欢采集大自然的馈赠,包括柳蒿芽、老山芹等山野菜,他们不得不认可由猎民变成农民,"过去我们不会种地,现在我们种地比汉人都种的好。"⑤ 鄂伦春族现当代作家空特勒在《猎人与麦子》中描述:"猎人自豪地做起农民了,尽管每年的收成都不一样,土地干旱了,雨水多了,这些也让当今的猎人感到寂寞。他们就会想起狩猎的日子。"⑥ 党的十一届三中全会以后,按照"改变传统的生产方式,发展多种经营"的生产建设方针,完成了鄂伦春族历史上的第二次飞

---

① 参见杨英杰《黑龙江边兴安岭里的鄂伦春民族》,东北人民出版社1952年版,第8页。
② [俄]史禄国:《北方通古斯的社会组织》,吴有刚等译,内蒙古人民出版社1985年版,第461页。
③ 徐宗亮:《黑龙江述略》,黑龙江人民出版社1985年版,第45页。
④ 秋浦:《鄂伦春人》,民族出版社1956年版,第53页。
⑤ 《林海雄鹰——白银纳鄂伦春人》编委会:《林海雄鹰——白银纳的鄂伦春人》,内部资料,2006年,第301页。
⑥ 空特勒:《猎人与麦子》,《鄂伦春》2008年第2—3期。

第一章 鄂伦春族审美文化生成的历史语境

跃。① 在各级政府的扶持下，农业经济和林业经济占主导地位，由于狩猎经济逐步减少甚至停止，手工业又重新加入经济改革行列，这样的做法甚至改变了鄂伦春人服饰和生活用品的审美需求，因为手工业的经济化主要是毛皮制品和桦皮制品，"用桦树皮制作的各种筐篓，皮制的囊袋、手套和靴以及其他皮革和毛制品已经在他们正规的收入中占有重要地位。这种新兴的生产事业有时夺去了通古斯人通常的衣着材料。这时他们就要从外族人手中购买纺织品自用——在后贝加尔买自俄罗斯人，在满洲买自汉人。"② 这种情况表现在当下的民族活动中，是否拥有本民族服装已成为经济实力的标志。

1996年1月23日，鄂伦春自治旗政府正式颁布了《禁猎通告》，鄂伦春自治旗境内全面实施"禁猎生产"，转变为以"农牧林"生产为主的经济生产方式，实现了历史上的第三次跨越。如今的鄂伦春人几乎涉足所有的工作领域，如教育、经商、从医、从政等，狩猎业早已淡出了历史舞台，林业与农业依然是鄂伦春地区的生产方式，旅游业作为新兴的经济类型，正步入鄂伦春人的生活。"在神圣的共同体、语言和血统衰退的同时，人们理解世界的方式，正在发生根本的变化。"③ 作为新兴产业的养殖业在政府的扶持下开展起来，鄂伦春人从前只为自己的需要制作服饰，现在，他们卖给游客或各级博物馆，甚至被国外博物馆或文化机构购买收藏。鄂伦春族的歌唱家、舞蹈家在旅游节日中表演节目，族人也有机会在自己家门口出售手工艺品，"他们的目的不仅仅是卖商品，而是在表达，是为了使他们所构想的认同能够被更大的世界所承认。他们把产品作为自身的扩展来体验。"④ 当下，由于鄂伦春人不再从事狩猎，无从获得毛皮，2014年2月2日，笔者在大兴安岭地区呼玛县白银纳民族乡调研时，葛彩芹告诉笔者，因为她自己没有皮子，所以，只好给别人熟皮

---

① 参见敖荣凤《历史性的跨跃》，《鄂伦春》1997年第4期。
② [俄]史禄国：《北方通古斯的社会组织》，吴有刚等译，内蒙古人民出版社1985年版，第58页。
③ [美]本尼迪克特·安德森：《想象的共同体：民族主义的起源与散布》，吴叡人译，上海人民出版社2011年版，第21页。
④ [美]乔纳森·弗里德曼：《文化认同与全球性过程》，郭建如译，商务印书馆2003年版，第169页。

子,熟一张皮子100元,一般情况下,每天最多熟三四张狍皮。① 现在,兴安岭已经纳入国家森保工程,采剥桦树皮也受到严格的控制,原材料缺乏制约了民族技艺的传承。

  总之,多元文化的交融、生态环境的变化、社会制度与狩猎生活生产方式的转变动摇了鄂伦春族审美文化的根基,改变了鄂伦春族审美文化的形态。尽管如此,鄂伦春族仍在日常生活中保有传统的民族心理特征和文化习惯,鄂伦春族仍然是"兴安之子"。

---

① 被访谈人:葛彩芹。访谈人:王丙珍。访谈时间:2014年2月2日。访谈地点:大兴安岭地区呼玛县白银纳民族乡被访谈人家中。

第二章　鄂伦春族宗教信仰的审美意蕴

原始宗教信仰是原始思维的最生动表现，其主要特点是万物神灵化，并对其敬畏、感恩和进行祭祀，这种心理通常紧密联系着原始认识与道德观念，并伴随着由真善观念所引起的对事物的审美价值判断。鄂伦春族宗教信仰代表了本民族文化的哲学、艺术、科学及宗教思维。最初鄂伦春人希望借助神灵超自然的力量，通过神话、传说、雕刻、绘画、颂词、音乐、舞蹈、岩画等形式去沟通现实世界与神灵世界且实现对自然界的种种美好愿望。

第一节　原始信仰的审美观念

鄂伦春人在自然崇拜、图腾崇拜、祖先崇拜中保留着初民的审美观念，渗透着神灵意识、本族意识与人文意识，塑造了自然之美、图腾之美与人性之美。鄂伦春族文化皆有其原始信仰文化渊源，信仰精神构成了审美文化的根脉。鄂伦春人对世界万物的形象感受能力超过了抽象思维能力，表现在鄂伦春族的宗教信仰的神偶化特点上。

一　自然崇拜：神灵意识

自然崇拜孕育了自然美，"原始人群的宗教思想，除了与其被超自然化了的自然对象的性能有关系外，与其形象上的美或丑，也有密切关系。在原始人看来，那些外表凶恶、丑陋的东西，一般总是给人带来不吉利，而那些美丽、柔顺的东西，一般总是给人带来吉祥喜事"①。鄂伦春人通过"万物有灵"的思想，传达了敬畏自然、遵从自然的理念。鄂伦春人有谚语："天上要是不下雨，小河沟都晒干；人间要是不供神，大人小孩难平安。"②从鄂伦春人原始而神秘的自然崇拜到人与自然的和谐相处，"为后人崇尚自然、热爱自然、呵护自然以及信奉自然，打开了一道人类早期的生态意识之门"③。鄂伦春人对自然持有天然的、崇敬的审美态度，"宗教不仅在理论上始终是个谜，而且在伦理的意义上也始终是个谜。"④

神灵意识的核心是原始文化所包含的万物有灵的观念，呈现出人神同形同性的特点，"神灵被认为影响或控制着物质世界的现象和人的今生和来世的生活，并且认为神灵和人是相通的。"⑤就宇宙观而言，鄂伦春人是执着的万物有灵论者。在自然崇拜阶段，人类与各种神灵相伴，万物和人一样都分部落而居，如鄂伦春族史诗"摩苏昆"《英雄格帕欠》提及的诸神有"白那恰"（山神）、"地尔恰布坎"（太阳神）、"别雅布坎"（月亮神）、"鄂欧勒恩布坎"（北斗星神）、"托窝布坎"（火神）、"波窝布坎"（天地之神）等。⑥该史诗中提及的诸怪主要有"波旺"（山怪）、"依霸"（林怪）、"苏义哈"（旋风王）、"波窝那赫"（冰雹王）、"依玛那赫"（雪王）、"松扩赫"（雨王）、"鄂吐恩"（狼王）、

---

① 朱天顺：《原始宗教》，上海人民出版社1964年版，第16页。
② 娜日斯编：《达斡尔 鄂温克 鄂伦春谚语精选》，内蒙古文化出版社1993年版，第84页。
③ 希德夫：《鄂伦春人的"万物有灵"观念》，《内蒙古民族大学学报》2010年第1期。
④ [德]卡西尔：《人论》，甘阳译，上海译文出版社2004年版，第92—93页。
⑤ [英]爱德华·泰勒：《原始文化》，连树声译，广西师范大学出版社2005年版，第350页。
⑥ 参见孟淑珍译《英雄格帕欠》，北方文艺出版社1993年版，第36页。

"牛牛赫鄂吐恩"(熊王)、"乌塔气鄂吐恩"(虎王)、"塔波尖鄂吐恩"(蟒蛇王)等。① 鄂伦春族崇拜自然万物,于是,人的生产生活便有了诸多禁忌,形成了人对生态环境的敬畏。

(一) 崇拜天、森林、山川

天空在鄂伦春人的观念中是极为神圣的,鄂伦春人在"恩都力"(天神)的概念形成后,"恩都力"相当于太阳的主人,天神主宰着天下的万事万物、创造了鄂伦春人、安排着鄂伦春人的生死祸福,因此,"恩都力"萨满就是万能萨满,她有过阴救人,具有起死回生的本领②,在德兴德讲述的《族源的传说》中,"恩都力"用飞禽的骨肉创造了鄂伦春人,她还赐予人类火种和盐。③所以,"恩都力"就是鄂伦春人的"上帝",有着至高无上的能力、权力和地位。鄂伦春族萨满并不直接向"恩都力"祈求,而是通过中间神与其交流。另一方面,"恩都力"也总是被"莫日根"(狩猎能手)的复仇行动与奉献精神所感动,"恩都力"会主动帮助鄂伦春人渡过难关,如《茨尔滨莫日根》讲到"恩都力"派神鸟协助茨尔滨莫日根打死"罗刹"(吃人的魔鬼,指沙俄侵略者)。④ 据说,"恩都力"是神猎手变成的,鄂伦春人借助神的名义彰显人的神圣本质。在莫希那讲的《恩都力莫日根》中讲道:"天边有个名叫恩都力莫日根的神猎手。"⑤ 魏贵祥讲述的《恩都力治蟒猊》中说:"人们都说,这位恩都力是早先鄂伦春的一名神猎手。"⑥ 鄂伦春族的天神是无神偶之神,鄂伦春人往往将之与太阳神一起祭拜,通常是在正月初一的清晨,在太阳未出来以前,人们向天神和太阳神献祭、祈拜。

鄂伦春人日常生产和生活所依赖的神主要是"白那恰"(山神或猎神),

---

① 参见孟淑珍译《英雄格帕欠》,北方文艺出版社 1993 年版,第 101—102 页。
② 参见《民族问题五种丛书》内蒙古自治区编委会《鄂伦春族社会历史调查》(第二集),内蒙古人民出版社 1985 年版,第 261 页。
③ 参见峻林等编著《鄂伦春民间故事集成》,内蒙古文化出版社 1997 年版,第 3—4 页。
④ 同上书,第 66—73 页。
⑤ 王朝阳采写:《古里猎民村鄂伦春民间故事集》,北方文艺出版社 1991 年版,第 98 页。
⑥ 同上书,第 111 页。

"白那恰"通常与"恩都力"联手解决鄂伦春人的一切生存生活问题,是鄂伦春人万能的神。鄂伦春人在刮掉树皮的树干上画上男人的脸,并且挂上红布敬献,路过的鄂伦春人都叩头、敬酒或贡献野兽,实质上,鄂伦春人用大树代替山神神像源于鄂伦春人将大树、森林和大山合为一体的日常观察。山神也是帮助鄂伦春人多打野兽的神,狩猎图腾被赋予了给或不给猎物的权力。鄂伦春人认为险峰、奇石、古树、岩洞都是"白那恰"的住所,每到这些地方,猎人均下马、焚香、上供、敬酒,祈祷"白那恰"保佑多打猎物。相传"白那恰"的化身是一只老虎、一个白发老人或白胡子老头,如孟玉讲述的《熊蟒貌的下场》中讲到"白那恰"因为猎人东宝从来不伤害老虎,才变成白胡子老头救助他,"从那以后,鄂伦春人很少打老虎和狐狸,对白那恰神很崇拜。东宝老猎人求人在山里的一棵大树上刮掉皮,画一脸形,然后敬酒磕头,祈求白那恰神保佑多打野兽,让鄂伦春人过美好的日子"[①]。莫景堂《白那恰的传说》讲述了一个寡妇的儿子跟着猎人们去打猎,大伙儿认为他命不好,将他丢下。小孩子帮助了夹在树杈上的老虎,老虎为小孩子送猎物报恩,还让小孩了坐在背上,将其送回了家,妈妈说:"这是你搭救了老虎,老虎也搭救了你。往后咱们敬重它,它也会保佑咱们的。"[②] 鄂伦春族谚语说得好:"飞禽走兽向往大山林,鄂伦春人崇拜白那查。"[③] 猎人敬拜山神主要是祈祷狩猎丰收,"山里要是没有河,大鱼小鱼不来游玩;猎人要是不敬神,飞禽走兽也不着边"[④]。郭其柱讲述的《猎神》中讲到:白发老人听到猎手自夸箭法准,他让猎人9天没有打到猎物,从此,猎手就把白发老人的头像刻在大树上,拜他为猎神。[⑤] 鄂伦春人没有农业文明的大地或土地观念,鄂伦春人的大地概念是被遮蔽的,因为大地被树、森林和山川所覆盖,归于山神所管辖或代替。此外,鄂伦春人信奉的保护猎人多打猎物的神还有"马路毛木台"(阻碍狩猎的神),鄂伦春人认为

---

① 隋书金整理:《鄂伦春民间故事》,黑龙江人民出版社1980年版,第149页。
② 隋书金编:《鄂伦春民间故事选》,上海文艺出版社1988年版,第14—16页。
③ 娜日斯编:《达斡尔、鄂温克、鄂伦春谚语精选》,内蒙古文化出版社1993年版,第85页。
④ 同上书,第84页。
⑤ 参见隋书金编《鄂伦春民间故事选》,上海文艺出版社1988年版,第12—13页。

是这个神把野兽挡住了或赶跑了;还有"吉雅其"神(财神)管人畜疾病和保佑狩猎丰收,"吉雅其"神像是贴在方布上的、用金银箔纸剪成的五六个手牵手的人形,还画有太阳和月亮。

鄂伦春族原始崇拜的审美原型天空、森林、山川托起鄂伦春族的谦卑感、敬畏感和归属感。鄂伦春人居住在天高林广、山峰林立的环境,"于是就有四种声音在鸣响:天空、大地、人、神。在这四种声音中,命运把整个无限的关系聚集在一起"①。这说明人与自然是生灵的、生活的、生命的、生态的关系,"'命运'意味着某个无可更改的事件的不可回避性"。从审美角度来看,天、森林、山川的体积庞大与超力量构成崇高美的形式和内容,让人产生崇高感,"对自然对象的一切大小估量最终都是审美的(即在主观上、而不是在客观上被规定的)"②。

(二) 崇拜日月星辰

鄂伦春族萨满绘画中多绘有太阳与月亮,鄂伦春人对太阳神的崇拜由来已久,因为他们将太阳至圣和灵魂不灭联系在一起。鄂伦春人在农历的正月初一、端午节、中秋节和十二月举行太阳祭祀的仪式;在农历正月十五日和二十五日、八月十五供奉月亮,甚至两个人吵架也常向太阳发誓。如果猎人一连几天打不到猎物,就要在水盆旁向月亮祈祷,第二天,盆里有什么兽毛,猎人就会打到什么野兽。据传说,"德勒钦博如坎"(太阳神)是位爱美的女性,"别亚博如坎"(月亮神)是个勇敢的小伙子,两神既是兄妹也是夫妻。鄂伦春族神话故事《太阳为什么耀眼》讲述了奉太阳为女神的传说:太阳神是个姑娘,月亮神是个小伙子,他们都不愿在白天露面,只好抓阄决定,结果太阳抓到了白天,月亮抓到了黑夜。③ 莫庆云《白天为啥比黑天亮》讲了"德勒钦"(太

---

① [德]海德格尔:《荷尔德林诗的阐释》,孙周兴译,商务印书馆2000年版,第210页。
② [德]康德:《判断力批判》,邓晓芒译,人民出版社2002年版,第89页。
③ 参见黑河地区民间文学集成编委会《黑河地区民间文学集成》(上),内部资料,1987年,第10页。

阳神）和"别亚"（月亮神）是一女一男，太阳为女，月亮为男。他们既是一对夫妻又是一个"额妮"（母亲）生育的亲兄妹。因为"恩都力"不允许他们总是生活在一块儿，就用手在天上画了一条道让其一前一后分开走，太阳走过的时候是白天，月亮走过的时候是黑夜，两个人住在一起的时候是日食；又因为爱美的太阳在脸上搽的桦树粉太多了，所以，白天就比黑天亮堂。① 莫希那讲述的《小伙子与太阳》类似于汉族的《天仙配》，七仙女下凡到人间洗澡，最小的仙女叫太阳姑娘，猎人爱上了太阳姑娘，天父、天母却怎么也不同意太阳姑娘在人间，最终，他们历经千辛万苦后夫妻团圆在人间。② 在鄂伦春族创世神话中，太阳与月亮婚配的观念表明先民们对太阳的最初认识源于生命和生殖能力，兄妹结婚再生人类的联系反映了鄂伦春族的杂婚习俗及氏族社会的集体无意识。

鄂伦春人信仰"却日盼"（星星神），狭义指启明星，神偶外形是星星的形状，尖尖的两头象征星光闪闪，因此，启明星也是智慧星。鄂伦春人还信仰"奥伦"（北斗七星），称住在北斗七星里的媳妇为"奥伦博如坎"③（保护仓库的女神），因为北斗星每天晚上出现，鄂伦春人还将之与人生的晚年阶段关联起来，所以，北斗星也是长寿星。老年人在除夕的夜晚祭拜北斗星，感谢它让自己又多活了一岁。在每年农历腊月二十三、除夕、正月初一或中秋节的晚上，家家户户要祭拜北斗星，烧七炷香供奉。在莫景堂讲述的《北斗星的来历》、旃诛枚的异文《"欧伦"神的传说》④中都讲到一对夫妇，男的打猎，女的管家务，女人和善勤快，丈夫回家后什么活也不做，还打媳妇。有一次，媳妇挨打后路过"奥伦"（仓库）时，想拿点东西。丈夫追上来，她吓得往下跳，不但没摔死，"奥伦"也随着她飘起来。她丈夫用弓箭朝空中的"奥伦"射了一箭，结果只射到一根柱子。传说"奥伦"的四根柱子是北斗星的四个角，歪

---

① 参见黑龙江民族研究所《鄂伦春民间故事选》（上），内部资料，1996年，第12—16页。
② 参见王朝阳《花姑娘》，北方文艺出版社1991年版，第1—5页。
③ 参见隋书金编《鄂伦春族民间故事选》，上海文艺出版社1984年版，第19页。
④ 参见巴图宝音《鄂伦春族民间故事集》，中国民间文艺出版社1984年版，第7页。

的那颗星是她丈夫射的,另外三颗星是"奥伦"的梯子。① 据鄂伦春老人额尔登挂说:"我们鄂伦春人最信一个东西就是府神信仰,七颗星是北斗星,在'斜仁柱'(木杆)门方向的右边建'奥伦','奥伦'的梯子是北斗星神的三颗星,北斗星的最中一颗星在火塘,那就是火神之地。"② 据日本学者泉靖一《大兴安岭东南部鄂伦春调查报告》记载,鄂伦春人信仰的星群包括北方星群、东方星群和南方星群,其中,北方星群包括黄马星、髻星、天轴星(北斗七星)等;东方星群包括七仙女星(天蝎座)、枪套星、弓星、箭星、野猪星、锅星、犬星、怪兽星等;南方星群包括人星、枪架星、犬星(巨犬星与小犬星)、驼鹿星、天脊星(银河)、星屎(流星)等。关于七仙女星、野猪星、弓星和怪兽星相助和斗争的传说反映了鄂伦春人古朴的天象知识:七仙女遇见了一个九头怪兽,七仙女逃往别处,野猪精向怪兽扑来,怪兽向野猪精射了一箭,却误伤了七仙女中最东面的姑娘,因此她总显得黯淡无光。③

鄂伦春人想象了日月星辰的美丽、争斗与恩爱,借助神的爱美之心折射了鄂伦春人欣赏美、创造美的心理和能力,通过人的本质力量达成美的升华。此外,人与神的结合诞生了英雄,鄂伦春人相信善良的人能升天变成神灵,衍生为更高层次的善与美。

(三) 崇拜风雨雷电

鄂伦春人崇拜"库列贴"或"阿丁博儿"(风神)、"毛鲁开依达力"(旋风神),据说,此神的头发摇晃,就会刮大风。鄂伦春人信仰"哲格博如坎"(春神),他们认为春风神就是春天神的化身,而春天像母亲一样赋予万物以生命,所以,鄂伦春人将春天当作母亲一样的守护神,鄂伦春人最隆重的祭神仪式就是春祭,萨满唱起《春季祈祷歌》:"哲格博如坎,是金色的神,金色的博如坎

---

① 参见隋书金编《鄂伦春族民间故事选》,上海文艺出版社1988年版,第18—19页。
② 被访谈人:额尔登挂。访谈人:王丙珍。访谈时间:2013年1月14日。访谈地点:鄂伦春自治旗阿里河镇被访谈人家中。
③ 参见[日]泉靖一《大兴安岭东南部鄂伦春调查报告》(续),李东源译,《黑龙江民族丛刊》1987年第1期。

是天上的俄尼，春风化雨是我们为你奉献的季节，待我送给你黄色的神衣。请您耐心等待呀——俄尼，春暖花开我们再次侍奉你，请您耐心等待呀……"①鄂伦春人认为生命的节奏恰似季节变化，所以，鄂伦春人的"鹿候历"是以鹿的生命周期计算一年四季。

鄂伦春人认为雨是龙从泡子里用鳞蘸水洒出来的，因此，鄂伦春人崇拜"莫都儿"（雨神，又称作龙神）。相传有个猎人看到一条龙被大蜘蛛压住了，这个蜘蛛精用麻绳粗的网缠在龙身上，猎人用枪打死了蜘蛛精，用猎刀割断蜘蛛网，龙才慢慢升上天空。②鄂伦春人还将彩虹当作连接天和地的彩线，忌讳用手指彩虹，要向彩虹叩头祷告天晴，保佑幸福生活。鄂伦春族雨神的造型是一对鱼的形象，尾部呈圆形的为雌性，因为圆形与妇女隆起的腹部相似或象征女性的生殖器。雨神被赋予生殖神力，渗透着鄂伦春人的阴阳观念，因为鄂伦春人也崇拜"卡威勒"（鱼神）。

鄂伦春人认为（雷神）用锤子和凿子击打生雷，将被雷击过的大树当作雷神的化身，他们向雷神祷告以免雷击。鄂伦春族关姓氏族流传着"逗雷神"的故事：雷神脾气暴躁，人神鬼怪都怕它，只有淘气又聪明的"沙加"（鱼鹰）和"翁卡伊"（飞鼠）专爱逗它玩。"沙加"学雷神闪电轰鸣，雷神气得用凿子、锤子打它，聪明的"沙加"钻到深水中；"翁卡伊"向雷神挑战，雷神气得用凿子、锤子击打松树，"翁卡伊"住在朽木洞里，雷神击不碎朽木。③鄂伦春族的雷神造型是一对人形雕刻，无从分辨雌雄，雷神头上的三根发冠象征闪电，圆形的尾部可能象征雷神的滚动或生育的力量，万能的萨满"恩都力"的主神是雷神。

鄂伦春族面对自然的奇异现象发出种种疑问，加之风雨雷电的无处不在。鄂伦春人"无中生有"地创造宗教艺术形象，承载了人对大自然的敬畏之心，

---

① 林刚：《论鄂伦春族的萨满教文化》，《鄂伦春研究》1989年第1期。
② 参见全国人民代表大会民族委员会办公室编《鄂伦春情况：鄂伦春族调查材料之一》，内部资料，1957年，第52页。
③ 参见巴图宝音《鄂伦春族民间故事集》，中国民间文艺出版社1984年版，第18页。

表现了审美想象与造型能力，彰显了审美创造力与审美情趣，涵盖了森林民族的审美心理。

（四）崇拜水火树石

鄂伦春人崇拜水的仪式就是祭拜"木额加勒根"（水神）和"穆都里罕"（河神），在干旱时，举行"布播豁任"（求雨仪式）。传说水神能管龙，呼玛河流域的鄂伦春人在4月24日举行河祭，萨满烧香祈福，用狍子向河神献祭。鄂伦春族神话体系中洪水神话的影响巨大，德兴德讲的《大水的故事》讲到从前有个寡妇的儿子熟知野兽习性，在他婚后两年，母亲去世了，他在猎场看到一位老太太可怜，将她背到家里养活，媳妇却极不愿意。小伙子在老人的要求下卖掉了马和猎狗，换回来许多纸。老人告诉小伙子要发大水了，用纸做成大船，只救白兔，不要救女人。大水退去后，他和白兔生儿育女留下了鄂伦春人。① 在鄂伦春人的传说中，"木额加勒根"（水神）是个男性，如果水神没有灵魂，就会死去，水神的灵魂是一个石头圆圈。2014年2月11日，笔者听关扣妮讲述了《男孩与水神灵魂的故事》：

> 有一家，没男的，有一个小孩，七八岁那样的吧，穷得够呛。那小孩在外面玩，小孩天天在河滩上玩，他找到一个那样的、中间空的石头，用绳子串上玩，来回甩着玩。
>
> 有一天，来了不少人，在沙滩上不知找什么。他还在那儿那么玩，有个姑娘问他："你在哪儿找到的？"他说："我妈妈给我的，叫我玩。"
>
> 有个姑娘找她爸的灵魂呢，她爸的灵魂在那儿，一看那个小孩有那个玩意，在那儿玩："给我吧！"
>
> "不给，问我妈去。"他回去问，"我妈妈不同意。"那个姑娘说："用东西换吧，给你一马车银子。"
>
> "问我妈吧。"他说。他回去问他妈妈去："人家给一车银子换这个。"

---

① 参见隋书金编《鄂伦春族民间故事选》，上海文艺出版社1988年版，第8—11页。

他妈高兴够呛:"换吧,留着有啥用。"他回去又说:"我妈不同意。"

"要不给你两马车银子。"男孩还是那样说,回去又问,他妈同意:"换吧,给两车银子。"他回去又说不同意。

第三次,姑娘说:"给你三车银子,再给你一个老婆。"他回家跟妈妈说:"你收拾收拾屋,有人给我送老婆来。"她收拾屋子,他家破烂的,穷得够呛。

不大一会儿,来了三台车,里面满满的银子,还有一个姑娘。

那个石头圈——带窟窿的那个——是水神的灵魂、水神的生命,水神没灵魂了有病了,就找那个圈呢,那个圈是他的灵魂,他给他们了,水神的病就好了。

连马连车连银子连姑娘都给他了,他们过好日子了,马也可多了,房子也好了,富起来了。①

鄂伦春人最崇敬"透欧博如坎"或"古伦木沓"(火神),每次吃饭前都要向火里扔进一些食物,倒上一杯酒供奉火神,或者用筷子蘸着食物向上扬,用食指蘸酒向上弹,意思是让神先品尝。鄂伦春人严禁向火上泼水或在烤肉时用刀子叉,免得触怒火神,如《火神的传说》讲一个妇女因火星落到她身上,把火乱捣动了一阵。她再也生不起火,只好去邻居家借火种。路上,她看见一个老太婆一只眼睛淌着鲜血说:"还不是由于你方才乱捣火,才把我的眼睛戳瞎了一只!"她知道是触怒了火神,跪下认错。老太婆告诫她别乱捣火,她回家后就点着火了。② 鄂伦春人献给火神的供品是狍子,他们把祭祀的狍子吃完以后,要把骨头全部扔到火里,让火神享用。至今,鄂伦春人仍然相信腊月二十三是火神上天的日子,祈求火神保佑家族的旺盛。如今,鄂伦春族地区举办的篝火节就是从火神信仰演化来的,"当我们走进篝火的那一瞬间,历史也走进

---

① 被访谈人:关扣妮。访谈人:王丙珍。翻译:孟淑芳。访谈时间:2014年2月11日。访谈地点:大兴安岭地区呼玛县白银纳民族乡被访谈人家中。

② 参见隋书金编《鄂伦春族民间故事选》,上海文艺出版社1988年版,第17页。

了我们。"①

鄂伦春人对高大的单株树木敬若神明，相信这些树皆有主人，从不敢乱砍伐，并随时向其献祭，否则就会触怒树神。鄂伦春人认为"站杆"（枯死的大树）会变成鬼。鄂伦春人甚至还崇拜倒木，萨满用"须烈草"（大叶张）扎成圆柱形的神偶"塔罕"（倒木仙），扎进一个柳木刻的小斧头。据说，一个猎人打猎时要做饭，他没有打到干柴，在砍倒木时，斧子被粘住了，猎人的手和脚也被吸到倒木上，倒木载着猎人飞过高山大海，后来倒木成仙了。②

鄂伦春人将山岭上的岩石当作老天爷刻意的安排，石砬上的洞代表着这个山岭有主人，"蟒猊"（妖魔鬼怪）居住在"哈达罕"（大石砬子），猎人到此地要叩头求佑。葛德宏讲的《嘎仙洞与奇奇岭的传说》中讲到：古时候，阿里河一带是一片汪洋大海，小龙王兴风作浪让鄂伦春人不得安宁。一个叫柯阿汗的猎人用神箭把小龙王赶跑了后，就住在嘎仙洞里。有一年，柯阿汗与"蟒猊"即魔鬼比射箭，老"蟒猊"输了后逃跑，柯阿汗将嘎仙洞门的石头扔到对面山上，鄂伦春人称之"奇奇勒"（突兀险峻的大石砬子）或奇奇岭、窟窿山、昆仑山。③ 鄂伦春人还用石块堆积成"敖包"（大石堆），行人路过此地时必须下马，拣几块石头放在"敖包"上，并且叩头祈祷行路平安，猎人在出猎前向"敖包"献供品。葛德宏讲的《大兴安岭的"敖包"》：猎人听从"白那恰"的话，堆放石头越多得到猎物越多，从此，石头堆就成为祭祀的"敖包"。④ 据说，没有孩子的夫妇带果类或达子香花向"敖包"求子，如鄂伦春族传说《吴达内的故事》讲到："吴达内"（在山上孵出来的人）就是一对六十开外的没生儿育女的老两口向"敖包"求来的，"老猎人嗅着花香，挑选最好的花枝折了三把，回去好代替鹿茸上供，求'敖包'赐给儿子"⑤。鄂晓楠与鄂·苏日台

---

① 敖长福、敖荣凤：《走进鄂伦春》，《鄂伦春》2006年第2期。
② 参见关小云、王宏刚《鄂伦春族萨满教调查》，辽宁人民出版社1998年版，第79页。
③ 参见隋书金编《鄂伦春族民间故事选》，上海文艺出版社1988年版，第140—144页。
④ 参见峻林等编著《鄂伦春民间故事集成》，内蒙古文化出版社1997年版，第92页。
⑤ 隋书金整理：《吴达内的故事》，北方文艺出版社1962年版，第1页。

认为"'敖包'最初是祭祀'白那查'神的附属物"①。笔者在鄂伦春族地区田野调研中，并没有发现此类信仰的传承形式，莫力达瓦达斡尔族自治旗每年6月28日举办达斡尔族"斡包节"。

此外，鄂伦春族的自然崇拜还包括"刀保任播博如坎"（黑夜守护神）、"昭路博如坎"（夏天的神或马神）、"楚卡尼博如坎"（草神）等，传说过去有一家的小马驹生下来就死了，这家老太婆做梦有个老太婆让她供马神，在一块皮上画四个人，下马驹时供马奶，下狍崽时供小狍子，马匹就能繁殖起来。②鄂伦春人认为正月初九是鄂伦春草神的日子，也是万物开始生长的日子，马有病时在草甸子上向它祷告，供品是野鸭和细鳞鱼。2014年2月11日，笔者在大兴安岭地区呼玛县白银纳民族乡田野调查时，鄂伦春族老人孟淑芳也告诉笔者："从前，我们鄂伦春族都有神的，有'白那恰'（山神）、'楚卡尼'（草神）、'古伦木沓'（火神）、'木额加勒根'（水神）、'扎喇博如坎'（石头神），这个神那个神的，水也有水神，到呼玛河边磕头，画山神磕头，大山都是石头那样的，那是石头神呗。"③

鄂伦春人认为自然客体呈现的变化状态都是生命的表征："最初的宗教表现是反映自然现象、季节更换等的庆祝活动。一个部落或民族生活于其中的特定自然条件和自然产物，都被搬进了它的宗教里。"④因此，鄂伦春人寄托于且满足于神的拯救与赐予，"原始宗教指的是那些目前仍然存在的或者在不久前还存在的处于最低文化发展阶段的部落的宗教观。"⑤此类宗教的基础同其他人为宗教一样皆取决于才智和力量更高强的灵性物体的意愿，目的在于保护人类自身的平安生存。从哲学与心理学的角度考虑，"我们对于自己的心灵比

---

① 鄂晓楠、鄂·苏日台：《原生态信仰文化》，内蒙古大学出版社2006年版，第49页。
② 参见秋浦《萨满教研究》，上海人民出版社1985年版，第80页。
③ 被访谈人：孟淑芳。访谈人：王丙珍。访谈时间：2014年2月11日。访谈地点：大兴安岭地区呼玛县白银纳民族乡关扣妮家中。
④ ［德］马克思、恩格斯：《马克思、恩格斯论文学与艺术》（上），陆梅林辑注，人民文学出版社1982年版，第253页。
⑤ ［俄］Л.Я.斯特恩堡：《原始宗教原理》，孙运来译，吉林省民族研究所编《萨满教文化研究》（第二辑），天津古籍出版社1990年版，第1页。

对于动物的心灵拥有更多的知识,而且我们应该使用这种知识来推断动物,甚至植物身上有某种相似于我们自己的精神过程的事物"①。鄂伦春人信仰自然神秘的力量,通过巫术活动表达心灵感应:"第一是'同类相生'或果必同因;第二是'物体一经互相接触,在中断实体接触后还会继续远距离地互相作用'"②。鄂伦春人在创世神话传说的基础上形成真善美的观念,至今,鄂伦春人还相信如果他人知道了一个人的出生日期,通过万年历查到相应阴历,就可以通过相似律,使这个人受到伤害,所以,鄂伦春人不会将出生日期告诉别人,往昔,鄂伦春人也从不过生日,可能就是这个缘故吧。

二 图腾崇拜:本族意识

图腾崇拜是氏族时代的产物,是自然崇拜与祖先崇拜自发性的结合,既是自然崇拜的深化,也是祖先崇拜的先声,深化了万物有灵的思想体系,造就了一个民族的图腾文化时代。鄂伦春族将信仰中的某些动物、植物或天象视为氏族的祖先,或者认为人类与之有着某种血缘关系,这种血缘关系通过生殖反映出来。图腾崇拜本身也包含着繁殖的信念,其转化过程包括图腾变人、人变图腾或人因图腾而得以生存,图腾的神圣化也神圣化了人类自己,表明人与动物或植物之间具有同一性,"唯一可能存在的关系也必然是一种'伪装的'关系,所以也是一种隐喻的关系"③。

图腾崇拜是灵魂附体于生物的神圣化,动植物崇拜是图腾崇拜的主要内容,"人在自己的发展中得到了其他实体的支持,但这些实体不是高级的实体,不是天使,而是低级的实体,是动物。由此就产生了动物崇拜。"④ 在鄂伦春族的传统文化观念中,图腾、始祖、祖先常常融为一体,"在某一个时期图腾

---

① [英]伯特兰·罗素:《心的分析》,贾可春译,商务印书馆2010年版,第32页。
② [英]詹·乔·弗雷泽:《金枝》,徐育新等译,中国民间文艺出版社1987年版,第19页。
③ [法]列维-施特劳斯:《图腾制度》,渠敬东译,商务印书馆2012年版,第24页。
④ [德]马克思、恩格斯:《马克思、恩格斯论文学与艺术》(上),陆梅林辑注,人民文学出版社1982年版,第253页。

文化似乎曾经在更进一步的文明进程中扮演了一个铺路的工作,也就是它在初民和英雄及神话时代之间形成了一个过渡时期。"① 法国人类学家列维-施特劳斯也认为"'图腾'思想与话语不同,而与神话思想和诗歌思想相同"②。

鄂伦春族图腾崇拜渗透着本族意识。鄂伦春族的迁徙是流动的文化记忆,因此,本族意识对他们来说特别重要,承载着文化的认同感和归属感,保持着本族文化传统、信仰和习俗惯例。"本族"是相对于"他族"而言的,"本族"是建立在集体的无意识之上的血缘文化关系的社会共同体,在这个社会共同体内,每个社会成员依靠同一种文化维持社会的稳定,单个成员倾向于与氏族图腾认同,"图腾是不同婚姻集团和氏族的标志,图腾崇拜是与氏族制度一起形成的"③。奥地利心理学家弗洛伊德将图腾分为部落图腾、性图腾与个人图腾。④ 在鄂伦春族本族意识中,渗透着与鄂伦春族联系在一起的氏族图腾、始祖和祖先,形成了鄂伦春族文化认同之根脉。

鄂伦春族图腾崇拜源于人与动物的原始感情,鄂伦春人把动物看成祖先图腾,赋予这些动物高尚的品质或神奇的力量,在移情中使其成为美与力量的化身,以虎和熊最为典型,将虎和熊视为山神、狩猎神或祖先,将虎与熊人性化、族群化、氏族化、亲人化。虎的鄂伦春语为"塔撒嘎"或"老玛斯",熊的鄂伦春语为"底力钦"或"牛牛库",但鄂伦春人却不随意称呼其名,而是呼之为长辈等,这种称呼本身是把图腾和氏族的观念联系在一起,包含氏族祖先的含义,这样的称呼本身也含有敬畏之心,更有家庭成员的亲近之意。鄂伦春人称老虎为"诺彦古热苏"(兽王)、"诺彦"(官儿)、"乌塔其"(老爷子)或"博如坎"(神);称熊为"雅亚"(祖父)、"阿玛哈"(舅舅)、"太贴"(祖母)、"恩民河"(大娘)。鄂伦春人相信自己的祖先是由动物变化而来的,语言促成了幻想的真实性,"图腾实在可以说是一种被误解了的祖先崇拜"⑤。当

---

① [奥] 弗洛伊德:《图腾与禁忌》,杨庸一译,中国民间文艺出版社 1986 年版,第 130 页。
② [法] 列维-施特劳斯:《野性的思维》,李幼蒸译,商务印书馆 1987 年版,第 169 页。
③ 吕大吉:《宗教学通论新编》,中国社会科学出版社 2010 年版,第 360 页。
④ 参见 [奥] 弗洛伊德《图腾与禁忌》,杨庸一译,中国民间文艺出版社 1986 年版,第 133 页。
⑤ [奥] 弗洛伊德:《图腾与禁忌》,杨庸一译,中国民间文艺出版社 1986 年版,第 141 页。

然,这种"误解"是现代人以为的"误解",在鄂伦春人的传统观念中,图腾崇拜与祖先崇拜具有一致性,"图腾的结合力量似乎远超过家庭的力量"①。在鄂伦春族习俗和口头传说中,虎与熊成为民族图腾,具体表现在禁忌与仪式中。

鄂伦春族很少猎杀老虎的客观原因可能是老虎威猛及东北虎数量稀少,在20世纪70年代,黑河地区新生民族乡曾经猎获一只老虎;其主观原因则是老虎图腾传说。20世纪80年代,关清书讲述的《鄂伦春人为什么不打老虎》中讲到:有个没有爹的小男孩跟着一家七兄弟出猎,小男孩被他们撵走后,将老虎爪子的刺抠出来,老虎报恩给小男孩皮张和肉,"小男孩把路上发生的事一五一十讲给妈妈听,妈妈听了,就跪下,对着老虎的方向磕头求它保佑。还把这件事讲给大伙听,打这鄂伦春人不再打老虎了。那七兄弟直到第二年春季才回来,可是他们什么也没有打着"②。孟古古善讲述的《吉善和老虎》中讲到:猎人吉善救了被压在倒木下的虎崽,又将猎物与老虎一家分享。两年后,吉善与妻子先后死了,留下14岁的儿子小柴姆,老虎一家不断给小柴姆送来猎物,直到他能独立打猎为止。③戈阿木杰讲述的《老虎》中讲到:兄弟三人去打猎,得罪了老虎。两个哥哥说是老三得罪的,不让他跟他们一起走。老三将爪子卡在树杈上的老虎救了。老虎向他报恩,给他许多猎物。④2014年2月11日,萨满关扣妮用鄂伦春语为笔者讲述了《老虎的故事》:

> 有一家,两口子和一个姑娘,有一天,有一个人相亲来了,要他们的姑娘,正好老两口也同意了。同意了,就马上就领回家了,把那个姑娘。领她回家以后,对她不好,哥好几个就一个媳妇,不给她吃的,光让她干活,饿得够呛,也吃不饱,不给饭吃。

---

① [奥]弗洛伊德:《图腾与禁忌》,杨庸一译,中国民间文艺出版社1986年版,第135页。
② 参见黑龙江省呼玛县民间文学集成编委会《呼玛民间故事集成》(第二集),内部资料,1987年,第7页。
③ 同上书,第92—95页。
④ 参见黑龙江省塔河县民间文学三套集成编委会《塔河民间文学集成》,内部资料,1987年,第3—4页。

有一次,她的男人们都上山打猎去了,跟前也是一个乌力楞,可能是好几个。有个老太太,他们走了以后,老太太就跟姑娘说:"你够呛,好不了,对你不那么好,你现在就走。"老太太给她做了干粮,还带了烧水的壶,"你带着一个刀,要是下雨了,桦树皮扒了以后蒙上它;遇到河,就用树做排木过河"。

那个女的都按照老太太说的,遇到一条河,做排木过去了。走走,开始下雨了,她走的不是树林子呀,桦木也没有,都是草甸子,都湿透了,湿湿的,架火也架不着啊。可能是走到树林子那儿了,开始找柴火,她架火了,衣服都湿了,她用火烤衣服,烤完了以后,她要睡觉,她就烧水喝、吃干粮,老太太给的壶不是吗,让她烧水喝。

晚上,她就开始睡觉了,她醒了不是嘛,枕头有点动弹,"怎么回事呢?"她起来就开始架火了,开始有亮光了。她一看,老虎在那儿趴着呢,它就把前脚,就这样的,可能是给她看。她一看,脚上有木头,老虎可能是让她拿出来。她就用那个玩意,夹的那个玩意就拿出来了,拿出来以后,老虎就这样式的走了,晃尾巴了吧。

她又睡觉了,一直到天亮。天亮起来一看有块肉在那块呢,在她跟前呢。她没有锅呀,烤熟了以后,她就吃了,吃完了就走,拿着没吃完的那个肉。

走了,不知道走了多长时间,又要下雨了,可能那雨下得挺大的,老虎来了,可能是让她骑上,她说:"我不上去。"那个老虎又给她摇尾巴呢,可能是让她抓住它的尾巴,她就抓住它的尾巴,老虎就走了,她就跟着去吧,抓着它的尾巴。那个老虎就上山了,山上有个山洞,让她进那里了,可暖和了,像房子似的,也有人住过,烧的火什么的,她就在那儿待着。在山洞睡觉,也不冷,挺暖和的,睡了一宿。第二天起来,又有一块肉在那儿呢,又烤着吃了。

那个女的走了挺远的地方,正好找到呼玛河了,呼玛河比别的小河宽呢,也挺深的,做排木也不好过。"我怎么过去呢?"她寻思呢。不一会儿，老虎来了，老虎来了以后，在她跟前趴了三次。她想："可能是让我上去，可能是让我骑上它过去。"她就摸摸老虎的脑袋，她就上去了，上去了以后，一会儿就过河去了。她说："我的父母不知在哪儿呢？"她又走了挺长时间，可能一天，她说："我怎么找到我父母呢？"

走走，正好找到她父母了。进屋以后，给她父母鞠躬呢，鞠完躬就开始趴那儿了，走不动了，瘦瘦的了，没让她吃饭不是嘛，光剩骨头了，这个姑娘，没劲了，她父母也气得够呛，她跟父母说："把我领走了以后，也没给我饭吃。"她父母就说了："再来的话，也不让你走了。"她爸打猎，每次打猎，打的多多的，打的鹿茸什么的。

这个女的走了以后，打猎的回来了，他们哥几个，到家一看那女的没有了，他们邻居有老太太，问她。老太太说："那个女的拎水去了，也没回来，可能掉河里了。"这几个男的就找，找也没有，他们就不找了。她就开始过好日子了。①

中国北方的赫哲族、达斡尔族和苏联的乌德人也有此类故事，如赫哲族民间故事《赫哲人和老虎》讲老虎与人相互报恩的故事："自打那以后，为了感谢老虎对赫哲人的帮助，进山打围的猎人，都把老虎视为山神爷老把头。直到新中国成立前夕，每逢春秋两季狩猎丰收归来，都要在三月三、九月九，举行隆重的祭奠活动。"② 达斡尔族民间故事《人与老虎交朋友》讲："我给搬开石头，小虎崽才得救了。它虽然不会说话，比人还要通情达理。可是，人里倒有很多忘恩负义的家伙儿。"③ 达斡尔族《兽王的传说》的故事情节与《鄂伦春人为什么不打虎》基本一致。④ 苏联民间故事《贪心的康秋加》讲："这不是

---

① 被访谈人：关扣妮。访谈人：王丙珍。翻译：孟淑芳。访谈时间：2014年2月11日。访谈地点：大兴安岭地区呼玛县白银纳民族乡被谈人家中。
② 中国民间文艺研究会黑龙江分会编：《黑龙江民间文学》（第5集），内部刊印，1983年，第248页。
③ 乔志成编：《中国达斡尔族民间故事集》，内蒙古文化出版社2001年版，第625页。
④ 参见娜日斯《达斡尔族民间故事百篇》，内蒙古文化出版社1992年版，第330—332页。

野兽懂得人话的时候发生的事。那时老虎和乌德人还是亲属关系。"①

鄂伦春族有熊神崇拜习俗,传说故事讲述了鄂伦春人是熊与人结合的后代及熊是鄂伦春女人变的两种母题。《熊的传说》讲:猎人误将黑母熊当成人,黑母熊向猎人扑来,猎人的腿被黑母熊推倒的树压伤了,黑母熊将他背回洞中住在一起了,黑母熊生了一个一半像熊、一半像人的小崽。后来,猎人找机会逃走了,黑母熊将小崽撕成两半,一半扔给猎人,自己搂着另一半。跟着猎人的一半小崽就成了鄂伦春人,"这个故事就这么渐渐地传开了,说我们鄂伦春人的祖先和熊有关系"②。其异文故事的差异在结尾,"老人们说我们鄂伦春人的祖上跟熊有亲戚呢。所以对熊不能直呼其名,要叫它'雅亚'或'太帖'。自古以来鄂伦春人敬重它,爱护它,不杀它,无意中打死了熊,还要举行一套风葬仪式,求得熊的宽恕。"③

鄂伦春人将熊视为本民族的祖先,"鄂伦春族吃黑熊肉很有讲究,传说鄂伦春人是黑熊'图腾'的"④。忻均讲的《熊的传说》中讲到:一个右手戴红手镯的鄂伦春妇女采集野菜时迷失了方向,变成了一只熊。几年后,她丈夫打死了一只熊,猎刀在熊的前肢上怎么也插不进去,扒开厚毛看到和他妻子一模一样的红手镯。从此,熊就被认为是鄂伦春人的化身。⑤ 这个传说中的熊是猎人的妻子,所以,鄂伦春人认为熊不加害女人,由此,可以证实鄂伦春人承认人与动物之间的轮回。

另一方面,图腾崇拜也使鄂伦春人的图腾概念发生混乱,猎杀熊时,熊是普通动物,祭祀熊时,熊又是真正的"人"或"神",如忻均讲述的《熊的故事》:有个猎人打不到猎物,只是说了一句:"怎么连个笨熊也打不到!如果打到了,非剥下它的头皮不可!"⑥ 第二天,这个猎人的头皮就被熊剥下来了。

---

① 参见[苏]德·纳吉什金《黑龙江民间故事》,梁珊译,少年儿童出版社1955年版,第171页。
② 张凤铸、蔡伯文编:《鄂伦春民间文学选》,内蒙古人民出版社1980年版,第6—8页。
③ 隋书金编:《鄂伦春民间故事选》,上海文艺出版社1988年版,第3—5页。
④ 大兴安岭地区民间文学集成编委会编:《大兴安岭民间文学集成》(上),内部资料,1987年,第193页。
⑤ 参见巴图宝音《鄂伦春族民间故事集》,中国民间文艺出版社1984年版,第5页。
⑥ 峻林等编著:《鄂伦春民间故事集成》,内蒙古文化出版社1997年版,第553页。

据说，一个老太婆用熊的股骨做了一个饭勺，结果，熊把她掐死后，抽去了她的股骨。从神话时代起，鄂伦春人的信仰开始由神到人的转化，猎人的妻子上升到图腾，"因为从自然方面来看女人都是一样的，只有从文化角度来看她们才彼此不同"①。神话故事中出现了人与图腾交混的现象，人类在挑战图腾失败后，形成图腾禁忌，以求得到图腾保护，达成图腾认同。

整个自然界是神的世界，人不是自然万物的主人，即人不是第一性的："动物甚至被看成高级的存在物——这种看法出自动物既与人相似又与人不相似这一点；动物因此而激起人们一种神秘的敬畏，而这种敬畏的感情总是与更大的价值相联系。"②另外，人类不仅创造了神，而且将自己也加入神的行列，开启了祖先崇拜时代。戈阿木杰、孟秀春也讲述了《黑瞎子的来历》：从前有哥俩，哥哥领着傻弟弟打围，弟弟屡次犯傻使哥哥三次狩猎均告失败。先是将狐狸当成黄狗，碰到狼又大声喊叫，将犴当成家里的马，于是，哥哥就设计想害死弟弟。哥哥烧红一块大石头，告诉弟弟是鹿，让他死死抱住它，弟弟被烧死后，变成一只黑熊，因为生气，它哭瞎了眼睛，"后来，黑熊成了鄂伦春崇拜的图腾，打着黑熊以后，就从中间切开，前半男人吃，后半女人吃。据说，女人如果吃了前半，当年要被黑熊吃掉，所以女人不能吃前半。熊肉吃完之后，要把骨头供上，然后找来全乌力楞有名望的老人，把骨头用柳树叶子包上，然后再用桦树皮包上。老人一只手拿着熊脑袋，一只手用叉子叉上桦皮包的骨头用火熏，这时大家一齐唱着葬礼歌，磕着头，隆重地给黑熊进行风葬葬礼"③。这则传说阐明了熊是鄂伦春人变的，而且是呆傻的人——在鄂伦春人看来，这种弱者往往是神的使者——变的，同时，也表明人与熊的关系是母系或兄弟血缘关系，鄂伦春人对熊的敬畏正是人类对之有愧的表现。

由于熊是女人变的，熊参与了与人生殖后代的活动，因此，熊是母系氏族

---

① ［法］克劳德·列维-施特劳斯：《野性思维》，李幼蒸译，中国人民大学出版社1987年版，第141页。
② ［德］米夏埃尔·兰德曼：《哲学人类学》，张乐天译，上海译文出版社1988年版，第12页。
③ 黑龙江民族研究所：《鄂伦春民间故事选》（上），内部资料，1996年，第161—167页。

的图腾,杀害作为氏族图腾的熊就是罪大恶极,然而,也呈现出"食神说"的因素。鄂伦春人将被打死的熊吃掉,头除外,"假若由于必要而必须杀死图腾时,那么,在事前必须举行宗教仪式似的道歉和赎罪仪式"①。鄂伦春人打死了熊要说"布土恰"(成了)或"阿帕恰"(睡了),猎人们怕不死的黑熊灵魂报复,就在打死熊的地方举行祭拜仪式。人们假哭着把它抬回来,吃完肉后,再假哭着对它唱歌祈祷,把它的头部、骨头和内脏天葬似的放在木架上,占珠梅讲的《毛义的故事三篇》讲到:毛义为救老猎人打死了黑熊,吓坏了与他打围的猎人,"黑熊在人们的心目中是祖先,对祖先要崇拜,在鄂伦春族有禁止猎熊的习惯"②。熊崇拜与禁忌在其他民族也有所体现,如俄罗斯叶尼塞埃文基人的传说:"熊是一个为了向人献鹿而牺牲自己的英雄。在远东地区,流传着一个神话传说片段,讲一个少女生了一个熊崽和一个男孩。兄弟俩长大后,互相争斗起来,最后人胜利了。"③ 这种传说预示了人与熊本有共同祖先,结局却昭示了人类的力量。

日本阿伊努族、我国赫哲族中也有此类传说。日本阿伊努人尊熊为"山神",据传说:从前有对夫妇,妻子在丈夫去世后很孤单,熊化成人形下凡承诺给她一个孩子,寡妇与孩子一起生活,她的孩子就是阿伊努人的祖先。④ 另外,赫哲族《玛夫卡的传说》中讲:猎人兄弟中的哥哥玛夫卡好吃懒做,在森林中迷路后变成了熊,"人们把黑瞎子叫作玛夫卡了。打猎的再碰到黑瞎子,都不用枪打脑袋,也不随便用刀抹脖子了"⑤。

鄂伦春族熊的风葬仪式为"古落一仁",因为伴唱的男子唱着"古落",萨满孟金福《古落一仁》中讲唱:"猎人吃完黑熊的肉,就把黑熊的骨头存放好,等全部吃完后,供上骨头。再把所有'乌力嫩'的人都叫来,分成两伙,一伙

---

① [奥] 弗洛伊德:《图腾与禁忌》,杨庸一译,中国民间文艺出版社1986年版,第134页。
② 隋书金整理:《鄂伦春民间故事》,黑龙江人民出版社1980年版,第119页。
③ [俄] Γ.瓦西列维奇:《埃文基人》,郭燕顺、孙运来《民族译文集》,内部资料,1983年,第94页。
④ 参见 [美] Barbara Aoki Poisson《日本的阿伊努人》,岳中生译,中国水利水电出版社2005年版,第15页。
⑤ 王士媛等编:《赫哲族民间故事选》,上海文艺出版社1986年版,第255—258页。

是男的，一伙是女的，全都冲骨头跪着，由打着黑熊的这家主人分给跪着的人每人一块肉。吃完后再用准备好的柳树叶子包好黑熊的脑袋骨头，交给一个德高望重的人开始'古落一仁'。这个人一手拿着熊的脑袋骨，另一手拿着叉子，叉上桦树皮，点着了来熏熊脑袋骨。人们开始唱'古落一仁'歌。（'古落一仁'歌是固定的词，周围坐满男人，领头的唱一句，大伙唱一句，不许女人伴唱。）"① 风葬的唱词表达了鄂伦春人对熊的同情、安抚、祈求与畏惧，鄂伦春人希望熊能平安走好，更希望熊不再伤害人类，还能赐予人类平安与收获。因此，从物质层面看，人类打死了熊，吃掉了熊，填饱了肚子；从精神层面分析，熊战胜了人类，救助了人类，保障了人类的生存和发展。

根据原始岩画、神话、传说与雕刻，我们看到了鄂伦春族的猴图腾、蛇图腾与鹿图腾等。传说有一种没有膝盖骨的、全身毛茸茸的、奔跑如飞的动物吃了盐以后长了膝盖骨，脱落了全身的毛，变成了今天的人类。那些动物都是雄性，只有一个老太婆。有一天，一个雄性猴子来到洞里，老太婆与其同居生下了一男一女，现在的鄂伦春人就是由这一男一女繁衍来的。据说雄性猴子不是真的猴子，而是善良神仙的化身。② 鄂伦春人认为蛇是神秘与灵动的化身，也是语言的象征，"原始人常常永远不能觉察到他们对动物的优越性。他们相信动物也有语言，动物在丛林中也有它们自己的村庄。因此，他们没有想到只是他们才有文化。实际上，他们却常常看到优越性在动物那一边。"③ 如额尔登挂《懂鸟兽语的猎手》中讲：蛇掌握着鸟兽语的语言神石，蛇王也能让人失去语言能力。一个猎手偶然舔了那块青石，进入蛇洞中，听懂了蛇语，蛇王要求他不能跟别人说起蛇洞的事。他回到家后，恰巧听到两只猫头鹰谈论诺敏大山发大水的事，为了救乡亲们，他说出了真相，告诉族人赶紧逃生，为此，蛇王

---

① 大兴安岭地区民间文学集成编委会编：《大兴安岭民间文学集成》（上），内部资料，1987年，第193—194页。

② 参见全国人民代表大会民族委员会办公室编《鄂伦春族情况：鄂伦春族调查材料之一》，内部资料，1957年，第1页。

③ ［德］米夏埃尔·兰德曼：《哲学人类学》，张乐天译，上海译文出版社1988年版，第12页。

让他丧失了语言功能，群蛇退去，猎人也消失了。① 鄂伦春人把自己的形象与蛇的形象混合是为了夸耀动物的力量，象征着语言的创造与灵魂的不灭。此外，鄂伦春族的图腾崇拜还包括"昂难卡坦"（獾子神）、"得义"（鹰神）、"敖律博如坎"或"乐莫博如坎"（狐仙神、恶神）等。

图腾崇拜是鄂伦春人通过生命活动将审美主体与客体相融合，表达鄂伦春人对生命意义的探索和对生命美的追寻。鄂伦春人凭借图腾崇拜造型艺术手段促进了艺术形式的认识和技巧演进，激发人们的审美感受、审美情趣、审美愉悦与审美想象力，促成了审美意识的民族性和地域性特征。图腾崇拜的艺术化过程就是图腾现象的历史化、世俗化、合情化与审美化。

三　祖先崇拜：人文意识

图腾崇拜包含着最原始的祖先崇拜，在母系氏族社会后期，灵魂与肉体分离而灵魂可以单独存在的观念使人类进入了祖先崇拜阶段，因此，随着鬼魂观念发展起来的祖先崇拜是对氏族死者灵魂的崇拜，体现了社会伦理和生命信仰，将人与自然"万物有灵"的关系调整为人与人的"人类之灵"关系，而且强调了人与祖先的关系，借助神化祖先提升自己，"审美崇拜源于人对自我的崇拜，自我崇拜是审美崇拜的逻辑起点和生成动因。"② 拥有宗教仪式特权的萨满只信奉属于他的神，将祖先神列为天神。

鄂伦春族祖先崇拜包括灵魂观念、灵魂生活方式、灵魂世界、灵魂与活人的关系及作用等。鄂伦春人相信人是有灵魂的，而且相信人的灵魂是不死的。人在活着的时候就有灵魂，灵魂如同个体的人一样，也是各不相同的，每个人有每个人的灵魂，其共同之处在于永恒性。对个体的灵魂来说，每一部分器官有每一部分器官的灵魂，当一个鄂伦春人眼睛疼痛时，他呼唤自己的灵魂——不是他整个人的灵魂，而是病痛的那个器官的灵魂。鄂伦春人相信肉体与灵魂

---

① 参见内蒙古人民出版社编《鄂伦春民间故事集》，内蒙古人民出版社1981年版，第72—77页。
② 颜翔林：《论审美崇拜》，《湖南师范大学社会科学学报》1997年第4期。

第二章　鄂伦春族宗教信仰的审美意蕴

是分离的，而且只有灵魂死亡才是一个生物真正意义上的死亡。鄂伦春族灵魂观念是有生有死的，而且分为灵性、灵魂、灵异三个层面，万物的灵魂都是胚胎体——大多数是卵。在鄂伦春族神话传说中，"蟒猊"（魔鬼）、"安达"（"最好的朋友或结拜兄弟"，代指奸商）等恶势力都是有灵魂的，它们的灵魂往往是寄生在松树、柞树或杨树上的蛋，而且有鹰怪、乌鸦、树鸡、猫头鹰等看守者，"莫日根"（狩猎能手）只有在宝马的帮助下，才能找到这些东西以战胜恶势力，否则，人怎么也斗不过恶魔，如孟古古善讲述的《吴达内的故事》提到老"蟒猊"朗突罕的七个小"蟒猊"的灵魂就是树鸡看守着的七个蛋，老"蟒猊"的灵魂是猫头鹰保护着的一把锉："只要你不把我的命根子——灵魂抓住，你把我杀了砍了，我照样还能活。"① 吴吉瑞讲述的《森木特涅莫日根》提到森木特涅去救被老山怪抓走的父母，雪青马告诉他："老山怪的命根子不在它身上，是在它窝里的两个蛋。你要想法偷来那两个蛋，它就是有天大的本事也用不上了。"② 在绍保、白依尔讲述的《阿雅莫日根》中，宝马告诉"阿雅莫日根"（好猎手）："你在天亮前赶到蟒猊住的地方，山下有五棵松树，中间那一棵松树最高，树梢上有一个大乌鸦窝，窝里有一只老乌鸦，那就是蟒猊的心，只有先射死这只乌鸦才能使蟒猊死亡。不然你再英雄也治不了这人吃的蟒猊。"③ 关石山讲的《猎人和安达》中讲到："安达"诬赖"阿拉坦聂莫日根"（像金子一样的好猎手）的父母欠他的账，阿拉坦聂莫日根在宝马的帮助下找到坏人的灵魂，"你看这三棵大杨树，每棵树上都有一个草窝，每个草窝都有一个蛋。中间树上的蛋是'安达'的命根子，两边树上的蛋是两个狗腿子的命根子。你想给阿爸阿妈报仇，就得上树把这三个蛋拿下来，当着'安达'和两个狗腿子的面摔碎，'安达'和那两个狗腿子马上就死掉"④。一直到新中国成立后，鄂伦春人还将奸商与魔鬼等同起来。

---

① 隋书金整理：《吴达内的故事》，北方文艺出版社1962年版，第10页。
② 黑龙江民族研究所：《鄂伦春民间故事选》（上），内部资料，1996年，第412页。
③ 隋书金整理：《鄂伦春族民间故事》，黑龙江人民出版社1980年版，第37页。
④ 王朝阳采写：《古里猎民村鄂伦春民间故事集》，北方文艺出版社1991年版，第78页。

鄂伦春人的神鬼传说很多，但中心人物通常是人，神鬼不过是人不死的灵魂，而且有的神会变成野兽或人，有的鬼会捉弄人，如山神变成白胡子老人，火神变成老太婆，猫变成姑娘，虱子变成小孩等。2013年4月25日，笔者在鄂伦春自治旗托扎敏乡调研时，听Buenbashan用鄂伦春语讲过《鬼的故事》：

> 有一个猎人打猎去了，天黑了，下雪了，挺大，想找个落脚点，路不好走。找来找去，有一片黑黑的地方没下雪，（猎人）在底下猫着（东北方言意为藏着）。（猎人）生火、做小米干饭，上边来了那么瘦一个人，进来了，他害怕了："什么玩意？"猎人给他吃饭，他全吃了，还没够呢，小米干饭吃完了，天也亮了，（猎人）一看上边有棺材，害怕了，鬼——不是真有鬼，这是一个故事。①

鄂伦春族祖先崇拜体现了由崇拜物到崇拜神再到崇拜人的过程，涉及"阿娇儒"（祖先）和"阿娇儒博如坎"（祖先神）两个概念。人们供奉的"阿娇儒博如坎"只能是自己氏族的。"阿娇鲁"是鄂伦春人对自己母亲家活着的人的总称，意思是"根"。鄂伦春女人虽然嫁到丈夫的氏族，仍要祭祀娘家的氏族祖先，否则会致病，"你的病，是你娘家的'阿娇儒'害了你。"② 可见氏族祖先神起源于母系氏族社会。传说鄂伦春人的"阿娇儒博如坎"是一位长发老女人，后来是本氏族内曾祖父以上死了的祖先，"柯尔特依尔最早的'阿娇鲁'神是毛考台汗，白依尔最早的'阿娇鲁'神是根特木耳。"③ 鄂伦春族谚语亦有此说："柯尔特依尔的祖先毛考代汗，白依尔的祖先根特木耳，阿其格查依尔的祖先木古德格陈，他们是鄂伦春人祖先不要忘。"④《毛考代汗传说三则》

---

① 被访谈人：Buenbashan。访谈人：王丙珍。翻译：Buenbashan。访谈时间：2013年4月25日。访谈地点：鄂伦春自治旗托扎敏乡被访谈人家中。
② 《民族问题五种丛书》内蒙古自治区编委会：《鄂伦春社会历史调查》（第一集），内蒙古人民出版社1984年版，第162页。
③ 内蒙古少数民族社会历史调查组：《鄂伦春自治旗木奎高鲁、爱辉县新生村和逊克县新鄂村补充调查报告——鄂伦春族调查材料之九至十一》，内部资料，1963年，第3页。
④ 娜日斯编：《达斡尔 鄂温克 鄂伦春谚语精选》，内蒙古文化出版社1993年版，第84页。

讲内蒙古甘奎地区的柯勒特依尔和阿查格查依尔氏族，他们的祖先分别是毛考代汗和根特木尔，两人都是"阿雅莫日根"（好猎手）①。史禄国认为根特木尔家族似乎是被俄国沙皇封为公爵的达斡尔族血统②。但这些半历史、半神话的神灵化的祖先被尊奉与祭祀，鄂伦春人将现实性的审美现象提升到想象性的具有文化哲学意味的审美崇拜。

鄂伦春族每家都供"阿娇儒博如坎"，"他们信太阳至上和灵魂不灭，认为人死被照耀于太阳而化星辰，并永远关照其子孙的行动。"③ 神像是松木刻成的人形，平日打到猎物后，供奉祖先神之后家人才吃，因此，神像的嘴角总是带着兽血，"奥罗绰的神偶通常仔细地包在桦树皮中，悬挂在每架窝棚后边的小神龛里。奥罗绰人和蒙古人一样称这些神为'布尔汗'。"④ 鄂伦春族流传着祭祖的由来及用桦皮盒装神像的传说：部落首领为了庆祝美丽女儿的生日，用柳条编的"亮子"捕鱼时，捕到一个小桦树皮盒，盒子里有木头雕刻的蛇身人像、马身人像、九头像等，家人觉得没什么用，就把它们扔掉了，姑娘只留下桦皮盒。没过多久，家族的人相继死去，姑娘也病了。首领把扔掉的木偶像找了回来，每天向它祈祷后，姑娘的病才好了。从此，每家家长都要为家族雕刻木神偶，放在桦皮盒中的习俗一直流传至今。⑤

鄂伦春人供奉的祖先神像有皮制、木制，还有画在桦皮、布、纸上的画像，构成祖先神灵群体，具有明显的多神特征。皮制、木制的神偶都是鄂伦春人自己制作的，皮偶像由双层皮剪缝而成，绘有简单的五官。鄂伦春人的"阿娇儒"多是用松木雕刻的9人神像，据说神愿意住在松木里。但是，据日本学者秋叶隆考察，"我只看到过鄂伦春人用黑桦雕刻而制的神像。除此之外，黑

---

① 参见张凤铸、蔡伯文编《鄂伦春民间文学选》，内蒙古人民出版社1980年版，第26页。
② 参见［俄］史禄国《北方通古斯的社会组织》，吴有刚等译，内蒙古人民出版社1985年版，第93页。
③ ［日］永田珍馨：《满洲鄂伦春族研究》，内蒙东北少数民族社会历史调查组译，内部资料，1957年，第49页。
④ ［俄］P. 马克：《黑龙江旅行记》，吉林哲学社会科学研究所翻译组译，商务印书馆1977年版，第79页。
⑤ 参见刘翠兰《鄂伦春族》，中国水利水电出版社2004年版，第67页。

桦在鄂伦春人那里毫无用处"①。鄂伦春族画在纸上或布上的神像是近现代请达斡尔人或托"安达"画的,上面还画着太阳、月亮、鸟兽等。

鄂伦春族"阿尼冉博如坎"（木刻祖先神偶）是连在一起的4男5女共9个人,上面的半圆形代表天,小人下面有代表地的木头底座,呈现鄂伦春人崇天拜地的信仰观念,也形象地表明天、地、人三界的合而为一。鄂伦春族的五大姓氏或九大部落分别崇拜自己的姓氏神,据说9个人生前曾一起生活、劳作,这不仅与群体生活相联系,而且与九大姓氏相一致,包括玛拉库尔（孟）、葛瓦依尔（葛）、魏拉依尔（魏）、古拉依尔（关）、柯尔特依尔（何）、白拉尔（白）、莫拉呼尔（莫）、杜能肯（杜）和伍查尔坎（吴）。孟古古善和孟英妮彦讲述的《九姓人的来历》中讲到:相传,只有一对鄂伦春人在山火、洪水之后活着,繁衍了9个儿子和9个姑娘,兄妹俩或姐弟俩结成了9对夫妻,这就是九大姓氏的起源。② 因此,9个祖先可代表所有祖先。此外,鄂伦春人还雕刻一对男女人形的始祖神偶,有的身上围着兽毛或皮条,两类祖先神偶说明祖先崇拜始于群婚制及对偶制,神灵的男女世界是人类社会婚姻制度的反映。鄂伦春族祖先神挂在"斜仁柱"住所的"玛路"（"斜仁柱"对着门的席位）或装在桦皮盒里挂在"斜仁柱"后面的桦树上,禁止女人靠近的原因在于"妻子属于和丈夫不同的氏族"。③ 鄂伦春人忌讳称呼祖先的名字,在日常生活中如遇与长辈同名的物体也要避讳。在田野调查时,当笔者问及被访谈人的父母名字时,他们是不情愿说出来的,尽量避免回答。年龄大的老人也从不谈及自己名字的含义,只说是父母给起的,其实没什么意思,Buenbashan 就是这样做的。④ 实际上,这是符合鄂伦春人的神话思维的,鄂伦春人认为一个人如果让

---

① ［日］秋叶隆:《大兴安岭东北部鄂伦春族调查报告》（一）,［日］大间知笃三等《北方民族与萨满文化——中国东北民族的人类学调查》,迁雄二、色音编译,中央民族大学出版社1995年版,第3页。
② 参见隋书金编《鄂伦春族民间故事选》,上海文艺出版社1988年版,第6—7页。
③ ［日］秋叶隆:《鄂伦春的萨满教——大兴安岭东北部鄂伦春族调查报告》（二）,［日］大间知笃三等《北方民族与萨满文化——中国东北民族的人类学调查》,迁雄二、色音编译,中央民族大学出版社1995年版,第23页。
④ 被访谈人:Buenbashan。访谈人:王丙珍。访谈时间:2013年4月25日。访谈地点:鄂伦春自治旗托扎敏乡被访谈人家中。

别人知道了名字，这个人就会遇到一系列不祥之事，女子可能被"蟒蚭"（魔鬼）骗去为妻，她的父母也会为此被"蟒蚭"吃掉。① 因此，当你问及鄂伦春人名字的时候，他们通常"忽然闭口立"，也就不足为怪了。

鄂伦春人氏族和部族祖先是曾经存在过的历史人物，也是超现实的神祇，这些人物既是是真实的，又是想象和虚构的；既是人们精神的主宰，又是推动信仰的力量，祖先崇拜的主题是死亡与复活、消失与永恒、神圣与世俗，鄂伦春人对死亡表现得自然、坦然与安然。此外，鄂伦春人还崇拜"咔日炭布堪"（妇女保护神）、"乌六浅布堪"（一条腿的神）、"库力斤博如坎"（长着长尾巴的女神）、"奥毛莫西口"（专门保佑小孩的神）、"屋托钦"（患天花或麻疹痊愈的人）、"叨保任播"（黑夜保护神）等。呼玛河流域十八站民族乡的鄂伦春族普遍信仰"库力斤博如坎"，神偶是用"须烈草"（大叶张）编成长尾巴的人形，相传"库力斤"是嫁给一个善良瘸子的鄂伦春族美女，她长着一条长三丈的尾巴，丈夫泄露了她的秘密，导致她自杀身亡，其夫也投河而死。在库力斤死后三年，人们常听见她在山路上唱悲歌，就开始祭奠她。② 自从鄂伦春人养马后就普遍信奉"初卡蓬博如坎"（管马群的神）、"昭路博如坎"（管牲畜安全的神）、"查路博如坎"（管牲畜安全的神）、"额定"（管人、马头痛和胸痛病的神）、"德勒库达日依尔"（管人畜抽风病的神）、"恩古包尔"（管人畜疾病的神）等。鄂伦春人的"昭路博如坎"和"查路博如坎"的神像是一块兽皮或布上用马尾或马鬃绣成简单的人形，在嘴上涂抹野兽鲜血，在人形脚下做两个兜，再做一个木马放在两兜中间，供奉在"斜仁柱"的"玛路"的右上方。蒙古族和达斡尔族均有"昭路博如坎"和"查路博如坎"。

鄂伦春人信仰各种治病的神灵，因为生老病死无常，少医无药的鄂伦春人只能指望神灵，如"德勒库达日依尔"（管人全身疼痛的神）、"乌仁哈达尔"（管人发昏和发病的神）、"胡鲁斤哈达尔"（管疯病的神）、"额古都娘娘"或"埃尼博如坎"（管天花病的神）、"尼其昆娘娘"或"额尼音博如坎"（管麻疹

---

① 参见峻林等编著《鄂伦春民间故事集成》，内蒙古文化出版社1997年版，第479—484页。
② 参见关小云、王宏刚《鄂伦春族萨满教调查》，辽宁人民出版社1998年版，第161页。

的神)、"额胡娘娘"(管伤寒病和发热病的神)、"翁库博如坎"或"树栓克博如坎"(掌管各种病灾的神)等。鄂伦春族的信仰也是与时俱变的,在与外界的交往中、在氏族社会临近解体时,鄂伦春人又开始信仰"吉雅其"(财神)、"卡稳博如坎"(常胜将军神)、"库吞博如坎"(从城里跟来的神)、"衙门博如坎"(衙门神)等。其中,"城神和衙门神,是清代鄂伦春族官兵由统治阶级引进的。"① 鄂伦春人供奉多种多样的"博如坎"(神),这些神有的有神偶和神像,有的没有。鄂伦春人的神偶、神像有"毛木台"(木制神偶),木刻的神多是"阿娇儒博如坎"(祖先神);画在布上或纸上的通常是野外的神;绣在布或狍皮上的是管马的神。日本学者指出鄂伦春人刻画的神偶没有艺术性,但毕竟是鄂伦春族造型艺术形态之一,显出神圣之美、生命之美与创造之美,况且,"如果信仰和制度不具备确定的物质形式,那么哪怕是最为轻微的环境影响,也会很容易使它发生变化,或从人们的记忆中彻底消失"②。1937 年,库玛尔路佐领于多三上书:"该族所信仰者老天、祖宗、山神、仙家、娘娘、家神,除平日供奉外,遇有病灾,亦必烧纸焚香,或以猪、狍禽兽祭祀,连声祝祷,非常虔敬。"③ 过去,鄂伦春人的信仰是笃定的,"对神是绝对信仰的"④。目前,鄂伦春族供神奉祖的活动已然销声匿迹,取而代之的是由政府举办的篝火节与下山定居周年纪念等,鄂伦春自治旗的篝火节始自 1991 年 6 月 18 日,下山定居周年庆祝大会为每年的 9 月 3 日;黑龙江省首届鄂伦春族古伦木沓节于 2012 年 8 月 6 日在黑河市瑷珲区新生鄂伦春族民族乡举行,各地下山定居纪念日分别定于 8 月中下旬。

鄂伦春族从认识自然、认识氏族到认识自己的过程也是对自然、图腾、祖

---

① 孟志东、瓦仍台布、尼伦勒克:《鄂伦春族宗教信仰简介》,吉林省民族研究所《萨满教文化研究》(第一辑),吉林人民出版社 1988 年版,第 251 页。
② [法]爱弥尔·涂尔干:《宗教生活的基本形式》,渠敬东等译,商务印书馆 2011 年版,第 129—130 页。
③ 于多三:《库玛尔路鄂伦春历史沿革概要》,东北少数民族调查组印,内部资料,1957 年,第 7 页。
④ [日]浅川四郎、永田珍馨:《兴安岭之王,使马鄂伦春》,赵复兴译,内蒙古文化出版社 1999 年版,第 177 页。

先的情感经历与形象化的过程:"我们犯了以手段代替目的之过错,这在宗教上叫作偶像崇拜。"① 鄂伦春人用艺术手段代替了信仰目的,原始信仰活动培养着人们的美感,这是一个审美移情和艺术模仿的时代,呈现了生命之美、神话之美、谚语之美、偶像之美、歌舞之美等。鄂伦春人借由自然崇拜、图腾崇拜开启了崇拜人本身的历程,突出了审美观念的变化,营造了艺术活动和审美趣味。

第二节 萨满的审美地位与职能

鄂伦春族萨满是民族智慧、精神和力量的代表,既是哲人、诗人,也是民间歌手与舞蹈家。如果说制作了弓箭的人是民间工艺家,那么,集传承与创造信仰艺术于一身的萨满就是民族教师、知识分子与民间艺术家。萨满具有艺术家一样的体验与人生修养、艺术修养和文化修养。他们有着超出常人的情感,异于常人的审美感受力,强于常人的艺术想象力、情感体验、变革意识、创造能力和执着的献身精神。在鄂伦春族萨满教中,女性萨满居多,鄂伦春人供奉的也多为女性神灵,这一现象应从萨满教起源于母系氏族社会寻求答案。

一 鄂伦春族最后的萨满关扣妮

萨满教是具有民族或族群特征的宗教现象,构成了西伯利亚和中亚各民族自古以来的信仰体系,这个体系的主体就是萨满,"像许多居住在西伯利亚的野蛮人一样,奥罗绰人的宗教是萨满教。该教仪式由萨满主持,故曰萨满

---

① [美]乔治·桑塔耶纳:《美感》,缪灵珠译,中国社会科学出版社1982年版,第85页。

教。"① 因此，我们可以这样说，没有萨满就没有萨满教，"它的基础只有一个条件：承认萨满具有凭借特殊的、神秘的、难以理解的方法影响他人的能力。它施加影响的目的在于调整人类心灵范围内的活动，从生物学观点来看这是非常重要的。"② "萨满"一词源于满—通古斯语 Sǎman（Xaman），是动词"知晓"派生的名词："萨满（Schaman）即为具有知识和素养的智者之含义"③。鄂伦春语萨满是"萨么"的音译，意为"知道"，"用鄂伦春语说，萨满就是能念咒语的'乃木那·那木'。"④ 鄂伦春族萨满就是大智大勇的神明，"鄂伦春族以萨满为救世主。"⑤ 萨满本人是作为氏族或部落的先知、预言者、祭司、巫师、医师、魔术师一类的"半人半神"或"半仙"出现的，呈现出"俗人神化"的现象，"而萨满是谁，作为个人心理危机的后果，他已经获得了自己的一定的权力。那些他所见的精神贵宾，之前从不会被看见，他们是他的特殊的挚友和保护者。"⑥ 1910 年，俄国民俗学家 В. Г. 博戈拉兹以萨满是个不正常或发疯的人为前提，将萨满教归结为哲学和神学的复合，"这是一种通过选择神经上最变化无常的人而创造出来的宗教形式"⑦。

  鄂伦春族萨满的主要职能是预言、治病和占卜，萨满有"阿西萨满"（女萨满）与"尼罗萨满"（男萨满），两者可以结婚，也可以互相跳神治病，女萨满占据着优势地位，萨满祭祀的神灵也多为女神。萨满的两性问题其实是母系

---

  ① ［俄］Р. 马克：《黑龙江旅行记》，吉林哲学社会科学研究所翻译组译，商务印书馆 1977 年版，第 79 页。
  ② ［俄］史禄国：《北方通古斯的社会组织》，吴有刚等译，内蒙古人民出版社 1985 年版，第 568 页。
  ③ ［匈］米哈依-霍帕尔：《图说萨满教世界》，王杉译，内蒙古自治区鄂温克族研究会选编，内部资料，2001 年，第 6 页。
  ④ ［日］浅川四郎、永田珍馨：《兴安岭之王，使马鄂伦春》，赵复兴译，内蒙古文化出版社 1999 年版，第 69 页。
  ⑤ ［日］永田珍馨：《满洲鄂伦春族研究》（第一篇），内蒙东北少数民族社会历史调查组译，内部资料，1953 年，第 50 页。
  ⑥ Joseph Campbell, *The Masks of God：Primitive Mythology*, London：Secker & Warburg, 1960, p. 231.
  ⑦ ［苏］В. Г. 博戈拉兹：《论东北亚民族的萨满教心理学》，郑无星译，吉林省民族研究所：《萨满教文化研究》（第二辑），天津古籍出版社 1990 年版，第 60—61 页。

氏族与父系氏族的衍化问题,鄂伦春族第一位萨满就是尼顺女萨满,"尼顺萨满是鄂伦春族的第一个萨满,是她给后世留下了萨满教。"① 后来,另有传说最早的鄂伦春族萨满是根特木尔,他请来了"斯文"②(萨满神的总称),根特木尔死后,神衣上的铜镜变成了"穆昆"萨满(氏族萨满),铜铃变成了"德勒库"萨满(流浪萨满)。③

萨满是人间与神界沟通的使者,新萨满是由上一代萨满的神灵选择的——往往是那些出生时胎胞不破的人、长久患病或神经错乱的人、大难不死的人、有特殊悟性与洞察力的人,"成为神附体者从生下来就有成为萨满的潜在因素。有这种潜在因素的人是有福的。例如具有神经质、忧郁性、感受性强、想象力丰富或做梦多,是当萨满的必要条件。"④ 鄂伦春族老人阿内淑梅也说:

>   跳大神的人自己知道,先开始做梦,做梦了才知道,谁谁怎么样的,哪个人哪个做梦,借魂的,完了找他,不像别的虚的跳大神的,栖身的那样的知道,这个女的,这个谁能当跳大神的,那样的人有病,天天的(闭眼摇头),天天的,那样有病。我听说谁,那个老太太格尔巴杰还有个神经病的姑娘,她就有点像跳大神的那样的,愁呢,没人给她整,跳大神的神经不好,那样的,跳大神的女的多,男的也有,女的也有几个。⑤

关扣妮就属于长久患病后,被为她治病的萨满赵立本选为萨满的情况。关扣妮现生活在大兴安岭地区呼玛县白银纳民族乡,关扣妮与孟金福、赵立本、关乌力彦、关伯宝等曾是当地有名气的萨满,白银纳也因这些远近闻名的大萨

---

① 王朝阳采写:《古里猎民村鄂伦春民间故事集》,北方文艺出版社 1991 年版,第 83—86 页。
② 参见全国人民代表大会民族委员会办公室编《鄂伦春自治旗托扎明努图克情况:鄂伦春族调查材料之二》,内部资料,1957 年,第 55 页。
③ 参见《民族问题五种丛书》内蒙古自治区编委会《鄂伦春族社会历史调查》(第一集),内蒙古人民出版社 1984 年版,第 167 页。
④ [日]浅川四郎、永田珍馨:《兴安岭之王,使马鄂伦春》,赵复兴译,内蒙古文化出版社 1999 年版,第 181 页。
⑤ 被访谈人:阿内淑梅。访谈人:王丙珍。翻译:崔洪杰。访谈时间:2014 年 1 月 2 日。访谈地点:鄂伦春自治旗乌鲁布铁猎民村被访谈人家中。

满而名彰天下。目前，关扣妮成为鄂伦春族唯一健在的萨满，成为解读鄂伦春族萨满文化的传承人。2007 年，关扣妮被选为鄂伦春族萨满舞与"吕日格仁舞"两项省级非物质文化遗产项目的代表性传承人，同年 6 月，关扣妮获得"中国民间文化杰出传承人"荣誉称号；2009 年，关扣妮又成为省级鄂伦春族萨满祭祀传承人。

1935 年 9 月 30 日，关扣妮生于大兴安岭小西尔根气河流域的倭勒根河部落的古拉依尔氏族，那时的鄂伦春人还生活在大兴安岭的群山之中。父亲关蒙克是一名勇敢的鄂伦春猎人，母亲姑日波是聪慧的鄂伦春女人。不幸的是，在关扣妮不满周岁的时候，母亲患病去世；幸运的是，父亲续娶的妻子阿古心地善良。关扣妮说：

> 后来，有后妈，我后妈很好，教我们。"文化大革命"，她心眼太小吊死了，收拾我爸，特务，我爸还没当特务，他也没去，日本事变，苏联把我爸十多个人抓起来，拉到江那边，当特务，都有相片，就打死了，没有相片就都回来了。待了一月了，我爸有病，60 年，吃土豆吃的，脖子抽，好容易好点了，也不吃馒头，蒙克山就是我爸的命名，他就是在那得的病。
>
> 关蒙克我爸名，以前那个山没名，后来叫他名，他一个人骑马去的，得病以后掉地上，太阳落山他醒过来了，马在跟前他骑上马回来了，我妈在漠河也是驮东西，我们也不知道。把我爸抬到开库康，也没大夫，上呼玛，待了一段时间，上嫩江、哈尔滨去了，回来好多了，脖子抬不起来，这样也挨斗，我妈害怕上吊了。我们也不让来，他们怕找人串联，我也差点没挨斗，也说我迷信，也说我反动。后来，给我平反了，给了点不多：几百元吧！有的人撒谎这个事，我也不会糊弄，我就不懂，人家糊弄我也不懂，就罪大了。①

---

① 被访谈人：关扣妮。访谈人：王丙珍。访谈时间：2006 年 10 月 5 日。访谈地点：大兴安岭地区呼玛县白银纳民族乡被访谈人家中。

1950年春天，15岁的关扣妮一病不起："通古斯民族的未来萨满达到成年时，都会经历一场癫病或歇斯底里的病变，但这种神召现象有时则发生在早年。"① 她的爷爷求大萨满赵立本请神治病，赵立本认为她只有当萨满，病才会好。赵立本引领关扣妮当萨满，天生聪慧的她很快就进入神灵附体的状态，达到了忘我境界，最终成为这个家族的第15位萨满，"一般萨满是世袭的，孩子患了重病，精神错乱，陷入所谓神附体的状态就可当萨满。"② 日本学者秋叶隆也认为"在鄂伦春社会中萨满作为一种世袭的特权阶层体现出政教合一的社会状态"③。就这样，关扣妮的病渐渐地好了，萨满也学成了，初为萨满的关扣妮自己用布做成了萨满服，萨满的成长期是3年，只有3年以上的大萨满才可以穿皮质的萨满服。2006年，关扣妮制作的萨满神服开始陈列在白银纳民族乡文化展览馆中。

1952年，17岁的关扣妮嫁给父母指腹为婚的玛拉依尔氏族的孟涛都，之前，她一直想上学，婚姻击破了她的求学梦。婚后，她在跟随马队去漠河的路上学会了汉语，学会了用汉字写自己的名字。后来，他们离婚了，四个孩子每人抚养两个，关扣妮说：

> 52年刚结婚就上漠河了，那时一句也不懂，我就问别人，一点一点学的，我就学会了，我也不认字，我小时候也没上学，10多岁时，他们都上学去，别人家的小姑娘、小小子什么的。我也想上学，我父母不让，他们说："都快结婚的人了。"那时，我订婚了。我还没出生呢，父母就给我订婚了，不同意也没办法呀。如果是女孩就嫁他家（丈夫孟涛都），他家是女孩嫁我家，两家都是男孩没办法了。我爷爷订的，我爷爷早去世

---

① [美] 米尔奇·伊利亚德：《萨满教——总论》，史昆译，吉林省民族研究所《萨满教文化研究》（第二辑），天津古籍出版社1990年版，第325—326页。
② [日] 浅川四郎、永田珍馨：《兴安岭之王，使马鄂伦春》，赵复兴译，内蒙古文化出版社1999年版，第181页。
③ [日] 秋叶隆：《大兴安岭东北部鄂伦春族调查报告》（一），[日] 大间知笃三等《北方民族与萨满文化——中国东北民族的人类学调查》，迁雄二、色音编译，中央民族大学出版社1995年版，第20页。

了，我爷爷的名字我姐知道，我不知道。"阿达玛"（爷爷）、"阿达"（姥姥、奶奶）、"阿达齐"（太姥或太爷）。她们不叫我阿达，就叫姥姥。不让喜欢别人，有的姑娘不愿意跟人家，不愿意也得跟，硬给。结婚时，她也不愿意，用枪逼的，关小云的二姨就是这样结婚的。她不愿意，那个男的挺老的，不愿意跟，好几个孩子呢。我也不太愿意，他爱喝酒，不像别人那么热情，我也不太喜欢，没办法。

结婚了，一开始还挺好，后来就不行，不咋的，后来就喝大酒了，59岁去世了，那时候我不喝，后来也喝了点了。喝了3年，一下子也不愿喝了，40多岁才抽的烟，年轻时不抽烟、不喝酒的。他不跳萨满的，他叔伯哥哥跳萨满，不同意我跳，他也没办法，我没在他家跳过。5个孩子，就1个姑娘，4个儿子，现在剩2个了，1个儿子，1个姑娘。二小子是小时候得的脑膜炎，那时候，现在可能能治好，病了2个多月，两周岁，最小的10岁是传染病，有个小孩得那个病死，与小孩哥哥好，不让他去也去。他上他家玩去，他得这个病是传染的，回家发高烧，上医院，也打了针，是过敏，回来的时候，手一会儿红一会儿白，我说："不是过敏吗？"医生来了说不是，还打了那个针，一下子就什么也不知道了，就不行了，发烧，血压没了，想上十八站了，上大医院了，车也不方便，到呼玛，院长来了说："送呼玛吧。"上呼玛，20多天治不好了。转院吧，转到地区，在地区医院一天也没住上院，第二天也住上院，就我自己。后来，我们离婚了，我才到这儿来的。

离婚了，一家2个，我姑娘和这个儿子，我就来白银纳找了老头。就分开了，后找的这个喝大酒，还骂人，开始打猎也挺好，后来越来越能喝，他不找我，我也不去，现在他还活着，我也不去找他，我们分开20多年了，1992年分开，他与他弟弟的姑娘过，他3个儿子都死了，都没有了，离这儿不太远，我多狠心吧。他不来找我，他知道我有病住院，我在十八站住院，他也十八站，在他儿子家，他也没去看我。他还打猎呢，一块肉也没给我送，我听他们说，他儿媳还卖肉呢，也没送肉，给点钱也行呀，我就没回去。

出院了以后，我就在我自己家了。不送肉给钱也行，不给东西，来看也行，一回也没来，想去也不去，想想就生气。他最小儿子打我，我住院时，差点没打死我，打我昏迷，他儿子在劳改队回来后，打我好几次。我也不去，不跟他过了，打我时，老头还在家，他不管。我睡醒了，一看自己在地上，他儿子打完我就走了，他在床上也没管我，这样家庭也不能过。有钱往死里喝，没钱了再想办法，不会攒钱，那时也没低保，现在有低保，我每年600元，下降后每年400元。我也不去找，别人都这样，像我这样医药费也少100元，中年人200元，给钱。上边来人我们看不到，乡里反映也不好使。生活费一年1000元。我吃药多，我还离不了止痛药呢，要不浑身疼。①

1953年夏天，鄂伦春人开始正式定居，在"破除封建迷信"的号召下，关扣妮告别了"敖律博如坎"或"乐莫博如坎"（狐仙神、恶神），爷爷将她的萨满神服送到深山老林的"奥伦"（仓库）里。下山定居的鄂伦春人不敢住在政府统一盖的房子里，他们怕房子塌了，就在院子里边搭建"斜仁柱"，关扣妮却不怕，也许她心中的神灵仍在保护她。"文化大革命"的时候，她父亲被当成特务，继母又上吊自杀了，从此，她十几年都没有从事萨满活动，只是每年的大年初一或者正月十五，在家里按传统的方式祭拜神灵。1986年10月8日，为了配合呼玛县文化部门展开的萨满歌舞调查，关扣妮又跳起了萨满舞。1995年，关扣妮又一病不起，她将病因归咎于记者采访，跳神得罪了神灵，家人请来老萨满孟金福，从乡里的展览馆借来了萨满神服，病痛中的关扣妮举起神鼓为自己跳神治病，她说："不知是哪来的记者让我跳，就在东沟沙滩上我跳的。跳完就有病了，病了好多年呢。我姐姐买的鸡什么的，孟金福当我的

---

① 被访谈人：关扣妮。访谈人：王丙珍。访谈时间：2006年10月5日。访谈地点：大兴安岭地区呼玛县白银纳民族乡被访谈人家中。

二神，跳完我就好了。"① 2006年10月6日，笔者在呼玛县白银纳调研时，她又谈起有关萨满的知识：

（我们）看月亮计时，看月亮圆几次。两张狍皮做一个萨满服，狍皮很大呀。（我）很小，奶奶就没了，爷爷也不讲这些，神是怎么来的？萨满的事谁也不讲，可能是不好吧。

在山上的时候，有跳萨满的，村里人去，也有不拿贡品的，有病的人家拿，这样的人才拿。过去的人都信，不像现在似的。有病的人都找萨满，找老的。这不是教的，也不是学的，就那样跳起来，就是神看这个人的血和骨头一看就知道能当个啥。赵立本跳好了病，就要求我当萨满，我妈妈给的，不知道给什么。

小时候，就跟后妈，她做啥，我就想跟她做啥，不学更得教，想学就教，她没有孩子，对我们很好，两个哥哥小时候都没了，只剩我、我姐。后妈66岁上吊了，过去也有商店，呼玛一个，欧浦一个，漠河一个，老毛子的，东西可全呢，啥都有，打的东西给他们，就给粮食什么的，那些钱大，一个铜子什么都能买，粮食、鸡蛋，不知道是多少钱的铜子。

我昨天讲的那个可能是俄罗斯的鄂伦春人，与中国鄂伦春是亲戚，那边来的人多，这边去得少。

4块皮就做萨满帽了。魏美英会唱《盘古河姑娘》。我爸爸关蒙克，亲叔伯兄弟关佰保，我哥哥15岁就死了，养叔伯兄和姐姐。

早上7点多到8点祭神，四月初一，八月中秋祭，阴历的除夕。神帽叫"奔波肯（kèn）"，扣（子）叫"托奇"。②

关扣妮明知却又违背神灵的意愿，为了传承萨满文化而多次举行各种萨满

---

① 被访谈人：关扣妮。访谈人：王丙珍。访谈时间：2006年10月5日。访谈地点：大兴安岭地区呼玛县白银纳民族乡被访谈人家中。
② 被访谈人：关扣妮。访谈人：王丙珍。访谈时间：2006年10月6日。访谈地点：大兴安岭地区呼玛县白银纳民族乡被访谈人家中。

仪式，唱起萨满神歌，跳起萨满舞蹈，对一个笃信萨满教的鄂伦春老人而言，做到这一点无疑是艰难与苦痛的，迷狂与执着是萨满的禀赋，她献给民族文化的就是这种痴迷与坚守，关扣妮说："去年（2005年）让我跳，一跳就有病，北京电视台的，2台的，跳完就有病了，外孙结婚时我昏迷不醒，起不来，我总是多喝水！我在加格达奇，我侄女家。"①

2006年，关扣妮的铜像立在大兴安岭地区漠河县北极村江边，在北极村鄂伦春民族博物馆中刻有大兴安岭职业学院教师安家寰创作的《献给关扣妮的歌》："她出生在大山间，/摇篮就挂在树上边，/狩猎的枪声是催眠曲，/马背驮着她整个童年。/她知道，春花朵朵是大山的笑颜，/是大山给生命汩汩的清泉。/她明白，皑皑白雪是大山的庄严，/松涛阵阵告诫人们不要贪婪。/大山给她灵魂，/大山给她情感，/大山给她健康，/大山给她灵感。/爷爷升天葬在大山，/大山就是她的祖先，/如今重病缠身她仍在跳神祈福，/祝福鄂伦春人幸福和谐平安。"②

2008年，呼玛县文化部门让关扣妮找个萨满传承人，把萨满仪式保存下来。关扣妮想让当护士的女儿孟举花接任萨满，希望女儿能将鄂伦春族萨满文化传承下去，关扣妮要传给女儿的是关姓的氏族神灵，她忧心忡忡地说："我就怕惊动了别人家的神灵，家家都有神灵。"③ 9月1日晚，在白银纳民族乡鄂伦春族下山定居55周年的节日里，呼玛河畔关扣妮的鼓声见证了鄂伦春族神秘的萨满传承仪式。10月6日《大兴安岭日报》刊登了《萨满关扣妮有了继承人》一文。事实上，孟举花并没能成为新一代的萨满，2009年冬天，孟举花亡于一场车祸，无论是否属于巧合都击痛了一位母亲的心。鄂伦春族老人额尔登卦说："太可怜了，她的女儿，违背信仰规律是不行的。妈妈的神绝对不

---

① 被访谈人：关扣妮。访谈人：王丙珍。访谈时间：2006年10月5日。访谈地点：大兴安岭地区呼玛县白银纳民族乡被访谈人家中。
② 大兴安岭地区漠河县北极村鄂伦春民族博物馆内。
③ 顾桃拍摄：《神翳》，2010年。

带传女儿、儿子的，鄂伦春人都知道。"① 2010 年，顾桃的纪实片《神翳》记录了关扣妮萨满传承的选择与泪水，"鄂伦春人不管做什么事情，如当兵、上学等，都要请萨满念咒语，向神请教。当神同意后才能去做，如果神不同意，什么事情也做不成的。"② 关扣妮的经历正如史禄国所言："由于萨满的特殊社会地位，由于普遍的注意，有时受到同氏族成员敌意的评论。萨满在其私生活中，不断受到纷扰，使他的生涯不同凡响。"③

个人的命运、生活的变故、民族文化的变迁、萨满的经历伴随着关扣妮对人生与萨满神灵的信仰与理解。关扣妮的萨满信仰融入了她坎坷的人生、坚强的意志与不屈的性格特点。关扣妮通过讲述萨满神话、民间故事，传承着鄂伦春族口头文学；通过白银纳民族乡民间歌舞团的萨满舞与"吕日格仁舞"传承着民族传统文化。关扣妮协助拍摄了《秘境中的兴安岭》《最后的山神》《山林夏猎》《鄂伦春族萨满教——十八站乡萨满活动纪实》《勇敢的鄂伦春》等纪录片。当下，关扣妮只在拍电影或电视台采访的时候才跳神表演，这种机会很少，已然失去了公众的参与性和信仰的基础，笔者也未亲见鄂伦春族萨满祭祀活动。

2006 年 10 月 4 日，笔者第一次见到关扣妮，她讲着故事、唱着"库玛哈"（鹿的神歌），举行着家祭，制作着萨满服。2012 年 8 月 6 日，关扣妮身着萨满服饰参加了黑龙江省首届古伦木沓节，每当人们拍摄身着萨满服饰的她，她总是无言地站在那里任人"记录"，恰似民族文化的"神灵"。她还会告诉人们鄂伦春族的医药知识，她总是说："神能听懂鄂伦春语，大自然都是有生命的。"④ 2014 年 1 月 29 日至 2 月 15 日，笔者发现关扣妮信仰佛教，她每天早上起床的第一件事是在祭桌前点燃三炷香，口中念念有词地祭拜。"通古斯

---

① 被访谈人：额尔登卦。访谈人：王丙珍。访谈时间：2013 年 1 月 14 日。访谈地点：鄂伦春自治旗阿里河镇被访谈人家中。
② ［日］浅川四郎、永田珍馨：《兴安岭之王，使马鄂伦春》，赵复兴译，内蒙古文化出版社 1999 年版，第 70 页。
③ ［俄］史禄国：《北方通古斯的社会组织》，吴有刚等译，内蒙古人民出版社 1985 年版，第 568 页。
④ 顾桃拍摄：《神翳》，2010 年。

第二章　鄂伦春族宗教信仰的审美意蕴

各部落中的萨满教，在神经疾患和精神病理学活动的领域中，是通古斯人的'最好的'依赖。因此，不能认为它是平常意义上的宗教。它可以同时与诸如佛教、儒教等宗教并行不悖，并同其他万物有灵论同时并存。"①

二　萨满的审美地位与职能

鄂伦春族萨满掌握着制作萨满服饰及神具的技艺，萨满还通过神话故事、歌声、狂舞、净化、迷狂等，将人们带入一种神魂颠倒的极境。"萨满不仅是神的祭司、医生和占卜者，而且是民间口头诗歌艺术的发明者，是民族希望和幻想的讴歌者。萨满保护和创造了故事和歌曲，是民族智慧和知识的典范。"②

（一）承载着萨满教造型艺术的功能和内涵：萨满服饰

鄂伦春族萨满服饰包括"西嘿"（萨满服）、"文图文"（神鼓）和"吉斯"（鼓槌）。萨满神服是形象与象征，神鼓与鼓槌是声音与工具，它们都是萨满的标志物，"萨满标志物一般不得承继使用"③。但在鄂伦春族的现实生活中，"萨满的神衣一般自己购置，自己解决不了的，可由亲属帮助解决。新萨满可以继承老萨满的神衣及道具，继承这些东西，不需要给老萨满什么报酬"④。随着交换的产生，有的新萨满要用一匹马的代价换得"西嘿"。

鄂伦春族最漂亮的服装是"西嘿"，通常是由萨满自己或女人制作，神服上的花布、铜铃、铜镜等是托"安达"买来的。萨满舞蹈传承人关金芳说鄂伦

---

① ［俄］史禄国：《北方通古斯的社会组织》，吴有刚等译，内蒙古人民出版社1985年版，第568页。
② ［苏］И. А. 洛帕廷：《果尔特人的萨满教》，孙运来译，吉林省民族研究所《萨满教文化研究》（第二辑），天津古籍出版社1990年版，第76页。
③ ［苏］А. И. 马津：《埃文克—鄂伦春人的传统信仰与仪式》，孙运来译，吉林省民族研究所《萨满教文化研究》（第二辑），天津古籍出版社1990年版，第124页。
④ 《民族问题五种丛书》内蒙古自治区编委会：《鄂伦春族社会历史调查》（第一集），内蒙古人民出版社1984年版，第165页。

春族萨满服需要9个心灵手巧的女人一起制作完成。① 鄂伦春人的木刻祖先神偶"阿娇儒博如坎"由连在一起的9个小人组成,传说9个人生前是同甘苦共患难的好朋友,所以,萨满作为神的使者,其服装当然需要9个人完成,象征人与神的合作、交流与共享。2014年2月11日,笔者在关金芳家加入了制作萨满服的行列,学会了在萨满服上缝铜铃,感受到创造美的乐趣和神圣感。"文图文"一般由男人制作,但也只有萨满才能敲起,现代人制作的神鼓只能算"复制品"。鄂伦春族萨满服与达斡尔族的相比,受到蒙古族和汉族文化的影响较少,保存了比较纯粹的萨满形象,保留着狩猎民族神衣的古朴特色。鄂伦春族萨满服也体现了象征与和谐,萨满穿上萨满服后,她就与其所象征的神灵融为一体,萨满成为神灵的化身。

首先,鄂伦春族萨满服饰与神鼓展现了萨满教的生命力。鄂伦春族萨满服一般由鹿皮或狍皮制作,布匹传入以后,也有用布制作的,萨满服是不分性别的,"这种神装具有防御恶神的宗教意义,因此穿上神装就能防止恶神(evil spirit)进入体内而引起生病、死亡等灾害。"② 不同等级的萨满穿着不同材料制成的萨满服,关扣妮说:

> 这儿有个老萨满,她的萨满服博物馆弄去了,都是坏的,毛都没有了,年头太多了,皮的。不知哪回事,她的衣服不跳以后不知哪去了。可能没交政府,有皮有布的。我的就是布的,照片里的是皮的,博物馆的。刚跳的,放山里,放奥伦里了。我爷爷放的,我不知道呀,我爷爷送的,送山上奥伦,我也找不着,不知道,我爸爸放的,我也不知道呀,布皮都一样,3年以后才可以穿皮的,3年以内穿布的。3年就成熟了。我自己做的布的萨满服。我也想跳,不敢跳,怕政府不让跳,政府说啥就听啥,

---

① 被访谈人:关金芳。访谈人:王丙珍。访谈时间:2014年2月13日。访谈地点:大兴安岭地区呼玛县白银纳民族乡访谈人外甥家中。
② [日]秋叶隆:《鄂伦春的萨满教——大兴安岭东北部鄂伦春族调查报告》(二),[日]大间知笃三等《北方民族与萨满文化——中国东北民族的人类学调查》,迁雄二、色音编译,中央民族大学出版社1995年版,第28页。

第二章 鄂伦春族宗教信仰的审美意蕴

有病就上医院,十八站还没有医院,白银纳有一个卫生所。白银纳这儿是先建的,我一直生活在这儿周围,汉族人有是有,人少,语言是跟汉族学的。①

宗教和艺术以各自的方式表达人类生存的意义,两者结合以解释人类生存的意义,表达人们的生存渴望和热爱生命的意识。萨满信仰源于对未知世界的恐惧和对生命的保护,萨满教器物的出现也源于对生命的热爱,如萨满鼓状如妇人怀孕的肚子,具有繁衍意味。

其次,鄂伦春族萨满服饰与神鼓通过美术形态表现宗教张力,萨满神服与神鼓的图案为祈求神灵福佑而设计,创造者通过象征手法"去俗入圣"地融入宗教神秘的氛围中。萨满跳神依靠神器上的图像获取神力,"西伯利亚萨满不但使用仿动物状辅助神灵,而且在施法术时萨满本身也化作动物,这就要借助于服饰。"② 萨满借此达成福佑、祛病、消灾等目的。

鄂伦春族萨满在跳神时穿着全套的萨满神服,神服是无领对襟长袍,有"托奇"即衣扣,整体外形依照辅助神的形象,材料和细部存有些许差异,多数分为六个部分,一是"哈甲皮屯"(护肩,类似披肩),黑布底镶红边,有的还绣上花;二是"聂勒波屯"(胸部到膝部的护身),黑布底上刺绣彩色花纹,下有坠穗和"宽安勒达"(铜铃),并缝有多个对称的铜扣或盘扣;三是"依古兰"(飘带)萨满服后面的一条长腰带,坠有24条宽5厘米的各色布条组成的刺绣飘带,萨满跳神时成扇子形状,通常分为两层,绣有狼、蝎子、熊等动物、花草树木和日、月、水滴、翅膀等,还有抽象符号如"卍"等;四是"屋克吞"(铜镜),最多可达38面,前胸3—8面不等,每个铜镜直径10—12厘米,后背1—7面,通常为单数,直径15—18厘米;五是"布皆兰"(长筒喇叭形铜铃)挂在后腰上,如倒挂的长漏斗,20多个约15厘米长的缝在一条皮

---

① 被访谈人:关扣妮。访谈人:王丙珍。访谈时间:2006年10月5日。访谈地点:大兴安岭地区呼玛县白银纳民族乡被访谈人家中。
② [日]大林太良:《东亚萨满教》,李东源译,吉林省民族研究所《萨满教文化研究》(第二辑),天津古籍出版社1990年版,第131页。

带上;六是"嗯聂吞"(小布兜),在萨满服前面左右各 3 块,象征 3 层天界,绣有图案,还缀有 3 排大小不等的铃铛,神服的总重量高达 20 公斤。此外,鄂伦春族萨满服饰还包括"得日尔垫"(木雕面具)、"奔波里"(神帽)、"温塔"(神鞋)、"文图文"(神鼓)和"吉斯"(鼓槌)。鄂伦春族萨满还有桦皮面具,面具的眼、耳、口鼻表现了鄂伦春人的特征,只有战斗型萨满才有资格戴面具,在举行祭熊仪式时,扮演熊的人戴。

鄂伦春族"奔波里"骨架是铁制的十字形半圆顶,十字上安两只带叉的铁鹿角,叉的多少代表萨满法力的强弱,关扣妮说:"我都知道在博物馆里的萨满服是谁的,越高的萨满帽表示神力越大,最大神力的萨满帽有七个叉,关乌力彦可能是七个叉。男萨满也有厉害的。"① 神帽正面坠有串珠或黑丝绶带遮住眼睛,侧面、后面坠多色绸条或布条,可能象征着萨满的辅助神鸟,鄂伦春人常将灵魂,尤其是孩子的灵魂描述成一只鸟。鄂伦春族萨满辅助神鸟"郭公灵鸟"可以协助萨满飞起来,也能在人与神灵之间传递信息,"其声音可召唤善神,因此让它坐在头和肩膀之间就意味着让善神从萨满的耳孔钻入体内"②。在民间传说中,人们往往将之称为"神鸟",在《小伙子与太阳姑娘》中,太阳姑娘思念丈夫和孩子时,就叫来一只神鸟往人间捎口信。③ "郭公灵鸟"到底是一种什么鸟?笔者在国内外文献中并没有查到,据鄂伦春族老人额尔登卦说:"'郭公灵鸟'就是布谷鸟。米特尔节,我不知道这个,但二十四节气与汉族一样,不同的一个布谷鸟叫声特别重要,有布谷鸟叫的节日,4 月份青草开始生长。布谷鸟是信息鸟,也是神与人的通信鸟,萨满服帽子上的那只鸟就是布谷鸟。"④ 因此,布谷鸟是鄂伦春人的"狄奥尼索斯神",鄂伦春人将布谷鸟

---

① 被访谈人:关扣妮。访谈人:王丙珍。访谈时间:2006 年 10 月 4 日。访谈地点:大兴安岭地区呼玛县白银纳民族乡被访谈人家中。

② [日]秋叶隆:《鄂伦春的萨满教——大兴安岭东北部鄂伦春族调查报告》(二),[日]大间知笃三等《北方民族与萨满文化——中国东北民族的人类学调查》,迁雄二、色音编译,中央民族大学出版社 1995 年版,第 28 页。

③ 参见隋书金《鄂伦春族民间故事选》,上海文艺出版社 1988 年版,第 24 页。

④ 被访谈人:额尔登卦。访谈人:王丙珍。访谈时间:2013 年 1 月 14 日。访谈地点:鄂伦春自治旗阿里河镇被访谈人家中。

的第一声鸣叫当作万物复苏的标志,此时,萨满要举行春祭仪式,这是重大的氏族节日。

鄂伦春族萨满仪式中的鸟通常被刻成飞翔的姿势。"通古斯系诸族特别是外贝加尔一带通古斯、中国东北的索伦族和满族的萨满服饰中就有仿鸟类和仿鹿类的。"① 据鹿叉式神帽、"依古兰"、萨满帽上的彩条、"郭公灵鸟"判断,鄂伦春族萨满服是仿鹿类的。另外,鹰是力量的象征,是西伯利亚萨满最强有力的辅助神,"在阿伊努那里,鹰起着真正神明的作用,并同太阳密切相关。在这个民族那里,该神是独立的神明,同时又是人与最高神明之间的中间人。"② 但在鄂伦春族"摩苏昆"(说唱文学)中鹰却被描述成恶神:"在鄂伦春人那里,代替雷鸟出现的是雁。而在另一些民族,如芬兰人(在他们那里,有时是鹰,有时是雁)或埃及人(在他们那里,宇宙蛋的英雄是鹅)。"③ 此外,神鞋的鞋底是狍皮制成的,鞋靿是布缝制的,上面绣着美丽的花纹图案。

萨满最重要的神具是"文图文",人们通过神鼓的材料、形状与图案可以分辨出它们是哪个民族的。鄂伦春族神鼓是圆形扁平的单面鼓,框架是松木制成的,鼓面是狍皮或狗皮,直径约50厘米。鼓的正面有几何图形、动物图形或无装饰,鼓的背面中间有4—5厘米的铜圈或铁圈将4根狍皮条绷紧,有十字形把手,由两条一组的辐射状皮条组成,象征着另一个世界的通道,铁条上挂9个小铃或铜环。鼓槌用狍腿皮包缝狍筋(现多用杨木代替),一头粗一头细,细头有皮环。2014年2月9日,孟晓华用柳木做成萨满鼓棒,先把长约20公分的木棒刮净,再缝上狍子腿皮,加上红、黄、蓝布装饰;刘宝山做完了四个狍皮萨满鼓,因为是冬天,要先将整张狍皮泡在水里沤几天,再刮去狍毛,用狍皮条做成萨满鼓把手。萨满敲起神鼓可以召集神灵与辅助神来到仪式场所,在萨满处于"脱魂"状态时,二神敲响萨满鼓可以使萨满活转过来,否

---

① [日]大林太良:《东亚萨满教》,李东源译,吉林省民族研究所《萨满教文化研究》(第二辑),天津古籍出版社1990年版,第131页。
② [俄]Л. Я. 斯特恩堡:《西伯利亚民族的鹰崇拜》,孙运来译,吉林省民族研究所编《萨满教文化研究》(第二辑),天津古籍出版社1990年版,第263页。
③ 同上书,第271页。

则，萨满就有生命之虞，由此，萨满鼓成为生命象征与拯救工具。

再次，鄂伦春族萨满服饰与神鼓体现着审美创造，诠释了鄂伦春人的人生观和艺术性思维方式，萨满服饰与神鼓被赋予神力和象征含义。萨满服饰能够帮助萨满与神灵世界沟通，萨满服饰与神鼓的每个细节都有严格的规定和象征意味，进而引起人们的敬畏和恐惧，"萨满的标志物首先是象征宇宙。"①

萨满教把树作为"图鲁"或"托罗"（萨满神树、世界树），落叶松在通古斯中起着世界树的作用，据 C. M. 希罗科戈洛夫考证，在外贝加尔地区鄂伦春人那里，"图鲁"或"托罗"被译为"世界"。② 根据鄂伦春人的信仰，萨满的灵魂可以顺着萨满树爬到天顶，因为在仪式期间，树会长高伸到天上。额尔登卦制作的萨满服后身图案就是两棵伸向天空的萨满树，"'树'即萨满教世界像，处于三分世界中心位置，扶助萨满通行天上世界和地下世界。要是说起来，所谓树的'道'，那就是萨满所必须经历的'死'与再生之'道'，入信仪式之'道'等充满苦恼的修炼过程的象征。"③ 此外，还有神马、神鹿、蛇等作为萨满的辅助神。

"奔波里"是萨满服的附加部分，"它象征的是一部分上界，起着萨满骨骼的头骨作用"④。神帽上的铁制鹿角显示萨满神力与男性气质，也用来象征萨满与对手决战的武器。萨满神帽上的垂帘象征萨满与尘世的隔绝，萨满才能看见凡人看不到的东西，听见凡人听不到的声音，这一切缘于他有预知未来的能力。萨满胸巾具有护身符功能，萨满神服上的飘带裙象征羽毛，传说萨满原来是会飞的，12条裙带象征1年的12个月。萨满服背后的圆形金属盘象征太阳和月亮，可以为萨满在冥界照明，"太阳也是萨满灵魂储藏所的保护者。外面

---

① ［苏］А. И. 马津：《埃文克—鄂伦春人的传统信仰与仪式》，孙运来译，吉林省民族研究所《萨满教文化研究》（第二辑），天津古籍出版社1990年版，第97页。

② 参见［俄］Л. Я. 斯特恩堡《西伯利亚民族的鹰崇拜》，孙运来译，吉林省民族研究所编《萨满教文化研究》（第二辑），天津古籍出版社1990年版，第272页。

③ ［匈］米哈依-霍帕尔：《图说萨满教世界》，王杉译，内蒙古自治区鄂温克族研究会选编，内部资料，2001年，第174页。

④ ［苏］А. И. 马津：《埃文克—鄂伦春人的传统信仰与仪式》，孙运来译，吉林省民族研究所《萨满教文化研究》（第二辑），天津古籍出版社1990年版，第97页。

包着鹿皮革并固定在太阳形象下面的天鹅图形即代表的是萨满灵魂的储藏所。"[①] 鄂伦春族萨满神服上的动物偶像装饰象征萨满的辅助神,包括鸟、鹿、龙、爬行类动物等,其中,鸟形辅助神可以引导萨满飞到另一个世界。

萨满活动就是建立在这种直觉认识的基础上的,并且通过萨满服饰得以显现。鄂伦春族萨满左手拿神鼓,右手拿鼓槌。神鼓作为宇宙、太阳的象征,也象征把萨满送往另一世界的"运输手段",神鼓象征剑或船桨,萨满用它驾驶所乘的动物及船只,成为体验"脱魂之死"与再生的象征,鼓槌也是神力与权力的象征,关扣妮说:"给病人跳萨满的时候,神鼓很重要,拿着鼓,上下摇,能治疗血液的疾病,血中的脓会汇聚在鼓上,为受惊吓的人治病也是这样,人的魂就附在鼓上,闪闪发亮。招魂的场面我也没见过,据说鼓会变得一闪一闪地发亮。"[②] 因此,神鼓的象征体系在于二元对立,包括生与死、正与反、内与外、上与下、左与右、响与静、急与缓等。

最后,鄂伦春族萨满服饰与神鼓的装饰性与功用性并存,其创作目的不是纯粹的审美,而是宗教的实用目的,萨满教的思维方式、祭祀仪式与信仰习俗起着决定性的作用。鄂伦春人相信萨满服背后的大圆铜镜能使恶灵退避,神帽上的鹿叉、流苏、彩条、图案,看上去花花绿绿甚是好看,鹿叉的多少代表萨满神力的大小;流苏实际的作用是遮面,因为这样可以使萨满容易进入"脱魂"状态;彩条有助于飞翔;刺绣的龙是萨满的辅助神。萨满的辅助神分为上界辅助神与下界辅助神两种。上界辅助神有熊、狼、虎、猞猁、鹿等,鸟类有鹰、雕、天鹅、布谷鸟、啄木鸟等;下界辅助神有猛犸、蛇、青蛙、蜥蜴、鱼、穆戈迪灵魂等。

萨满鼓具有图腾的性质,鼓的正面是太阳的形状,鼓的音响含有一定的象征意味,萨满鼓象征神舟,成为协助萨满飞翔或摆渡的工具,同时,也达成图腾音乐的理想境界,萨满击鼓不仅是奏响音乐,而是要吓跑恶灵,起到呼唤辅

---

① [苏]А.И.马津:《埃文克—鄂伦春人的传统信仰与仪式》,孙运来译,吉林省民族研究所《萨满教文化研究》(第二辑),天津古籍出版社1990年版,第88页。

② 顾桃拍摄:《神翳》,2010年。

助神的作用,另外,鼓槌象征船桨,鼓槌也是萨满前往阴间与灵魂斗法的象征性武器。我们可以看到,鼓槌上绑着的红、黄色布条,不仅为了好看和方便把握,彩条飞舞的形态也增加了萨满的活力,而且红色布条是献给萨满祖先神的礼物,可见,材料、音响及颜色是装饰性与功用性并存的。鄂伦春族不同地域的萨满服大同小异,神帽上都有小圆镜,表明相距很远的地域文化传统关联性。2013年4月25日,笔者听Buenbashan讲过萨满服与萨满鼓:

> 萨满鼓上没有画,除了萨满以外,别人没有鼓。没有鼓,萨满就跳不起来了。还有做的那个萨满衣服可带劲了,现在来说是盔甲吧,就是那个意思,都是铁的,帽子也是。我们这个托扎敏的萨满服做的,啊呀,啊呀(可好了)。
>
> 我嫂子都卖了,八几年都卖了,过去,不让卖,不应该卖的。
>
> 过去,我们没有篝火节,是现在有的。那个萨满现在没了,那个萨满是我们逊克的我大爷的大儿子,现在哪儿有了?①

据苏联民族学者 А. И. 马津在《埃文克—鄂伦春人的传统信仰与仪式》中记述:"我们所探讨的阿穆尔河上游沿岸地区埃文克人的神鼓则具有南西伯利亚类型和中西伯利亚类型混合特点。"② 笔者在莫力达瓦自治旗萨满博物馆拍摄到的鄂伦春族萨满神鼓鼓面上的十字形图案与匈牙利民族学家米哈依-霍帕尔《图说萨满教世界》中鄂伦春人的神鼓极其相似③。神鼓整体象征宇宙,画面中心是太阳,鼓面用十字形分出四个对称部分,象征一年四季,鼓边的四种图形象征月亮的轮回,红色既是太阳的颜色、血的颜色,又是生命的颜色,红色也是向祖先神灵的献祭。按照天文学的视角,这个萨满鼓就是一个天文

---

① 被访谈人:Buenbashan。访谈人:王丙珍。翻译:Buenbashan。访谈时间:2013年4月25日。访谈地点:鄂伦春自治旗托扎敏乡被访谈人家中。

② [苏]А. И. 马津:《埃文克—鄂伦春人的传统信仰与仪式》,孙运来译,吉林省民族研究所《萨满教文化研究》(第二辑),天津古籍出版社1990年版,第94页。

③ 参见[匈]米哈依-霍帕尔《图说萨满教世界》,王杉译,内蒙古自治区鄂温克族研究会选编,内部资料,2001年,第118页。

图，表明月亮绕着太阳转，表明鄂伦春人还没有形成地球观念，传达了鄂伦春人原初的天象知识、宇宙观念、天体崇拜。这个萨满鼓上所描绘的宇宙图像和星空图案有关，通过反复识读此图案，可以学习掌握萨满的天文知识、宇宙创世神话以及地理学方位测定技术。鄂温克自治旗博物馆有带有图案的鄂伦春族萨满鼓，神鼓整体象征宇宙，画面有太阳、月亮、人和各种动物，人物有可能是萨满自身的灵魂形象或萨满始祖，根据人物的坐姿分析，可能是女萨满，下半身坐成一个圆形，生殖崇拜意识尽在其中，"艺术家们把他们刻画成好像正在缓慢而优雅地跳舞，正在仪式上的环舞中用自由微弯的双腿向前移动的样子"[①]。在这只神鼓上绘有一条穿过鹿角的中心轴线，将萨满鼓分成上、下两部分，图像用生命的语言把萨满神话本质的因素变成图案"传说"，同时，又让人认识到萨满教神灵界与生命界的交错，神鼓侧面明显的金属泡钉影响了鼓的整体外观及和谐，证明此萨满鼓的制作年代并不久远。

综合以上四个层面，萨满服饰与神鼓存在的宗教意义与美学价值随着时代的变迁而淹没在文化的记忆里，已退出信仰的舞台变成博物馆的展品。曾经，审美主体使其成为动态的"神美客体"，而今，这一切皆演变成了静态的橱窗"守卫"，因而，需要通过审美主体的记忆、传承，使其成为人类永恒的精神财富。

（二）培养审美鉴赏力：萨满神话、神歌与神舞

人们依靠神获得食物、帮助和保护，神也依靠人获得地位与财富，人与神之间的沟通至关重要，唯有萨满可以与之交往，萨满扮演的角色就是充当神和人之间的信使，是人而不是神需要萨满作中介，如果没有萨满，神无从知道任何人类的需求，人类就不会得到任何神助，也不可能好好地生活下去，如同人们面对一棵树祈祷一样，那棵树就会被祈祷者当成人神的中介。鄂伦春族萨满与西方僧侣、西藏喇嘛一样都是人神之间的中介，萨满是有预见能力和天赋的

---

① ［苏］E. A. 奥克拉德尼科娃：《西伯利亚的萨满岩画》，孙运来译，吉林省民族研究所《萨满教文化研究》（第二辑），天津古籍出版社1990年版，第201页。

人。作为日常生活界与超凡界之间的联系人,他们往往具有超常的记忆力、舞蹈能力、音乐天赋、表演技巧与创造能力。

鄂伦春族神话传说靠萨满传承和创造,萨满不借助概念来实现,而是借助艺术思维的形象和情感,因此,萨满就是那些具有非凡艺术思维的人,并且萨满的实践也依靠模仿和表演,美国麦吉尔大学心理实验室对萨满大脑功能与常人大脑功能的对比实验的数据表明萨满能够保存记忆中的形象和表象,他有更多的潜在创作才能。[1] 日本学者浅川四郎认为"他(鄂伦春族萨满)既是能够预言凶吉祸福的政治家,也是当地的舞蹈家,又是当地的音乐家"[2]。鄂伦春族萨满的基本能力是传承萨满神话与歌舞,建构民族审美文化的宝库,培养人们的审美鉴赏力。

口头传承的萨满神话是萨满教的重要内容,"作为一个萨满,无论他以什么方式来获得神职,在得到承认之前必须具备下述两种训练:昏迷术(梦幻、恍惚等)和传统文化(萨满技术、神灵的名称和职能、氏族神话和宗谱、秘语等)。"[3] 鄂伦春族萨满神话包括萨满起源神话、异能神话与神灵神话,其中,异能神话(萨满神)迹包括"过阴招魂"神话、跳神治病神话、神奇能力神话等。

鄂伦春族萨满起源神话《尼顺萨满》与满族的《尼山萨满》、鄂温克族的《尼桑萨满传奇》十分相似,说明北方民族萨满教信仰体系的一致性。[4] 黄玉玲讲述的《尼顺萨满》中讲到:老天爷赐给一对没儿没女的老夫妻一个儿子,长到13岁时,死了。他们又求老天爷赐给一个儿子,13岁时,追马鹿又累死了。他们在白胡子老头的指点下请尼顺萨满救救孩子。"如果一个家庭中孩子一个接一个地夭亡,那么,在最后一个孩子生病时,便要请萨满来'寻找'灵

---

[1] 参见[苏]E.B.列武年科娃《论萨满其人》,郑天星译,吉林省民族研究所《萨满教文化研究》(第二辑),天津古籍出版社1990年版,第66—67页。

[2] [日]浅川四郎、永田珍馨:《兴安岭之王,使马鄂伦春》,赵复兴译,内蒙古文化出版社1999年版,第69页。

[3] [美]米尔奇·伊利亚德:《萨满教——总论》,史昆译,吉林省民族研究所《萨满教文化研究》(第二辑),天津古籍出版社1990年版,第325页。

[4] 参见王朝阳采写《古里猎民村鄂伦春民间故事集》,北方文艺出版社1991年版,第83—86页。

魂和使其'复'位。"① 尼顺萨满到阎王爷那里要到了小孩的灵魂，老夫妻的宝贝儿子复活了。② 2006年10月4日，关扣妮讲述的萨满起源传说亦印证了这一点，小孩的名字就叫"色勒古甸片郭"（最小的孩子），此神话的异文《萨满故事二则》讲得更加详细，详细描述了阴间的种种惩罚与奖励，劝说人们要弃恶扬善，道德说教的用意十分明显。③ 此萨满神话的另一个异文，讲"恩都力"萨满死后，她萨满服上的装饰、布条、铃铛、铜片一类的东西变成了许多小神和萨满。④

萨满异能神话通过萨满神迹证明萨满的神性或超人性。萨满"过阴招魂"的神话强调起死回生的能力，萨满通过昏迷方式到达阴间，为病人招魂并使其复活，这样的萨满就是万能萨满、民族的第一位萨满，指涉了萨满的起源、治病与传承方式。2006年10月4日，笔者听关扣妮讲述了过阴萨满治病及萨满起源神话：

> 很久以前，世上就一个萨满。一个老头（和）一个老太太岁数很大，有一个儿子，十二三岁的时候有病了，都要咽气了，（他们）就哭。十多天后，有个老头来了说："你们有啥法呢？请一个萨满吧。我告诉你，河那边有个萨满，请她去吧，去找她吧。"老头说完就没了。
>
> 他们找了一（条）河，河边有个女的在洗衣服，他们问这个女的："这儿有没有萨满呀？""在家呢。"河上有摆船的，他们就过河去了，进屋一个人也没有。不一会儿一个女的回来问："我就是，有啥事？""我儿子病了十多天了，能不能救活？""试试吧。"她的萨满服可沉了，三匹马也拖不动。"试试跳吧，魂已不在了，咽气了，魂就没了。""几天回来？""去阴间找，三天回来。"

---

① [苏] А.И. 马津：《埃文克—鄂伦春人的传统信仰与仪式》，孙运来译，吉林省民族研究所《萨满教文化研究》（第二辑），天津古籍出版社1990年版，第114页。
② 参见隋书金编《鄂伦春民间故事选》，上海文艺出版社1988年版，第301—304页。
③ 参见《民族问题五种丛书》内蒙古自治区编委会《鄂伦春族社会历史调查》（第二集），内蒙古人民出版社1985年版，第261—263页。
④ 同上书，第261页。

到那儿有一个大院,小孩正在玩。大门是铁的,进不去。怎么也不开,跪下磕头也不开,小孩在打篮球。萨满请的是鹰神,一个鹰把小孩抓出来给萨满后飞走了。回去,王母娘娘说:"这个小孩要多少年的寿命,20年吧。"萨满说:"不行。"20年、30年、50年、60年都不行,活到99才行,他们就走了。萨满有动静了,她趴了3天,小孩也醒过来了。小孩说:"睡着了。"这个小孩的名字就叫色勒古甸片郭(鄂伦春语意为"最小的孩子")。

这个萨满跳了不知多少年,皇帝一看不行,人死了就招呼活了,人就多了。皇帝说:"把这个萨满活埋了。"然后,来了那么多的人,让她跳,等她来神了以后,兵把萨满抓起来扔到井里了。她被扔到井里的时候右边的肋骨飞起来,许多萨满服上的布条也飞起来了。不知有多少年,就又有一个、两个跳大神的了。就是萨满的布条变的,落到谁家谁就是萨满,不知有多少布条了,她的萨满服三匹马都拖不动呢。发展到今天才有这么多的萨满。①

鄂伦春族萨满的主要职责是跳神治病,他们并不使用药物或咒语,萨满的神附体后,会告诉病人触犯了哪位神,萨满画一张被触犯神的神像,劝病人向其许愿、上供。有时候,萨满的神不一定能请来,请不下来神的话就不跳了。有时候,请来的萨满没有治好病人,病家也可以请另外的萨满跳神。萨满跳神治病神话讲述了萨满看病的起因、细节与结果,说明萨满对人类及灵界的神迹,一方面强调萨满的本领高强,凸显萨满的伟大与荣耀;另一方面强调信仰本身具有的神力,遵循"信则灵"及"宁可信其有不可信其无"的原则,强化了萨满信仰的决心与信心。2006年10月5日,笔者听关扣妮讲述了自己两次跳神的经历:

---

① 被访谈人:关扣妮。访谈人:王丙珍。访谈时间:2006年10月5日。访谈地点:大兴安岭地区呼玛县白银纳民族乡被访谈人家中。

第二章 鄂伦春族宗教信仰的审美意蕴

嫩江上边，上边就是那文河，那文河有个小孩有病，他大哥请萨满去了，请来了，没等跳，萨满他自个就魔怔了（精神病似的），老走，黑天半夜走，不在屋，见啥吃啥，他也没跳就送回去了，这个小孩也没活。一般都给（东西），如果跳好了，就给一匹马，一般都给。

1953年，我们到阿里河铁路去驮东西，阿里河上边有一帮鄂伦春人，我们也在那儿住的，有人问："有没有萨满呀，你们这一伙？""有。""有两个老头，也不算老头。""我儿子有病，我没在家就有病了，我上嫩江采木头了，能不能去呢？"两个人都那么说："你去。"有一个老人说："你年轻，年轻人去吧。""我去吧，看看能不能行。"我也不知道，去了啥也没有，没有萨满服什么的，一尺多长的铁丝，上边拴的红布，围在头上，我就招呼神了，也来神了。他们那边我们也不懂，跳神、唱歌。我们几个年轻的去了。这个有病的小孩七八岁吧，跳完了我们就回去了，就又往上去了，驮东西了。回来到甘河往回返，到图里河，我们有的河没去。天冷了，穿的是夏天衣服去的，在那儿就下雪了，回来的时候，我们还是在那儿住，那个人又来了，说"我儿子好了，谢谢"。人家给啥了，我也不知道，反正是得给东西了，那个小孩今年有的话也得60多岁了，我上阿里河打听了，人太多了，他们篝火节呢，没打听着，可能还活着。我们去阿里河时，一个人也没有，不知多少年前，有种地的，一垄一垄能看到。现在是大城市了，哪年都去阿里河，嘎仙洞我没去，想去了，可没人领我去。从阿里河走15天到十八站，天天走。

萨满的事一般人不说，只有萨满说。刚跳时，没人请，就自己跳。成熟以后才能跳，得3年以后才成熟。我就看了一个小孩，他抽风，怎么也不行，他妈妈也是萨满，他妈妈来了，她来找我，上我家，她说："你是新跳的，看能找不找什么毛病？"我去了，第二天就好了，好几年也没犯。他妈妈把萨满服送博物馆去了后，这小孩又犯病，他就没好，犯病了以后，那时候不让跳，他就一直抽风，20多岁了。我也不知道请了什么神，说啥也不知道，有个二神是个老头。

我领的是狐仙，16岁跳了1年，就1952年不让跳了，跳了那一年，家里人支持、同意，政府不让。刚开始，我爷我奶不让，我父母同意，（因为）就一个老姑娘，我姐姐结婚了。跳神时15岁，17岁结婚，还有更早的，比我早。①

鄂伦春人神化了萨满，到处流传着类似于"上刀山、下火海"的萨满神迹，描述萨满无所不能的故事，其目的无非是使听者信服萨满具有神灵般的能力，使萨满神圣化。鄂伦春萨满并不像医生那样给病人诊疗、开药，但他知道使人得病的是哪个神灵，并与之对话、交往或打斗，最终救出病人的灵魂。相传白依尔氏族的"穆昆"萨满（氏族萨满）根特木尔跳神时，用一把猎刀从肚子右边扎进去，从左边拔出来，再从左扎进去，从右边拔出来。② 此类神话说明萨满具有奇异功能，可以做到常人不可思议的事。"由于萨满具有灵魂出游而不受伤害的能力，只要他愿意，他就能够像神灵一样进行各种活动。"③ 据鄂伦春族最后一位萨满关扣妮说：

把勺烧红了给萨满，用舌头舔也不咋的，也不坏，旁边看的人都说"没神，没神"，看的时候就相信了。

我哥哥有一回跳大神，来别的神，从来都没来过的神来了，他说的话我们也听不懂，说神话。一个铁管，挺长，在这儿钉着呢，拽下来，往嘴里咽，吃了，第三天，肚子里受不了了，我爷爷让他跳，给他穿萨满服，狐仙来了，他就拿起来了，吐出来，都生锈了，没变，还是一根管，只是生锈了。④

---

① 被访谈人：关扣妮。访谈人：王丙珍。访谈时间：2006年10月5日。访谈地点：大兴安岭地区呼玛县白银纳民族乡被访谈人家中。
② 参见《民族问题五种丛书》内蒙古自治区编委会《鄂伦春族社会历史调查》（第一集），内蒙古人民出版社1984年版，第166页。
③ [美] 米尔奇·伊利亚德：《萨满教——总论》，史昆译，吉林省民族研究所《萨满教文化研究》（第二辑），天津古籍出版社1990年版，第327页。
④ 被访谈人：关扣妮。访谈人：王丙珍。访谈时间：2006年10月4日。访谈地点：大兴安岭地区呼玛县白银纳民族乡被访谈人家中。

第二章　鄂伦春族宗教信仰的审美意蕴

鄂伦春族萨满跳神都要敲鼓、唱歌、跳舞。萨满在跳神过程中哼的调是神调，唱的歌是神曲，说的话是神言，跳的舞是神舞，在鄂伦春族传统婚礼中，"如果有萨满在场，萨满就会歌唱起来，以表示对新婚夫妇幸福的种种祝愿。但这时萨满是作为一名会歌唱的艺人身份出现的，并不是在执行萨满的任务"①。萨满平时不念经咒，在日常生活中，唱民歌、讲故事，制作神偶、玩具及工艺品，此时，萨满的身份是民族艺术家。

2006年10月4日，笔者请关扣妮唱神歌，但她怕平白无故打扰神，会得到神的报复：

不唱萨满神歌，不行，我病刚好，我心脏不好，猎人也不做山祭了。还是不唱吧。现在没家祭了。以前都是老人做家祭，现在不让做不是嘛。记不得了，也不愿意，都是老人去做，那时，我也不去看。跳大神去看的人多。愿意不愿意，就是没有了。现在没有传承的人。我不再做萨满仪式了，传不下去，没办法，没有人想学。神去找你，不是你去找神。

神能原谅我吧？神还以为玩神呢。我不唱，我不愿意唱，神会折磨我，刚好了病，打点滴了，感冒、血压高。我唱，神不能高兴。

我做一个萨满服，快一年了，还没做成呢。不是我自己，是别人让我做的，还没做完。不是累，神不愿意让我做吧！神不让我做，我还没做完。眼睛也不行，看不着了，认针也不行，眼睛也不行，我这个眼睛沙眼。

唱别的歌行吧？歌太多了，想不起来哪个好。②

关扣妮用鄂伦春语唱起了《歌唱兴安岭》："盘古那边有个白嘎拉山，/山顶上有红铜，/还有一个山（我也说不出来了），/山顶上有白银，/还有个

---

① ［俄］史禄国：《北方通古斯的社会组织》，吴有刚等译，内蒙古人民出版社1985年版，第372页。

② 被访谈人：关扣妮。访谈人：王丙珍。翻译：关扣妮。访谈时间：2006年10月4日。访谈地点：大兴安岭地区呼玛县白银纳民族乡被访谈人家中。

山，/山顶上有黄金。"①

关扣妮还用鄂伦春语演唱了《鹿之歌》：

> 一个小鹿崽问他妈妈："你右边有什么东西？"/"没有啥，啥也没有了，/也就树叶粘住了。"/"不是。"/"血那样的，红的。"/它妈妈说的是："这是黑脑袋猎人打的。"/她说："找你爸爸去吧！"/"我也找不着，我哪儿也不去。"/"找七个鹿跟他们一起生活去吧！"/就告诉他怎么走了，/它就走了。/从前，鹿四个眼睛，/就那个鹿哭的，/哭干了两只眼睛，/剩下两只眼睛。②

关扣妮唱的时候用手压在嗓子上，房间里飘荡着她磁性、低哑的声音，曲调低沉悲戚，直到唱完以后翻译，笔者还以为她唱的是《鹿原来有四只眼睛》③ 或《库玛哈之歌》④。"由于沙俄不断困扰黑龙江以北广大地区，迫使鄂伦春族逐渐向南岸迁移。说唱故事歌《鹿之歌》就是一曲鄂伦春民族迁徙史的悲歌。"⑤

鄂伦春族家祭本来由女性承担，从这种残留的传统遗存可知，家祭源起于母系氏族时期，关扣妮所领的主神是狐仙"苏拉嘿"，狐狸修炼成人形与人来往，成为"敖律博如坎"或"乐莫博如坎"（狐仙神、恶神）。1990 年 3 月 19 日早晨，关扣妮在春祭请神仪式上唱过《狐仙神歌》："我是主人的狐仙神，/是从红色的河流中心，/白色的大石头中蹦出来的，/我在这个世界上，/生活了九十九年，/如今，好容易见到你们。/我是一个小狐仙，/尽管本事不大，/但能给你们治病。"⑥

---

① 被访谈人：关扣妮。访谈人：王丙珍。翻译：关扣妮。访谈时间：2006 年 10 月 4 日。访谈地点：大兴安岭地区呼玛县白银纳民族乡被访谈人家中。
② 同上。
③ 参见隋书金编《鄂伦春民间故事选》，上海文艺出版社 1988 年版，第 348—349 页。
④ 参见呼玛县文学三套集成编委会《呼玛民间歌谣谚语集成》，内部资料，1987 年，第 143—145 页。
⑤ 陈恕：《黑龙江北方民族音乐文化研究》，中央文献出版社 2004 年版，第 85 页。
⑥ 关小云、王宏刚：《鄂伦春族萨满文化遗存调查》，民族出版社 2010 年版，第 170 页。

萨满舞俗称萨满跳神或舞蹈式跳神,是萨满仪式中的巫术舞蹈,2007年,鄂伦春族萨满舞被列入黑龙江省非物质文化遗产名录,在关扣妮的指导下,萨满舞表演成为呼玛县白银纳民族乡民间艺术团的压轴节目。当下,鄂伦春族萨满舞加上了装饰性动作,带有艺术表演性质,已然脱离了原初的庄严肃穆、生命热烈、"萨满狂舞"的祭祀风貌。

(三)审美创造能力:艺术创造与奉献精神

萨满是鄂伦春族的艺术家与知识分子,不仅具有健康的身体、良好的神经机能、正常的心理机能,而且还有创造美的能力和无私的奉献精神,从美学角度来看,鄂伦春族萨满培养了族人的审美能力。大兴安岭地区十八站民族乡博物馆的神偶由老萨满孟金福所制,关扣妮、莫宝凤、葛长云、额尔登卦、Buenbashan等讲故事的人中,会剪纸、制作神偶和玩具的只有关扣妮。2014年1月29日至2月15日,笔者住在关扣妮家,看她剪纸,帮她做"阿妮汗"(布娃娃),听她讲述了《依乌来的故事》《蛤蟆的故事》《空其汉》《有能力的人》《丁嘎的故事》《瞎子的故事》《伦巴春巴的故事》等16个故事,她还答应夏天的时候给笔者演唱"摩苏昆",让人无限敬佩她的艺术创造才能和记忆力。"每当一个故事结束时,就会又想出一个故事。这就是史诗式记忆,是叙事艺术中缪斯激发的因素。"①

萨满的生活方式与一般人没有什么不同,但萨满要承受特殊的经历和艰苦的修炼及"转入仪式"才能"由俗入圣",即使流浪萨满亦是如此,"据尼奥拉杰说,萨满共有三个发展阶段:其一是'个人萨满';其二是'家族萨满';其三是'职业萨满'"②。鄂伦春族萨满属于氏族萨满或部落萨满,通常每个氏族只有一个氏族萨满。"某一氏族的女萨满出嫁后,这个氏族暂时不出现萨满,

---

① [德]瓦尔特·本雅明:《讲故事的人》,张耀平译,陈永国、马海良编《本雅明文选》,中国社会科学出版社1999年版,第305页。
② [日]赤松智城:《萨满教的意义与起源》,孙文康译,吉林省民族研究所《萨满教文化研究》(第二辑),天津古籍出版社1990年版,第36页。

待嫁出去的女萨满死后才出现新萨满。其原因是女萨满死后，她的神仍回到原氏族里来。"① 关扣妮就属于"穆昆"萨满即氏族萨满，萨满传承达成了"圣"与"俗"的差异与对立，"把政治、经济、技能方面的优越条件集于一身，作为'绝对至上者'而居的人是萨满。鄂伦春人把他们家族的命运、疾病、死亡、牧马的多寡、猎物的丰凶等重大的事情都寄托于萨满教信仰。"② 鄂伦春族萨满承担着保护氏族的神圣职责与义务，这自然要求他们做出巨大的奉献与牺牲。萨满也从不为自己治病跳神，萨满有病要请另一位萨满跳神，这种大公无私、自我牺牲的精神构成了萨满的奉献之美与崇高之美。鄂伦春族第一位油画家白英说："在我心中，鄂伦春的萨满也是至高无上的，他们没有任何欺骗行为。"③ 萨满平时参加劳动，跳神看病也不索取报酬，只是大家共享作为祭物的酒和肉。随着财产私有观念的产生，也有人给萨满物品作为报酬。萨满是积极的利他主义者，"首先由于它是自发的，而不是受部落强迫的；其次，由于心理上影响强烈的象征的转变不是从家族到部落，而是家族到宇宙万物"④。敖鲁古雅鄂温克族传说萨满每救活一个病人，就有一个自己的孩子死去，敖鲁古雅鄂温克族画家柳芭在纪录片《神鹿啊，我们的神鹿》中曾泪流满面地述说过自己的姥姥大萨满纽拉的人生遭遇。⑤ 鄂伦春族萨满神话讲尼顺萨满为了救老夫妻俩的儿子，到阎王爷那里去要他的灵魂，路遇自己死去丈夫的灵魂，她都没有出手相救，最终她还献出了自己的生命。

鄂伦春族普遍信仰万物有灵，其信仰自然崇拜、图腾崇拜与祖先崇拜，在此基础上形成了鄂伦春族萨满教信仰。作为人与神中介的萨满是说唱表演者，

---

① 《民族问题五种丛书》内蒙古自治区编委会：《鄂伦春族社会历史调查》（第一集），内蒙古人民出版社1984年版，第54页。
② [日]秋叶隆：《大兴安岭东北部鄂伦春族调查报告》（一），[日]大间知笃三等《北方民族与萨满文化——中国东北民族的人类学调查》，迂雄二、色音编译，中央民族大学出版社1995年版，第19页。
③ 刘晓春：《鄂伦春历史的自白》，远方出版社2003年版，第281页。
④ [美]约瑟夫·坎贝尔：《萨满教》，定宜庄译，吉林省民族研究所《萨满教文化研究》（第二辑），天津古籍出版社1990年版，第309页。
⑤ 孙曾田：《神鹿啊，我们的神鹿》，1997年。

也是民间文艺的启蒙者,是鄂伦春族宗教审美活动的主持者、见证者与创造者。如今,鄂伦春族萨满的后继无人意味着"人亡物无文化失"的困境,这不是神灵可以解答的问题,这要依靠每一个鄂伦春人的文化自觉。

第三节 宗教仪式的审美构成

萨满跳神的目的是敬天尊地、降神附体、跳神驱鬼、卜问神灵、施展巫术等;萨满职能是为病人祭神驱鬼、消灾免祸、保佑人畜平安、生产丰收、人丁兴旺。鄂伦春族萨满跳神仪式分为治病跳神、教新萨满跳神与举行祭神仪式。在鄂伦春族原始社会时期,审美活动作为宗教仪式的有机组成部分还未获得独立的文化地位和意义,但艺术的萌芽已经产生,一是对灵物神秘力量的信仰产生了图腾和偶像,进而成为雕刻与绘画题材;二是对语言神秘力量的信仰产生了咒语与唱词,进而发展为诗歌;三是对某种行为神秘力量的信仰产生模仿,进而成为舞蹈;四是综合各种神秘力量的信仰产生了戏剧等。萨满跳神多用诗、歌、乐、舞、说、术等,主要方式是舞蹈,实施过程包括净化物品、摆好神像、供奉牺牲、穿衣戴帽、击鼓请神、吟唱舞蹈、神灵附体、除灾祛病、恭敬送神、共享供品十项程序,分属于请神、降神、娱神、送神等四个阶段。

一 请神仪式:净化与交流

随着与外界的接触与私有制的产生,到了近代,鄂伦春族的萨满教也开始陆续崇拜其他民族的神灵,包括各种神仙、佛和菩萨,这不仅是鄂伦春族原始宗教与道教、佛教、基督教相互融合的结果,而且是民族文化的传播与聚合。鄂伦春族的萨满教是多神教,鄂伦春族萨满统领多种神灵,神灵的集体性和宗教仪式中的集体活动构成了萨满教的特色,其中,又有至上神"恩都力"(天神）统领诸神，"神的多数的另一种原因，是恶的来源问题。这种问题，甚至在原始时代的人中已经有了。他们相信至上神是绝对美善的，与恶完全没有关系，因此必是另一个原因造成这恶或是引出它来。"① 鄂伦春族的神灵分为善神和恶神，善神能给人们带来幸福，恶神能施祸于人，萨满教认为人之所以得病是因为灵魂离开了人体或恶神占据了病人的灵魂，如果战胜了恶神，取悦了善神，病人就会恢复健康，"这种宗教的基础是信仰善神和恶神。对于恶神，他们用鹿肉鹿皮或某些花花绿绿的布条致祭。"② 鄂伦春族萨满教中的恶神很少，主要有"蟒蚬"（魔鬼）和"敖侓博如坎"（狐仙神）等。"蟒蚬"是鄂伦春人假想出来的敌人，是英雄的主要作战对象，其形象是一对九面小木偶、一个九头木偶或一个头上有锯齿的木头人，"蟒蚬"身材高大如树，总是想方设法伤害鄂伦春人。

萨满教存在的根本条件是"万物有灵"思想，"斯文"（萨满神的总称）是萨满的助手，只有通过它们的帮助，萨满才有非凡的通神本领。萨满跳神要请"斯文"附体，每个萨满统领的神多少不定。萨满从开始跳神到结束，据说请来的神最多的达三十几种，每个萨满各自请各自的神，彼此的神灵不能互请。鄂伦春族萨满有"恩敦达来""毛达开达来""阿格的达来"三大"斯文"，"斯文"神像采用传统的平视构图法画在布上。上、中、下三层象征宇宙三界，上层绘制对称的龙和日月；中间是动物辅助神，主要有蜈蚣、蛇、鱼、鸟、青蛙、网上捕食的蜘蛛等；下层是7个立式人物，人物的脚下有狼和狗，人物为清朝装束的表情呆板、严肃的达官贵人，画面线条流畅，技法为白描，对称既不精确，也不严格。"原始民族对于对称的需要，比我们要简单很多。他们只要在图画上大体有了对称的印象就算满意了。"③

一个萨满统领多少个神，她的本领就有多大，这可以从她的"档士"（专

---

① ［德］W. 施密特：《原始宗教与神话》，萧师毅等译，上海文艺出版社1987年版，第327页。
② ［俄］P. 马克：《黑龙江旅行记》，吉林哲学社会科学研究所翻译组译，商务印书馆1977年版，第79页。
③ ［德］格罗塞：《艺术的起源》，蔡慕晖译，商务印书馆1984年版，第115页。

第二章 鄂伦春族宗教信仰的审美意蕴

门登记神灵的法器）上看出来，"档士"是上粗下细的四棱木棒，棱角上刻下的一个豁口代表萨满请来一个神灵，为请神仪式而制作的神偶与"档士"是雕刻与绘画的起源，据鄂伦春老人 Buenbashan 说：

> 过去，我看过一个老人哪，70多岁，他那个萨满，挂的像，我看了就是天鹅，用天鹅请神。天鹅是南方的，我小时候，都忘了。
>
> 我见过萨满，我大爷是萨满，看病啥的，那时，生病没办法。
>
> 我病好了。我爸爸画了那个，他会画"博如坎"（神），打了几个野鸭子供着，完了，供着，萨满告诉了得（děi）那么整，供一辈子。（我）那时才10岁。
>
> "文化大革命"都弄去了，实际上，毛主席不反对这个，那是群众运动。①

萨满的主要职能是治病救人，"萨满的治病能力是以艺术，即神话和歌曲的形式表现出来的"②。萨满通过跳神"驱魔"保障氏族的健康与平安，"当附在这个氏族某些人身上的所有凶神恶煞，向'主人'降服时，这种疾患即刻停止。萨满就是这样的'主人'，如果允许类比的话，萨满就是氏族的'安全阀'"③。萨满跳神一般是傍晚在患者的"斜仁柱"里进行，全体"乌力楞"（血缘家庭成员）都可以参加。在跳神之前，萨满先在火堆上点燃"神开路"即爬山松枝，目的是净化空气、神偶、神衣等。"在埃文克—鄂伦春人那里，所有萨满仪式和跳神活动中的共同细节是'净化'萨满标志物。"④ 萨满在火上烤神鼓，一为逐诟净化，二为神鼓受热后紧绷起来，响声更加洪亮，有时，

---

① 被访谈人：Buenbashan。访谈人：王丙珍。访谈时间：2013年4月25日。访谈地点：鄂伦春自治旗托扎敏乡被访谈人家中。
② [苏] 约瑟芬·坎贝尔：《萨满教》，定宜庄译，吉林省民族研究所《萨满教文化研究》（第二辑），天津古籍出版社1990年版，第320页。
③ [俄] 史禄国：《北方通古斯的社会组织》，吴有刚等译，内蒙古人民出版社1985年版，第567页。
④ [苏] А.И. 马津：《埃文克—鄂伦春人的传统信仰与仪式》，孙运来译，吉林省民族研究所《萨满教文化研究》（第二辑），天津古籍出版社1990年版，第108页。

萨满用牺牲的血净化神鼓，这本身就具有献祭的意味，也象征生命的鲜活与再生，象征经过驱逐与净化仪式后，生命战胜了死亡、循环反复。"仪式在巫术中是某种象征性类推原理性质的表演。象征只是对真的模仿，本身并不构成真，所以巫术的目的的实现不过是精神上的或表演上的实现。"① 由此，宗教净化、道德净化与审美净化相得益彰。

鄂伦春族萨满在人格上与其他人是不同的，在某些方面，萨满优于或者低于其他人，在与神灵对话方面则完全达到了其他人达不到的能力，这是萨满苦练修行与超凡想象力的结果。鄂伦春族萨满作为本民族杰出而特殊的人具有与神交往的权力，萨满在祭神仪式制造声音效果以达成此目的。萨满鼓不仅仅是打击乐器，它在萨满跳神中表现的是信号功能与说话能力，萨满通过击鼓来祈祷神灵或与神灵的沟通。声音容易制造恐怖和神秘的氛围，诱使人们进入某种幻觉和朦胧状态；声音也是人与神灵交往的手段，因此，宗教仪式上的声音既有宗教作用，也有审美作用。萨满舞是一种身体语言，萨满服上的铜铃也是一种特殊的语言，萨满正是借助诸多声音同超自然交往的，包括人群的骚动声、吆喝狗声、病人的呻吟、神鼓声、铜铃声、贝壳声、歌声、尖叫声、犬吠、风声、篝火爆裂声等。此外，萨满的助手帮助萨满举行仪式，助手净化萨满鼓，帮助萨满穿衣、伴唱、翻译神说的话、扶住萨满不让他倒下。一般情况下，萨满往往拥有一个或两个助手，但他们完全不是主角，萨满与其助手之间是有一定差异的，两者之间更多的是对话，萨满代表神灵，助手代表人类。

人类交流思想的基本形式是对话，涉及的是主体与主体之间的关系，只有在平等的基础上才能进行对话，"平等和不拥有财产一直是联系在一起的"②，周宪在《美学是什么》中说："所谓美学的真谛，我想说的是美学精神的核心乃是一种平等的对话理想。"③ 鄂伦春人相信，人类与神灵、人类与自然、人

---

① 于乃昌、夏敏：《初民的宗教与审美迷狂》，青海人民出版社1994年版，第236页。
② [法] 维克多·特纳：《仪式过程：结构与反结构》，黄剑波等译，中国人民大学出版社2007年版，第135页。
③ 周宪：《美学是什么》，北京大学出版社2002年版，第1—2页。

类与宇宙、人类与人类能够平等对话,于是,在日常生活中,鄂伦春人将脑袋与舌头神化,因为他们对演说才能是无限崇拜的。鄂伦春人甚至不允许孩子吃狍子舌头,唯恐他长大了言多语失、招惹是非。对萨满而言,他不仅与族人对话、与助手对话,而且与神灵对话。对话何以可能?萨满一边击鼓,一边歌唱、跳舞,他们是在与神灵对话,这种对话是通过各种仪式实现的,"魔法(Magical)的实践并非完全没有意义。它们对应陈述(representations),这些陈述往往非常丰富,它们构成了魔法的第三个要素。正如我们所看到的,所有的仪式都是一种语言;所以它转换的是思想(ideas)。"① 人们在仪式中奉献牺牲、载歌载舞,祭祀中的献祭演变成神话剧,歌舞成为音乐与舞蹈的起源。真正的请神仪式是从神鼓声开始的,然后,萨满开始跳舞,模仿三界的旅行。萨满不仅通过神鼓与神灵对话,也直接与神鼓对话,鄂伦春族萨满用的是单面手鼓,萨满用鼓槌以不同的力度、速度与高度敲击神鼓的不同部位,发出不同的声音,表示不同的意义,产生不同的意境。萨满与神灵的对话既有优美的自然环境、神奇的想象、神秘的方法,又有睿智的思想交流,体现出一种交往之美。

鄂伦春族萨满穿上神服,戴上神帽,左手持鼓,右手拿鼓槌,打扮得如同"神人",盘腿坐在"斜仁柱"或跳神场地的西北角"塔了兰"(萨满坐的地方)的专门位置上,按照鄂伦春族萨满教传统,所有人员都有与其身份相应的位置。萨满、"扎列"或"薪巴任"(二神)和参加仪式的人们唱起《请神歌》:"萨满:天门地门雅戈呀全打开,/敬神供神雅戈呀请神来。/平平安安雅戈呀没落灾,/天神地神雅戈呀不理睬。//扎列:天门地门雅戈呀全打开,/敬神供神雅戈呀请神来。/没病没灾雅戈呀也请神,/本年本月雅戈呀把神拜……"② 鄂伦春族的每个氏族部落都有自己的姓氏神和萨满歌,如十八站萨满唱的《魏神》:"雄鹰把你叼来,/特窝咧……/你又坐着白云飞上了天,/我有事求你,/

---

① Marcel Mauss, *A General Theory of Magic*, Translated by Robert Brain. London and New York: Taylor & Francis—Routledge, 2001, p.75.
② 王兆明主编:《新生鄂伦春族乡志》,黑龙江人民出版社2003年版,第166页。

请你好好地下凡人间。我敲响了神鼓请你听,我准备好了神衣请你穿……"①鄂伦春族萨满求神之时,歌声动听、委婉、悦耳,声调转为祈求,鼓声绵延不断,如呼玛河流域的《求神调》:"老孟家有病来求我,/呀格呀,格衣呀格,呀格呀//我是一个小神主……//二萨满(白)我们认为神有本事,/才请求你。/千万救命,我们忘不了你。/要什么猎物给你什么猎物。"②

鄂伦春族萨满与神灵的交往方式是歌舞,是一种带有宗教性质的舞蹈,举行跳神仪式的时候,通常是一个萨满跳神,有时几个萨满一起跳神,萨满边敲鼓、边唱、边舞,"每请一个神灵唱一个调子。情绪有时热烈激昂,有时悲伤低沉,鼓点随之时紧时松,舞步时而急速旋转,时而慢步移动"③。萨满请神调与民歌相似,有时,萨满也用民歌曲调传达神灵的旨意,萨满请神的唱词就是对神的诉说包括人的需求、赞颂与承诺,因此,当人类没有语言能力构成神灵观念的时候,是难以产生宗教思想和活动的。所有宗教一再表现与强调的就是声音,所以,宗教讲究祈祷、歌唱与对话,甚至在《圣经》的开篇,上帝并不是无中生有地创造了光,而是通过"神说",可知"声音"创造了光,语言创造了万物。后现代哲学强调语言对于人类的意义与价值,当代学者关注口述传统的传承与价值,口头语言的神奇与力量体现在祭祀、禁忌、神话、谜语、故事中。在日常生活中,仍存有通过语言表现出来的自然崇拜仪式,如孩子们吃掉大蟛蟆(牛虻)的肚子后放飞它:"去向天老爷告状吧!"人们在采集蛰麻子时也会叨咕:"蛰麻子,蛰麻子,你别蛰我,回家给你熬汤喝!"人们为什么要这样诉说?因为人们将动物看成与人一样有灵性的物体。鄂伦春人不吃熊头而将之风葬,并唱"古落一仁"歌,这是图腾崇拜的缘故,也是希望神灵能够听到鄂伦春人的诉说,萨满请神仪式亦是如此。

每个民族使用不同的民族语言,因为每个民族的神灵都是本民族创造的,

---

① 黑龙江省塔河县民间文学三套集成编委会:《塔河民间文学集成》,内部资料,1987年,第344页。
② 呼玛县文学三套集成编委会:《呼玛民间歌谣谚语集成》,内部资料,1987年,第38—41页。
③ 《民族问题五种丛书》内蒙古自治区编委会:《鄂伦春族社会历史调查》(第二集),内蒙古人民出版社1985年版,第269页。

这些神灵能听够懂这个民族的语言。鄂伦春族萨满说着鄂伦春语邀请众神、与神交流；神灵也说着鄂伦春语与人交流。萨满唱词伴着固定的神调，据 Buenbashan 说："萨满调好多调，小时候听的，我给你唱三种：（1）Daerbaodei 调是看病的时候用的调，供狍子给萨满，自己跳的意思；（2）Dalegeyiao 调是供狍子那意思；（3）Kegulaiyiwo 调。"① 萨满在请神仪式中是即兴创作的作者和歌手，相当于祈求者、诉说者、说唱表演者，各种对话贯穿宗教仪式的始终，呈现出一种对话之美。

二 降神仪式：迷狂

萨满教具有迷狂的艺术特点，萨满注重迷狂的体验，为此，萨满强调所具有的病态经历，新萨满必须经过启蒙的迷狂经历，在老萨满的指导下训练三年，才有举行宗教活动的资格，"如果不能证明萨满教与精神病现象完全一致，那么至少可以说，萨满神召常指一种异常严重的精神转变期，有时甚至与疯癫达界。"② 萨满的体验就是幻觉或迷狂，这是一种神灵附体的体验表现，萨满在仪式中才能够做到意识分离，"萨满的跳神最适于夜间举行。因为萨满在夜间比白天更易于进入精神恍惚的状态。"③ 萨满不是凡人，而是可以接触神的人，是能够入神、出神的人，在人与神之间游走的萨满具有变化的双重性：一方面，人性通过迷狂升华为神性；另一方面，神性又通过附体还原为人性，萨满的自我表现为极度的迷狂状态。"在萨满跳神时，他必须始终处于恍惚状态，在这种状态下，其意识的抑制减退到最低程度，他的逻辑思维过程不受通古斯

---

① 被访谈人：Buenbashan。访谈人：王丙珍。访谈时间：2013 年 4 月 25 日。访谈地点：鄂伦春自治旗托扎敏乡被访谈人家中。
② ［美］米尔奇·伊利亚德：《萨满教——总论》，史昆译，吉林省民族研究所《萨满教文化研究》（第二辑），天津古籍出版社 1990 年版，第 327 页。
③ ［俄］史禄国：《北方通古斯的社会组织》，吴有刚等译，内蒙古人民出版社 1985 年版，第 494 页。

人所习惯的日常原则的约束。"① 处于迷狂中的萨满对周围的一切视而不见、听而不闻，超然于自我和时空之外，"心醉神迷的一刻要比整个生命重得多"②。这就要求萨满不仅要有超群的体力和精神活力，而且具有杰出的智慧、修养、热情，通过迷狂的艺术创作冲动施展其影响力、感染力与生命力。

萨满长出一口气，如沉睡初醒地缓缓起身，开始疯狂地抖动，紧密地敲鼓，萨满边跳边唱，萨满跳神的身体动作变化剧烈，伴随着富于变化的神鼓技巧。"老妪头戴五花冠，服八卦衣，前后护以大铜镜，腰膝杂以铜铃，击单面鼓，娑婆佻跶，癫狂作态，其音似歌似泣，无律带腔，作栖林语，不辨云何，旋忽踊跃，离地咫尺，群愕顾曰'神至矣！'名为跳神，非迎神即送祟也。"③ 萨满法术的标志之一是"脱魂"，进入"脱魂"状态的萨满像死一样仰卧着，进入迷狂状态后，萨满就可以与神灵接触，在一次跳神活动中，萨满"脱魂"可达3次之多，这在北方少数民族的萨满教信仰中具有共性，在《皇清职贡图》中有一幅《脱魂状态的拉普萨满》描绘了萨满祭祀脱魂的场景，画面中的帐篷与鄂伦春人的"撮罗子"近似，背景中的驯鹿与雪橇彰显了北方民族的人文景观。根据灵魂附体的形式，可以将萨满分为游离型和附着型。"萨满（游离型的萨满）一旦进入出神状态，其灵魂就会脱离肉体，或者上天遨游，或者入地巡行，与那里神灵交往，并将神灵的意旨传达于人间。"④ 附着型萨满的跳神过程是通过神灵附体达成的，如果神灵附体，萨满就会失去知觉，进入无我的境地。

萨满下巴哆嗦、牙齿格格响、全身剧烈地摇动，随着萨满鼓声的加密，萨满表现出神灵附体状："一旦神灵附体，人就会推动其本性，与附体的神灵融

---

① [俄] 史禄国：《北方通古斯的社会组织》，吴有刚等译，内蒙古人民出版社1985年版，第566页。

② [捷] 米兰·昆德拉：《被背叛的遗嘱》，余中先译，上海译文出版社2003年版，第90页。

③ 于多三：《库玛尔路鄂伦春历史沿革概要》，东北少数民族调查组印，内部资料，1957年，第5页。

④ [日] 樱井德太郎：《日本的萨满教》，李东源译，吉林省民族研究所《萨满教文化研究》（第二辑），天津古籍出版社1990年版，第137页。

为一体，具备与神灵相同的机能。"① 此时，"扎列"（二神）将香草点燃放在大铜勺内，来回摆动让香气四散。萨满鼓乐和舞蹈似乎将萨满的灵魂举起，萨满的舞蹈动作激烈而有力、狂动而沉迷，萨满疯狂地做着摇头、晃肩、伸胳膊、蹬腿等大幅度的肢体动作，完全进入迷狂状态，狂舞、大叫、急剧地敲鼓、晃动身上所有发声的"乐器"，融入忘我失神、神人融合、心醉神迷、恍恍惚惚的境界。萨满像是吃了"摇头丸"的舞者，就那样又跳又唱，不停息地跳神，直跳到晕死过去。"女萨满的歌声更哀婉悲伤。她们的舞姿更优雅，舞步更从容，而她们的神魂颠倒状态也更狂烈，更歇斯底里。"② 萨满的舞蹈是供所有在场人观看的"表演"，萨满降神仪式具有戏剧性结构，"萨满极为精心的表演显然对病人产生了一种有益于健康的作用。"③

萨满的歌舞进入一种无我之境，如同打太极之人心中只有太极，如同吸食毒品的舞者只有幻觉。萨满不是表演，也无意于表演，因为表演者心中有观众，而她心中连自己都没有，只有那些神灵——她不仅能看见，而且在与他们对话，万物有灵的思想由对话实现。这种神游物外、再回归本体的精神现象在审美活动中亦有表现，高度的自我认同包括审美的"高峰体验"是一种强烈的自我同一性体验和最佳状态，"处于高峰体验中的人有一种比其他任何时候都更加整合（统一、完整、浑然一体）的自我感觉。"④ 萨满以一种变态的敏锐与创造力表现审美感知力，降神仪式中的幻觉、迷狂、昏迷等关联艺术创作："昏迷前的感情冲动有可能形成了抒情诗的来源之一。"⑤ 古希腊哲学家柏拉图把艺术创作看成一种神赐的迷狂，英国美学家克莱夫·贝尔认为"审美的狂喜

---

① ［日］樱井德太郎:《日本的萨满教》,李东源译,吉林省民族研究所《萨满教文化研究》（第二辑）,天津古籍出版社 1990 年版,第 135—136 页。
② ［苏］И. А. 洛帕廷:《果尔特人的萨满教》,孙运来译,吉林省民族研究所《萨满教文化研究》（第二辑）,天津古籍出版社 1990 年版,第 81 页。
③ ［美］米尔奇·伊利亚德:《萨满教——总论》,史昆译,吉林省民族研究所《萨满教文化研究》（第二辑）,天津古籍出版社 1990 年版,第 336 页。
④ ［美］A. H. 马斯洛:《自我实现的人》,许金声等译,生活·读书·新知三联书店 1987 年版,第 257 页。
⑤ ［美］米尔奇·伊利亚德:《萨满教——总论》,史昆译,吉林省民族研究所《萨满教文化研究》（第二辑）,天津古籍出版社 1990 年版,第 336 页。

和宗教的狂热是联合在一起的两个派别"①。因此，宗教与审美的迷狂无法分离，萨满所追求与达成的迷狂体验借助想象进入心灵自由的状态，观者也经历了"感同身受"的审美净化。

俄国民族学家史禄国试图了解通古斯萨满如何在恍惚状态中对人施加影响，"可是他对人的感染力和靠特殊手段获得的"②。从审美心理学的角度来说，正是情感使萨满处于迷狂状态，是情感使处于迷狂状态中的萨满仍然影响着族人，"通古斯人易于受强烈情绪的感染。情绪是萨满教的基础"③。萨满持续地长时间地击鼓、跳舞，进而发生抽搐、兴奋、骚动和朦胧状态，进入幻觉状态的人更容易触及内心的情感与欲望层面，科林伍德认为宗教激发的情感与娱乐艺术的净化正好相反，"在娱乐艺术那里，情感得到释放，以便它不去干预日常生活；在巫术这里，情感被引导指向实际生活。"④ 宗教仪式以迷狂与幻想的方式达成人的内在自然形式化，无论是宗教仪式还是审美活动的体验与情感都将迷狂世界当作真实，宗教与艺术正是借助迷狂达成征服现实与自然的企图。

三 娱神仪式：歌舞与模仿

每当神降临之后，萨满就不再是人了，成了神灵的代言人。"萨满教'奇观'不仅肯定并增强了传统宗教的原型，而且激发并丰富了人们的想象力"⑤，萨满领神之后，通过神唱和模仿开始娱神仪式。人们提出大大小小的问题，萨满的回答就是附体神灵的声音，人们根据神灵的指点治病救人、祈求猎获丰

---

① ［英］克莱夫·贝尔：《艺术》，周金环等译，中国文联出版公司1984年版，第62页。
② ［俄］史禄国：《北方通古斯的社会组织》，吴有刚等译，内蒙古人民出版社1985年版，第567页。
③ 同上书，第491页。
④ ［英］罗宾·乔治·科林伍德：《艺术原理》，王至元等译，中国社会科学出版社1985年版，第68页。
⑤ ［美］米尔奇·伊利亚德：《萨满教——总论》，史昆译，吉林省民族研究所《萨满教文化研究》（第二辑），天津古籍出版社1990年版，第336页。

收，族人据此确立日常生活、社会生活、信仰活动的准则。萨满模仿神灵的口吻，代神灵立言，表明神不仅可以借助人的视觉与语言，甚至也涉及听觉、嗅觉、触觉、幻觉，萨满通过一系列艺术因素展开想象与模仿，进而与身外的自然万物和神灵世界同化，"宗教涉及想象和感情方面的东西太多"①，想象、情感、神秘、怪诞皆通过歌舞表现，"并且它们不是作为边缘因素而是作为中心因素"②。萨满正是通过这些中心因素，达成人的愿望、祈求和利益。

降神后，萨满坐在"斜仁柱"门口附近唱歌，并急促地敲鼓，"扎列"（二神）和众人合唱，在唱的过程中，萨满随时可以站起来，边跳边唱，歌唱的内容包括神对人的感恩态度与行为是否满意，如呼玛河流域白银纳乡的《来神调》："（领）什么事求我/二萨满（白）一年之前，发票有病曾求过你，由于你帮忙、治好了发票的病，今天，他准备了酒和罐头还有一只狍子，请你收下。//（领）没有忘记人间的人们/（合）呀格呀，呀格呀，呀格呀格呀格格呀，呀格呀格呀。（此时，萨满站起，转圈跳，跳了几圈摔了一跤）二萨满（白）要消消气。"③

萨满的歌唱内容还包括神的快乐、满足、感恩以及对人间的嘱托和承诺，如呼玛河流域十八站民族乡的降神歌《关姓神》："我的祖神叫射恩，/今日下凡到主人身。/我的主人为我准备了整个犴，/我的主人为我准备了整个狍子，/我的主人为我准备了整个野猪，/你们为我的射恩准备了血，/我感谢主人为我准备了整个动物。/你们知道我所需要的东西，/我非常喜欢喝野鸭子的血，/我喜欢喝大雁的血，/我喜欢把这个神鼓涂满血……"④ 表面看，神是人的主人；在萨满仪式中，人是神的主人；实质生活中，人却是自己的主人，因此，萨满歌舞诗乐名为娱神，实为娱人。

当神灵附体以后，萨满除了通过语言模仿神灵以外，还通过舞蹈模仿各种

---

① ［美］H. 摩尔根：《古代社会》，杨东莼等译，商务印书馆1977年版，第5页。
② ［英］罗宾·乔治·科林伍德：《艺术原理》，王至元等译，中国社会科学出版社1985年版，第67页。
③ 呼玛县文学三套集成编委会：《呼玛民间歌谣谚语集成》，内部资料，1987年，第54页。
④ 黑龙江省塔河县民间文学三套集成编委会：《塔河民间文学集成》，内部资料，1987年，第331—332页。

生物的动作和神态,模拟生命的存在与死亡。"原始社会是把其社会性建立在死亡之上,即在生死之间建立一个象征性的交换。这种看法所造成的最重要的一个结果就是,把死亡看成是出发点。"① 这种模仿是审美快感交流的艺术,"充溢于舞蹈者之间的快感,也同样地可以尽其展拓到观众"②,因此,这是一场审美盛宴。

萨满舞蹈的模拟性源于原始先民在渔猎生产中对自然物的观察,模拟形态与动作取决于人类的认识与想象,表达了人们对万物的依赖与生命的感激之情。这种模拟的独立性与艺术的自主性息息相关,两者均不是理性的奴仆,前者是为了完成救赎,后者是为了通向审美,毕竟,审美救赎的前提是审美,结果是救赎,本质上仍然属于宗教与审美之间的无限轮回,双方相互依赖与促进,互为基础与前提。

萨满仪式中面具及神帽垂帘使萨满进入另一种情境,他将自己隔离在日常生活之外,从仪式的参加者中分化出来,他看不到自己,也看不到同伴,独立地成为仪式中的表演者。"他感觉到舞蹈,却看不见舞蹈;观众没有感觉到舞蹈,倒看见舞蹈。"③ 由此,萨满的审美魅力具有一种双重功能,"其实质就是有意识的支配下意识的东西"④。此类下意识创作使萨满在仪式活动中用外在表现传达这种状态。萨满表演不仅娱神,而且开始娱人,在仪式的现场也出现了现实观众,当然,人们区别模仿的原则在于萨满仪式是否为观众而模仿。萨满表演包含了角色扮演、歌唱与唱白、舞蹈以及冲突和观众接受等最初的戏剧因素,"演员的丰富生活印象也就是萨满的复归本领,演员的内视力可与萨满的形象表演相比较。"⑤ 萨满正是通过表演艺术进行了大胆的想象和仪式实践,体现了一种审美创造和美学价值。

---

① [意]马里奥·佩尔尼奥拉:《仪式思维——性、死亡和世界》,吕捷译,商务印书馆2006年版,第119页。
② [德]格罗塞:《艺术的起源》,蔡慕晖译,商务印书馆1984年版,第168页。
③ 同上书,第168页。
④ [俄]E. B. 列武年科娃:《萨满其人》,郑天星译,吉林省民族研究所《萨满教文化研究》(第二辑),天津古籍出版社1990年版,第70页。
⑤ 同上。

四 送神仪式：共享与轮回

娱神仪式结束后，萨满要将请来的神灵送回去，请神离开他的身体，回到天界。萨满大汗淋漓地清醒过来，站起来急促地敲打神鼓，这就意味着神已经离体而去了，萨满唱起送神歌："神走了，/神飞了，/回到九层天宇，/看着我们，守着我们，/赐给人间吉祥、幸福。/等到春天再来到大兴安岭时，/让我们再见面吧！"① 萨满的两眼变亮表明神已经离开他了。"巫术艺术是一种再现艺术，因而属于激发情感的艺术"②，因此，巫术仪式活动通过象征达成原型再现，在娱神仪式中，萨满代表神灵分给人们烟、酒、血等，象征人神共享。跳神仪式结束后，族人怀着感恩与喜悦的心情，把供奉的肉搬进"斜仁柱"内，人们煮肉欢宴，神灵享用食物的热气和香味，人们品味祭神的食物。鄂伦春人以这种方式庆祝仪式的顺利结束，象征着收到了神的赐福。"对于艺术作品来说，起始点包括一个或数个对象和一个或数个事件的组合，美学创造活动通过揭示出共同的结构来显示一个整体性的特征"③，正是经过请神、祈祷、颂神、降神、娱神、娱人的各种表演，人们的心灵得以超脱与净化，人与神不仅共说、共唱、共跳、共舞，而且共同享受食物和生命，象征人与人、人与神灵、人与自然万物的生命交往与和谐相处，人类得以实现心灵救赎、宗教救赎、生命救赎与审美救赎。

共享祭品的前提是献祭，本着"索取先付出"的思想，鄂伦春人有向神灵献祭的习俗，他们相信天上的神灵是世界的主宰者，能够给人类带来富裕和幸福的生活，如猎人每次上山打猎，都要祭拜山神，以动物的肉为礼物放进雕刻的山神嘴里，希望神灵给予他们猎物的丰收。萨满的使命是把牺牲的灵魂送给

---

① 关小云、王宏刚：《鄂伦春族萨满文化遗存调查》，民族出版社2010年版，第171页。
② ［英］罗宾·乔治·科林伍德：《艺术原理》，王至元等译，中国社会科学出版社1985年版，第70页。
③ ［法］克劳德·列维-施特劳斯：《野性的思维》，李幼蒸译，中国人民大学出版社2006年版，第33页。

天上的主宰者，通过祭品，人和神就有了关系。"为什么凡俗要与神圣建立一种关系：这是因为它在神圣中看到生命之源。因此它接近它会有各种好处，因为正是在那里凡俗才能找到自己存在的条件。"① 因此，宗教仪式就是人和神、人和人、人和自然万物的生命交往。鄂伦春族宗教祭祀仪式还包括春祭、秋祭、河祭、水祭、火祭、占卜、"阿嘎钦"（算卦）等，占卜方便快捷，主要有枪卜、斧卜和骨卜等。

萨满宗教仪式由内心体验获得的萨满法力而发源，"它左右着他们的灵魂，支配着他们的全部日常生活"②。定居以后，据鄂伦春人所言："这些神灵久在山林中住惯了，认为山下集居地不清静、不洁净，所以祖传的神灵愿住在山林里。"③ 说不清楚是神灵离开了鄂伦春人，还是鄂伦春人离开了神灵；道不明白是神灵放弃了鄂伦春人，还是鄂伦春人放弃了神灵，鄂伦春族诗人正在寻找祖先，如白剑的《图腾》："……无论你在黑色的土地上/还是在绿色的草原上/那条宽阔的山神大河/依然流遍你全身/没有留下声响/你的思维变得宽/变得远/心灵依旧进入山神的梦乡/在梦乡的河流上/传来森林的歌喉……"④

鄂伦春族民间信仰习俗中至今还残存着一些萨满教因素，匈牙利民族学家米哈依-霍帕尔认为萨满教以两种形态留存于世，一是现实生活中有关的萨满教现象，二是世代传承的根深蒂固的民族习惯。⑤ 鄂伦春族原始宗教以物态化了的形式表达人的内心感受、思想感情及创造性的幻想，开启了审美之门。鄂伦春族萨满跳神仪式通常要三四天，讲故事、说笑话、说唱史歌、赛山歌、跳舞的同时开展传统的体育、娱乐活动，集神圣性、技巧性、艺术性和娱乐性于一体。

---

① ［法］马赛尔·莫斯、昂利·于贝尔：《巫术的一般理论，献祭的性质和功能》，杨渝东等译，广西师范大学出版社2007年版，第241页。
② ［日］浅川四郎、永田珍馨：《兴安岭之王，使马鄂伦春》，赵复兴译，内蒙古文化出版社1999年版，第70页。
③ 关小云、王宏刚：《鄂伦春族萨满教调查》，辽宁人民出版社1998年版，第17页。
④ 白剑：《图腾》，《鄂伦春》2000年第2期。
⑤ ［匈］米哈依-霍帕尔：《图说萨满教世界》，王杉译，内蒙古自治区鄂温克族研究会选编，内部资料，2001年，第209页。

第二章　鄂伦春族宗教信仰的审美意蕴

萨满教发源于亚洲北方民族，"爱斯基摩人的萨满教的起源特别是它的发祥地，可以说不是在北欧，而确实是在亚洲"①。因此，北方民族的萨满教是"萨满教文化波"的初始，也是"萨满教文化带"的起点，呈辐射状向全球扩散。17世纪到19世纪，萨满教受到基督教和佛教的影响与冲击，在一定程度上发生了改变。20世纪前期，秋叶隆考查了达斡尔族之巫术，"巫以左手握此环、右手持一狍子皮鞭、由鼓之下方击之。巫穿神衣后先拜四方、后坐于炕沿上唱神歌、彼每歌一节后则助手必复诵之、无何击鼓渐快而强且身体起立、先前后动其身而歌、渐次回旋、或左或右回转其身而舞、彼时在神衣上之镜铃等铮铮而鸣。"② 可以看到达斡尔族萨满教仪式的汉化因素。20世纪中叶以来，鄂伦春族萨满教渐次退出历史舞台，"宗教的这些基础一旦遭受破坏，沿袭的社会形式、继承的政治结构和民族独立一旦遭到毁灭，那末与之相适应的宗教自然也就崩溃"③。如今，人们已找不到与神灵沟通的路——"人类那固有的、内在的和与外部自然界同样的敬重自然的'讯息'。"④

鄂伦春人因信仰而生的禁忌包括狩猎禁忌、妇女的禁忌与生活禁忌，特别是有害妇女健康的禁忌早已被革除。定居之后，医生治病代替了萨满跳神，老一代萨满去世却不再产生新的萨满，萨满教面临后继无人，渐渐走向没落与表演的局面。当下，萨满"跳神"仪式已不多见，萨满舞由昨日的娱神求祈变成了今日的娱人表演，这种表演已经没有了民族灵魂深处的东西。随着宗教仪式的衰微、世俗化或表演化，最终促成了审美的独立或无力。鄂伦春人曾全体信奉萨满教，当下，这种全族人民参与的宗教信仰仪式已淡出日常生活。

---

① [日]赤松智城：《萨满教的意义与起源》，孙文康译，吉林省民族研究所《萨满教文化研究》（第二辑），天津古籍出版社1990年版，第44页。
② [日]秋叶隆：《满洲民族志》，党库周译，吉林省图书馆伪满洲国史料编委会编《伪满洲国史料23》，全国图书馆文献缩微复制中心，2002年，第733页。
③ [德]马克思、恩格斯：《马克思、恩格斯论文学与艺术》（上），陆梅林辑注，人民文学出版社1982年版，第256页。
④ [匈]米哈依-霍帕尔：《图说萨满教世界》，王杉译，内蒙古自治区鄂温克族研究会选编，内部资料，2001年，第41页。

第三章 鄂伦春族日常生活与文学的审美传统

鄂伦春族审美文化包括物质审美文化与精神审美文化，指向人类的物质文明、精神文明与生态文明。鄂伦春族审美文化主要是指存在于鄂伦春族中的有审美意义与价值的文化现象，属于精神文化的范畴，传承本民族文化传统的集体表象、诗性体验、情感表达与民族认同。

第一节 日常生活审美化

纯审美向日常生活泛化的本质就是美学的世俗化、日常生活的审美化，"美学并不是一种只与艺术作品有关的东西；相反，美学的成分存在于日常生活当中"①。因此，微观的美学研究是美学理论的运演形式，是民族美学理论的具象化，"美学的东西是文化的一种标志，是日常生活中符号价值的一种指示器"②。鄂伦春人创造美的能力突出地表现在衣食住行中，彰显着思想之美、自然之美、生命之美与生态之美。

---

① [美]克莱德·克鲁克洪等：《文化与个人》，高佳等译，浙江人民出版社1986年版，第60页。
② 同上书，第67页。

一 民族服饰的审美形态

鄂伦春族服饰大多是用兽皮制成,兽皮不仅耐磨、耐寒、耐刮、耐腐蚀,而且还在狩猎时形成一种保护色。鄂伦春族服饰主要包括衣饰、发饰、头饰、项饰、手饰、腰饰等,笔者没有考察到鄂伦春人的文面、文身和脚饰情况,不文身的原因不明,生活环境不允许他们有光脚或露脚的可能,鄂伦春人注重脚部的保暖,冬季穿上"道布吐恩"(狍皮袜子)或者加裹"呵如卡子天"(缠脚布),夏天则要小心蚊虫的叮咬。

鄂伦春妇女根据不同季节所获的皮毛,按其性能和部位裁剪,手工缝制自己和家庭成员的衣服。鄂伦春人夏天的衣服用动物夏季的皮毛做成,冬季服装用动物冬天的皮毛制成。鄂伦春人传统服饰有大襟,衣襟均在右边,这与左衽的达斡尔族服装不同,与满族古典旗袍有相似之处。衣服扣子是在皮条上结疙瘩或者用犴骨制成,后来也用交换来的铜纽扣。铁针是与外界交换来的,用狍筋当线缝制衣物,据鄂伦春族老人孟晓华说:"犴筋没有狍筋结实,犴筋缝衣服不太结实,做衣服不用,用狍筋。"① 此外,她们还用动物的鬃毛纺织成眼罩。从清朝开始,随着布匹的传入,鄂伦春人开始穿布衣或丝绸,"现在的男女装的领子是同中式服装的立领相同,这种样式来源于汉族文化,来源于清朝满族服饰的样式。"② 鄂伦春人独特的兽皮服饰仍然保留下来,"这种装饰在狩猎民族间常是原样保存很少改变的。"③ 当下,鄂伦春人日常生活中的服饰已与汉族没什么区别,在民族节日里,鄂伦春人通常穿民族服装。

(一) 色彩美

鄂伦春族"敖鲁木达"(衣服)主要用于保暖,皮衣多是内毛外皮,也有

---

① 被访谈人:孟晓华。访谈人:王丙珍。访谈时间:2014年2月9日。访谈地点:大兴安岭地区呼玛县白银纳民族乡被访谈人家中。
② 季敏:《赫哲、鄂伦春、达斡尔族服饰艺术研究》,黑龙江美术出版社2006年版,第165页。
③ [德]格罗塞:《艺术的起源》,蔡慕晖译,商务印书馆1984年版,第74页。

"大哈"(毛皮外翻的狍皮袄),因为兽皮的颜色是固定单一的,鄂伦春人用腐朽的柞树熬制成黄色染料,"在文化水准低的民族那里,对于花花绿绿和鲜艳色调的喜好超过了审美感"①。在相对封闭的生存环境中,染制的衣服颜色是黄色与黑色,据鄂伦春老人葛淑云说:

> 用黑矾染黑,也不好得(děi)。我就给他(葛淑云的外甥)做那样的,过去,我们穿得简单,领口是棉毛的,软软的,没有加黑条,但开衩处也绣花。博物馆要的才加黑条,为了好看嘛,7张狍皮(做的),8张公狍皮做1个男式狍皮大衣,6张小狍皮做1个女式狍皮大衣。②

鄂伦春族是尚黑的民族。鄂伦春人的服饰多用黄色与黑色,黑色多为配色,黄色象征生命与勇敢,黑色象征吉祥如意,这种不太精致的审美取向与所处的生态环境及豪爽耿直的民族性格相得益彰。鄂伦春人对色彩美的追求来自自然万物,集中于红色和黑色,如鄂伦春族"赞达仁"(山歌)《弹口弦》:"紫黑的大马哈鱼救活了凄凉的鄂伦春人。暗黑的大马哈鱼救活了凄凉的受苦人。紫红的大马哈鱼救活了没膘的猎马。橘红的大马哈鱼救活了可爱的孩子。"③生产生活方式决定了红色之美,除了太阳与火的象征意义之外,"在原始民族中有一个情境比其他的都有意义些。这就是红的血的颜色。人们总是在狩猎或战争的热潮中,或说在他们感情最兴奋时看见血色。"④另外,鄂伦春人的服饰色彩审美取向与氏族姓氏及象征有关,《黑龙江省呼玛县十八站鄂伦春族乡情况》记载:老天爷用石头刻了两个人,一个是黑的,一个是红的,分别起名

---

① [俄] P. 马克:《黑龙江旅行记》,吉林哲学社会科学研究所翻译组译,商务印书馆1977年版,第296页。
② 被访谈人:葛淑云。访谈人:王丙珍。访谈时间:2014年1月5日。访谈地点:鄂伦春自治旗古里乡被访谈人家中。
③ 黑龙江省塔河县民间文学三套集成编委会:《塔河民间文学集成》,内部资料,1987年,第357页。
④ [德] 格罗塞:《艺术的起源》,蔡慕晖译,商务印书馆1984年版,第48页。

姓魏、葛,又做了一个姓孟。① 黑色、红色和魏、葛姓氏的关联成为民族审美心理的基础。在孟古古善讲述的《吴达内故事》中,老"蟒猊"(魔鬼)设计陷害吴达内时,将红褥子铺在装大蟒的箱子上,吴达内要坐黑褥子,"我不喜欢坐红褥子,让我坐黑褥子吧!"② 结果,他被推到了装有大蟒的红箱子里。红色与黑色分别象征了不幸与吉祥,红色是战争与谋害的颜色,黑色是安全、庄重与神秘的象征,黑色成为信仰、幸福、和谐与美的颜色。

鄂伦春族服装的刺绣图案的主纹多由黑色狍皮制作,间以红、黄、蓝、粉红、绿等做补色,主纹多以金银线滚边绣,色彩对比强烈,图案纹样清晰,有套色剪纸的效果。鄂伦春人以蓝色和绿色为最好看的颜色,"夏季的衣服用'大布'——一种蓝色的土布做成"③。"车尔故"(编织工具)有红、黑、白三种颜色。鄂伦春人以白色为死亡之色,"白布表示服丧,一般不用。"④ 这些审美喜好与象征都是自然环境塑造的。服饰颜色也与性别、年龄有关,黑色成为鄂伦春男人的主打色,包括黑色头带、黑色衣服和黑色腰带;老年妇女也用黑色头巾包头或用黑色底布做"德力布黑"(用各色扣子、贝壳等缀成的头饰),多穿青色、蓝色衣服;年轻妇女的服装多用蓝色、绿色和红色。2014年1月2日,笔者在鄂伦春自治旗乌鲁布铁猎民村调研时,鄂伦春族老人阿内淑梅、鄂温克族老人敖红荣和达斡尔族老人姑云都讲述了个人的颜色喜好,她们都喜欢蓝色,因为天是蓝色的,鄂伦春族老人阿内淑敏说:

  我们就愿意天蓝色,黑色也喜欢,我愿意黑的,蓝的也愿意,黑色穿着得(děi)劲,我以前穿蓝裤来的,老穿蓝色裤子,老了以后专门穿黑色的。原先,乱七八糟的,有什么衣服穿什么,小的时候,我就穿红的,小

---

① 参见内蒙古少数民族社会历史调查组编《黑龙江省呼玛县十八站鄂伦春民族乡情况——鄂伦春族调查材料之四》,内部资料,1959年,第7页。
② 隋书金整理:《鄂伦春族民间故事》,黑龙江人民出版社1980年版,第65页。
③ [俄] H. A. 巴依科夫:《满洲北部的狩猎部落》,王德厚译,吴文衔主编《黑龙江考古民族资料译文集》(第一辑),黑龙江省博物馆内部发行,1991年,第156页。
④ [日] 浅川四郎、永田珍馨:《兴安岭之王,使马鄂伦春》,赵复兴译,内蒙古文化出版社1999年版,第164页。

的时候,连个小布头都没有,在山里(指窗外的山),穿着皮衣(用手比量到小腿)什么看不到,小小的时候,这么小,这么小(用手比量身高)。①

需要说明的是,鄂伦春人没有采用"吉格特"(笃斯越橘,俗称都柿或蓝莓)、"母球库特"(雅格达)等作染料,原因之一是采摘时节多为秋季,这个季节也是鄂伦春妇女最忙碌的季节,因为狩猎民族要以采集食物为补充;原因之二是这些野果可以直接食用,出于生存与生态的双重考虑故而未用作染料;原因之三是这种染料染成的颜色多为黑紫色,完全不适用于男性,可见,狩猎生产生活对鄂伦春族审美活动有着明显的影响,"题材和形式上的贫乏和简陋,是他们生产方式所决定的精神及物质的贫乏的结果和反映"②。鄂伦春族传统服饰的颜色单一不是由于审美狭隘与缺乏想象力造成的,而是遵从及受制于大自然的结果。

(二)花纹图案美

鄂伦春人喜欢用花纹、图案装饰衣服和用具,这表明他们具有想象力和艺术感,"虽则本来的目的是实际用途,也都可以按照外形,归在美术名下"③。鄂伦春人最早使用的装饰花纹应是云卷纹和鸟纹,因为鸟和云与天神最亲近,知道天神的事最多,成为神圣和吉祥的象征。鄂伦春人用弧形、圆形和曲折形等组成具有节奏的图案,"节奏的本质形态,是某一个特别单位的有规则的重复"④;另一方面,虽然有些图样呆板、简陋,但可以看到审美的努力,可以看到刻意保持的对称关系与绝对简单的重复。鄂伦春人喜欢几何形图案,朴素却不失优美地重复使用这种花纹,人们在这些图案中窥见环境对审美的影响。

鄂伦春人在衣服开衩处绣上开衩纹,开衩纹并不是纯粹为了审美,其实

---

① 被访谈人:阿内淑梅。访谈人:王丙珍。访谈时间:2014年1月2日。访谈地点:鄂伦春自治旗乌鲁布铁猎民村被访谈人家中。
② [德]格罗塞:《艺术的起源》,蔡慕晖译,商务印书馆1984年版,第116页。
③ 同上书,第111页。
④ 同上书,第112页。

是为了避免开衩处开裂。男服的开衩处在前后，女服的开衩处在左右，花纹图案通常是男简女繁。男服的开衩以"大"字纹、单层或双层羊角纹，在羊角上做菱形点缀或缀以金线。女服开衩纹的框架与男服相同，多在其上方加单层或双层云头纹、人头形云头纹、变形花草纹、八结盘肠纹等。此外，女皮服的前后领上绣有"吉哈布顿"（项圈）和美丽的云朵图案。"灭塔哈"（狍头帽子）的植物图案在其加缝的布上，好像这只头所代表的狍子还在草地上奔跑一样。鄂伦春男人戴的"考呼洛"（打猎用的皮手闷子，大拇指处留一开口，便于手伸出来打枪，现代人戏称其为"拳击手套"）的图案缝制在大拇指尖的位置；女人戴的"粉巴黑"（五个手指的绣花手套）的背面的空白及五个手指的部位都绣有色彩鲜艳的图案。另外，"额勒开衣"（去毛的狍皮裤子）的花纹图案多在边角上，多是植物花纹，功能是使这些容易受到磨损的地方结实些。

鄂伦春族女性节约每一张皮子，最大化地合理利用兽腿及兽脖子上的碎皮子，甚至连剪下的边角料都拼接成皮褥、皮包、"其哈密"（狍腿皮缝制的皮靴子）等，还用皮嵌艺术在背包上构成各种纹样，创造原生态艺术之美，其装饰手法主要有两种：其一是用不同兽皮的毛色对比花纹，边纹有单层、双层及多层方形、条形几何纹或几何纹组合，中间多以单独或对称的"南绰罗花"（兴安杜鹃）为主饰，中心与边缘的纹样形成互补的审美风格；其二是边饰不变，中心纹样以色彩丰富的刺绣代替，给人以清晰富丽的美感。

（三）性别之美

鄂伦春人的服饰有性别区分，一是男女有别，二是吸引异性，尤其是头饰与腰饰，显出男性的阳刚之美、勇敢之美、力量之美；显出女性的温柔之美、秀气之美、智慧之美。"苏恩"（皮袍）为斜对襟长过膝，衣服的边、襟、衩都有刺绣。男性穿时束"敖木如"（腰带），显得威武、勇猛；女性穿时束彩色腰带，戴漂亮的头饰和佩饰，整个装扮减轻了皮袍的厚重感，"就是最野蛮的民族也并不是纯自然地使用他们的装饰品，而是根据审美态度下过一番功夫使它们有更高的价值"①。在动物世界里,外表艳丽的往往是雄性;在人类世界中,情况恰好反了过来。"所有原始身体装饰,都可以按照它的目的,分属于引人的和拒人的两类。"②"牛录背苏恩"(男皮袍)更多地显示出实用性与耐用性,而"阿西苏恩"(女皮袍)有着更多的审美元素。鄂伦春男人的服饰简单宽松,这既是一种端庄朴实的象征,也利于他们的狩猎活动。女人们会在衣服的开衩处、接口处、袖子上、下摆处绣上图案。"男子衣服装饰朴素,而妇女不论毛皮还是布衣服都有刺绣,其中丝绸衣服在袖口和大襟处都绣有原色几重美观的花纹。衣服上系着红、兰色带子,头戴红、兰、绿、黑色的头巾,远远地望去恰似美丽的满族或蒙古族妇女的衣裳。"③

头部装饰有发饰与头饰,发饰是固定的装饰,头饰是活动的装饰。头饰有眼镜、花草、"谢坎"或"其亚布陆"(耳环)、骨钗、"德力布黑"(扣子、贝壳等缀成的头饰)、头巾、帽子等。昔日,"男子多留发,老年人还有清朝留辫子的古风"④。现在,鄂伦春男人的头发很短,如果定期修剪头发只是为了迫切的实际需要,美的观念就不能起到支配的作用。据鄂伦春族老人孟淑芳说:"原先男的扎辫,我爷爷扎,我都没看过,他们说的,木刻楞的房子。"⑤从前,结婚的鄂伦春女人会留长头发,她们把头发从中间分开,并扎成两条辫子,"她们让新娘坐在皮褥子上,解开她梳着的七八条小辫。这是通古斯姑娘们通常梳的发式。妇女们将头发用水浸透,仔细梳好,按妇人的发型编成两条大辫"⑥。这在民间传说中也得以证实,《蛇王的女儿》描绘女主人公的服饰:"她那闪亮的眼眸更加多情,缀在额前的贝壳玛瑙更加多彩、红珊瑚更加艳

---

① [德] 格罗塞:《艺术的起源》,蔡慕晖译,商务印书馆1984年版,第235页。
② 同上书,第80页。
③ [日] 浅川四郎、永田珍馨:《兴安岭之王,使马鄂伦春》,赵复兴译,内蒙古文化出版社1999年版,第164页。
④ 同上。
⑤ 被访谈人:孟淑芳。访谈人:王丙珍。访谈时间:2014年2月4日。访谈地点:大兴安岭地区呼玛县白银纳民族乡孟淑红家中。
⑥ [俄] 史禄国:《北方通古斯的社会组织》,吴有刚等译,内蒙古人民出版社1985年版,第377页。

丽。那条一会儿在左肩一会儿在右肩摆动的又黑又亮的辫发此刻从中间分梳成两条——这说明她已经不是姑娘而是媳妇了。"① 未婚的和已婚的鄂伦春族男女在发式与穿戴上能够分辨出来，如莫金臣、孟玉讲述的《白衣仙姑》描述了新郎基才其与新娘米才伦的订婚打扮，"基才其换上了新做的狍皮褂子，是用黑皮子镶的边，还绣着翡云纹图案；米才伦的鬓角也修了，眼眉也修了，头发梳成两条辫子盘在头上，还戴上了珠光闪闪的'贝壳串儿'"②。迄今，年纪大的女人还保有长辫子传统，有的老妇人嫌打理麻烦，剪成短发或扎成一个很短的马尾辫，向上固定贴在头上，她们也很喜欢将白发染成黑色，但烫发的人很少。

  鄂伦春女人喜欢用花草装饰头发，"出嫁的乌娜姬被搀出来了。她今天第一次被允许将发辫盘到头上，而且插满了鲜花野草"③。日本学者认为"女子头发戴有假花或山花等，没什么意思"④。事实却表明鄂伦春人的装饰出自爱美的天性，她在花中看到了自己的美。鄂伦春族传统的耳环很少存世，作为旅游开发产品的耳环多用桦树皮制作。鄂伦春女性结婚时喜欢戴骨钗，"鄂俗招赘者多，联姻未完花烛，即许以伉俪新妇，嫁时削骨为钗，横于髻上。女子夏日以青红巾罩头。"⑤ 鄂伦春妇女的服装最美的部分就是头饰，"德力布黑"或"德勒博奇"（扣子、贝壳等缀成的头饰）用黑布为底，加上红色、橙色或蓝色的纽扣或贝壳，甚至还有硬币，在物物交换的年代，这些都是极其珍贵的东西，头饰也成为鄂伦春人财富和地位的象征，"鸟类差不多做了一切地方的原始头饰的主要材料"⑥，鄂伦春族萨满头饰中羽毛也少见，也许与鄂伦春人很

---

  ① 白杉，卜伶俐：《北方少数民族萨满神话传说集》，呼伦贝尔盟少数民族古籍整理领导小组办公室内部刊印，1995年，第113页。
  ② 隋书金编：《鄂伦春族民间故事选》，上海文艺出版社1988年版，第63页。
  ③ 大彬：《鄂伦春族的婚礼与葬仪》，中国民间文艺研究会黑龙江分会编《黑龙江民间文学》（第9集），内部刊印，1983年版，第242页。
  ④ ［日］浅川四郎、永田珍馨：《兴安岭之王，使马鄂伦春》，赵复兴译，内蒙古文化出版社1999年版，第164页。
  ⑤ 于多三：《库玛尔路鄂伦春历史沿革概要》，东北少数民族调查组印，内部资料，1957年，第6页。
  ⑥ ［德］格罗塞：《艺术的起源》，蔡慕晖译，商务印书馆1984年版，第66页。

少射杀飞禽有关,如果不是出于果腹的目的,他们不会只为了装饰而滥杀动物。鄂伦春女人头饰的宽窄是由材料决定的,如今,人们可以使用现代材料缝制传统的样式。

鄂伦春族男子与小孩多戴"灭塔哈"(狍头皮帽),其天然的仿真性便于男子打猎伪装,也使儿童显得天真可爱。鄂伦春族与其他民族通婚后,为了得到少数民族政策的照顾,孩子普遍姓鄂伦春族姓氏,狍头帽与姓氏之间有渊源,在《五姓兄弟》故事中,老三做了一顶帽子,"(阿爸)发现两只狍耳朵原模原样地支楞着,跟真狍头没有什么区别,戴在头上十分舒服,连声称赞说:'好,真好!'于是给老三起个名字叫'戈钦',意思是真聪明,非常好。从此,老三就姓葛了"①。在冬季出猎时,鄂伦春男人所戴帽子的耳朵部位如此厚,以至于无法听清声音。早期鄂伦春女人常戴"阿文"(其形状像东北农村的毡帽),多以缝制的黑边、嵌缀的扣子为装饰。鄂伦春族女性还喜欢戴猞猁皮帽子,"冬季戴用猞猁皮制作的带护耳的帽子"②。现代鄂伦春族妇女多用绸缎、彩珠缝制日常服装和头饰,也可以在阿里河、海拉尔等地统一定做民族服饰。

鄂伦春男子喜戴黑色头巾或者用"敖木库"(毛巾)包头,像陕西男人在头上扎白羊肚手巾那样;鄂伦春女人喜欢像俄罗斯妇女那样用"夏瓦"(布)包头,可以有效地防风、防晒、防蚊虫。当下,老年人仍喜欢这种头部装饰。"男子仅限于小孩,用犴骨(或鹿骨)和桦木制作除魔头饰,女子不问老幼,都有用玻璃、铜、银制的耳环、头饰、镯子、戒子等,其中都必须戴戒子,这不是可理解的。"③ 这种戒指有助于男性狩猎、女性的缝制工作、孩子的射箭游戏,均达成实用加审美的双重目的。

鄂伦春族其他体饰主要有"奥鲁狗不吞"(指套)、"乌其康"或"考道茨库"(猎刀)、项链、"吉拉普吞"(镯子)、戒指、"卡皮参"(皮背包)、"卡巴

---

① 隋书金编:《鄂伦春族民间故事选》,上海文艺出版社1988年版,第371页。
② [俄]H. A. 巴依科夫:《满洲北部的狩猎部落》,王德厚译,吴文衔主编《黑龙江考古民族资料译文集》(第一辑),黑龙江省博物馆,内部发行,1991年,第156页。
③ [日]浅川四郎、永田珍馨:《兴安岭之王,使马鄂伦春》,赵复兴译,内蒙古文化出版社1999年版,第164页。

达拉嘎"（烟荷包）等。男人们用鹿或犴角制成指套，戴在右手大拇指上，有说是为了打架时有力地击打对方的头部，有的说是为了好看或拉弓射箭，"用弓箭时顶弓背用的，并不是饰品，现在带它是为了拿东西手有劲"①。

鄂伦春男子出门时定系腰带，在腰带上佩戴猎刀，如今，狩猎生产已退出历史舞台，猎刀就成为纯粹的装饰品。鄂伦春女人喜欢戴项链、手镯、戒指，呼玛河流域老年女性多喜欢佩戴传统"三包"（背包、荷包、烟包），可以装药物和烟叶，也可以用于避邪。如今，完全成为女性的饰品，这也说明鄂伦春人喜欢装饰，因而是具有美感的民族。手镯具有信仰与亲情的寓意，如关吉瑞讲的《孟坤保救母》中讲到：猎人绰布库和妻子满都花有个独生子孟坤保，九头怪鸟抓走了孩子的妈妈满都花，她将一只银手镯掰为两半，一半揣在自己的怀里，另一半放在孩子身上。孩子长到十六岁的时候找到南山的神鹿，顺着鹿茸爬到天上，以手镯为记找到了妈妈，用箭射穿了九头怪鸟的喉咙，阖家团圆地过上了幸福的生活。② 手饰是亲情的标志，也是生命的象征。

鄂伦春族传统服饰还代表着民族身份，一方面，鄂伦春人只在节庆的场合才穿传统服饰，妇女的全套民族服饰展示了工艺美及心灵手巧，在日常生活中人们穿现代服饰；另一方面，鄂伦春族传统服饰也不是每个人都有的，因为皮张难得，全套鄂伦春传统服饰的市场价格大约为1.8万元至2万元，即使布料服装也要500元左右，有大型民族活动的时候，政府提供服装补助给猎民，但仍有一些鄂伦春人无力承担，他们就更少地参加民族活动。鄂伦春人为了保护生态环境，加之皮张的难得而使用仿皮材料，表现出鄂伦春族新时代的生态审美追求。2007年，鄂伦春族兽皮制作技艺被列入内蒙古自治区级和黑龙江省级非物质文化遗产名录，传承人为满古梅、孟兰杰和孟淑清。2008年，狍皮制作技艺被列入第二批国家级非物质文化遗产名录。2009年，鄂伦春族传统服饰和萨满服饰入选为省级非物质文化遗产，传承人为关金芳和莫秀芳。

---

① 全国人民代表大会民族委员会办公室编：《鄂伦春自治旗托扎明努图克情况：鄂伦春族调查材料之二》，内部资料，1957年，第30页。
② 参见黑龙江民族研究所《鄂伦春民间故事选》（上），内部资料，1996年，第420—435页。

二　饮食的审美感受

鄂伦春族受所处的社会历史发展阶段及其地域、环境、物产、宗教信仰等影响形成了狩猎民族的饮食审美文化，杀与不杀、吃喝与不吃喝、吃喝什么、怎样吃喝、给谁吃喝、和谁吃喝、什么时候吃喝体现的不过是生命与情感。鄂伦春人吃饭既是为了填饱肚子，也是就餐艺术、爱的表白方式、增进友谊的强化剂、享乐的方式。鄂伦春人原本以兽肉为主食，现在是以白面与米饭为主食。

（一）审美特色

鄂伦春族以狩猎获取的野兽为食物的主要来源，以采集的野生植物为辅食，尤喜生食狍肝和半生不熟的兽肉，可以对应美国民族学家摩尔根以食物为依据划分的人类历史，鄂伦春族的鱼类食物和火的使用对应了中级蒙昧社会；弓箭的发明对应了高级蒙昧社会，饮食就这样与进化论联系起来。在鄂伦春人看来，这一切都是"恩都力"（天神）创造和给予的。孟古古善讲述的《恩都力创造了鄂伦春人》中讲到："恩都力"用兽肉和泥土创造了10个鄂伦春男人和女人，因为鄂伦春人赤身裸体，只好冬眠，春天苏醒过来的时候，吃野果果腹，终因吃不饱而饿死。"恩都力"捉来野兽给鄂伦春人吃，教鄂伦春人捉野兽吃，用兽皮披在身上当衣服穿。"'恩都力'就教鄂伦春人用火，留下以篝火为家的规矩。冬天靠着篝火过冬，再也不用冬眠了。打来野兽烧肉吃，烤肉也就成了他们最好的饮食。"[①]

鄂伦春人的食物主要是狍子肉，以及鹿肉、犴肉和野猪肉，鄂伦春族加工肉类的方式有"乌罗伦"（煮）、"席拉兰"（烤）、"达拉嘎拉"（烧）、"乌鲁格日"（炖）、"库呼乐"或"西鲁哈"（晒肉干）、"阿斯根"（生吃）、"布油色"

---

① 隋书金编：《鄂伦春族民间故事选》，上海文艺出版社1988年版，第2页。

(灌血肠)等,也吃"沙阿斯"(血肠)、"布育舍"(血清)、"乌满"(骨髓油、兽油)等。① 逊克县的鄂伦春人认为喝狍子血补气,煮肉只煮到七八分熟。烤肉用两端削尖的木棍,一头插肉扎在篝火旁。烧肉是直接将肉扔到火炭里,烧得外黑里红,将肉切成小块,与砸碎的骨头放在一起炖。晒肉干是把肉切成小块煮熟后,放在帘子上,底下用烟熏,可以干吃、做肉粥或"西乐"(肉和野菜一起煮着吃)。鄂伦春人还生吃"阿黑恩"(狍肝)、"包少库陶"(鹿、犴、狍子的肾)和"乌满"(骨髓)等,据说是魏拉依尔的祖先为了补充维生素与明目,流传下来的。

鄂伦春人辅以鱼类作为食物,包括"开塔"(大马哈鱼)、"苏布加那"(细鳞鱼)、"苏疙疸"(红尾巴鱼)、"卡达拉"(花翅膀鱼)、"口头曼"(山鲶鱼)、"阿力乌参"(嘎牙子)、"开力"(鲫鱼)、"图布苗"(虫虫鱼)、"母鲁古"(鲤鱼)、"楚布楚门"(狗鱼)、"都布都"(倒鱼)、"亚布沙"(鳊花鱼)、"杰力"(哲里鱼)等。② 鱼类主要是煮、烧、烤或者生吃,也可以用火烤后,蘸盐食用或者是加盐水煮,"鱼类的分布无处不有,可以无限制地供应,而且是唯一可以在任何时候获取的食物"③。鄂伦春人还采集各种野菜、菌类、野果、植物的块根和药材等补充狩猎的不足。野菜和菌类主要包括"昆毕尔"(柳蒿芽)、"吭古乐"(山芹菜)、"的老出"(黄花菜)、"乌之鲁努阿"(鸡爪菜)、"九千仙"(狍耳菜)、"九鲁够开侬"(蛰麻子)、"宽口努阿"(山菠菜)、"戈拉力"(灰菜)、"苏的"(旱葱)、"苏克苏"或"透后开侬"(野韭菜花)、"昆阿醋"(空心菜)、"纠鲁那"(酸木浆)、"淹包淘"(榛蘑)、"库兰木古"(花脸蘑)、"改拉混木古"或"巴格达林蘑菇"(桦树蘑)、"库路蘑菇"(草蘑)、"叉拉巴木古"或"莫菇"(桦树上的木耳)、"吭道鲁木古"或"卡毕嘎格达"(柞树上的木耳)等;野果主要有"英额格特"(稠李子)、"莫力格特"(山丁子)、

---

① 参见内蒙古少数民族社会历史调查组编《逊克县鄂伦春民族乡情况:鄂伦春族调查材料之三》,内部资料,1959年,第87页。
② 同上书,第47—48页。
③ [美] H. 摩尔根:《古代社会》,杨东莼等译,商务印书馆1977年版,第20页。

"吉格特"（都柿或蓝莓）、"喜喜格特"（榛子）、"乌鲁库木达"（毛榛子）、"古得格特"（高粱果）、"翁普鲁"（山里红）、"阿力玛"（山酸梨）、"莫醋"（山葡萄）、"库力格达"（松树籽）、"卡阿吐"（核桃）、"嘎呼古时"（刺玫果）等；植物根主要有"昭格达"（红花根）、"蒲格达"（野蒜）等；山药材主要有"库其格达"（五味子）、"嘎黑毛"（老鸹眼）、"乌达华"（马尿稍）、"尼格的"（包马子）等。[①] 大自然给鄂伦春人提供了丰富的食物，妇女从事采集生产，她们的采集习惯一直延续至今。夏天，鄂伦春妇女将采集的野菜晒干，储备到冬天吃。如今，她们用冰箱储存，随时可以吃。柳蒿芽和山芹菜是鄂伦春人最爱吃的野菜。2009 年，达斡尔族柳蒿芽采食习俗被列入内蒙古自治区级非物质文化遗产名录，传承人是苏舒雅。聪明智慧的鄂伦春人还将"莫力格特"（山丁子）和"英额格特"（稠李子）做成馅，烙成酸甜可口的山丁子饼和稠李子饼，"过去米少的时候，都是采集这些东西掺在米内做饭吃"[②]。由于宗教信仰的作用，鄂伦春人的饮食还有众多禁忌，也有针对妇女的饮食禁忌，如煮熊肉时，心脏和舌头要连着，否则再也打不到猎物，吃熊肉时要学乌鸦叫，意思是告诉熊神是乌鸦而不是鄂伦春人在吃熊肉，而且妇女不能吃熊的上半身肉；丧偶的夫或妻三年内不吃兽头和内脏，可能源于"吃啥补啥"的思想，为了避免想起相聚的往事而伤心；女人在月经期和产期不许吃狍、鹿、犴的内脏和头部的肉，否则子弹打不透野兽等。

鄂伦春族的"贵重菜"主要有"阿素"（动物油拌熟肉、肺、脑等）、"老考太"（定亲或结婚时吃的肉粥或黏粥或米饭加油、狍头肉等），新婚夫妇在婚礼用一双筷子同吃一碗"老考太"，象征夫妻有福同享、有难同当。鄂伦春人最喜欢沾着盐水肉汤吃狍子肉，"每逢客来，即先端上一盆兽肉敬客，如系贵客，就给狍子骨头肉吃。没有筷子，每人一把匕首，把肉蘸着盐和葱花，边割

---

① 参见内蒙古少数民族社会历史调查组编《逊克县鄂伦春民族乡情况：鄂伦春族调查材料之三》，内部资料，1959 年版，第 43—44 页。
② 同上书，第 45 页。

（向上割）边吃"①。正如谚语所云："客人来了敬上狍头；仇人来了，不能放走。"② 这种敬客习俗源于《吃鱼脑袋的传说》，讲一个小孩打到一条大鱼，全部落的人都来吃，人们把大鱼头送给小孩吃，他说："我能打着这样大的鱼，都是你们大家教的，这鱼脑袋我不能吃，送给乌力楞最有威望的人吃吧。"从此以后，鄂伦春人来了客人或是逢年过节，都把动物的脑袋留给最高贵的客人吃。③ "狍头敬客"的习俗也与爱情相关联，莫希那讲的《陪嫁的马》中讲道："姑娘懂得，小伙儿用狍脑袋来招待她，这是对最尊贵客人的最热情表示，她心里觉得热乎乎的。席间姑娘把自己的遭遇一五一十地对小伙儿说了。小伙儿很同情，对她说：'你就住我这儿吧，咱俩结成夫妻吧。'姑娘打心眼里愿意，就和这小伙结成了夫妻。"④ 鄂伦春人哪怕经济拮据，总是在客人来的时候，也竭尽所有地尽量让客人吃到最好的。

鄂伦春人喝"阿拉开依"（烧酒）、奶、茶、"苏乌色"（黑白桦树汁）、水、血等。鄂伦春猎人都喝生水，出去打猎时喝泉水，老年人多喝红茶和白开水或者把黄芪和"依木古特"（雅格达叶子）晒干后当茶喝。定居前，常年饮用河水或泉水，冬季河水封冻后，砸运冰块化水用；定居后，饮用井水或自来水。除了交换的酒外，自己制作"吉格特阿拉开依"（都柿酒）和"沙拉阿拉开依"（马奶酒）。2014年2月6日，笔者在孟巧英家喝了她做的都柿饮料，听了她的制作方法，1斤都柿、半斤糖加3斤水，熬开后，将都柿皮捞出来捻碎，细纱布过滤，凉透后，将饮料装罐封好，放到冰箱里。都柿皮单独装罐封存为"都柿果酱"，可以就着馒头吃。⑤ 孟巧英提醒笔者，2013年8月19日是白银纳民族乡下山定居60周年大庆，笔者买的都柿太多了，扔掉实在可惜，正巧遇到她从家出来，就给她了，她承诺给笔者做成都柿饮料，等着笔者去她家品

---

① 杨英杰：《黑龙江边兴安岭里的鄂伦春民族》，东北人民出版社1952年版，第10—11页。
② 娜日斯编：《达斡尔 鄂温克 鄂伦春谚语精选》，内蒙古文化出版社1993年版，第92页。
③ 黑龙江民族研究所：《鄂伦春民间故事选》（上），内部资料，1996年，第178页。
④ 峻林等编著：《鄂伦春民间故事集成》，内蒙古文化出版社1997年版，第487页。
⑤ 被访谈人：孟巧英。访谈人：王丙珍。访谈时间：2014年2月6日。访谈地点：大兴安岭地区呼玛县白银纳民族乡被访谈人家中。

尝。笔者没想到她真做了,她也没想到笔者真来了,鄂伦春人用智慧和赤诚不仅加工了食物,而且储存了季节、信任、承诺和友情。

"沙拉阿拉开依"(马奶酒)的具体做法是用马奶、小米和稷子米混在一起发酵一周后,放在锅里煮,锅上放一圆桶,在桶顶放水盆,桶的一边开有小孔,奶酒由此流出,蒸酒需要一两个小时,一般是夏天做,定居之后少有人做。笔者没有见过鄂伦春人做马奶酒,一是因为不打猎了,也用不着养马了;二是因为酒太容易得到了,也用不着费力气与时间去做了,因为做马奶酒仅发酵一项就得10天左右。据记载:"毕拉尔鄂伦春人不会制酒,烧酒都是从外地输入的。成年男女均能喝。"① 鄂伦春族老人吸旱烟的现象非常普遍,不分男女,据他们说可以熏蚊虫。在民国、伪满时期,还有人吸食鸦片,这当然是"文明人"的罪过。

鄂伦春族地区酒的消费量很大,据说与恶劣的气候条件及山中寂寞的生活有关,但鄂伦春人不是天生就爱喝大酒的。"某些作家把通古斯人描绘成毫无希望的醉汉,这是错误的。实际上,通古斯在远离'文明'时,因为往往得不到酒,是一点酒也不喝的。"② 有些鄂伦春人认为酒是解脱的"妙药",带给人无限的轻松与快乐,酒多时,一喝就喝好几天,一醉又是好几天。"即使是在烂醉的状态下,通古斯人也忠于他们的本性,不使未醉的人感到不快和厌恶。"③ 事实确实如此,笔者曾快乐地加入到他们的喝酒队伍中,笔者觉得鄂伦春人像西方人那样讲究平等和尊重个性,从来不强迫别人喝酒,大家自由而文雅地自己喝自己的。2014年2月4日,鄂伦春族小伙子于诗说:"高兴也喝,不高兴也喝,去年年三十喝的,初七才醒过来。"④ 鄂伦春族学者孟松林也叮嘱过笔者:"你要尊重人家,不要以为酒伤人,就怎样怎样,那只是你以

---

① 全国人民代表大会民族委员会办公室编:《逊克县鄂伦春民族乡情况:鄂伦春族调查材料之三》,内部资料,1959年,第88页。
② [俄]史禄国:《北方通古斯的社会组织》,吴有刚等译,内蒙古人民出版社1985年版,第497页。
③ 同上书,第488页。
④ 被访谈人于诗。访谈人:王丙珍。访谈时间:2014年2月4日。访谈地点:大兴安岭地区呼玛县白银纳民族乡被访谈家中。

为，你不知道山里生活的孤独和寂寞。"① 鄂伦春族桦皮镶嵌画艺术家关桃芳从艺术的起源与创作、民族发展困境的角度解释"酒害"：

> 鄂伦春人内心散发不出来，写不出来，感情抒发不出来，喝酒了，才能发泄出来，汉族人能说会写，用文章形式写出来。20世纪80年代，打猎时有枪，用枪打死不少。禁猎后，只能喝酒，破罐破摔、内心空虚，让他们去干不愿干的事，不会种地、开地，就会骑马打猎，有班的有活。打麻将、喝酒都是没事干，想带动他们，就得给钱，带上去，公平待遇。②

2014年2月14日，笔者在孟晓华家过正月十五，夜晚，她的亲家母魏金华也来了，加上她的小儿子及其两个汉族朋友喝酒、拉家常，沉浸在醉酒后恍惚的快乐境界，大家随心所欲、其乐融融地唱歌和跳舞，酒成为节日、友情与亲情的黏合剂。

鄂伦春人的餐具是刀，喝水时用桦皮碗，"一般是左手拿肉，右手拿刀，用他们洁白的牙齿咬着肉，把肉一点一点地割着吃"③。鄂伦春人加工肉时，不放任何佐料，否则，肉味就不纯粹、不实在了。鄂伦春人蘸着盐吃肉，许是因为盐珍贵的原因，许是尊重个体与自由的表现，毕竟，每个人都可以控制自己吃的那份肉的味道。鄂伦春人吃饭饮酒前，必须先敬火神及山神，吃饭时用筷子蘸食物向上扬，饮酒时用小指蘸酒向上弹，意思是先让神品尝；鄂伦春人祭拜山神、祖先神时，将猎物直接抹在神的嘴上。在萨满教仪式上，敬献给神的血，降神后，萨满代表神与人分享，其中不乏人神相通、共享生命的意味，食物借神灵之口成为信仰层面的存在。

鄂伦春族饮食文化中既有自然方式、待客之道，还有亲情的等待。鄂伦春

---

① 被访谈人：孟松林。访谈人：王丙珍。访谈时间：2013年6月5日。访谈地点：内蒙古自治区呼伦贝尔市行政中心楼。
② 被访谈人：关桃芳。访谈人：王丙珍。访谈时间：2012年2月10日。访谈地点：大兴安岭地区呼玛县白银纳民族乡被访谈人家中。
③ [日]浅川四郎、永田珍馨：《兴安岭之王，使马鄂伦春》，赵复兴译，内蒙古文化出版社1999年版，第1页。

人进食时间是不固定的，因季节的变化而变化，通常一天吃两餐，两餐均是肉食。冬季天短，太阳没出来就用餐，猎人用餐后出猎；夏天，猎人早上起来出猎，等猎人回来后，一家人才用餐。"除了出猎时以外，他们都在昏暗的棚屋里烧制食物并用餐。节日饮食与平时的食物没有什么区别。有吃的东西就填饱肚子，没有吃的就出去打猎，全然没有贮藏的观念。"① 如果猎人没有打到猎物，一家人或族人就要挨饿至死，"因为狩猎是一种赌博，即使是熟悉的地方，又是狩猎能手，但是没有野兽，也无法打到猎物"②。猎人出猎的时候，心中有着强烈家庭责任感，并且鄂伦春人之间总是互相依靠和帮助。全家人围着篝火，各人坐在各自的铺位上就餐；狩猎的时候则随遇而"食"、就地开"饮"。朋友饮酒或部落聚餐通常连续好几天，饮食总是与交谈和歌舞相伴，打破了猎人在狩猎生活养成的沉默不语、轻声少言的习惯，"在狩猎中，必须细心地避免说出被猎捕的动物的名称，如同在捕鱼时避免说出想要捕到的鱼的名称一样。因而，必须保持沉默不语或者使用手势语言，或者使用特殊语来代替被禁止（禁忌）的词"③。此时，每个人都张扬着自由、快乐、知足的情绪，享受着亲情、友谊与生命的交流与情感。

鄂伦春人有生食野味的习俗，从生食到熟食的过程不仅是火的使用，也是饮食文化的发展，凝结了鄂伦春人世世代代的智慧。狩猎民族用火直接烧、桦皮桶煮、野兽的胃或头骨煮、火下的土埋等熟食方法，直到17世纪中叶时，开始接触外界的鄂伦春人交换到铁锅，如额尔登卦讲述的《石锅的故事》讲猎人的煮饭方法就是鄂伦春人先祖的做法，"这时放在火里的马镫已经烧红了。他砍下了一根较粗的湿树枝，用它把马镫从火里挑出来，再小心翼翼地放进水里，石锅里的水立刻'咝咝'地响了起来，喷起了水泡和热气。这只马镫凉了就换另一只。就这样反复几次，锅里的水烧开了，猎人的饭也就好了。不过烧

---

① ［日］泉靖一：《大兴安岭东南部鄂伦春族调查报告》，李东源译，《黑龙江民族丛刊》1986年第4期。
② ［日］浅川四郎、永田珍馨：《安岭之王，使马鄂伦春》，赵复兴译，内蒙古文化出版社1999年版，第15页。
③ ［法］列维－布留尔：《原始思维》，丁田译，商务印书馆2004年版，第172页。

第三章　鄂伦春族日常生活与文学的审美传统

红的马镫在放进水里时要特别小心,如果稍不留神碰到石头上,那准会把石锅烫炸的。"① 鄂伦春人远古的熟食方式通过口述传统留在民族记忆中。

米和面等主要由汉族传入,如同佛教传入中国就汉化了一样,米食、面食传入鄂伦春族也"鄂伦春化"了。早先,鄂伦春人只吃肉和少量鱼、野菜、野果等,年轻人光吃肉的话会胃疼,但不至于挨饿;老年人没有牙齿,吃肉颇费劲,也不利于消化,由于常年吃肉,鄂伦春人不到老年,门齿就掉光了,于是,鄂伦春人用肉和交换的粮食做成"吉药格特"(肉粥),既解决了想吃肉又吃不动的矛盾,也解决了吃肉胃痛的难处,现在,鄂伦春族老人仍然喜欢吃它,因为人老了,没有了牙齿却又想吃肉,这就是最好的办法了。此外,米食还有"干盆"(干饭)和"苏木逊"(粥),做法均与汉族相同;面食主要有"偏拉坦"或"高鲁布达"(面片)、"布拉嫩"(烧面)、"布拉曼窝恩"或"卡拉气哈"(烤饼或烧金钢圈)、"卡布沙嫩"(油饼)、"波儿都恩"(疙瘩汤)、"谢拿文"(饺子)、"枯儿枯玛"(油茶面)等。面片的制作方法有原汤面和"图胡列"(油面片)两种。鄂伦春人做面片时直接用手拉捏,撕成面片下锅,汤里加肉和老山芹。鄂伦春族老人格尔巴杰振振有词:"手撕的才是面片,刀做的叫削面。"② 此外,鄂伦春族金钢圈(烤饼)与敖鲁古雅的鄂温克人、达斡尔人制作的烤饼一样,有俄罗斯大列巴的风味,如鄂伦春族谜语:"去的时候光着身子,回来的时候穿上了皮衣——火堆里烧的面团子。"③ 鄂伦春人还从烧得坚硬的面团联想到坚强不屈的性格,如莫宝凤和孟德林讲的《金刚圈的故事》、额尔登卦讲的《烧面圈》都是烧饼团结其他物品同"蟒蜺"(魔鬼)斗争的故事,金刚圈在找"蟒蜺"的路上,火焰、蝴蝶、针、蚂蚁、量天尺虫、稀屎、马缰绳、红腰带、猎刀和大雁纷纷加入队伍把"蟒蜺"烧成了灰,"金刚圈带着伙伴们从原路回去,把他们一个个都送回了原地。老猎人知道了经过

---

① 峻林等编著:《鄂伦春民间故事集成》,内蒙古文化出版社1997年版,第261页。
② 被访谈人:格尔巴杰。访谈人:王丙珍。访谈时间:2014年1月18日。访谈地点:鄂伦春自治旗多布库尔猎民村即原朝阳村被访谈人家中。
③ 全国人民代表大会民族委员办公室编:《鄂伦春族情况:鄂伦春族调查材料之一》,内部资料,1957年,第44页。

把金刚圈捧在手里说:'你为鄂伦春人做了一件大好事情,你真是一个了不起的金刚圈呀。'"① 鄂伦春人就是这样将想象注入食物之中,人吃了金钢圈就会变得团结、聪明、勇敢、正义,弘扬了团结向上、不向邪恶势力低头的民族精神。

鄂伦春人在过春节期间都吃饺子,饺子的做法和汉族相同,饺子馅多为狍子肉,通常在春节前一个月就开始张罗包饺子,采取"换工合作"的方式,十几家聚在一起包饺子,大家说说笑笑地包六七个小时,包掉一大盆面和馅,将饺子放在外面冻上,主人家将最后包好的饺子下锅,大家共餐分享。第二天,又有一家开始包饺子了,包饺子散发着浓浓的氏族味和人情味,鄂伦春人就是这样体现着、吸收着、美化着民族饮食文化的。2014年1月2日至19日,笔者分别在古里乡、多布库尔猎民村(原朝阳村)和诺敏镇猎民村参与了包饺子活动,感悟着狩猎民族的审美情怀。2014年春节至正月十五期间,笔者在白银纳民族乡感受鄂伦春族饮食文化构建的心灵之约与民族之味,再一次体验到过年其实就是过村落人情和民族传统,吃、喝、说与唱不仅是口头的品味,而且是生命的构成与审美文化的诉说。

(二)生命与生命交融的生命之美

在信奉万物有灵的鄂伦春人看来,饭桌上的食物皆是生命的缩影,狩猎民族就是依靠猎杀动物维系生命的民族,人类起源莫不如此,这种生产生活方式体现着生命对生命的剥夺,也体现着生命对生命的敬畏、爱护、尊重与珍惜,法国学者阿尔贝特·史怀泽认为:"精神命令我们有别于世界。通过敬畏生命,我们以一种基本的、深刻的和富有活力的方式变得虔诚。"②

鄂伦春人认为一切猎获物都是"恩都力"(天神)赐予的,"恩都力"创造了万物生灵,"在一切社会中人们都认为性关系与饮食之间存在着类似性"③。

---

① 隋书金编:《鄂伦春族民间故事选》,上海文艺出版社1988年版,第356页。
② [法]阿尔贝特·史怀泽:《敬畏生命》,陈泽环译,上海社会科学院出版社1992年版,第93页。
③ [法]列维-施特劳斯:《野性的思维》,李幼蒸译,商务印书馆1987年版,第148页。

第三章　鄂伦春族日常生活与文学的审美传统

2014年1月19日，鄂伦春老人格尔巴杰说："（我们）杀生得了生命，欠动物多少个命？现在保护动物，蒙古族也养牛——我们民族的特点。"①鄂伦春人为了同"恩都力"及各种神灵和谐共处，必须善待动物，并要求人们在非必要时不要伤害它们，这也是用故事解释动物报恩、动物救人、动物聪明、动物善良的原因。

生命就是生之有命，动物则不分民族、不分种族、不分肤色、不分阶层，对鄂伦春族而言，动物首先保障了鄂伦春人的生命，他们必须敬畏生命之源，据鄂伦春族老人葛永杰说：

> 过去，解放前，（我）住撮罗子，山里住，骑马走，吃肉。现在，（我）打鱼卖50元，爱上山，会治小孩惊吓，有萨满鼓扣，做皮手套、皮鞋子"奇哈密"。
>
> 在山里打猎，吃肉，吃不动时，用肉换粮，待惯了，不来了，住撮罗子。
>
> 在（三卡乡）领着我们，生活困难，吃野兽、住撮罗子、吃肉，米饭、面很少，拿肉换米和面，"阿达"（姥姥或奶奶）打不到猎，求神，（她）用枪占卜，烟熏一下，香味，味特别香，像樟子松叶，"Sengkenre，保佑我们，让我们打肉吃，谢谢神。"
>
> "阿达曼"（姥爷）用猪油绳擦枪及枪膛，怕上锈，"老天爷，保佑我们，别让我们白跑。这一点好处你给我吗？我会好好感谢你。"
>
> 上山猎狍子，大狍子，两匹马，骑一匹，后面牵一匹，野兽多，收获很大。②

鄂伦春人谈到民族饮食文化时，自然谈及狩猎活动与宗教信仰，鄂伦春族

---

① 被访谈人：格尔巴杰。访谈人：王丙珍。访谈时间：2014年1月17日。访谈地点：鄂伦春自治旗大杨树镇多布库尔猎民村即原朝阳村彩荣家中。
② 被访谈人：葛永杰。访谈人：王丙珍。访谈时间：2012年2月24日。访谈地点：大兴安岭地区塔河县十八站民族乡吴继成家中。

当代诗人白剑说:"我不是为打猎而打猎,而是想吃那味道。"① 那味道应该是狩猎文化的味道、信仰文化的味道、森林文化的味道、生态文化的味道,更是一种审美文化的味道。

(三) 情感之美

1. 人与人的族情、亲情、爱情和友情

鄂伦春人非常重视血缘关系、亲属关系、地缘关系和族缘关系,为了狩猎生产的需要,鄂伦春人三五家组成"乌力楞"(血缘家庭公社),相当于一个大家庭,家人都是亲戚,"有肉匀着吃,有皮分着穿"②。人们常常在逢年过节的时候,亲人团聚在一起吃喝玩乐很多天,以便增进人与人、部落与部落之间的感情。

在氏族社会生活中,鄂伦春人互相爱护、帮助、关心与支持,尤其是对那些孤儿与老人,"一家遭难是大伙的愁,一个孤儿得到大伙照顾"③。在日常生活中,鄂伦春人尊敬与照顾老年人及关怀鳏、寡、孤,一方面,照顾这些弱势人群能够生活下去;另一方面,人们也要保证氏族内部不存在悬殊的贫富差距。同时,老人也教育年轻人要诚实善良,传授他们狩猎的技能和技巧,这在鄂伦春族故事中多有反映。关扣杰讲述的《仑巴春巴》中讲到:仑巴春巴(邋遢)是一个孝敬父亲的善良孩子,兄弟三个只有他一个人遵守老人的遗言,连续三天去父亲的坟前磕头,父亲给了他三匹马和三套衣服。④ 塔克塔萨讲述的《莫日根山》讲到:仙女按照莫日根的嘱托,救了乌力楞的亲人。全乌力楞的人都让仙女留下来。仙女含着眼泪说:"我要到莫日根山上,去陪伴最勇敢的猎人。请你们替我照顾好莫日根的老母亲吧。"说完,拜别了乡亲和老母亲就

---

① 被访谈人:白剑。访谈人:王丙珍。访谈时间:2013年6月10日。访谈地点:呼伦贝尔市鄂温克自治旗银帆酒店。
② 张凤铸、蔡伯文编:《鄂伦春民间文学选》,内蒙古人民出版社1980年版,第152页。
③ 娜日斯编:《达斡尔 鄂温克 鄂伦春谚语精选》,内蒙古文化出版社1993年版,第85页。
④ 参见黑龙江省呼玛县民间文学集成编委会《呼玛民间故事集成》(第二集),内部资料,1987年,第83—87页。

第三章 鄂伦春族日常生活与文学的审美传统

走了。所以,至今鄂伦春人还保留着赡养鳏寡老人的美德。① 此类故事赞扬了老年人的智慧,借用神迹教育后代要善待老人,体现了尊老、孝老、敬老的优良传统。诚然,如果不互相帮助、不真心地相互关怀,独立的个体在那样艰苦卓绝的环境中是生存不了的,当一个人年老体衰的时候尤其如此。

鄂伦春人极其尊重妇女,尤其善待寡妇,魏耀杰演唱的《猎物大家分,寡妇也有份》:"上山去打围,打到犴和鹿,打到野猪山狸和狐狸,猎物大家分,寡妇也有份,剩下的换粮食。"② 在日常生活中,很少出现调戏妇女的情况,笔者从来没有听过或遇见过这种事情,反倒是鄂伦春族地区的汉族人有些不尊重别人,有些霸道的不雅行径。

鄂伦春人的儿女亲家之情表现在"赞达仁"(山歌)中,孟金福这样唱道:"我进姓孟的亲家家,到姓孟家求金戒指,到姓孟家求金镯子。我叫一声亲家,我们从小抚养孩子,现在已长大成人,自己能掌握自己的斧子饭锅,要自己成家。"③ 2014年2月14日是农历正月十五,孟晓华的亲家魏金华来串门,两个人在夜里对歌、饮酒、跳舞。孟晓华对笔者说"我们民族什么场合唱什么歌",她抢着唱道:"孩子们呀孩子们,高兴了,你们年轻人,十五的月亮就高兴;你们年轻人,好好地挣大钱,我的孩子,看着你们我都高兴了,你们就是我的孩子。"魏金华唱道:"亲家母,亲家母,今天我上你家来串门,咱们喝酒,孩子们来了,我高兴了。"④

鄂伦春族兄弟姐妹之间相互关心、相互扶助地照顾下一代。关桃芳养育着哥哥的孩子关明娇,如今她已经从黑河卫校护理专业毕业了。鄂伦春族猎人不擅长说出情感,而是唱出来。孟玉林的《哥俩对唱》唱道:"(弟弟唱)哥哥哟,/哥哥哟,/父母养育了我,/度过人的一生。/灾难降我身,/疾病折磨我,/一

---

① 峻林等编著:《鄂伦春民间故事集成》,内蒙古文化出版社1997年版,第462页。
② 呼玛县文学三套集成编委会:《呼玛民间歌谣谚语集成》,内部资料,1987年,第110—111页。
③ 黑龙江省塔河县民间文学三套集成编委会:《塔河民间文学集成》,内部资料,1987年,第375页。
④ 被访谈人:孟晓华、魏金华。访谈人:王丙珍。翻译:孟晓华、魏金华。访谈时间:2014年2月14日。访谈地点:大兴安岭地区呼玛县白银纳民族乡被访谈人孟晓华家中。

瞬间,/或许断了命。/为了孩子们,/你要往前看;/胡言乱语,/千万不要听;/今后的日子还很长,/多多保重身体,/愉快地过好后半生,/假如我离去,/不要悲伤;/为了孩子们哟,/一定要活下去。/到了新社会,/教育好孩子们;/为国家建设事业,/贡献力量。/(哥哥唱)那呀呀那呀那,/那呀,/弟弟呀,/虽说父母养育了我,/那衣那,/更多的事情我不去想,/那衣那,/虽说是有了家,/可我不知活到何时,/有了一二个孩子又有什么用,/没有用,/没有用,/那呀那呀。"① 即使是表亲之间,甚至是异姓的表亲之间也是相亲相爱的。民歌《我是姓孟的叫孟德利》中唱道:"姓魏的表哥我不能小看你,/我是姓孟的叫孟德利。/姓魏的表哥,/异姓表哥我不能认错你。/我一意一心把歌唱,/我是姓孟的叫孟德利。/呼玛河流域的聪明人,/塔河流域中的见知人。/孟姓中的打猎英雄。/我孤生儿的名字消失了,/我离开父母已经多年,/我能独立在草地中爬行,/姓魏的表哥我不能错待你。"② 这些真情厚爱搭建起鄂伦春人的情感空间,鄂伦春人正是依靠着人与人之间的真情在残酷的自然条件中生活着。

2006年10月4日,笔者问及关扣妮与第二任丈夫孟玉林分开的事,关扣妮说:"他打到狍子了,肉也没有给过我。"③ 就这样,两个人就分开了,表面看来有点小孩子气,实际上包含着共食、共分享、共承担的意味,所以她才那样伤心地离开。在日常生活中,分吃食物也是爱情缘分,正如孟锁柱唱的《你快说愿意》中唱道:"我有一块狍子肉,/真想送给你,/我想和你相认识,/你可愿意……"④ 孟桂珍唱的《探心》中唱道:"我不是来找你吃顿小米饭,/那衣耶,/我是来试试你有没有小心眼;/那衣耶……"⑤ 从中可以看出,共食与分享成为爱情与婚姻的基础和条件。

鄂伦春人对朋友热情、豪爽、真诚。"朋友来了捧出酒肉,敌人来了举起

---

① 呼玛县文学三套集成编委会:《呼玛民间歌谣谚语集成》,内部资料,1987年,第125—127页。
② 黑龙江省塔河县民间文学三套集成编委会:《塔河民间文学集成》,内部资料,1987年,第378页。
③ 被访谈人:关扣妮。访谈人:王丙珍。翻译:崔洪杰。访谈时间:2006年10月4日。访谈地点:大兴安岭地区呼玛县白银纳民族乡关扣妮家中。
④ 呼玛县文学三套集成编委会:《呼玛民间歌谣谚语集成》,内部资料,1987年,第90页。
⑤ 同上书,第87—88页。

刀枪。"① 鄂伦春人对朋友做到了不计得失地、无条件地付出,"亲戚、朋友之间往来,常常把好的东西分送给他人。有时,当别人给你送来礼物,收下后一般不让他空手而回。东西多少是一片心意,不能忘记别人对自己的恩惠,更不能恩将仇报,这是老人们常挂在嘴边的话,而且已成为年轻人的行为指南。"② 此外,鄂伦春族有"拜把子"习俗,通过这种方式结交情同手足的朋友,"鄂伦春人喜爱认义父子、拜干兄弟"③。葛垚的丈夫与孟艳华的丈夫都是汉族人,却受鄂伦春人的影响结成了"拜把子"兄弟,可见,民族文化的传播与影响是双向的。

2. 人与动物的情感

鄂伦春人不吃狗肉与马肉,他们对猎狗和猎马的爱扩展到所有的狗与马,"养马,为打猎骑用驮运;养狗,为追捕拦截猎物。"④ 由猎犬到猎马是狩猎工具的进化,"在他们的帐篷里供有叫作'卓尔'(jol)的马神"⑤。人类大约在旧石器时代就开始了动物驯化,狗就是人类最早驯化的动物之一。"鄂伦春人的祖先发明了弓箭(非经传入),此时人们渐渐地有了衣裳。据说弓箭时期就知道养活和使用猎犬了。那时还没有马,多是步行狩猎。"⑥ 神话学方面的材料也能印证犬与猎人的情感关系,鄂伦春人禁忌杀狗,禁忌吃狗肉,也不戴狗皮帽子,莫希那讲的《猎人为啥养狗不养狼》中讲到:猎人为了追捕野兽,既养了狗,又养了狼,狼的本性却不改。"狼要吃他,狗保护他,所以,狗跟狼干架……路遥知马力,日久见狼心。从那以后,猎人就光养猎狗,不再养狼了。"⑦ 正如鄂伦春族谚语所言:"山里一无所用的是金银财宝,山里最有用的

---

① 孟淑珍:《简谈鄂伦春谚语》,《鄂伦春研究》1994年第2期。
② 刘翠兰等:《鄂伦春人的处世行为》,《鄂伦春研究》2006年第1期。
③ 杨英杰:《黑龙江边兴安岭里的鄂伦春民族》,东北人民出版社1952年版,第13页。
④ 娜日斯编:《达斡尔 鄂温克 鄂伦春谚语精选》,内蒙古文化出版社1993年版,第82页。
⑤ [日]大间知笃三等:《北方民族与萨满文化——中国东北民族的人类学调查》,迁雄二、色音编译,中央民族大学出版社1995年版,第4页。
⑥ 内蒙古少数民族社会历史调查组:《鄂伦春自治旗甘奎、托扎敏努图克和黑龙江省呼玛县十八站鄂伦春族社会历史补充调查报告——鄂伦春族调查材料之十三》,内部资料,1963年,第1页。
⑦ 王朝阳采写:《古里猎民村鄂伦春民间故事集》,北方文艺出版社1991年版,第74页。

是弓箭和猎犬。"① 当下，鄂伦春人家仍有养猎狗的习惯，葛志军家的猎狗名叫"半自动"。

17世纪中叶，马匹传入鄂伦春地区取代了驯鹿，"老人们都说，有了火枪就有了马匹。马最早是由达斡尔人'安达'带来的。"② 鄂伦春猎人必备的三件宝是猎枪、猎犬和猎马。"没有猎马，猎人像断腿的人。"③ 猎人将猎马当朋友，"在我们族人的生活中从来不吃马肉，因为马是我们家庭中的重要生产工具，像家庭成员一样"④。《猎人和马》讲述了猎人与马生死相依的故事，猎人打野猪受伤后，又遇到魔鬼，马就跳进河里与魔鬼打斗，直至死亡，"从那以后，猎人更爱自己的马了。猎人和马变成了忠实的朋友"⑤。鄂伦春族神话、传说、"摩苏昆"（说唱文学）经常出现神马的形象，神马不仅帮助主人完成任务，还救助主人，如戈阿木杰讲唱的《神马》、吴双梅讲唱的《飞马》、额尔登卦讲唱的《一对双花黄马》《宝马》等。事实上，马在鄂伦春人那里却是食肉的，猎人喂马兽肉以强健体魄、抵抗严寒。

鄂伦春族饮食文化源于生命和情感，狩猎活动中有敬畏生命，还有为生存下去必要的猎杀，人能猎杀动物，动物也能杀死人，鄂伦春人做到了绝不贪婪、绝不盲目滥杀、绝不杀绝，这也是保障鄂伦春人生命的前提与结果，"民以食为天"亦是民以"生命与情感为天"。

三 民居建筑的审美追求

鄂伦春族建筑从天然洞穴、雪屋、"奥伦""斜仁柱"、地窨子、木刻楞房、砖瓦房到楼房，分为传统建筑与现代建筑抑或移动的建筑与固定的建筑。传统

---

① 娜日斯编：《达斡尔 鄂温克 鄂伦春谚语精选》，内蒙古文化出版社1993年版，第81页。
② 内蒙古少数民族社会历史调查组：《鄂伦春自治旗甘奎、托扎敏努图克和黑龙江省呼玛县十八站鄂伦春族社会历史补充调查报告——鄂伦春调查材料之十三》，内部资料，1963年，第3页。
③ 娜日斯编：《达斡尔 鄂温克 鄂伦春谚语精选》，内蒙古文化出版社1993年版，第81页。
④ 何青花：《金色的岁月》，民族出版社2006年版，第55页。
⑤ 黑河群众艺术馆：《刺尔滨河：献给鄂伦春民族定居三十周年》，内部资料，1983年，第57页。

第三章　鄂伦春族日常生活与文学的审美传统

建筑以"斜仁柱"为本,现代建筑是为了半定居或定居生活,鄂伦春人的建筑有借用其他民族的,也有政府为其统一建成的。鄂伦春族建筑具有本色之美、自然之美、内在之美及组合之美。

（一）"斜仁柱"的自然之美、本色之美、内在之美

鄂伦春族传统的民居建筑"斜仁柱"汉语俗称"撮罗子"（圆锥形住房），"'仙人柱'作为原始氏族阶段建筑美的一种具体表现形式,是有其时代性的。"① 鄂伦春人的先辈根据狩猎生产的特点,住的是木杆与桦树皮搭建的"斜仁柱"。"通古斯人的斜仁柱,从建筑学观点来看,超过八九个人就容纳不下了。"② "斜仁柱"很坚固,室内摆放的用品不多,搬迁也方便,适宜于四处游动的狩猎生活,"在原始民族中只有一种艺术我们无法探寻;那就是建筑艺术,不规则的狩猎生活妨碍了它的发展"③。这种最基本的实际需要是遮风挡雨、取暖保温、取食和进食。

1. 人随境迁、就地取材的自然之美

鄂伦春人搭建"斜仁柱"之前要选择好场地,为了狩猎、放马、吃水和打柴方便,通常选择靠近河水或泉水、周围有树木、避风、阳光充足、草场和猎场好的地方。冬季主要选择靠山背风的地方,周围要有好的草场,附近干柴较多。春天选择青草长得早、没有陷马坑的地方,二三月份积雪融化后就往此地迁移。夏天选择凉爽、蠛蠓少、地势高、树木少、距河近、有朽木的地方,便于给马打蚊烟。秋天找夏天被水冲过,长茬二草的地方,便于给马抓秋膘。此外,还要考虑审美因素,"营地的选择在很大程度上要依斜仁柱和营地附近的景色而定"④。哪里水草好、野兽多、风景美,鄂伦春人就将"斜仁柱"搭在哪里。

---

① 王伯敏主编:《中国少数民族美术史》（第一编）,福建美术出版社1995年版,第107页。
② ［俄］史禄国:《北方通古斯的社会组织》,吴有刚等译,内蒙古人民出版社1985年版,第392页。
③ ［德］格罗塞:《艺术的起源》,蔡慕晖译,商务印书馆1984年版,第235页。
④ ［俄］史禄国:《北方通古斯的社会组织》,吴有刚等译,内蒙古人民出版社1985年版,第493页。

"斜仁柱"由 30 多根 2 寸粗、16 尺长的桦木杆或柳木杆搭建而成，包括两根"阿杈"（带杈的杆子）、6 根"托拉根"（搭在"阿杈"上的主杆）和 20 多根"斜仁"（木杆），"托拉根"搭在"阿杈"上的构架支起来之后，再在顶端套上"乌鲁包藤"（柳条圈），"三十多个人扯起来，互不放松——'仙人柱'的架子"①。"斜仁柱"覆盖物冬天是"额勒敦"（狍皮围子）和芦苇帘，一块"额勒敦"由 20 多张狍皮做成，四角缝有钉带，两块大的盖在"斜仁柱"的架子两边，一块小的盖在架子上面，将钉带系在"斜仁"上，两块大的"额勒敦"空隙间留一个小门，挂上"那拉汉奥库顿"（鹿皮或犴皮门帘），将皮子钉在 3 根木棍上，绷起来；在"额勒敦"上面再围上 3 层芦苇帘，最顶端留空出烟；下雪时，为了不让雪往里落，用一块皮子遮盖。夏天用桦树皮做成 12 块扇形的"铁克沙"（桦树皮围子），将农历五六月份的桦树皮外层的白色薄皮和里面的硬皮扒掉后，用锅煮软，缝起来，晾干备用。每块"铁克沙"要用几块 1 米见方的桦树皮拼缝在一起，四周用薄桦树皮镶边，四角上钉带，遮盖在"斜仁柱"的架子上，钉带系在"斜仁"上共 6 层，从下往上一层比一层小，最底层不贴地，留半尺缝隙以便通风，在两块"铁克沙"中间的小门上挂"斜得汉奥库特"（蒿子秆儿或树条串成的门帘）。男人砍树干、搭架子、扒桦树皮、割芦苇，女人煮桦树皮、穿芦苇帘、缝制"额勒敦"和"铁克沙"。两三个人用 1 小时就搭建成了"斜仁柱"。搬家的时候，如果男人在家由男人拆卸，男人不在家的话，这些活儿皆由女人做，只带走"斜仁柱"上的覆盖物，架子保留不动，便于族人来住或者下次再回到此地时居住，节约了生态资源。

2. 圣与俗共存、人伦之别的本色之美

鄂伦春族"斜仁柱"留有空顶排烟，鄂温克族"斜仁柱"却不留空顶。传说，鄂伦春人姓何的头人毛考代汗被特格人（使用驯鹿的鄂温克人）请去吃饭，当毛考代汗发现特格人想逮捕自己时，就从"斜仁柱"空顶飞走了，两个

---

① 《民族问题五种丛书》内蒙古自治区编委会：《鄂伦春族社会历史调查》（第一集），内蒙古人民出版社 1984 年版，第 45 页。

民族结下了世世代代的恩仇,特格人修建的斜仁柱再也不带空顶了,防止毛考代汗这类人物从那里跑掉。① 鄂伦春族"斜仁柱"的门朝东南或西南开,朝正南或正北的很少,朝东的没有,这与太阳崇拜相关。"斜仁柱"正中间是火塘,每家都以篝火为中心,这是火神的位置。鄂伦春人从河里取水,用吊锅煮饭。夏天天热时,搭一个专供做饭使用的小"斜仁柱"。

"斜仁柱"有一个入口,室内有三面铺位,"三个人的背向着一团火——'仙人柱'内有三面床沿"②,"斜仁柱"入口正面的"玛路"(神位)是男主人和男客人的席位,"玛路"的右角供着"博如坎"(神),这神圣的地方挂着家庭的保护神。"进屋不坐玛路(神)席,出门不走后边神的领地"③。两边的"奥路"是其他家庭成员的席位,以右为上,右席是老年夫妇的,左席是儿子和儿媳的。人口较多的人家设置四个铺位,父母住右边的"奥路",右边靠门是未嫁姑娘的铺位,左边铺位是儿子和儿媳妇,正面的"玛路"是未婚男人和小孩的铺位,男客人也住在"玛路"上。"住宅建筑本身与家族形态和家庭生活方式有关,它对人类由蒙昧社会进至文明社会的过程提供了一幅相当全面的写照。"④ 鄂伦春族传统建筑以神灵为中心,按照长幼有序、男女有别来划分,体现了一种神圣之美和人伦之美。

3. 随遇而安、部落联盟的内在美

"斜仁柱"的内部也分冬夏两种设计,冬季的"奥路"用木头做成三面围子,先铺草再铺狍皮褥子,也用马鬃、马尾、熊毛、犴毛和线麻等编织带有花纹的毯子、褥子、垫子等。夏天的"塔克达"(床)用4根1尺多高的木杆做立柱,上面搭两根横木,再铺上圆形和半圆形的木杆,先铺草再铺桦树皮,桦树皮的作用相当于防寒毡,还能防潮。生活用具堆放在"斜仁柱"的地上,包

---

① 全国人民代表大会民族委员会办公室编:《鄂伦春族情况:鄂伦春族调查材料之一》,内部资料,1957年,第8页。
② 参见《民族问题五种丛书》内蒙古自治区编委会《鄂伦春社会历史调查》(第一集),内蒙古人民出版社1984年版,第44页。
③ 娜日斯编:《达斡尔 鄂温克 鄂伦春谚语精选》,内蒙古文化出版社1993年版,第85页。
④ [美] H. 摩尔根:《古代社会》,杨东莼等译,商务印书馆1977年版,第5页。

括切肉用的半寸厚的桦木板、桦皮盆、桦皮碗和装粮食的"乌塔汗"(犴皮口袋)"鄂伦春人不建造固定的房屋,他们住在棚屋里,其外形美观,但其内部却脏乱不堪"①。夏天的"斜仁柱"高大些,室内空间宽敞凉快。冬天的"斜仁柱"低矮些,为了保温取暖,日夜燃烧着篝火,用以熟食、照明、取暖、吓跑野兽。

定居前,一户人家住在一个"斜仁柱"内,3至10个居住在同一地点的"斜仁柱"合为一个"乌力楞"(原意为"子孙们",指一个氏族的血缘组织或三五户亲属在一起居住的村落)。"斜仁柱"依次排列成"一"字形,因为"斜仁柱"后边挂着装有神像的桦皮盒,这里是妇女的禁地。"乌力楞"并不是固定的社会组织,为了寻找新猎场,不断地进行重组,鄂伦春族老人阿内淑梅说:"都是亲戚,最好的朋友,他们的亲属,一家、一家地住,那一个、那一个,一家、两家、三家,好像是一个部落的。"②

鄂伦春族传统建筑还有"恩克那力纠哈汗"(产房),"建于'仙人柱'的西南面几十米处"③,它比"斜仁柱"小,内部设备更加简陋,原因在于怕妇女分娩不洁,冲犯了诸神。"产房里禁忌生火,因此在非常寒冷的冬天生孩子很痛苦。他们认为寒冷可以起催产作用。"④ 产妇住在右边,陪伴的婆婆或别的女人住在左边,男人不许进入产房,"然而原则上在产房内不能烧火,冬季分娩的痛苦可想而知。禁止从事狩猎的男子,特别是猎人接近产房"⑤,如果没有人照顾产妇,丈夫就把饭桶拴在木杆上,挑着送给妻子。妇女通常穿旧衣

---

① [日]泉靖一:《大兴安岭东南部鄂伦春族调查报告》,李东源译,《黑龙江民族丛刊》1986年第4期。

② 被访谈人:阿内淑梅。访谈人:王丙珍。访谈时间:2014年1月2日。访谈地点:鄂伦春自治旗乌鲁布铁猎民村被访谈人家中。

③ 于学斌:《文化人类学视野中的鄂伦春族居住文化》,《内蒙古社会科学》(汉文版)2006年5月第27卷第3期。

④ [日]浅川四郎、永田珍馨:《兴安岭之王,使马鄂伦春》,赵复兴译,内蒙古文化出版社1999年版,第45页。

⑤ [日]秋叶隆:《大兴安岭东北部鄂伦春族调查报告》(一),[日]大间知笃三等《北方民族与萨满文化——中国东北民族的人类学调查》,迁雄二、色音编译,中央民族大学出版社1995年版,第13页。

服分娩,"恢复正常生活以前,必须把它埋掉,在某些集团中,分娩时穿的衣服可以在仔细洗涤,用烟熏过后继续再穿"①。这类做法体现着怀孕仪式和分娩仪式,"女人一旦怀孕,她便被置于隔离状态,或是因为她被视为不洁和危险,或是因为怀孕本身使她在生理和社会方面处于不正常状态。这一点已广为人知,将她视为病人或陌生人反倒变得最自然不过"②。据鄂伦春族老人阿内淑梅说:

> 10米、20米那么远吧,冬天生时,还得远点。那个生孩子的房,点火,火让点。住一个月、半个月吧,有时候还一样走,第二天,还一样走,生孩子,骑马还得搬家,搬家一样走,那样的也有。用火,去(脚跺地),进屋,家人或老太太用艾蒿熏衣服,才进去,啥都整,嫌埋汰。③

鄂伦春族的孩子一出生就住进专门住所"额莫刻"(摇篮或悠车),多用樟子松制作的U形联合体,绘有美丽的花纹和图案,内置狍皮被取暖,母亲还用糜烂的柞树末和犴毛做尿垫,头枕的部位搭弓形木,用以蒙布帘,既可透气,又能防蚊、遮阳。"一是把孩子放在里面吊起来,摇晃孩子使其睡着;二是在搬迁时母亲可以用来把孩子背在背上骑马远行。"④ 关于摇篮如何背的问题,据鄂伦春族老人葛永杰说:

> 后面也背,前面也背,为啥呢?哭了以后,后面背着不是吗?马慢慢走,不挡害,直接就把他翻过来,有摇车,背的那个摇车,有绳子、背带,这么一翻,饿了,饿了不是吗?小孩饿了能不叫唤?叫唤,该吃奶吃奶,这马该走就走,不挡害,这个奶照样喂,也不耽误走。睡觉了以后,

---

① [俄]史禄国:《北方通古斯的社会组织》,吴有刚等译,内蒙古人民出版社1985年版,第427页。
② [法]阿诺尔德·范热内普:《过渡礼仪》,张举文译,商务印书馆2012年版,第46—47页。
③ 被访谈人:阿内淑梅。访谈人:王丙珍。访谈时间:2014年1月2日。访谈地点:鄂伦春自治旗乌鲁布铁猎民村被访谈人家中。
④ 韩有峰:《黑龙江鄂伦春族文化》,黑龙江教育出版社2010年版,第78页。

就搁后面一背,这边不是拽马吗,不是吗?有点挡害,孩子睡觉,摇车有绳子,这么一绑,完了,孩子盖上,睡得更香,蚊子叮不着,孩子享福,那样的。①

狩猎民族的后代自从出生就开始了随遇而安的生活,"鄂伦春妇女皆勇决善射,客至,腰数矢上马,获雉兔作炙以饷,载儿于筐。裂布悬项上。射则转筐于背,旋回便捷。儿亦不惊。"② 这种摇篮宜于孩子养成独立、沉着冷静的习惯。摇篮旁边或后面饰有"卍"字形图案和其他花纹,背面挂着小神偶、动物的骨骼、蹄、齿、硬币、黄铜纽扣以及其他能发出声响的物件,"所有的这些东西都没有任何意义,只是使其发出有节奏的声音,哄孩子入睡"③。实际上,此类挂件也有信仰成分和护佑的含义。鄂伦春族老人白英卦家的摇篮是达斡尔人做的,摇篮的装饰是红色的花纹。笔者在鄂伦春自治旗古里乡和黑龙江省黑河市新生乡调研时发现有两家仍在使用摇篮。

鄂伦春人传统住房是因时、因地的"流动之家",根据季节的变换搭建不同的简易住房。冬季住样式与"斜仁柱"一样的"莫纳"(圆木培土的"斜仁柱"),从中间把1丈5尺高的圆木破开,一根根并排矗立成伞形,然后上面培土,或者住外民族的建筑"乌顿住"或"乌赫顿"(土窑子、马架子或地窖子)。夏天天热,住形状和草房一样的"林盘"(桦皮盖的草房)里,搭起房架后,盖上桦树皮,四周是木头墙壁,能够通风,用木头搭起1尺多高的铺位。人口少的人家也住在"库米"(柳树条或桦树条子做成的简易住所),将树条子的大头插在地下,然后把两根树条围成圆形,搭盖上桦树皮即可。秋天住"开依搭柱"(四根柱子和四根木头做成的简易住所),在立起的柱子和木头上搭上杆子,盖上草即可。另外,猎人外出打猎通常住"麦汉"或"买哈木"(房盖

---

① 被访谈人:葛永杰。访谈人:王丙珍。访谈时间:2012年2月24日。访谈地点:大兴安岭地区塔河县十八站民族乡吴继成家中。

② 方式济、曹廷杰撰,天都山臣辑:《龙沙纪略·东三省舆图说·建州女真考》,中华书局1991年版,第15页。

③ [俄]史禄国:《北方通古斯的社会组织》,吴有刚等译,内蒙古人民出版社1985年版,第441页。

型的帐篷),按 3 幅白布接成的长方形的长度和宽度立两根杆子,上面再横一根木杆像足球球门那样,将布搭在上面,在四角处插上木杆,将布上的绳子套在木杆上即可。

"奥伦"(仓库)搭建在 4 根 1 丈多高的木柱上,呈长方形,上面用树条搭成半圆形的架子,用松树皮或桦树皮覆盖架子,再用柳条捆牢,留一个小门,再将两根木头砍出豁口,做成梯子,不用时则藏起来。"奥伦"是固定不动的,通常可使用十几年。主人搬家后,再回到原地取东西,离家远时,要走三四天的路程。鄂伦春族建筑更早的历史已无从考证,"如果说,人类初诞生之时既无经验,又无武器,而周围到处都是凶猛的野兽,那么,为了保障安全,他们很可能栖息在树上,至少部分人是如此"①。由此推测,"奥伦"有可能是鄂伦春人早期的住房。

(二)外在的现代建筑形式与内在的狩猎文化的组合之美

随着生活方式的改变,居民建筑由"乌顿住"或"乌赫顿"(土窑子、马架子或地窖子)、土房或草房、木刻楞房过渡到了砖瓦房和楼房,据《黑龙江志稿》记载:"黑龙江汉满蒙回等人居处大体相同,城乡之中所有建筑房屋均以朴素御寒为重,华丽壮观次之。"② 1953 年春季起,通过鄂伦春人自筹和政府出资相结合的方式,"在呼玛县的十八站村、白银纳村、新立屯、下渔亮子村,瑷珲县的新生村、哈尔通屯,逊克县的新鄂村、新兴村、老西地营子村,嘉荫县的胜利屯等 10 个定居点"③,共建起土木结构的住房 313 栋,盖好房屋后,还要做好鄂伦春人的思想工作。据鄂伦春族老人阿内淑梅说:"1956 年,盖土房,涨水了,1957 年、1958 年又盖土房了。"④ 中共第十一届三中全会以

---

① [美] H. 摩尔根:《古代社会》,杨东莼等译,商务印书馆 1977 年版,第 19 页。
② 万福麟修,张伯英纂:《黑龙江志稿》,文海出版社 1965 年版,第 670—671 页。
③ 黑龙江省地方志编纂委员会编:《黑龙江省志·民族志》(第 56 卷),黑龙江人民出版社 1998 年版,第 302 页。
④ 被访谈人:阿内淑梅。访谈人:王丙珍。访谈时间:2014 年 1 月 2 日。访谈地点:鄂伦春自治旗乌鲁布铁猎民村被访谈人家中。

后,国家拨款为鄂伦春人建起第一批砖瓦房,"实现定居以后,盖了土木结构的房屋。在1981年建旗30周年前夕,又都重盖了砖木结构的新房"①。2011年1月16日,鄂伦春自治旗乌鲁布铁镇的乌鲁布铁村和讷尔克气村的猎民住上了政府盖的楼房。

大概在1932年,鄂伦春族聚居区域出现了"乌顿住"或"乌赫顿"(土窑子、马架子或地窨子),人们在山坡处挖好坑,"再在上面用树枝乱草和上泥水抹成一个房盖,在正面安上门窗"②,在室内搭上火炕,虽然比较暖和,但里面潮湿,下大雨时,有灌水的危险。毕拉尔鄂伦春人住过这种房子,是鄂伦春人半定居的标志。从审美视角来看,房子毕竟有了窗户,室内侧面照进的阳光让人获得新的空间视觉。

定居后的木刻楞房用木头与泥土建成,用原木咬嵌而成,呈现有棱有角的规范和整齐。房顶则以大张的桦树皮代替草和瓦,这是鄂伦春族在新社会照样学样、就地取材创造的民居形式。后来,政府帮助黑河逊克县的鄂伦春人盖起了草房,先搭起房架子,墙壁用土坯或木桦子,再用柳条铺好房盖后,苫上苫房草,"建筑较砖瓦房费省而暖内外,式样与砖瓦房略同,堆上苫草,厚尺许,十余年修理一次"③。草房室内有里外屋,里屋是对面炕、玻璃窗;外屋是厨房,房子内部也多了简单的家具与装饰,但草房容易损坏,也容易引起火灾,草房顶在风吹日晒后会腐烂。

1981年,政府分给每户60平方米3居室的砖瓦房,两户一幢,每村几十栋不等,这样的居住条件明显高于当地其他民族的平均水平。为了迎接下山定居60周年大庆,鄂伦春人又住上了政府分的平房或楼房,平房也是集体供暖,室内独立卫生间。鄂伦春人用他们独特的审美鉴赏装饰自己的家,在房山头上挂着狍头骨饰品,用桦皮盒存放米、盐、药片、证件和首饰等,鄂伦春人还把

---

① 鄂伦春自治旗史志编纂委员会编:《鄂伦春自治旗志》,内蒙古人民出版社1991年版,第110页。
② 秋浦:《鄂伦春人》,民族出版社1956年版,第72页。
③ 万福麟修,张伯英纂:《黑龙江志稿》,文海出版社1965年版,第671页。

带角的狍子头骨钉在墙上当衣帽钩，用民族剪纸装饰墙壁，用驯鹿图案的十字绣寄托民族情感。

鄂伦春人聚居区域的平房有板障子和大门，屋内的外屋有门斗，室内格局为一厅一室一厨。楼房则是一室一厨一卫的格局，如鄂伦春自治旗古里乡的大杨树楼房被称为"民族楼"，从平房或楼房外在装饰也能看到民族传统文化元素，一是外形采用"斜仁柱"的形式，二是房屋外墙用民族图案装饰。鄂伦春族老人孟淑芳说唱："我们过去鄂伦春民族在旧社会，/在大兴安岭的森林里住，/住的是撮罗子，/生活还不如牛马，/穿的是皮衣服，/吃肉，/那时候，/旧社会，/我们是那样的生活。/那依也。/现在呢，/党和政府给我们盖的房子，/那呀那呀那依也，/过上了幸福的生活，/那依也，/那呀那呀那依也。"① 令人痛惜的是，鄂伦春人每一次搬进新居，都要扔掉或毁掉一部分"古董"，包括摇篮、旧的狍皮衣物、打猎用的马鞍子等，那些沉淀着民族文化记忆之物，竟然成为新时代建筑的"随葬品"。2009 年，内蒙古自治区与黑龙江省分别将鄂伦春"斜仁柱"制作技艺列入非物质文化遗产名录，传承人为莫彩强、孟淑卿等。鄂伦春族建筑之美是借助形状、摆设、外轮廓线、色彩、材质等建构的空间之美、形态之美、环境之美、场域之美和情感之美。

四　交通运输的审美发生

交通工具在满足实用的前提下，始终与美的追求结合在一起。交通之美不仅属于技术美学、道路美学、城市建设美学的研究范畴，而且是民族美学、生态美学、生命美学、环境美学关注的内容，"交通美学作为美学的一个分支，在研究方法上，理所应当具有一般美学研究模式的痕迹"②。人类应该具有生态和生命保护意义的交通美学思想。交通之美是人借助工具之行的美，是以功

---

① 被访谈人：孟淑芳。访谈人：王丙珍。翻译：孟淑芳。访谈时间：2014 年 2 月 4 日。访谈地点：大兴安岭地区呼玛县白银纳民族乡关扣妮家中。
② 王健：《交通美学：理论与实践》，科学技术文献出版社 1992 年版，第 7 页。

用目的为前提的主体与交通运输工具、环境的协调之美，承载着空间的变化之美，彰显着人类的创造能力和智慧之美。

鄂伦春族的交通运输工具也是他们的狩猎生产工具，按使用物划分为动物类、滑乘类和机械类；按时代分为传统类和现代类；按交通路况分为陆地类、水上类和雪地类三种：陆地交通主要有"依如黑"或"依如达仁"（拖着走）、"鄂伦"（驯鹿）、"莫伦"（马）、"依尔干"（大轱辘车）等；水上交通主要有"特额木"或"撒儿勒"（排木）、"木罗贝"或"奥木鲁钦"（桦皮船、犴皮船、鹿皮船）、"小围护"（小木船）等；雪地交通主要有"刻依那"（滑雪板）、"扒热"（雪橇）等。迄今，鄂伦春人有了自行车、手推车、拖拉机、摩托车、面包车、吉普车、小轿车等现代交通用具。除了鄂伦春自治旗的阿里河镇、乌鲁布铁镇火车直接通达以外，其他的鄂伦春族地区都不通火车，鄂伦春自治旗诺扎敏镇猎民村阿淑刚为此感慨："我们这儿没有火车，这辈子没有，下辈子也没有吧。阿荣旗、莫旗（莫力达瓦自治旗）也要通火车吧！"[①] 好在20世纪60年代，各猎区的乡镇开通了公共汽车。2013年5月，加格达奇机场开航，这是离鄂伦春族地区最近的机场。

鄂伦春族实质上就是一个到处走动的民族，猎获动物之后再将其运回住所。鄂伦春人制作最简单、最原始的工具"依如达仁"，"用两棵四五米长枝杈多的树条子，在树条子上固定三四根横木杆即成"[②]。人拉着在地上走，当马传入鄂伦春地区以后，就用马拉，"直到新中国成立前，鄂伦春族在遇到有伤病人的情况下，一直是使用这种交通工具"[③]。鄂伦春人用驯鹿增加脚力，无论迁徙还是远行狩猎均用驯鹿驮乘。由于鄂伦春人迁移到黑龙江南岸以后失去了驯鹿，"'四不像'因为没有苔藓类植物可吃，适应不了新的环境而终于灭绝"[④]。鄂伦春人用马取代了驯鹿，莫庆云在《马是怎样有的》中提到没有马

---

① 被访谈人：阿淑刚。访谈人：王丙珍。访谈时间：2014年1月13日。访谈地点：鄂伦春自治旗诺敏镇猎民村被访谈人家中。
② 韩有峰：《黑龙江鄂伦春族文化》，黑龙江教育出版社2010年版，第101页。
③ 何青花：《鄂伦春族古交通工具——"依如达仁"》，《鄂伦春研究》1997年第1期。
④ 米文平：《鲜卑源流及其族名初探》，《社会科学战线》1982年第3期。

匹的鄂伦春人在打猎后往家背猎物很辛苦，就想役使野兽也像人一样背东西，"恩都力"（天神）教鄂伦春人挖陷阱抓活鹿养，"时间长了，穿林过岗的就把鹿头上的角给刮掉了磨光了，两瓣蹄子磨平了，变成了马。"①

原始森林里有无数的草甸子和河流，根本没有道路。远古时期，鄂伦春人使役驯鹿，"鄂伦春无马，多鹿，乘载与马无异，庐帐所在皆有之，用罢任去，招之即来。有杀食之，斯不生复至"②。《黑龙江外纪》也有记载："俄伦春役之如牛马，有事哨之则来，舐以盐则去，部人赖之，不杀也。"③ 鄂伦春族老人额尔登卦讲道："我们民族过到黑龙江这边以后，我们的驯鹿全都死了，因为驯鹿得了瘟疫，全部死去了。"④

鄂伦春人骑乘动物的交通运输方式对人与动物的关系意义重大，直接关涉人与动物、人与自然、人与人、动物与自然间的互动，利于维护人—动物—自然之间的持久和谐。对动物而言，这种动物经过人的专门训练；对人而言，要学习和掌握训练和骑乘技巧。孩子通常玩"骑马"游戏锻炼骑乘能力，"艺术的力量就是回忆的力量"⑤，鄂伦春族老人葛永杰快乐地回忆起小时候在山里骑着马四处走的时光：

> 成年成年地盖撮罗子，一年一年地住撮罗子，那时候山里住，我五六岁，啥也不知道，成天要走，骑马走，跟我妈骑马走。吃饭时，吃野兽，吃肉。我那时候8岁，穿皮衣服，还穿那样的"其哈密鞋"（狍腿皮缝制的皮靴子），全是带毛的衣服，那时候也没有人照相，我穿完了，就成天来回走，骑马走，在山里，有马，离不开马，那时候，我家有20多匹马，

---

① 黑龙江民族研究所：《鄂伦春民间故事选》（上），内部资料，1996年，第140页。
② 方式济、曹廷杰撰，天都山臣辑：《龙沙纪略·东三省舆图说·建州女真考》，中华书局1991年版，第20页。
③ 西清：《黑龙江外记》，黑龙江人民出版社1984年版，第91页。
④ 被访谈人：额尔登卦。访谈人：王丙珍。访谈时间：2012年8月20日。访谈地点：鄂伦春族自治旗阿里河镇第22届篝火节大会台上。
⑤ ［俄］车尔尼雪夫斯基：《艺术与现实的审美关系》，周扬译，人民文学出版社1975年版，第84页。

我家养马,以前,现在哪有呀,老人都没了。生产队一开始归个人了,丢马,丢了,再没养。①

鄂伦春族老人弯弯的双腿是自小骑马的结果,交通方式改变了人的体形和外貌,影响了形体审美标准,此外,动物类交通运输工具加深了人与动物的感情。孟玉荣讲述的《猎马与老虎的传说》解释了大兴安岭没有老虎与猴子的原因:有一匹猎马在山上遇到老虎,告诉老虎自己是林中大王,名字叫"吃老虎",老虎吓跑了。老虎告诉猴子此事,它俩一同去找猎马,猎马质问猴子应该早点送老虎来品尝,老虎又害怕了,吃掉猴子后,离开了大兴安岭。② 鄂伦春人对马是喜爱和依赖的,"马匹是他们唯一的宝贵财产,也可以说是他们的家庭成员之一"③。鄂伦春人至今流传着驯鹿角助人上天、狗救主人、马帮助主人的神话传说,自有一种审美情感寄寓其中。

呼玛河流域的鄂伦春人丧失驯鹿的过程就是自然环境改变的见证。"满洲台地不能给驯鹿提供它们所必需的良好牧场和夏季凉爽的气候。"④ 使用驯鹿的鄂伦春人变成了养马的猎人,马跑得比驯鹿快,负载力也大,但呼玛河一带不宜养马,"因此库玛尔千必须使用小船,有时步行狩猎"⑤。呼玛河流域的鄂伦春人至今使用桦皮船。驯鹿因不适应环境而灭亡了,而原本依靠驯鹿生存的民族却没有离开,他们改变了生存方式。可见,人类要么放弃生存环境,要么留下来适应自然环境,并且选择最适应于生态环境的交通方式。"美和恰到好处是以我们的判断和感情为准的,它们绝不存在于自然中也不统辖自然。"⑥ 2008 年 6 月,鄂伦春族桦树皮船制作技艺被列为第一批国家级非物质文化遗

---

① 被访谈人:葛永杰。访谈人:王丙珍。访谈时间:2012 年 2 月 24 日。访谈地点:大兴安岭地区塔河县十八站民族乡吴继成家中。
② 参见峻林等编著《鄂伦春民间故事集成》,内蒙古文化出版社 1997 年版,第 589—590 页。
③ [日]浅川四郎、永田珍馨:《兴安岭之王,使马鄂伦春》,赵复兴译,内蒙古文化出版社 1999 年版,第 48 页。
④ [俄]史禄国:《北方通古斯的社会组织》,吴有刚等译,内蒙古人民出版社 1985 年版,第 101 页。
⑤ 同上书,第 105 页。
⑥ [美]乔治·桑塔耶纳:《美感》,缪灵珠译,中国社会科学出版社 1982 年版,第 107—108 页。

产扩展项目名录，传承人郭宝林就是呼玛河流域的鄂伦春人。

鄂伦春族的水上交通工具主要有"木罗贝"或"奥木鲁钦"（桦皮船）、"特额木"或"撒儿勒"（排木）、犴或鹿皮船等。桦皮船形如柳叶，有大有小，船的大小是由整张桦树皮的大小决定的，大船长约5米，宽1.7米；小船长约3米，宽1米。桦皮船是由桦皮和木头制成的，先用松木钉将桦树皮固定在木制的船身上，用松树油子将缝隙堵上，再用樟子松木削成一支两头滑水的船桨。鄂伦春人在夏季用桦树皮船狩猎、驮运猎物或搬迁等，人们必须双手划桨才能将船划走，划行时声音极小，易于接近动物。桦皮船是谁制作的就归谁所有，实际上却是大家共同拥有，因为相互间的借用并不给什么报酬，所谓"一只胳膊划不走船，单枪匹马度日难"①。桦树皮船给鄂伦春人带来了团结和便利。据《黑龙江志稿》记载："扎哈，小舟也。以桦皮为之，较威呼尤轻捷，载受两三人，陆行载于马上，遇水用之以渡。"② 就生态环境而言，首先是因为鄂伦春族地区有大量的桦树，桦树皮不透水，既轻便，又结实，刚剥下的桦树皮还易于塑形；其次，鄂伦春人选择依河流而居，常有涉水的需要；最后，船是失去了驯鹿的鄂伦春人在没有马的情况下的最好选择。就生产生活而言，主要是为了猎取犴，因为它以水边的青草及多汁的树叶为食。此外，排木是临时制作的渡河工具，将柳条和木杆捆绑在较大的原木上，固定好以后，就可以下水使用。犴或鹿皮船也是临时的渡河工具，制作方法是用晒干的整张犴皮或鹿皮做成船形，下水时间不宜过长，最多只能用两三个小时，否则皮被泡软后就变软走形了。1918年，由于"别拉弹克"（单响枪）传入后，桦皮船和滑雪板渐渐消失了，一如使鹿部鄂温克族诗人维佳所言"桦皮船漂进了博物馆"③。

北方先民在数千年来创造了雪橇（爬犁）和滑雪板。鄂伦春族雪橇包括鄂伦春人自制的木爬犁和俄式的铁底爬犁。据俄国学者考证，大约远在新石器时代，俄国境内的一些民族就发明了滑雪板和雪橇。鄂伦春人在滑雪板的底部钉

---

① 孟淑珍：《简谈鄂伦春谚语》，《鄂伦春研究》1994年第2期。
② 万福麟修，张伯英纂：《黑龙江志稿》，文海出版社1965年版，第678页。
③ 顾桃拍摄：《敖鲁古雅养鹿人》，2007年版。

上一块毛向外的野猪皮，滑雪板长约 5 尺，宽半尺，厚约 4 厘米左右，"鄂伦春族的滑雪板用桦木或松木制成，长条形，前端微翘，中央偏后凿四孔，下面两孔间有凹槽，供拴皮绳系足，以木矛支撑而行"①。其他北方民族也多有使用，"赫哲人捕兽之器曰踏板，值雪深数尺，以木板长五尺，贴缚两足，手持长竿如泊舟之状"②。鄂伦春人用滑雪板追捕野兽，用狗拉雪橇驮运猎物，据《黑龙江志稿》记载："扒犁，满洲语法喇，制如冰床而不施铁条，屈木为辕似露车，坐低，旁轮前有轭而高，驾以牛或马走冰雪上疾如飞，亦可施帷幔衾绸以御寒。"③ 此外，雪橇还是鄂伦春族孩子最喜欢的玩具之一，他们先找一个斜坡，或坐或趴在雪橇上，从上往下滑行，男孩子玩技高超，做出诸多高难度动作。目前，俄罗斯的驯鹿人骑乘雪地摩托车看护驯鹿，国内仍没有此类交通工具。

  交通之美还在于增强了民族间的联系。定居以后，鄂伦春族孩子要到莫力达瓦达斡尔族自治旗读书，鄂伦春人开始使用达斡尔人的大轱辘车，两个民族的交往进一步加深了。清朝，大量移民涌入鄂伦春人的世居之所开采金矿，"通古斯人自然害怕汉族移民，特别是那些未婚的单身汉，因为按照通古斯人说法，一个未婚的单身汉永远是一个心怀不良的危险人物"④。然而，不修路的民族阻止不了修路的人将路修到原始森林。1958 年以后，随着大兴安岭原始森林的开发，公路建设随之发展起来，鄂伦春人一度变成了向导和脚夫，开始了驮脚的生计。当下，俄罗斯地区的驯鹿人仍在抗议政府将公路修到他们的家门口，北部石油管道的铺设使他们失去了放养驯鹿之地。2014 年 1 月 26 日，笔者在鄂伦春自治旗托扎敏乡调研时，正好赶上村委会发放过年福利，人们使用各种交通工具来取米面油、瓜子、花生等，可以看到贫富的差距，好在

---

  ① 张碧波、董国尧：《中国古代北方民族文化史》（专题文化卷），黑龙江人民出版社 1995 年版，第 593 页。
  ② 万福麟修，张伯英纂：《黑龙江志稿》，文海出版社 1965 年版，第 679—680 页。
  ③ 同上书，第 679 页。
  ④ ［俄］史禄国：《北方通古斯的社会组织》，吴有刚等译，内蒙古人民出版社 1985 年版，第 153—155 页。

鄂伦春族互相帮助的淳朴民风仍然存在。

鄂伦春族交通运输工具还承载着信仰之美与想象之美，鄂伦春人虽然没有发明飞机，但他们将"航空"献给了神灵，萨满能够借助宗教器具进入天界，人攀着鹿角也可以上天，人骑着天鹅和大雁也能上天。鄂伦春族交通运输的工具之美是功能加形式的合成美，是人与环境和谐相处的美，是工艺与艺术的结合之美，是信仰加想象之美，既迎合了人们的实用性要求，又满足了人们对交通运输工具的审美要求，鄂伦春族交通工具达成了人、生物、工具、信仰和生态环境的完美融合。

当下，鄂伦春人的日常生活用品成为博物馆展出的工艺品，当地的鄂伦春人对此颇有微词："都是些没用的东西，那些东西根本不是生活中的，手套都戴不上的，实际用的很长，手露出来还可以戴一个线手套。"① 笔者考察、体验和思考的是："了解一个民族的文化，在于展示他们的常态，不降低他们的特殊性，表达他们的可理解性，将之置于他们自己的平常框架之中，这就冰消瓦解了他们的难懂之处。"② 因为美学研究从日常生活出发，经由一系列"中介"，终究要回归日常生活。

第二节　文学的审美传统

口头文学是一个民族文化的集中体现，人类很早便口耳相传着想象的神话、古老的传说和英雄的赞歌，这些诗性的言说基于现实生活，构成了文学原初的样式。鄂伦春族文学是传承民族历史、传播知识、沟通情感、交流思想、

---

① 被访谈人：孟春兴、孟振兴。访谈人：王丙珍。访谈时间：2006年10月5日。访谈地点：大兴安岭地区呼玛县白银纳民族乡猎民村南头街上。
② Clifford Geertz, *The Interpretation of Cultures*, Selected Essaysby Clifford Geertz. New York: Basic Books, 1973, p.14.

承载生命意识的文化根脉,没有文字的鄂伦春族依靠民间文学传承民族历史文化。鄂伦春族神话、传说和史诗是没有文字记载的对话,它们保存在鄂伦春人的头脑中,依靠讲述者的生命和记忆流传下来,至今已经流传了几个世纪,承载着鄂伦春族的民族记忆,达成文化传承与民族认同,这种听觉文化通过记忆传递了民族的生存方式及对世界的诗性理解。鄂伦春族现当代文学之根扎在民间文学厚土中,体现了深层次的民族寻根意识,是鄂伦春族生态审美文化的精髓。

一 鄂伦春族文学的审美品格

鄂伦春族文学翔实地传承和记录了这个北方狩猎民族发展的历史轨迹,原生态的山林、丰富的民俗事项、尊天重生的宗教信仰、灿烂的狩猎文化使鄂伦春族文学极具本真性、民族性、地域性与生态性。

(一) 以真为美的审美理想

在中国古代,真、善、美往往是不可分、不能分、不必分的,文艺追求真、善、美的和谐统一。虽然文学创作的方式是想象与虚构,"但人们不会相信或信仰那些想象或虚构的东西,离开了真实性和超验真实性——神圣性,神话也就不成其为神话了"[1]。真实仍然是文学的生命与基础,在真中寻找善美是文学达成人生使命的主要手段。明末期思想家李贽提出"童心说",提倡文学要表现真心与真人,真实坦率地表达内心的情感和人生的欲望。美国文学理论家韦勒克、沃伦认为有宗教意味的被称为"真理"的神话和诗歌在本质上是美的,在形态上是真的。[2] 鄂伦春族文学如是,"文学本源来自真,只有艺术的真才透视出美的旋律。从某种意义上说,鄂伦春这个民族更具备作为人那样

---

[1] 吕微:《神话何为——神圣叙事的传承与阐释》,社会科学文献出版社2001年版,第427页。
[2] [美]勒内·韦勒克、奥斯汀·沃伦:《文学理论》,刘象愚等译,江苏教育出版社2005年版,第27页。

第三章　鄂伦春族日常生活与文学的审美传统

一种本真的东西"①。如莫庆云、车景珍讲述的《男人和女人》中讲道:"恩都力"(天神)用兽肉和羽毛扎成10个男人,用泥做了10个女人。"恩都力"给女人吃了野果,让她们变得聪明,赏给男人弓箭,让他们打猎。② 人们力图用创世神话解释鄂伦春族的源起、发展和性别差异,"我们着重研究的不是现象本身,不是文本,而是着重研究清楚神话和它生长其中的土壤的关系"③。鄂伦春族从母系氏族阶段进入父系氏族阶段以后,狩猎生产生活使男人占据无上的地位,女人成为附庸。

鄂伦春族文学自觉自为地追求历史本质的真实、人性的真实,"在思想中把个别的东西从个别性提高到特殊性,然后再从特殊性提高到普遍性;我们从有限中找到无限,从暂时中找到永久,并且使之确定起来。"④ 鄂伦春族民间文学对真实的注重与强调源于文化的本质与功能,如李水花讲唱的《"摩苏昆"的由来》:"摩苏昆就是说唱,唱一段,说一段,说唱内容可丰富了!摩苏昆,这个说唱名字怎么来的呢?据老人讲,是由一个说唱故事得名。这个故事是真事儿,下面我就讲讲摩苏昆得名的故事吧。"⑤

文学的真实是艺术的真实,包括审美情感的真实和审美意象的真实,"神话的真正基质不是思维的基质而是情感的基质。神话和原始宗教绝不是完全无条理性的,它们并不是没有道理或没有原因的。"⑥ 现当代作家继承了民族的审美理想,以民族文化血脉为情感归宿,以体验喻示民族历史与现实。"故事的目的并不是给我们提供真实信息,而是传达可以称之为道德真理的东西。"⑦ 文学的真实不存在于现象之外,而潜在于事物的本质和内涵之中,"诗艺是生

---

① 尹树义:《山林中的月亮与星辰——〈鄂伦春〉50期透视》,《鄂伦春》1998年第4期。
② 黑龙江民族研究所:《鄂伦春民间故事选》(上),内部资料,1996年,第11—12页。
③ [俄] 弗拉基米尔·雅可夫列维奇·普罗普:《神奇故事的历史根源》,贾放译,中华书局2006年版,第18页。
④ [德] 马克思、恩格斯:《马克思、恩格斯论文学与艺术》(上),陆梅林辑注,人民文学出版社1932年版,第135—136页。
⑤ 孟淑珍:《黑龙江摩苏昆》,黑龙江人民出版社2009年版,第261页。
⑥ [德] 卡西尔:《人论》,甘阳译,上海译文出版社2004年版,第113页。
⑦ [英] 特里·伊格尔顿:《理论之后》,商正译,商务印书馆2009年版,第86页。

活的表现和表达。诗艺表达生活经历,表现生活的外部事实。"① 因而,对真实的把握通过感受、情感、领悟、体验才可获得。

1. 审美情感的真实

在口述文学中,尤其在神话中,讲述者、歌者表现情感,"神话是情感的产物,它的情感背景使它的所有产品都染上了它自己所特有的色彩"②。这种情感反映了主体与客体的关系,日本学者浅川四郎称鄂伦春生活是"最贫穷的生活",又称鄂伦春人"情真意厚"③,他在《兴安岭之王,使马鄂伦春》中描述了身穿毛皮衣的鄂伦春人身上长满了虱子。"母亲经常给躺在地上的孩子们抓头部的虱子。在闪烁的阳光下确实是悠闲暖和。"④ 这种观察是很细微的,小小的寄生虫都能表达真、善、美的追求与愿望,"这些神话具有真正的民族性"⑤。

鄂伦春语称虱子为"昆昆卡",鄂伦春人常年穿皮毛衣物,虱子是最常见又肌肤相亲的动物,因为皮毛衣物无法用开水烫,也就很难彻底清除它们。虱子长期寄生在人身上,繁殖力又强又快,鄂伦春人遂将之想象成女儿,孟玉花讲唱的《小红马与犸猊的故事》中讲道:"老头替老太太抓了一个挺大的虱子,还是红的。老太太从来没有看到这么大的虱子,心里觉得奇怪,就对老头说:'把虱子搁起来!'他家有一个金盒子,老头就把它放在里面了。不到一袋烟的工夫,听到小孩说话的动静:'谁把我藏起来的,可把我闷死了!快把我拿出来吧!'老头一听,这是谁在说话呢?兴许是小盒里的动静,他就把盒子打开了。打开一看,只见里面搁着一个挺小的小孩子。这小孩从盒子里出来之后,见风就长,越长越大。一天的工夫,就变成一个姑娘,还挺漂亮的。姑娘心灵

---

① [德]威廉·狄尔泰:《体验与诗:莱辛·歌德·诺瓦利斯·荷尔德林》,胡其鼎译,生活·读书·新知三联书店2003年版,第149页。
② [德]卡西尔:《人论》,甘阳译,上海译文出版社2004年版,第114页。
③ [日]浅川四郎、永田珍馨:《兴安岭之王,使马鄂伦春》,赵复兴译,内蒙古文化出版社1999年版,第61页。
④ 同上书,第43页。
⑤ [俄]弗拉基米尔·雅可夫列维奇·普罗普:《神奇故事的历史根源》,贾放译,中华书局2006年版,第19页。

手巧，啥活都能干。老头和老太太高兴得不得了。"① 关吉瑞讲唱的《昆昆卡乌娜吉》中讲到：一对没有孩子的老两口抓到一个大虱子，变成一个俊美的"昆昆卡乌娜吉"（虱子姑娘）。姑娘到了出嫁的年龄，因黑鬼猜中她的名字，父母无奈把"昆昆卡乌娜吉"许配给了黑鬼。她想方设法骑着神马飞到天上，与猎人成了亲，生了三个孩子，黑鬼却找上门来，她又呼唤神马与黑鬼打斗，直到神马打死了黑鬼。神马也因此受了重伤，"昆昆卡在马头上找到一个大虱子，一下掐死了。这大虱子是神马的命根子，掐死大虱子神马立刻就死了。昆昆卡和孩子盖上马皮就睡了。"② 这种寄生虫在故事中有着坚实的信仰根基，而且，捉虱子行为本身也产生了禁忌与习俗，"从此，鄂伦春族人民群众留下了一个习惯：就是谁抓到了虱子都不能用火烧，不然就不吉利"③。这也是生命的禁忌，因为不用火烧虱子，它就有了更多存活的机会。关红英讲的《空空克》，异文讲到小红马的复活，叙述语言中成语的使用有文人加工的痕迹，诸如"力不从心""小心翼翼""喜从天降""能歌善舞""气喘吁吁""气势汹汹""难解难分"等。④

2013年8月3日，笔者聆听葛长云、吴彩玲讲述的《昆昆卡》。葛长云说的还是鄂伦春语，"对任何民族来说，不利用本民族的语言，不会说出真正的自己的心里话"⑤。虽然情节没有过去的故事情节丰富生动，但充满鄂伦春风味：

> 鄂伦春早先有富的，五六十匹马，有人家五六十岁没孩子，脑袋长虱子，一刮是昆昆卡，他们用红纸包起来了，过了几天有人说话了，长得很快的，是个女孩。"你就在我家吧。"

---

① 黑龙江省呼玛县民间文学集成编委会：《呼玛民间故事集成》（第一集），内部资料，1987年，第210页。
② 隋书金编：《鄂伦春族民间故事选》，上海文艺出版社1988年版，第378页。
③ 黑龙江民族研究所：《鄂伦春民间故事选》（上），内部资料，1996年，第333页。
④ 关红英：《空空克》，《鄂伦春》1995年第2期。
⑤ ［日］浅川四郎、永田珍馨：《兴安岭之王，使马鄂伦春》，赵复兴译，内蒙古文化出版社1999年版，第75页。

她长大了说:"你要知道我名,我就嫁给你。""蟒蜕"(魔鬼)说:"你叫昆昆卡,昆昆卡。"她爸说:"你挑马吧,挑马就嫁你。"

那个马还会说话了,他说你呀那个姑爷"蟒蜕",这"蟒蜕"把他老丈人和老丈母娘都吃了,吃完以后,说什么话了呢,牙里都是头发(吴彩玲补充),那个"蟒蜕"把他们都吃了。她的马说:"你回头看,你让他乐,他一乐他的牙都是那个头发。"真是呢,都是头发。她的马好,上天嘞,得了一个好丈夫,她生的两个孩子,一男一女。

她到家了,用这么大的粗树绑上了马,那个"蟒蜕"真到了,在地上来的。这个姑娘就嫁人生孩子了。这个"蟒蜕"到来了,哎呀,她丈夫就把那个马,这么大的树呀,哎呀,蟒蜕到的那天,多粗的树,累得够呛回来了,那个马,她丈夫绑在那么粗的树,让他绑细的,他不绑,他就绑粗的了,这玩意儿。

那马就那样回来,到家,"蟒蜕"在那儿呀,这个马和"蟒蜕"干仗。要是黑血就是"蟒蜕"死,要是红血是马死,先是出红血,后是出黑血。她丈夫才回来,"你忍心把马拴那么粗的树?"马鬃马尾都没了。马胜利了,"蟒蜕"死了。①

这类故事的虱子变人、黑鬼求亲、昆昆卡挑马、黑鬼吃人、在天上与小伙子成亲、神马与黑鬼斗争的母题随岁月消逝及场域的消失而有影无踪。在讲述过程中,讲述者自己也想不起来了,常常忘记自己要讲什么,不断地追问身边的翻译吴彩玲。然而,故事的大概情节及结局仍然相同,民族文化的基因还是传下来了,甚至本族的听众一听到开头就猜出来讲的故事。故事主人公的名字、细节已然变化或远去,但民族文化的根还在族人的文化血脉里。

民族文艺家还通过表现自我情感通达人类的精神层面,将自己的声音转化为民族的声音、人类的声音,将人类的悲欢经由自己的喉咙发出,获得人类普

---

① 被访谈人:葛长云、吴彩玲。访谈人:王丙珍。翻译:吴彩玲。访谈时间:2012年8月3日。访谈地点:黑龙江省黑河市新生民族乡被访谈人家中。

遍的情感与美感,如莫玉生唱的《我走遍了山山岭岭》中唱道:"内耶哪呀内依哟,/我走过各个地方,/我走遍了山山岭岭,/我唱唱我自己经历过的事情,/哪山哪水都留下我的足迹啊,/说起来呀话很长、很长,/经历的时代也不相同,/人们没有理由不在山林里走动——不是么?/内耶尼呀耶。"① 文学与情感是水乳相融的,民歌是演唱主体的情感的真实表现,追求的却是生活理想之美。人类之所以诗之、歌之、舞之,皆源于真实的情感。

2. 审美意象的真实

意象是中国文论的核心范畴,审美意象始于刘勰提出的"意象",审美意象的产生必须以主体的情感体验为根基,审美意象有直接审美意象,还有经过主体审美观照与创造的反思式审美意象。清朝思想家王夫之特别强调审美意象的真实,因为审美意象必须在直接审美感兴中产生,审美主体与审美对象之间的关系凝结为审美意象。何留柱创作的诗歌《篝火节随想》中写道:"昨天的鄂伦春族放下猎枪就无法生存;今天的鄂伦春人放下猎枪跟兄弟民族一样致富。是谁使鄂伦春人有了篝火节?是时代送来的干柴使篝火越烧越旺。让我们在篝火节尽情地唱啊跳啊,出现动人的场面和优美的旋律——把纯真的美献给亲爱的党!"② 诗歌中"篝火"的审美意象寄托着作者的审美情感与审美理想,这是对祖先的怀念与祭奠,也是对幸福生活的感受与依恋,表达作者对国家前途、民族命运与个人生活的歌颂与赞美。

由于生育习俗与地域条件的恶劣,鄂伦春族孩子生下来就死亡的情况或者孩子在森林中回不了家的情况都是存在的,鄂伦春人将母子情描述得既淡雅又伤感。在鄂伦春族口头文学中,小鸟沉淀成母子情深的审美意象,许是因为它自由地飞来飞去,像孩子在尽情地游戏,又总像是在寻找着什么,它的叫声总是激起孩子对母亲的依恋和母亲对孩子的思念,更有人怀着母亲与孩子的双重伤感赋予其母亲、孩子和弱者的至情至感,伴随着带有星光的夜晚,听见小鸟

---

① 王丽坤主编:《鄂伦春传统民歌》,黑龙江民族研究所,内部资料,1988年,第26—27页。
② 何留柱:《篝火节随想》,《鄂伦春》1994年第1期。

微弱的叫声，天空划落的流星雨也是"恩都力"的泪吧。

2011年1月18日，笔者在鄂伦春自治旗托扎敏乡调研时，听何根军讲过《布可托的故事》：

> 这也是一个鸟，汉语不知道叫什么，其实也是一个故事，长得什么样，谁也没见过，就是晚上叫。从前，我们民族在山里边住的时候，下山走丢的小孩就变成了这种鸟了。以前，这是一个神话故事，就是一个小孩，我们民族的，以前的那个，走丢的，丢了，他就变成这个鸟了，反正就叫唤，夜间叫唤："布可托、布可托。"①

作为母亲，笔者总是想起这个故事；作为听故事的人，笔者总是想着那个讲故事的人，他是一个汉语说得不太好的猎民，没有什么亲人在世，因为喝酒过多沉醉，烟头点燃了被褥烧焦了右腿，最终导致右腿截肢，他能记住这个听过的故事，并且用汉语讲出来，言辞与表情之间表露着生命的感伤和亲情的渴望。

2012年8月3日，笔者在黑龙江省黑河市新生民族乡调研时，鄂伦春族老人葛长云也讲过《小鸟塔米套的故事》：

> 小孩冻死了，马宝山，塔米套晚上叫，白天不叫。
>
> 从前有个老太太。结婚了，过日子，孩子挺不错，过日子可好了。下雨，她出去背柴禾，孩子睡觉了，醒来，一看妈妈没了，孩子冻死了。爸爸回来了，天可黑可黑的了，找不到孩子了，死了，冻死了。
>
> 小孩变成的小鸟这样唱："塔米套，我就是塔米套。"小鸟就这样叫，现在也这样叫："别哭了，妈妈爸爸，你们别哭了，我就是你的儿子。"只是晚上叫，塔米套为什么白天不叫？就是晚上叫，开春就叫，唉！叫唤的

---

① 被访谈人：何根军。访谈人：王丙珍。访谈时间：2011年1月18日。访谈地点：鄂伦春自治旗托扎敏民族乡浪花旅店。

第三章 鄂伦春族日常生活与文学的审美传统

动静可弱呢。①

何根军的故事和葛长云的故事略有方言差异,"而对我们来说,细枝末节、微小的差异都是重要的,就连叙述的调子常常都很重要……还有更糟的情况,即土著人用英语讲述他们的神话"②。内容的共同之处是讲述母亲对孩子的思念和孩子对母亲的爱,讲述者中一位是没有母亲的儿子,一位是有着3个女儿的母亲,母子之爱是神圣的,它不仅现世地存在着,而且能够跨越时空,甚至超越生死达成永恒。对人类的本性与情感而言,无论是失去孩子的母亲,还是丧失母亲的孩子,都是人间最可怜的人。两个故事都是讲小孩死了,死去的小孩子变成了鸟,在生机勃勃的世界,在宁静的夜晚,它们轻轻地叫着,让失去孩子的母亲听得心慌,也让没有母亲的孩子感到格外凄凉,让遥远的听者承受不住"人同此情"。这个故事最初的讲述时间应该是在夜晚,讲述者与听故事的人的情感体验融合在"此情此景"之中,"那时候,老人就是讲故事,别的干啥呀?晚上,周围都坐着小孩,小孩愿意听,我奶奶,别的老太太"。③ 当夜幕降临的时候,鄂伦春人聚集在篝火旁边,聆听祖先们的事迹、情感故事和风物传说,人们用情感体验把握民族文化的血脉,"通古斯人一般乐意谈谈笑笑度过晚上的时间。妇女们经常在燃烧着的木柴或油灯微弱的火光下做活。往往因为受较长的故事或议论的吸引通宵不寐"④,这些整夜无眠的人定是被情感体验淹没了梦境。

审美体验与文学创作直接相关,"站在森林外说森林是一种境界,身在森林中说森林又是另一种境界"⑤。鄂伦春族文学无法拒绝与森林的依存关系,

---

① 被访谈人:葛长云。访谈人:王丙珍。翻译:吴彩玲。访谈时间:2012年8月3日。访谈地点:黑龙江省黑河市新生民族乡被访谈人家中。
② [俄]弗拉基米尔·雅可夫列维奇·普罗普:《神奇故事的历史根源》,贾放译,中华书局2006年版,第17页。
③ 被访谈人:孟淑芳。访谈人:王丙珍。访谈时间:2014年2月4日。访谈地点:大兴安岭地区呼玛县白银纳民族乡被访谈人家中。
④ [俄]史禄国:《北方通古斯的社会组织》,吴有刚等译,内蒙古人民出版社1985年版,第493页。
⑤ 《鄂伦春》编辑部:《卷首语》,《鄂伦春》1995年第1期。

其审美情感源于森林生活中的审美体验。鄂伦春族第一位作家敖长福认为:"文学作品来源于生活,不能乱写。才能取信读者,感染读者,作者就要有雄厚的生活基础。例如库玛流域的鄂伦春族与托河流域的鄂伦春族在衣着、食宿、习俗、语言、性格方面有共同点也有不同点,不能拿同一标准来衡量一个民族。总之,一个好的作品必须写出民族特点和地区特点。"① 鄂伦春族文学的审美元素是体验的森林生活,民族作家的审美体验已经融入原型深处,一如鄂伦春族当代诗人西娃的诗歌《森林与猎人》:"当我降生的时候是在铺着绸缎的火炕上/我有甜蜜的笑靥焊接历史与历史的缝/于是前辈的梦便悄悄地融入我无忧无虑的梦/而今属于我的是玻璃窗外的蓝天和数不尽的星/也有锥形故居里塞满的哀怨和沉重/伴随我的是鲜花是书本是重新开头的梦/还有那柳蒿的苦艾与手把肉的传统/挽着新奇挽着惶惑挽着不可名状的激动/在我和前辈重叠的梦中启程//历史依然是历史/梦仍旧是梦/历史永远不会结束/梦也当然不应有止境。"② 这首诗表达了沉郁而深邃的时空意识,在梦与现实之间探索国家、民族、个人的审美文化,表达作者的个体审美生存体验,寄托了作者对本民族传统文化的深厚情感,指向鄂伦春族文化的过去现在与未来。秋浦在《鄂伦春人》中提及《鄂乎蓝德乎蓝》歌颂了鸟兽及地下的宝藏,却没有赞美过森林。③ 也许,我们只能说鄂伦春人对森林的感情永远只有敬畏与感恩,而不仅仅是赞美。

  每个人由生至死体验的不过是生命,生命本身就是文学,文学在生命之中,而不是在生命之外。对鄂伦春族作家而言,文学不是转写生命故事,而是真实生命的线索,是生命在世间流转的现象,如空特勒在《母亲的声音》中写道:"在鄂伦春母亲身上,你能看到或者她们就是一株株白桦,白桦作为鄂伦春人的栖息之所,象征着生命的繁衍,鄂伦春人才得以沿着桦树枝丫的风光之中生息着。赞达仁与图腾之间有着息息相关的生命存在,有万物自然的生灵,

---

① 敖长福:《热爱与了解浅谈》,《鄂伦春》1989年第1期。
② 西娃:《森林与猎人》,《鄂伦春》1989年第2期。
③ 参见秋浦《鄂伦春人》,民族出版社1956年版,第33页。

不要冷漠地对待'赞达仁',那里有真实的生命存在着。"① 正是真实生命的展开和延续,母亲才成为生命与鄂伦春族传统文化的象征:文化母体和森林生态滋养了鄂伦春族后代,文化血脉在生命的交接与更替中相承。

文学是民族文化的园地,文化也是有生命力的,因此,文学生命的真实是作家的共同追求,"其中真实的必然具有一种群众信仰的基础"。② 真是善与美的基础与条件,文学的真实不是主体的胸口上插着一把剑,而是心上没有剑,文学却在流泪,"剑"是真理的存在,"泪"才是文学的真实,所以,文学的真实是主体经过情感、意象、信仰的创造,将"内在尺度"运用到对象中去,表达了人类审美理想和审美信仰的真实。

(二) 以生命为美的审美原则

鄂伦春人在杀生与求生的"以命活命"的矛盾中,敬畏生命、热爱生命、延续生命,其生存之道就是以生命为崇高、以生命为美的理念,是以人为中心、以神灵为中心、以生态为中心的生命之本。人类要在力所能及的情况下避免伤害它们,又要在危难中救助它们,生命伦理学要求人们不但敬畏人的生命,而且敬畏和关爱所有的生命。文学是人类生命的一个梦,这个梦是历史性的延续、逻辑性的递进、象征性的呈现,"让我们自曝于美和审美价值,似乎能激励我们采取某种观看世界的视角:重要的是生命的意义和真理的追求这些事情"③。鄂伦春族文学在神圣的氛围中将生命审美化,民族文化依赖于信仰的超越与精神的皈依。鄂伦春族以善为美的品质彰显自强不息、积极进取、乐观豁达、万物有灵、敬畏自然的民族精神。

文学的使命就是认识世界、认识人类自己、认识生命;认识人的本质就要论善恶,"如果把善恶混淆起来,那么一切道德都将完结,而每个人都可以为

---

① 空特勒:《母亲的声音》,《鄂伦春》1995 年第 2 期。
② [意] 维柯:《新科学》,朱光潜译,商务印书馆 1989 年版,第 167 页。
③ [英] 舍勒肯斯:《美学与道德》,王柯平等译,四川人民出版社 2010 年版,第 113 页。

所欲为了"①。鄂伦春族这种以生命为美、赞美生命力顽强的审美意识早在神话传说时代就有所体现。德兴德讲述的《族源的传说》中讲到,"恩都力"(天神)创造了最初的鄂伦春人,用飞禽的骨和肉做成了十个男人,用泥土做成了十个女人,天神赐予女人的力气超过了男人,又从女人身上收回了一点儿力气。天神教会鄂伦春人做衣服,火山爆发使鄂伦春人吃到熟肉,学会了保存火种,"火这个东西,又能熟食,又能取暖,又能照明,简直成了祖先的无价之宝。他们对火产生了无比亲切的感情"②。猜株姗在《健康保护神的传说》中对"娘娘神"(管天花病、麻疹病、伤寒和热病的神)的赞美包含着对生命的祈求,体现在妹妹和三仙女救得哥哥起死回生,三仙女与哥哥在人间结婚,她们的灵魂成为人间治病的神灵,使鄂伦春人得以健康地生活。③ 这类传说不仅解释了鄂伦春人的生命起源,而且解释了氏族社会的变迁、火的起源、熟食的起源、健康的起源等,传递着团结生命、维持生命、保护生命、救助生命的意义。2014年2月5日,笔者听关扣妮讲述了《蛤蟆的故事》:

> 从前,有姐妹俩去河边,她们采稠李子去了,采完以后,晒上它,晾干它,那个稠李子,采的时候,树林子里,河边有个悠车,里面有个小孩,那个小孩抱回家了以后,天天去采稠李子,回来吧,一看外面晒的稠李子越晒越少,哎呀,怎么回事呢?挺奇怪的,可能是鸟儿啥的吃了,她们说的。好几天以后,第二天回来,还是那样的,稠李子少了。
>
> 第三天的时候,她们就藏起来,偷着看怎么回事,到底怎么回事,什么玩意儿吃的,她们就藏起来了。听见屋里头说话呢。他说的:"摇车摇车把我打开!"这么说呢,叨咕呢,不大一会儿,就出来了,高高的人,比人都高,出来就吃他们的稠李子呢。那高个子就叨咕呢:"他们寻思是

---

① [德]马克思、恩格斯:《马克思、恩格斯论文学与艺术》(上),陆梅林辑注,人民文学出版社1982年版,第139页。
② 峻林等编著:《鄂伦春民间故事集成》,内蒙古文化出版社1997年版,第3—4页。
③ 参见中国民间文艺研究会内蒙古分会编《蒙古族、达翰尔族、鄂伦春族民间文学资料汇编》,内部资料,1984年,第334—337页。

刮风都刮跑了，我使劲放屁！"他说的，刷！那样的，稠李子就刮跑了。

看到这儿，姐俩吓得够呛，肯定把咱们整死，吓得够呛。姐妹俩就开始商量，东西都准备好，烧一大锅开水，烧开了以后，那个摇车就扔锅里头，开水里头，要烧死他呗，扔完了以后，背东西就走了，姐姐说："拿斧子！"她们就跑，不大一会儿，高个子的人开始撵了。她们有木梳，跟木梳说："木梳，木梳，往那边扔。往那边扔了，长密密的树，人都进不去的，那样的。"往回扔了，扔了以后，什么也看不着了，人走不了了，长密密的树了。

那个高个子从树林子里出来以后，又开始撵他们，咋整呢？有镜子，就扔镜子，往回扔，让它变成冰，变成冰，不就走得慢了吗？她们又走，又要撵上了，姐姐说："斧子往回扔。"姐姐可能是害怕了，要不就是缺心眼，那个斧子往前扔了，扔了以后，变成一座山了，就一丁点儿窟窿，妹妹说："像耗子那样的，让我进去。"要进去的时候，妹妹对姐姐说："你也那样说，像耗子那样的，让我进去。"妹妹进去了，姐姐进去时，说错了，进去一半就卡住了，前半身她妹妹得了，后半身是大个子的了。

半拉身子，她妹妹抱着她走，姐姐说："我也活不了，就搁这儿吧！别背了。"好几次那么搁了，往回瞅，姐姐掉眼泪，妹妹又回去背她，好几次那样的。姐姐就说："就搁这儿吧，别背我了，你别往回瞅。"妹妹把姐姐搁那以后，她再没往回看。

走走，走了一道，妹妹的鞋带开了，有个蚂蚁窝，高大的，妹妹在那儿系鞋带呢，里面有人说话了："谁踩我的房子呢？"出来一个蛤蟆，蛤蟆说："上我家休息吧！别走了！"这个女的就跟蛤蟆去了，蛤蟆丈夫打猎去了，不在家，给妹妹做的饭，全是肉，肉可多了。她男人回来以前，用东西把妹妹盖上了，告诉妹妹："我男人回来以后，别动弹，也别吱声。"蛤蟆还是蛤蟆，她男人回来是人。

第二天早上，她男的又打猎去了，她男人走了以后，喊妹妹起来吃饭，还是肉，说的："你给我男人做鞋吧！"一会儿就做好了，皮子有的是，狍皮什么的。鞋都做好了，搁那儿了，她男的穿上正好正好的。第二天，她男的又去打猎，又招呼妹妹起来吃饭，说："给我男的做套裤！"套裤做的也快，一会儿又做好了，她男的穿正好正好，她男人说你能做活吗？不相信她会做，又打猎去了，偷着看着呢。她男的走了以后，就招呼妹妹起来吃饭，她男的看到那么漂亮的人，就进屋了，蛤蟆就来气，在那打滚呢："你干啥回来了。"那个男的就要妹妹了，蛤蟆就单独地在那块睡觉了。

在那待了好几天呢，他们都挺好的，蛤蟆跟这个女的说："咱们回家看看娘家去吧。"这个女的就想起她姐姐来了，她们就走了，上娘家去了，走走，那块儿有水泡子，蛤蟆就进那里了。这个女的就找她姐姐去了。

走走，看见一个挺大一个房子，进去一看，姐姐在那儿坐着，两个见面，高兴得够呛，她姐姐说："你姐夫打猎去了。"她姐夫回来了，也挺高兴的，他说："一半的财产给咱们的妹妹。"他们家挺富的，她姐夫就是撵她们的那个"蟒蜺"（魔鬼）高个子。姐姐暗中教给妹妹说假话："那个财产不用给一半，我也不要。"有个银子的小盒在那摆着呢，"给那个就行。"

她姐夫回来，挺高兴："我们的财产给你一半。"妹妹说："姐夫，我不要你们的财产了，给我那个小银盒子就行，别的不要了。"姐夫开始掉眼泪了，可能舍不得，最后还是把它给妹妹了。

姐姐说："路上别打开，到家再打开，打开时说话：都回来，上我家来。"

妹妹就回家了，挺奇怪的，没到家就打开了，那里边什么都出来了，马、小鸡、猪、牛、羊什么的，怎么整呢？让它们回来，就那么招呼，都回来了，又进小盒了。

到家以后，一看蛤蟆也回来了，一看满屋子都是绿色水草，她就问："你回娘家给你送的啥？""就是这些头巾，花花绿绿的。"

蛤蟆问："你娘家给你啥了？""就是这个小盒"，妹妹打开了，就那样出来了，马、牛、羊、小鸡什么的都有。

第二天起来一看，可漂亮的房子，啥也都有，也可大了。她男的打猎回来以后，一看里面那么好，啥都有，马匹什么的，很高兴。

第三章 鄂伦春族日常生活与文学的审美传统

  他们开始搬家,让那个蛤蟆叠起来撮罗围子,出去以后,蛤蟆就在那儿蹦跶,蛤蟆能叠起来吗,他们气够呛,自己叠。都是松树林子,蛤蟆在马背上骑马问:"松树,松树,我们两个谁好看?"松树就回答:"还是那个女的好看呗。"蛤蟆气够呛:"你知道啥,你都是松树油子。"

  他们过上好日子了,蛤蟆与他们在一起过日子。①

在鄂伦春族口述文学中,蛤蟆不仅在鄂伦春族迁徙中搭建了"蛤蟆桥",而且承担了救助人类生命的行动,鄂伦春人也以爱护生命、敬畏生命作为回报。翻译孟淑芳接着说:

  蛤蟆也救了她的命,蛤蟆也有用,那个大个子也有用,她姐夫,以前鄂族不打死蛤蟆,挺尊敬它呢,对人类有好处。蜘蛛也不让打,蚂蚁也不打,打他干啥呀。除了能吃的,什么也不打,什么样的,地上爬的那些,不打死它,以前,不吃狗肉,不吃马肉,对马可尊重呢,对狗也尊重,主要工具呀,打猎用的。②

美学的基本问题就是人的问题,人的问题就是生命存在问题,鄂伦春族文学将生命纳入审美视域,融入中华民族审美文化内涵之中。鄂伦春人对生和死的感受、思考与体悟,决定了鄂伦春人的美、丑判断。正是在以生命为美的审美观的基础上,鄂伦春人绝不轻生重死,也不重生轻死,更不贪生怕死,而是自然而然地看待人的生与死,他们将死亡看作自然而然的事,生与死不是截然分开,而是相互转化与统一的。民间文学中死而复活的情节是生命归宿的信仰问题,"我们可用最普遍的字眼,那就是'生命'"③。

---

  ① 被访谈人:关扣妮。访谈人:王丙珍。翻译:孟淑芳。访谈时间:2014年2月5日。访谈地点:大兴安岭地区呼玛县白银纳民族乡被访谈人家中。
  ② 被访谈人:孟淑芳。访谈人:王丙珍。访谈时间:2014年2月5日。访谈地点:大兴安岭地区呼玛县白银纳民族乡被访谈人家中。
  ③ [英]马林诺夫斯基:《巫术科学宗教与神话》,李安宅译,中国民间文艺出版社1986年版,第27页。

鄂伦春族"摩苏昆"（说唱文学）表达了对死亡的哀悼、时光流逝的伤感、勇敢善良的追求、智慧的赞美、永恒生命的渴求，表达了以死亡为丑、以生命力充盈为美的观念，如莫宝凤、孟德林、韩友峰、李水花等在《鹿的传说》中讲唱鹿妈妈用死亡教会后代存活的技能，"虽然留下两只眼睛，却记下了先辈的教训，鹿变得相当机警，难怪打鹿这样费心！"[①] 莫宝凤在《阿尔旦滚滚蝶——一个孤女的遭遇》中赞美"阿尔旦滚滚蝶"（金色的小鸟）鲜活的生命之美。它为孤儿与孤女的忠贞所感动，在他们双双死后为他们唱着祝福的歌，虽然生命有限，但歌声无尽头，生命与爱皆可通过歌声代代相传。[②] 鄂伦春人对生命和谐的审美追求经由故事、诗歌、歌谣、舞蹈等达成超越生命的理想尺度，如孟淑珍创作的诗歌《无名小河》写道："纵身林莽间/汩汩流过/一条无名小河//绿林/翠鸟/日光/月色/无论多么迷人/怎样地挽留、劝说/她仍然日夜唱着//不息的歌//你知道么/她心中装着猎人的赞美/透明的琴弦弹奏出/鄂伦春人的欢乐。"[③] 人类的生命、民族的生命、文学的生命、文化的生命如同这"无名的小河"，日日夜夜、不停不息、世世代代地奔流。法国美学家柏格森将生命视为无间断的绵延，其实质就是人类在生命的河流中处于不停止的精神创造，"艺术的目的在于麻痹我们人格的活动能力，毋宁说抵抗能力，从而使我们进入一种完全准备接受外来影响的状态"[④]。

鄂伦春族以生命为美、以生命力顽强为美的观念衍生出季节美、风景美、万物美、生态美等观念。鄂伦春族文学构建至真、至善、至美的理想世界，宣扬了仁慈、善良、宽容、博爱的人道主义思想。鄂伦春人与森林相依为命，森林是鄂伦春族生存的基础，"所有的生活生产用具，都是'取之于林，用之于林'"[⑤]。鄂伦春人以原生态信仰文化获得主体的存在、荣耀与尊严，"那时候我

---

① 中国民间文艺研究会黑龙江分会编：《黑龙江民间文学》（第18集），内部刊印，1986年，第36页。
② 参见中国民间文艺研究会黑龙江分会编《黑龙江民间文学》（第18集），内部刊印，1986年，第95—113页。
③ 孟淑珍：《无名小河》，《鄂伦春》1985年第1期。
④ [法]柏格森：《时间与自由意志》，吴世栋译，商务印书馆1989年版，第10页。
⑤ 何青花：《金色的森林》，民族出版社2001年版，第91页。

们族人的生产方式是向大自然索取一切生活资料。收获的不确定性，使人们对可食用的一切野味、野菜、野果都尽力储备，倍加珍惜，决不浪费，同时，也绝不过分索取，绝不宰杀幼小及怀孕的动物"①。现当代鄂伦春族作家用文字传递了狩猎民族的生存智慧和民族精神，承继鄂伦春人尊重自然、爱护自然、亲近自然、敬畏自然的生态伦理道德。

（三）勇敢、刚毅、豁达、豪放的美学风格

鄂伦春族生活在艰难困苦的严寒地带，铸就了粗犷、豪爽、勇敢、刚毅、坦诚的民族性格，反映在文学中呈现出苍劲的阳刚之美，如"杀妖斩魔"的勇敢、"流血不流泪"的刚毅、"有肉均分"的豁达、"结为生死兄弟"的豪放、"森林猎神"的粗犷等。

1. 勇敢刚毅之美

勇敢刚毅之美主要体现在英雄身上，鄂伦春族祖先崇拜与英雄崇拜很难区分开，祖先代表的就是氏族、部落的英雄，从祖先神的层次或类别上也可以看出，"并不是所有已故亲长都是祖先，而是氏族长、部落首领、家族长、家长、继承人、有功的成员正常死亡的才能成为祖先"②。定居以前，鄂伦春人每三年召开一次氏族会议，首先要举行祭祀祖神的隆重仪式，"他们认为祖神不但能够保佑生活在人间的子孙后代的繁衍和平安，还可以通过它的代言人——氏族萨满，为子孙后代消除病灾"③。人类最早的祖先神应该是女性始祖，《山海经》中的女娲既是创世神，也被当作祖先神崇拜。在鄂伦春族文学中，女性形象逐渐为"莫日根"（打猎能手）所取代。关吉瑞在《五姓兄弟的传说》中讲述了"莫日根"的来历，大水过后，只有一个大姑娘和一个小小子活着，两人结成夫妻，有了五个儿子，他们长得一模一样，说话的声音也一般粗细，五个

---

① 何青花：《金色的森林》，民族出版社2001年版，第16页。
② 钟敬文：《民俗学概论》，上海文艺出版社1998年版，第191页。
③ 孟志东、瓦仍白布、尼伦勒克：《鄂伦春族宗教信仰简介》，吉林省民族研究所《萨满教文化研究》（第一辑），吉林人民出版社1988年版，第251页。

小伙子请求爸爸给他们起名字,父亲让五个儿子分头去办一件事。老大用红木头做了五张弓箭,给他起名叫"魏拉依嫩"(红木头),老大就姓魏了;老二扛回一只大公狍子,得名"古兰"(公狍子),老二就姓关了;老三拿回一顶狍头帽子,给他起名"戈钦"(真聪明、非常好),老三就姓葛了;老四将打来的狍子头献给阿爸,四条腿分给兄弟,自己留下没有肉的狍腔,就给老四起名"吴恰它堪"(没私心、办事公平),老四就姓吴了;最小的弟弟把众多猎物放在父亲面前,父亲和四个哥哥称他为"莫日根!莫日根!"(打猎能手),老五就姓莫了。① 鄂伦春人不仅将"莫日根"当作氏族祖先,还将之与高山、大树联结在一起,彰显"莫日根"比山还坚定的意志。塔克塔萨《莫日根山》讲述了诺敏河上游莫日根山的由来,"满盖"(魔鬼)把瘟疫撒向诺敏河流域,鄂伦春部落的"莫日根"辞别母亲,他要解救"乌力楞"(血缘家庭公社组织)的人,他不顾危险地去四方山找仙女求解药,在仙女取药的时候,恶魔来吃"莫日根"了,仙女救了"莫日根",并且爱上了他,可是,仙女只有一粒仙药,谁要吃下去,就能杀掉恶魔,但吃药的人就活不成了,"莫日根"坚定地吞下解药,杀死恶魔后,四方山下就多了一座莫日根山。② "莫日根"寄托了鄂伦春人对真善美的追求,展示了鄂伦春人疾恶如仇、不怕困难、追求美好生活的愿望,体现了鄂伦春人勇敢向上、执着反抗和顽强不屈的民族精神。"莫日根"类型的神话故事成为鄂伦春族现当代作家的创作之源,"任何心灵都是原始心灵。回忆和解说一个民族的原生态,就是回忆解说我们人类的童年"③。

鄂伦春族祖先是达公,汉族有《后羿射日》,鄂伦春族也有莫庆云讲述的《达公射太阳》中讲道:天上有12个太阳像12个火团,达公拔一棵依奇松制作了1张大弓,又用12棵白桦树做成12支长箭。达公做好了弓箭后,吃了1只虎3只熊、12只狍子,还喝了1条小河的水,达公射掉了11个太阳,由于力气不足,最后一支箭没扎透太阳,箭杆被烧成白灰飘成了白茫茫的一片大

---

① 参见隋书金编《鄂伦春族民间故事选》,上海文艺出版社1988年版,第370—371页。
② 参见峻林等编著《鄂伦春民间故事集成》,内蒙古文化出版社1997年版,第456—462页。
③ 萨娜:《进入当代文明的边缘化写作》,《鄂伦春研究》2003年第2期。

雾。天上只剩下一个太阳了，人也就又有活路了。① 鄂伦春族后世的太阳神话传说皆与此相关，达公是鄂伦春族最早的民族英雄。鄂伦春人也崇拜氏族的祖先神，柯拉依尔（何姓）氏族的祖先是毛考代汗，如孟古古善、郭其柱、葛德宏、白依尔老乡长《毛考代汗的传说》讲毛考代汗是柯尔特衣尔氏族最聪明机智、剽悍、壮实的好猎手，通过他猎犴、斗蟒猊、杀特格人（驯鹿鄂温克人）牛牛库春、进北京等行为，歌颂一个义勇双全的佐领。毛考代汗勇敢地接受挑战、救人危难、夺回妻子、朝见皇帝，他一次次凭借勇气、智慧、意志、箭术、责任感和爱救助族人。②

鄂伦春人将勇敢视为最高贵的品质，勇敢之美是一种敢为人先的精神，是崇高的理想追求、高度的社会责任感以及奉献精神的结合。鄂伦春族文学中的男性形象具有大公无私、不怕危险、敢为人先、毫不畏惧的性格，王肯记录了葛莹内酒后唱的《年轻时跑在山里》："我年轻的时候跑在山里，/勇敢泼辣又有能力，/我年轻的时候什么都会做，/跑在山里哪里都敢去。"③ 鄂伦春人也传颂着"小莫日根"的机智勇敢，培养孩子独立英勇的精神，如额尔登卦《机智小猎手》讲13岁的小猎手进山打猎时遇到黑熊，他向熊开了三枪，熊却向小猎人反扑过来，他潜入水底求生，他凭借自己的机智勇敢摆脱了险境。④ 此类传说讴歌了勇敢之美、机智之美与执着之美，"莽盖是愚蠢的魔鬼，猎人是聪明的好汉"⑤。"摩苏昆"的主人公也个个如此，如魏金祥《布提哈莫日根》讲主人公布提哈莫日根是个好猎手，他箭法高超、力大无比、能跑会飞，堪称神人。他为了找寻两个老婆、夺回族人生存的山林，斗智斗勇地与犸猊比力气、比射箭，布提哈莫日根一箭将嘎其涝山劈成两半，变成马鞍子形的马鞍山。⑥ 鄂伦春族英雄无论为私还是为公，都表现了独当一面、敢于承担的大无畏的奉献与牺牲精神。

---

① 参见黑龙江民族研究所《鄂伦春民间故事选》（上），内部资料，1996年，第17—20页。
② 参见隋书金编《鄂伦春族民间故事选》，上海文艺出版社1988年版，第121—133页。
③ 王肯：《1956鄂伦春手记》，吉林人民出版社2002年版，第236页。
④ 参见峻林等编著《鄂伦春民间故事集成》，内蒙古文化出版社1997年版，第275—276页。
⑤ 同上。
⑥ 参见孟淑珍译《英雄格帕欠》，北方文艺出版社1993年版，第185—196页。

刚毅之美张扬的是人的意志、忠贞和信仰的坚定，山歌《耳环在你耳朵上》赞美："耳环在你耳朵上挺好，/你为啥摘掉？/项链在你脖颈上挺美，/你为啥要遗弃……/劳动争来的享受，/比耳环、项链更要千好万好。/自己的意志创造的美，/才是真正的美。"①《欧新波的故事》讲述忘恩负义的下场，欧新波与结拜兄弟兰奇入魔鬼洞解救佐领的女儿，守在洞口的兰奇背信弃义地把欧新波堵在洞里，自己当了佐领的女婿。欧新波杀死魔鬼飞出地洞，揭穿了兰奇的骗局，兰奇被放逐，欧新波也与佐领的女儿举行了婚礼。② 鄂伦春人不畏险恶与恶势力斗争到底、百折不挠、沉毅、守信的传统美德铸就了刚强与坚毅之美、复仇之美、牺牲之美。鄂伦春族女人也有着刚毅的品格，如魏金祥讲过的《忠贞的妻子》体现了鄂伦春妇女的忠贞、坚毅。猎人阿什塔克有个漂亮的妻子，他总怕别人勾引妻子。妻子知道他的疑心病后，便问他喜欢自己的什么，他说是眼睛、秀发、双手，妻子让他挖掉眼、剪掉头发、砍掉手带走，他彻底醒悟了。两年后，有个官员被他妻子迷住了。阿什塔克的妻子问官人喜欢她的什么地方，他说是眼睛，她就用刀剜出自己的左眼扔给官员。一年后，不死心的官员又去了阿什塔克家，他的妻子剪掉长发甩在官员脸上。官员回去后，生了场大病死了。阿什塔克夫妇愉快地生活到老。③ 鄂伦春族现当代作家空特勒关注女性的地位和作用，"强调女性的特殊性主要源于历史，因此只有通过建构自己的共同体，才能重建自身的认同"④。《鄂伦春妇人》讲女主人公谢润即（鄂伦春语"彩虹"）是一个刚毅的女人，高考落榜后，坚持在家自学，成为木奎村的教师。她和尹热特结婚后，生了一个儿子。丈夫死后，她成为当代社会神圣的风景，纯净地、坚贞地、安然地生活着，"鄂伦春人信奉万物有灵的原始萨满教，认为世上的一切事物井然有序地发展，是因为每种事物都有神灵庇护"⑤。在这个信仰危机四伏的时代，人类真正缺失的是坚强和意志。

---

① 呼伦贝尔盟文联、呼伦贝尔盟文化局编：《达斡尔鄂温克鄂伦春民歌》，内蒙古人民出版社1981年版，第316页。
② 参见隋书金编《鄂伦春族民间故事选》，上海文艺出版社1988年版，第229—223页。
③ 参见孟淑珍整理《鄂伦春民间文学》，黑龙江民族研究所，内部资料，1993年，第309—332页。
④ ［西］曼纽尔·卡斯特：《认同的力量》，黄荣湘译，社会科学文献出版社2006年版，第253页。
⑤ 空特勒：《鄂伦春女人》，作家出版社2001年版，第70页。

2. 豁达豪放之美

鄂伦春人具有豁达豪放的民族性格,"他们共同的典型性格是刚强而任性,在集团内具有极端夸耀自己的爽朗性格"①。《猎人之歌》咏唱豁达,"我是年轻的莫日根,/天天狩猎在高山丛林中。/露水闪着银光,/林中小鸟轻鸣。/我骑骏马背猎枪,/欢乐满心胸!/好啊!亲爱的山林,/今天我要打一架最好的鹿茸……"②豁达是一种生活智慧,白杉整理的《蛇王的女儿》讲猎手塔克达善砸伤凶恶的黑蛇王子,他舔了魔石后,掉到白蛇的蛇洞里,听懂了鸟兽的语言。塔克达善承诺不将此事告诉任何人,向蛇王承诺用生命去保护与珍爱蛇王的女儿。两人成婚后,塔克达善的舅舅喀拉米萨满从中作梗,蛇王的女儿被大嫂骗到大黑山魔谷,中了九头恶魔的毒气后变成石头。蛇王救女回蛇群,塔克达善苦苦寻找,蛇王将女儿、外孙还给他。塔克达善领着妻儿走出大东山后,再也没能找到那片密林,再也听不懂鸟兽的语言了。③豁达是一种生活艺术,敖长福《我们的山哟,白桦林》中的向导库杰门根就是这样的人,他不怕艰难险阻、勇敢无畏、庄重实在,他怀念旧日的狩猎生活的丰饶;他不向现实的丑恶低头,血肉之躯中的民族精神不变;他为了解救别人与恶狼搏斗而身负重伤;他曾将孤女抚养成人。④

鄂伦春族文学体现了"豪"之阳刚美和"放"之性情美,如民歌《骑着骏马上高山》唱道:"骑着骏马上高山,/山山不断入云端。/催马登上高山顶,/万般美景在眼前!"⑤ 山的审美意象是豪放精神的承载客体,鄂伦春族的豪放精神就是大山的精神。民歌《喜欢唱占达仁》唱道:"山村里的鄂伦春人,/都喜欢唱占达仁。/若是大声唱一曲,/大轱辘车都被震得脱轴。/若是大声喊一下,/带

---

① [日]浅川四郎、永田珍馨:《兴安岭之王,使马鄂伦春》,赵复兴译,内蒙古文化出版社1999年版,第45页。
② 呼伦贝尔盟文联、呼伦贝尔盟文化局编:《达斡尔鄂温克鄂伦春民歌》,内蒙古人民出版社1981年版,第317页。
③ 参见白杉、卜伶俐编《北方少数民族萨满神话传说集》,呼伦贝尔盟少数民族古籍整理领导小组办公室内部刊印,1995年,第109—119页。
④ 参见敖长福《猎刀》,远方出版社1995年版,第74—87页。
⑤ 呼伦贝尔盟文联、呼伦贝尔盟文化局编:《达斡尔鄂温克鄂伦春民歌》,内蒙古人民出版社1981年版,第313页。

棚的车都被吓得倒转。"① 豪放的审美主体不是孤芳自赏，而且显示了对社会群体的关注态度，如民歌《唱唱你们》唱道："我不唱樟子松，/唱唱兄弟们！/我不唱落叶松，/唱唱老人们！/我不唱柳树，/唱唱亲戚们！/我不唱灰鼠，/唱唱朋友们！/我不唱大地，/唱唱乡亲们！"② 猎人借助青松的审美形象表达救世之志，如《篝火会歌》体现了鄂伦春人的热情豪放，"我是兴安岭的青松不怕风吹雨打，/我是兴安岭的青松不怕天寒地冻，/我是兴安岭的青松一年四季永远年轻，/我是兴安岭的青松是鄂伦春青年的象征。/看你们哪一个跟我比，/你们定能都来到我跟前，/向我求爱。"③ 鄂伦春人的豪放胸怀体现在"放"的主动性与自觉精神之中，敖长福《孤独的仙人柱》中的主人公匡诺即是如此："高山峻岭和冰山雪地陶冶了匡诺豪爽刚直的性格。他总是把打着的兽肉，分给别的人家。"④ 这是一种非功利的人生态度，体现了刚柔相济的审美境界。

美是文学的精髓与灵魂，文学是美的升华与结晶。鄂伦春族文学呈现了刚性之美与柔情之美的双重意境，不仅描写环境美、生活美、社会美，而且以恪守信仰为轴心，以描绘人的尊严与心灵自由为第一位的审美体验，呼唤一种极致之美。

二 当代口头传统的美学思考

有时候，世界很小，理论很大；有时候，理论很小，世界很大。当代口述传统在后殖民理论背景下，凸显出边缘的、弱势的群体言说记忆的权利和意义。中国自20世纪80年代末期开始后殖民理论研究，1988年，台湾学者王志宏等首先翻译《东方主义》一书。后殖民主义理论作为一种建立中国"民族性"的工具而出现；在台湾，后殖民主义成了理论武器；在香港，后殖民批评重要内容就

---

① 呼伦贝尔盟文联、呼伦贝尔盟文化局编：《达斡尔鄂温克鄂伦春民歌》，内蒙古人民出版社1981年版，第333页。
② 同上书，第334页。
③ 黑龙江省塔河县民间文学三套集成编委会：《塔河民间文学集成》，内部资料，1987年，第354—356页。
④ 敖长福：《猎刀》，远方出版社1995年版，第31页。

是对"边缘"与"混杂"的香港文化身份的强调，少数民族学者也用之捍卫自己民族的文化权利，反对其他文化霸权，几十年来的后殖民理论语境，使中国学界形成了"中华民族美学话语现象"，从"反美学"维度高度关注美学与国家、社会、政治、民族等问题的关联。另外，"口述传统"不仅是关于历史的、民族的、社会的和传统的，而且是关于艺术的、情感的、想象的、日常生活的、鉴赏的和审美的，因此，口述传统已经成为当代美学关注的方向，美国人类学家路丝·芬尼甘认为口述传统促成各自独立发展的史学家、文学学者、民俗学家和人类学家之间的不断会聚之势。① 当然，她还应该提及影视工作者、艺术、学者、哲学与美学学者，因为任何科学都取决于其科学目的，这就是以往知识始终为口述传说和文字记述所相传的原因，美学的目的就是平等对话。立足于全球化与民族化相并立的当下，结合生命美学、生态美学、女性主义美学、非物质文化遗产保护与发展、少数民族生态审美文化建构等问题，从口述传统的交流、文化、权力与知识分子良心的关系等三个美学层面展开探讨与分析。

（一）口述传统的交流本质：只能用本民族语言讲述经验，翻译即复述

口述起源于无文字社会，问题是，这不仅仅是历史问题，当下，仍然有众多无本民族文字的社会，因此，口述必须"在路上"。口述即交流、对话，它是由演者、听者、翻译者、收集者、誊录者、拍摄者和提供者共同塑造的，涉及表演、创造、交往语境、权力关系以及记忆的社会建构和政治建构。我们在交流中透视过去、体验现在、想象未来，我们在交流中不仅感到各自与相互的存在，还有祖先与后代。在当代社会中，我们不得不感慨："我们的某种最可放心的财产被夺走了：这东西、这财产就是交流经验的能力。"②

交流是一种传统，就"传统"的本质而言，"传统意味着许多事物。就其

---

① 参见［美］路丝·芬尼甘《口述传统与口述历史》，许斌、胡鸿保编译，《湖北民族学院学报》（哲学社会科学版）2004年第1期。
② ［德］瓦尔特·本雅明：《讲故事的人》，张耀平译，陈永国、马海良编《本雅明文选》，中国社会科学出版社1999年版，第291页。

最明显、最基本的意义来看,它的含义仅只是世代相传的东西(traditum)"①。其中,最初的"代代相传"的主要方式即是口述,"代代相传"的延续性至少为三代,"强调口头表达与表演,神话与历史记录,美感表现与经验描述,幻想与事实之间的诸多不同功能"。② 另外,"口述传统还可以被看作了解过去的一条线索。因此,它在口述历史中具有中心地位。如今,口述传统自身亦被看作一门学科,主要涉及无文字的历史,或者是偏爱有文字社会中'底层'的经验,要不就是在有文字社会中'无声'的人们的历史。"③ 此类定义都将"口述传统"划定在"口述史学"的学科体系内或将"口述传统"归为"口述史学"的分支,如今,"口述传统"已发展成为独立的学科,因为口述传统不仅要面向历史,更要面向当下与未来。

反其道而观之,"口述史学"最初是从"口述传统"中划分出来的学科,"口述史"或"口述史学"这类词汇是从西方传入中国的,现代口述史学以1948年哥伦比亚大学创立的口述史研究处为标志。在后殖民语境中,20世纪80年代的口述史学理论东渐,中国的口述史学迅猛发展,以口述史学为主干得以发展的口述传统也逐渐取得独立的学科地位。美国学者唐纳德·里奇在《大家来做口述历史》中将口述历史界定为"有声历史",它是依靠受访者的谈话兴起的历史。口述史学家就是与活人打交道并且收集历史声音,而且又要让别人听到属于他们声音的人。④ 以此类推,口述传统及其传承者、拍摄者、翻译者与研究者皆能在"做"中找到自身的定位。

口述传统作为一种叙事策略,叙事学家研究的文本更多的是文字文本,实际上,他们所谓的"声音"对于"口述传统"而言仍然是"无声的",就理论层面而言,我们可以用"拿来主义",后现代叙事学家费伦发现声音是经常使

---

① [美]爱德华·希尔斯:《论传统》,傅铿等译,上海人民出版社1991年版,第15页。
② [美]路丝·芬尼甘:《口述传统与口述历史》,许斌、胡鸿保编译,《湖北民族学院学报》(哲学社会科学版)2004年第1期。
③ 同上。
④ 参见[美]唐诺·里齐《大家来做口述历史》,王芝芝译,远流出版事业股份有限公司1997年版,第23—28页。

用却极少得到准确定义的批评术语之一,他对声音的理解是与语言应用的原则一起构成的,将声音作为一种社会现象和个体现象,融合了文体、语气和价值观。① 实际上,费伦通过"作者代理"将作者的声音纳入文本系统之中,从而建立了文本本体论的修辞叙事学,进而研究文本的各种现象与读者之间的互动关系。同理,口述传统通过"真正的声音"拓展了空间的维度,口述传统不仅仅是时间的表达,而且在空间中传递,"在某种意义上,'口述历史'的迅速发展,便是建立在对民众记忆的有效性的相对承认上。这个看法承认人类同时是历史的主体和客体。当前人类学的睿智表现之一,就是认识到在社会空间与建构它的个人之间,有一种基本的连续性"②。因此,口述传统研究既要存在一个时间维度,也应存在一个不应被忽视的空间维度,这也是由时间和空间的不可分割性决定的,"来自远方的消息,无论是来自异国他乡的空间上的远方,还是来自传统的时间上的远方,都具有一种为之提供可信性的权威"③。口述传统需要与个体面对面的交流,"言为心声"意为我们得到的永远多于我们所需要的,口述传统为我们的人生提供了许多机遇。有时候,我们认识了一个朋友;有时候,我们改变了某些观点;有时候,我们反思之前的行为与失误;有时候,医治了心灵的伤口;有时候,我们不知道如何取舍采录的资料,才能保持民族文化的本真性。

  语言是区分民族的标准和依据,借用海德格尔的话说,"语言是民族存在的家园",这"语言"最初必定是口语,因为口语出现在文字之前,可以推论出,"口述传统是书面文化的家园"。2006 年 10 月 4 日及 2014 年 2 月 11 日,笔者在呼玛县白银纳民族乡调研时,两次采录鄂伦春族最后的萨满关扣妮口述的《老人有经验的故事》,第一个文本是关扣妮本人翻译的,哪怕这种翻译是在心里;第二个文本是孟淑芳翻译的,故事的名字也是她提议确定的,添加了她的口

---

① 参见[美]詹姆斯·费伦《作为修辞的叙事》,陈永国译,北京大学出版社 2002 年版,第 19—21 页。
② [丹]克斯丁·海斯翠普编:《他者的历史——社会人类学与历史制作》,贾士蘅译,中国人民大学出版社 2010 年版,第 11 页。
③ [德]瓦尔特·本雅明:《讲故事的人》,张耀平译,陈永国、马海良编《本雅明文选》,中国社会科学出版社 1999 年版,第 296 页。

述特性与人生体验。笔者列表将两个文本与整理后的孟英尼彦讲述的文字文本进行了形式、内容与修辞的对比。

表 3—1 三个文本形式与内容对比

1988 年文字文本 （孟英尼彦讲述）	2006 年关扣妮口述 （汉语讲述）	2014 年关扣妮口述 （孟淑芳翻译）
很早以前，人都能活上几百岁，所以人口渐渐多起来。这时候皇帝嫌人太多，就胡乱下了一道圣旨：凡是活到 60 岁的人，一律处死。 　　有一家就父子俩，父亲是个很有智慧的老人，儿子阿布吉善看到他就要 60 岁了，非常着急。他把父亲暗暗地送进了老山里，搭个撮罗子，让他住下…… 　　有两个蟒蜺到这山里来了。一个通身漆黑，另一个通身雪白，是专门吃人的怪物…… 　　老人听了，想了一想说："有办法。我能治死这两个蟒蜺。你找一只小猫，再砍一些山上的站干木，劈开剁碎，再扒些桦树皮放在一起，用犴皮口袋装好，放在蟒蜺出没的路上。你自己穿好兽皮衣服，戴好狍头皮帽子，用火绳把犴皮口袋里面的木楂和桦树皮点燃，让小猫去引蟒蜺来咬犴皮口袋，事情就告成了！"…… 　　皇帝听了一高兴，就把原先的那条律令给废了。 　　从此以后，鄂伦春人更加敬重老人了。有什么事就向老人请教，这种习俗一直流传至今。①	人老了到 60 多岁就活埋，人家都活埋了，过去有一个小子舍不得他妈妈，在地下挖小房子，从菜窖里挖，在那儿养活他妈，对人说埋了。 　　有一天，皇帝家有个绿色的耗子，挺大的。商量绿色的耗子怎么打死它，谁也不知道。"谁也不知道就杀谁。"皇帝说。 　　有一天，到这个小子家，这个小子知道肯定他也活不了，跟他妈妈说了。 　　妈妈说："你别害怕，找九斤沉的猫，能找着的话你就去。"找不着也得去呀。这小子找了一宿，找了一个大黑猫，藏在袖子里。到那以后，就让它看那耗子，它就出来，打不了的话，它就害怕在里头，它就走了，没到那，猫就先出来了，它就和绿色耗子打起来了，把它打死了。 　　皇帝问："你怎么知道呢？"他说："我妈妈活着呢，我没活埋（她），我妈妈告诉我的。"这不是挺有用吗？以后就不活埋了，一直到现在。这是好几千年前的、一万年以前的事了。②	从前，不知啥时候，人到 60 岁，皇帝就活埋人。 　　有一次，皇帝园子里来了耗子，挺大的，绿色的。皇帝害怕了，这怎么整，如何打死耗子。（皇帝）问一个人，如果他没办法就杀死他。 　　他回到了家，那家那个妈妈在地下被藏起来了。他问妈妈："耗子怎么整死呢？不知道就要被皇帝整死。" 　　他妈说："九斤小猫，带到皇帝园子里，它要能打过就出来，打不过就不出来。" 　　他就去找，不知在哪儿，他真找到九斤重的小猫，带到皇帝园子了。小猫真出来了，小猫出来就把耗子整死了。 　　皇帝问："你怎么知道猫抓吃耗子呢？"他说："我把妈妈藏起来了，不让你活埋。"皇帝说："老人真的啥都知道。"从那时候起，老人到 60 岁就不活埋了。③

---

①　隋书金编：《鄂伦春族民间故事选》，上海文艺出版社 1988 年版，第 154—156 页。
②　被访人：关扣妮。访谈人：王丙珍。访谈时间：2006 年 10 月 4 日。访谈地点：大兴安岭地区呼玛县白银纳民族乡被谈人家中。
③　被访人：关扣妮。访谈人：王丙珍。翻译：孟淑芳。访谈时间：2014 年 2 月 11 日。访谈地点：大兴安岭地区呼玛县白银纳民族乡被谈人家中。

第三章　鄂伦春族日常生活与文学的审美传统

在鄂伦春族"口述传统"中,"讲故事"是氏族的长者向后代传授历史、生活经验和民族文化的重要方式。关扣妮讲述的故事都是一个接一个的本雅明所谓的"史诗式记忆",记忆成为代代相传的链条,使本民族文明得以代代延续。在研究方法层面,互文本是连接口述传统与文化研究的桥梁,"非正式的口头传统的文本形式是流动的、精确日期不确定的。因此,互文性提供了一个理想的手段,将非正式的口头传统与纯文学联系起来,所以,互文性为文化研究提供了一个重要工具,文化研究要求在文化产品的广泛范围语境内设置纯文学产品"[①]。结合表3-1可以看出:由汉语讲述到鄂伦春语讲述恰恰是叙述主体提出的唯一要求,这就是一种民族文化的自觉。鄂伦春人一度以口述传统交流与传承民族历史文化,当下,书写已经成为个人生存与民族历史文化延续的主要手段。在后殖民主义理论中,"文化殖民"通常与"少数民族话语"相提并论,以口述传统为根基发掘并保存民族文化是拯救流失的民族文化、反抗文化同化的重要方式。少数民族语言无疑是口述传统的基础与前提,揭示鄂伦春人对民族语言的热爱与维护是对鄂伦春族传统文化的回归,充分显示了鄂伦春人对民族文化"口述传统"的传承和发展。就内容而言,这个故事以简洁的民族语言讲述了鄂伦春族老人60岁以后还能活着的理由、过程及鄂伦春族敬老的原因,描述了鄂伦春人在一定历史时期的生存状态,展现了保持传统、崇尚尊老爱幼、老人主动传授生活经验及生活态度的道德理念,"如果我们把一则谚语看作一个故事的表意符号,那么谚语也许是最为充分地体现了这样一种过程。我们不妨说,一则谚语是一个古老的故事残存的废墟"[②]。这则故事也表现出多元文化交流的痕迹,凸显了口述传统之间交流的重要性,由一个、两个或更多的人塑造了人生老年阶段的无奈与有为,"讲故事的人在讲故事的人身上,好人看到了他自己"[③]。这也是整个人类文化传承关系的缩影,预示了人

---

① Nigel Nicholson, "Cultural Studies, Oral Tradition, and the Promise of Intertextuality", *The American Journal of Philology*, No. 1. Vol. 134, 2013, p. 21.

② [德]瓦尔特·本雅明:《讲故事的人》,张耀平译,陈永国、马海良编《本雅明文选》,中国社会科学出版社1999年版,第315页。

③ 同上。

生一世终有美好的未来与结局,"讲故事的人是这样一种人:他可以让他的故事的爝火把他的生活的灯芯燃烬"①。

表 3—2　　　　　　　　三个文本的口述与书面文化对比

讲述时间	语言	文学词汇	故事名	生命极限	顺序	权力关系	当下的历史感
1988 年	汉字	渐渐、胡乱、一律、智慧、非常着急、暗暗地、漆黑、雪白、专门、怪物、想了一想、出没、再、点燃、告成、敬重、请教、习俗、一直、流传至今	《智慧老人》	60 岁	皇帝胡乱下令杀老人	将父亲暗暗送进老山里	很早以前
2006 年 10 月 4 日	汉语口语	无	无	60 岁	儿子孝心	母亲活着	几千年前、一万年以前
2014 年 2 月 11 日	鄂伦春口语	无	《老人有经验》	60 多岁	皇帝杀老人	不让活埋母亲	从前

本雅明认为:"人们口口相传的经验是所有讲故事的人都要汲取养分的源泉。在那些用纸笔录下原有故事的人当中,谁的笔头文字同众多无名的讲故事的人的口头表述区别最小,谁就是最了不起的。"② 几乎总是如此,"最文学化的翻译几乎不曾是最好的,并且真正微弱的翻译总是暗示一定数量的内心捏造的东西。对口头来源的翻译也许真是如此"③。斯皮瓦克也说:"文字的文本珍惜其语言印记但无法忍受民族身份。翻译却因着这一悖论而越发走向繁荣。"④

---

① [德]瓦尔特·本雅明:《讲故事的人》,张耀平译,陈永国、马海良编《本雅明文选》,中国社会科学出版社 1999 年版,第 315 页。
② 同上书,第 292 页。
③ Alessanro Portelli,"What makes Oral History different", Robert Perks and Alistair Thomson eds, *Theoral History Reader*, London; New York: Routledge, 1998, p. 64.
④ Isabel Carrera Suárez et al. eds., *Translating Cultures*, Oviedo: Dangaroo Press, 1999, pp. 17—30.

第三章 鄂伦春族日常生活与文学的审美传统

结合表3—2可以析出，在智慧与死亡、年老者（父亲或母亲）与年少者（儿子）、皇帝与臣民、杀老人与敬老人的二元关系中，就文字文本而言，智慧老人是父亲的说法应该是年代较近的表述，而且文本转述中加入过多的文学修辞让读者既习惯又理解，这些不同的因素似乎并没有影响我们对这个故事的解读，口述者要表达的似乎已全部呈现，原因在于阅读者是孤独的个体，他没有参加与口述者的交流。就口述者与听者而言，这些区别因素即使不是无关紧要的，也是口述者认为不重要的。就故事名称而言，关扣妮讲述的故事都没有名称，大部分名称都是翻译者与笔者加注的，表明她并不是靠抽象的概念机械地记忆故事，而是以口述传统、人生经验、内心情感、丰富的想象力创作，"讲故事的人所讲述的取自经验——亲身经验或别人转述的经验，他又使之成为听他的故事的人的经验"①。就生命极限与当下的历史感而言，基本的一致性表明口述者的时间观是立足于当下而不是观照过去的。就口述顺序与权力关系而言，强调的是孝与杀的程度及时间问题，因为儿子有孝心，所以母亲活着；因为皇帝杀老人，所以，儿子为了不让皇帝活埋母亲而将其藏起来，彰显的都是一种实用的人文关怀，"第一，有用性可能寓于一种伦理观念；第二，可能寓于某种实用建议；第三，可能寓于一条谚语或警句"②。这就是人生的忠告与智慧。在近8年的时间中，口述者变得更老，笔者也经受了更多的人生挫折，翻译者成为前两者的中介，热爱生命是在创造过程中展开的，"新故事"与"老故事"的交替也是生命的传递，在此类交流中，因为没有进一步的追问与对话，所以，并没有完全析出审美主体的审美意识、审美体验与审美创造，这正是美学介入口述传统的维度。就民族文化"财产"而言，8年前，关扣妮主动用汉语讲述；8年后，她强烈地要求提供一位鄂伦春语翻译，如果没有孟淑芳的加入，关扣妮就不为笔者讲故事。实际上，关扣妮是在为孟淑芳讲故事，在为孟淑芳复述，孟淑芳再复述给笔者，她们的口述都是干巴巴的，"讲故事

---

① ［德］瓦尔特·本雅明：《讲故事的人》，张耀平译，陈永国、马海良编《本雅明文选》，中国社会科学出版社1999年版，第295页。
② 同上书，第294页。

艺术的一半的秘诀就在于,当一个人复述故事时,无须解释"①。因此,关扣妮与孟淑芳既是听者也是口述者,后者的传承正是最快、最近的方式。然而,"很少有人意识到,听故事的人对于讲故事的人的那种不加判断,听什么信什么的关系,其决定因素在于他全神贯注于把所听来的东西记在心里。对于没有经验的听故事的人来说,至关重要的是要明白,故事是可以复述的"②。

"口述传统"(讲故事)是鄂伦春族历史、文化得以传承的重要途径,代代相传依靠的只能是一种文化自觉,这是美学关注的东方、少数民族、"属下"、女性等的历史使命。就人类历史而言,我们无从猜测人类历史上是否存在过弃老与杀婴现象,但是,我们总是听到类似故事。每个故事的真善美呈现的角度与方式不尽相同,血缘相亲的人性却基本相通。口述传统试图为人类失去的灵魂找到回归的路,这也是美学的任务与重生的方式,"使我们得以在渐渐消亡的东西中看到一种新的美"③。

值得特别关注的是,由"口述传统"到"书本霸权"再到"口述万岁",无论是口述传统独立于口头史学,还是口述传统代替了口头文学,口述传承要代替口述传统,作为整体的非物质文化遗产的重要组成部分,毋庸置疑,口述传统所依托的是民族语言,但在当代中国的非物质文化遗产工程中,语言尤其是没有文字的语言却没有被列入非物质文化遗产的范畴,这有悖于联合国教科文组织对"非物质文化遗产"的概念界定,换句话说,在国内,不将口述传统归入非物质文化遗产的范畴是不符合逻辑的。问题不在于口述传统的定义与学科归属,问题在于民族语言本身成了非物质文化遗产在中国当下语境中产生地献给未来的遗留与空白。2013年11月16日,在第三届"三少民族"学术研讨会暨"达斡尔族、鄂温克族、鄂伦春族非物质文化遗产保护研讨会"上,民族语言是否应该被列入非物质文化遗产名录的问题无可避免地成为"三少

---

① [德]瓦尔特·本雅明:《讲故事的人》,张耀平译,陈永国、马海良编《本雅明文选》,中国社会科学出版社1999年版,第297页。
② 同上书,第304页。
③ 同上书,第295页。

民族"非物质文化传承人代表苏木热·图木热与学者争论的基点与焦点,苏木热·图木热说:

> 我参加几次会议,我们达斡尔话说得很少,所以,我们本身就没传承祖宗的语言,我们的祖宗千百年没有文字,新中国成立前,把我们的达斡尔话原原本本传承到解放以前,我们现在在党的光辉的照耀下,我们再不传承下去,我们对不起我们的祖宗,也对不起我们的下一代,这是一个关键的问题呀,所以,根据这个情况,我们莫旗(莫力达瓦自治旗)呀,存在这个问题呀,我们现在的小孩,从幼儿园到小学、中学、大学都是用汉语授课,所以,小孩没地方学达斡尔语,也没地方说达斡尔话,现在更重要的,就是回家以后,爸爸、妈妈也不跟他说达斡尔话,不教,都用汉语讲,自己就把自己变化成汉人了。
>
> 这是个关键的问题呀,大家应该引起高度的重视,所以,根据这个情况,从2010年开始,(我)写了一本《达斡尔语会话本》,一共300页,50多万字。语言也是非物质文化遗产,也应该说呀,我们要不教给孩子,孩子懂啥呀。①

苏木热·图木热的发言表现出一种高度的民族文化自觉、强烈的民族文化责任感、深沉的民族文化忧虑,传承人有口述的义务和权利,由于人类非物质文化遗产包括"各种社会实践、观念表述、表现形式、知识、技能及相关的工具、实物、手工艺品和文化场所"②,少数民族语言是口述文化的根脉,否则,"口述传统"最终要归结为"手势传统"或"无声传统",因为少数民族语言真的要成为非物质文化"遗产",而不是成为非物质文化"财产"。当下,国内的非物质文化遗产保护工程开展得如火如荼,却依然缺少民族语言这块"干柴",

---

① 根据2013年11月16日第三届三少民族学术研讨会暨"达斡尔族、鄂温克族、鄂伦春族非物质文化遗产保护研讨会"苏木热·图木热发言录像整理。
② 邹启山主编:《联合国教科文组织人类口头和非物质文化遗产代表作申报指南》,文化艺术出版社2005年版,第40—41页。

毋庸置疑，这种缺失就是人类非物质文化遗产的损失。

（二）口述传统的文化本质：说与听不过是一种日常生活方式

口述传统不仅关联"那些与他文化、民间、无文字社会和文盲等联系紧密的学科"①，而且关联所有转向日常生活的学科包括哲学、美学、文化哲学、文化研究等，这些学科都经由语言转向口述传统，换言之，"下里巴人"与"阳春白雪"的研究视角回归口述传统，拓展至文化的维度，"讲述者的叙述赢得信任是因为它号称是基于个人经历的，亲身经验或目见耳闻"②。全球化时代，不仅仅"人类学回归于文化批评"③，口述传统、美学、哲学、文化研究等学科亦然。

文化是什么？"文化是民族的核心要素，是因为文化的深层次结构——心理意识、价值判断、感情趋向、审美情趣等是文化的核心，是构成民族认同感和内聚感的核心要素。"④ 因此，文化是一种日常生活方式。在审美主体层面，关扣妮为什么给笔者讲述？是为了钱吗？是为了出名吗？是为了讨好吗？笔者采录的目的又是什么？是为了学业？为了名利？为了萨满仪式？笔者知道她会讲这个吗？第一次交流的时间是八月十五，第二次交流的时间是正月初三到正月十六，时间由2006年至2014年，地点由白银纳的老猎民村到猎民新村，人物由两个变成三个，"说"与"听"不过是我们各自选择的生活方式。笔者给一个80岁的老人做饭、打扫房间、洗衣服，关扣妮给笔者讲故事、剪纸、做"阿尼汉"（布娃娃）；另一位74岁的鄂伦春老人无偿地担任翻译，她只要求得到一本当时口述的书。面对她们，笔者总是想起奶奶和她讲述的故事，"听故

---

① 朝戈金：《民俗学视角下的口头传统》，《广西民族学院学报》2003年第5期。
② ［美］理查德·舒斯特曼：《生活即审美——审美经验和生活艺术》，彭锋等译，北京大学出版社2007年版，第123页。
③ ［美］乔治·E. 马尔库斯、米开尔·M. J. 费彻尔：《作为文化批评的人类学》，王铭铭等译，生活·读书·新知三联书店1998年版，第157页。
④ 赵世林：《论民族文化传承的本质》，《北京大学学报》（哲学社会科学版）2002年第5期。

事的人是由讲故事的人和他做伴的"①。海德格尔强调真理就是"去遮蔽的显现",我们在口述文化中得到的不是真理的外衣,而是真理本身。

为什么我们不去研究四大名著,不去研究鲁迅、巴金、老舍及西方经典著作,而总在挖掘与研究口述传统、民间文艺、少数民族文化?因为"描述文化之间根本性差异的最有效方式,也许是围绕着人观(personhood)概论所进行的考察。人观指的是人类能力和行动的基础、自我的观念以及情感的表达方式"②。在人观中,古代的各种信息总是有助于我们理解过去、感受现在、设想未来,反之亦然。当代的东方文化与西方文化之争的本质,可以说就是口述与书写的争论,"传统上,记录是历史唯一可以接受的证据,但是由人类学的角度看来,记忆对于重建过去是同样有效的资料,'因为'它们本身就是一种重要的文化选择。"③ 尤其值得关注的是,这种记录是他者记录的,"无视口头来源的口语文化与解释理论有直接关系。通常强调的第一个方面是起源:口头来源给我们提供不识字的人或社会团体的信息,这些信息或者被漏掉或者被扭曲。另一方面涉及内容:这些人和团体的日常生活和物质文化"④。文化传承之基在于文化认同,需要分辨"共享的"知识与个人的身份认同的问题,以及随着时间的流逝,传播链在事实上是如何运行的问题。对于听者而言,全球化语境使单一的文化认同分裂为跨文化或多元文化认同,"国家通过弘扬传统、建构和重构民族认同以求捕获历史时间的努力,却受到了由自主性主体所界定的多元认同的挑战"⑤。由此,文化认同具有了动态性、多重化、象征性、虚拟性与反思性。就审美主体而言,在年轻的一代中,只有单一文化身份或文化

---

① [德] 瓦尔特·本雅明:《讲故事的人》,张耀平译,陈永国、马海良编《本雅明文选》,中国社会科学出版社1999年版,第307页。

② [美] 乔治·E. 马尔库斯、米开尔·M. J. 费彻尔:《作为文化批评的人类学》,王铭铭等译,生活·读书·新知三联书店1998年版,第71页。

③ [丹] 克斯丁·海斯翠普编:《他者的历史——社会人类学与历史制作》,贾士蘅译,中国人民大学出版社2010年版,第10—11页。

④ Alessanro Portelli, "What makes Oral History Different", Robert Perks and Alistair Thomson eds, *Theoral History Reader*, London; New York: Routledge, 1998, p. 64.

⑤ [美] 曼纽尔·卡斯特:《认同的力量》,曹荣湘译,社会科学文献出版社2006年版,第297页。

认同的人越来越少了，大多数人至少拥有双重的文化认同。人们虽然渐渐增强了世界公民感，但是，民族认同、地方性认同、区域性认同仍然是文化认同的主要元素。因此，民族身份并不是户口本或身份证上的文字表征，也不全由主体的外貌特征所决定。人们将自我认同与文化认同作为首要认同，而民族认同则是自我认同与文化认同的源头。不可否认的是，自我认同与文化认同的时空是日常生活，口述传统的式微是由于日常生活方式的变化，"它之所以消失是因为人们一边听故事，一边纺线织布的情况不复存在了"①。尼日利亚女作家奇麻曼达·恩格兹·阿迪切也说："我经常陷入一种失落感……因为我们的传统是口述的，因为我认为殖民主义和西化的到来是一种断裂。口述传统差不多正在死去，我们没有两者之间的桥梁。"②

后殖民主义视域中的中华民族当代审美文化是大众文化、少数民族文化、民俗文化等多种元素的对话与交流，文化的多元既包括国内的各民族文化的沟通，也涉及世界多元文化的渗透。因此，全球化时代的少数民族文化可能会相互融合或彰显，无论其处于中心还是边缘。毋庸置疑，文化混杂会贬低创新能力，所以，文化创新不一定以文化混杂为基础，从这个意义上讲，纯粹的全球文化或世界文化实际上是不存在的。关键的问题是，口述传统的传承不能局限于形式，更值得关注的是口述传统本身所承载着的民族精神与审美文化内涵，"正是通过歌曲和诗句，我们可以最好地估价已逝去时代的人们如何恋爱、欣喜和悲哀。人们总是希望使一切在他们看来属于美的、神圣的和重要的东西成为不朽"③。与此同时，每个人都要尽心尽力地传承民族文化，为创造民族文化的平等对话做出各自的贡献。在后殖民语境中，如何发掘和保护口述传统，赋予它新的本质、目的、意义和使命，这已成为每个人的文化自觉和多元文化的共同关怀。

---

① ［德］瓦尔特·本雅明：《讲故事的人》，张耀平译，陈永国、马海良编《本雅明文选》，中国社会科学出版社1999年版，第299页。

② Herb Boyd, "Talking about the Oral Tradition", *New York Amsterdam News*. Vol. 103, No. 11, 2012, p. 20.

③ ［匈］阿格尼丝·赫勒：《日常生活》，衣俊卿译，重庆出版社1990年版，第116页。

第三章　鄂伦春族日常生活与文学的审美传统

（三）口述传承的权力与知识分子良心之关系的本质："属下"能说话吗？

口述传统始终是有历史向度的，自我的历史、民族的历史、文艺的历史、宗教的历史概莫能外，就时间的维度而言，时间更长久的存在传统当属于口述传统。2013年，马来西亚吉达洲玛拉工艺大学语言研究部门指出口头传统"被认为是土著传递人生课题给年轻人的一种方式"①。这种说法本身带有强烈的后殖民主义色彩，附加了文化霸权与自我殖民的意味。然而，打开文字资料，人类几百万年都处于"无声"状态，恰恰是短短两千多年才发出"声音"，而且声音由东向西越来越近、越来越大，离情感和生活越来越远，"直至本世纪，历史的焦点基本上还是政治问题：即有关权力斗争的文献"②，在由"听"到"看"中，口述传统与文字被隔绝且对立起来。

在某种程度上，权力和文化霸权的建构致使知识分子的表述缺乏对口述主体的话语和个性的确立与尊重，缺乏一种把自身的理论与实践同世界政治文化过程相联系的知识分子职责与态度，换言之，就是知识分子如何超越文化与权力的界线，充分表达其他民族的心声，"任何一方面包括美学或者文学文献和经验，另一方面又包括到批评家角色和他或者她的'现世性'的场合，就不能是一种简单的场合"③。非物质文化遗产保护重点是口承文化，而口承文化的重心正是口述传统。民间叙事多为口承，口述传统主要通过叙述者的口述表演传承历史与文明，往往是在特定语境中由怀有不同讲述动机的个人来讲述和表演，因而，口述不可避免受到即时因素的协同作用，"关于'口述传统'的陈述有时也由一系列政治上或个人习惯性的约定俗成的价值观所支撑，而这些价

---

① Samsiah Bidin, Sharina Saad, Nurazila Abdul Aziz, Azlan Abdul Rahman, "Oral Tradition as the Principal Mean for the Cross-generational Transferor of Knowledge to Illuminate Semai People's Beliefs", *Procedia-Social and Behavioral Sciences*, Vol. 90, 2013, p. 730.
② ［英］保尔·汤普逊：《过去的声音：口述史》，覃方明等译，辽宁教育出版社2000年版，第3页。
③ Edward W. Said, *The World, the Text and the Critic*, Cambridge: Harvard University Press, 1983, p. 32.

值观往往与国家认同或群体认同纠缠在一起"[①]。1979年,后殖民主义美学的先导爱德华·萨义德出版的《东方学》上承葛兰西文化霸权思想、法侬殖民合法性批判与民族文化精神、德里达解构主义策略、福柯权力话语理论,下启斯皮瓦克后殖民处境解析、"属下"文化身份书写与审美教育及霍米·巴巴文化定位,开拓了女性主义美学、东西方文化政治关系研究新视域,引发后殖民理论美学研究与全球化美学建构。爱德华·萨义德确立了跨文化表述中权力与知识的关系,指明那些为西方读者提供的东方知识受制于西方—非西方政治经济和意识形态关系的制约,"西方是行动者(actor),东方则是被动的反应者(reactor)。西方是东方所有行为的旁观者、法官和陪审团"[②]。进而导致文化表述服务于西方人类学的学术权威的建构,并通过这种学术权威的建构生成西方文化霸权(Hegemony)。

我们以"眼见为实,耳听为虚"为原则,将存在主体分为自我与他者,"自我"渐次成为真理的代表与化身,"他者"成为贩卖假恶丑的代名词,这是一种存在的权力关系,不仅存于媒介之中,更渗透于日常生活的每一个角落。"耳听为虚"使灵魂及真善美的寻找成为必然。"听君一席话,胜读十年书"的历史神话也使口述权力逐渐演变为文字权力。黑格尔认为审美带着人类解放的性质,其基本前提应该是平等、自由,且与权力无关,然而,正如福柯所言"权力无处不在",福柯已经从微观视角对"权力"进行了理论解读,"权力"正试图将"美"纳为奴仆。结合口述传统的历史维度,人类历史由古代、现代、当代转换为史诗时代——古希腊公民听奴隶读书——听别人讲故事——给别人讲故事——听广播说书——自己读书——孤独写书——听故事——讲故事。当下,西方人利用网络点播可以让雕塑"说话",可惜的是,技术并不能创造面对面的交流,只是"自言自语"式的单调重复。对于各学科学者的采访、访谈、田野工作而言,口述传统采录的流程不过是交流、笔录、录音、录

[①] [美]路丝·芬尼甘:《口述传统与口述历史》,许斌、胡鸿保编译,《湖北民族学院学报》(哲学社会科学版)2004年第1期。

[②] Edward W. Said, *Orientalism*, New York: Random House, 1979, p.109.

像，最后形成文字，这个程序不过是个筛选的过程，充斥着权力的无处不在，因此，"一个人必须以公正、宽广的视野、引用整个语境而不仅仅是一部分的方式，来证明这些事情，而且停止假装我们从事的只是学术"①。随着科技与社会的进步，我们也不可能完全达成平等的"交流"，不能完全由面对面转向面对无限。

　　口述传统是有着性别意识与定位的，后殖民主义女性学者更加关注性别权力的问题，后现代叙事学家苏珊·兰瑟也把"声音"当作一个关键词，"对于那些一直被压抑而寂然无声的群体和个人来说，这个术语已经成为身份和权力的代称"②。此类学术关键词也表达了以女性为中心的观点和见解，声音成为女性拥有社会身份与追求平等的重要标志，"当下，基于一般与特殊理由，社会主义者、女性主义者、反种族主义者的大众记忆信息异常重要"③。随着女性主义美学、生态女性文化批评的兴起，"不同于这些项目都是政治上的定位，围绕着历史和记忆的文化上敏感的项目已经在当代女性运动中发展起来"④。女性发出了自己的声音，推动着女性、少数族裔、东方乃至人类的审美解放。不容乐观的是，女性后殖民主义理论家斯皮瓦克回答了自己提出的问题"属下能说话吗？""属下不能说话。在全球洗衣店的名单下实际上并没有作为虔诚项目的'妇女'。"⑤

　　民族文化的传承人为什么要向采录者言说？他们为什么"非说不可"？理由恰恰在于权力本身——有没有发言权的问题。他们要借学者、记者、作者之笔，言自己的民族心声，"如果本土概念不同于西方主流模式的口头文本，正

---

　　① Edward W. Said, *Power, Politics and Culture: Interviews with Edward W. Said*, edited and with an introduction by Gauri Viswanathan, New York: Pantheon Books, 2001, p. 308.
　　② [美] 苏珊·S. 兰瑟：《虚构的权威：女性作家与叙述声音》，黄必康译，北京大学出版社 2002 年版，第 3 页。
　　③ Poupular Memory Group, "Popular Memory: Theory, Politics, Method", Robert Perks and Alistair Thomson eds, *Theoral History Reader*, London, New York: Routledge, 1998, p. 79.
　　④ Ibid., p. 82.
　　⑤ [美] 加里亚特里·查克拉沃尔蒂·斯皮瓦克：《属下能说话吗？》，陈永国译，罗钢、刘象愚主编《后殖民主义文化理论》，中国社会科学出版社 1999 年版，第 157 页。

如从视觉的、听觉的或体态符号来辨别出某些东西一样"①。在文化权力场中，凸显知识分子的标准与价值不在于学识，而在于良心。怎样保有知识分子的良心？萨义德从正面言传身教；又从反面论证了知识分子的职责："在我看来，最应受谴责的是知识分子的那些引起逃避的习性，那种厌恶困难的和有原则的立场，这种立场你明知是正确的，但你决定不去采取。你不想显得太过政治化；你害怕看来似乎有争议；你想保持好名声，为了平衡、客观、温和；你希望被反问、求教，成为有声望的委员会的董事会成员，以留在负有责任的主流之内；你希望有朝一日获荣誉学位、大奖，甚至大使的职位。"② 全球化时代，传承口述传统的人并没有受制于阅读和书写，仍然以口头方式进行创作。在后殖民主义语境中，东方文化受到巨大冲击与遮蔽，殖民地的民族成为被控制、被统治、被言说的代名词，"在土著被迫移出他们世代定居的土地之后，通过这个过程，作为帝国的历史的一种功能，他们的历史被重写了。这一过程用叙事消除矛盾的记忆，吸收暴力。异国情调用好奇心的诱惑代替了权力的印记"③。在鄂伦春族社会中，电影成为最新的艺术形式，许多鄂伦春人在城市、电视或电脑中观看电影，鄂伦春族作家也在创作剧本。20世纪60年代，杨光海拍摄的《鄂伦春族》记录了鄂伦春人的日常生活与宗教信仰，可惜解说词是汉语的，纪录片中并没有记录鄂伦春族语言，画面中的全体鄂伦春人处于无声状态，这也从一个侧面证明中国民族志纪录片的失策或失败。因此，口述传统的最终目标在于促进世界各文化间的日常对话与交流，强化多元文化的融合与超越；融合就是区域文化发展与文化全球化步伐相协调、全球文化与地方文化相共存、传统文化与现代文化相融合、族群文化与主流文化相共生等；超越就是实现民族文化传承、民族文化创新与民族文化的全球播散等。

  落实到美学的学科视角，口述传统在审美主体、审美客体与审美关系中得

---

  ① [美]路丝·芬尼甘：《口述传统与口述历史》，许斌、胡鸿保编译，《湖北民族学院学报》（哲学社会科学版）2004年第1期。

  ② Edward W. Said, *Representations of the Intellectual*, New York: Pantheon Books, 1994, pp. 100−101.

  ③ Edward W. Said, *Culture and Imperialism*, New York: Vintage Books, 1993, p. 132.

以全面展开，从审美主体角度来看，在这个过程中，我们学会了平等地交流思想、情感与经验，学会了倾听，感受到内在的灵魂，也就改变了我们的爱情观、人生观、世界观、价值观。从民族认同的立场而论，民族语言尤其是没有文字的少数民族语言是口述传统的载体。从人类文化的高度来说，口述传统在交流、日常生活、权力与知识分子良心之间充满了张力。一言以蔽之，当代口述传统是以本民族语言为基础的一种对话方式、创作方式、思维方式、交往方式、反抗方式、求真方式、传承方式与日常生活方式。

第四章　鄂伦春族艺术和工艺的审美表现

鄂伦春族艺术和工艺具有综合文化内涵和狩猎民族艺术特征，虽然民间工艺并不完全属于纯艺术的范畴，但仍具有丰富的审美内涵和价值，是鄂伦春族生态思想、审美意识、审美情趣、审美取向的表达和外化。鄂伦春族艺术包括绘画、音乐和舞蹈，民间工艺涉及兽皮制品、桦皮制品、剪纸和刺绣等。

第一节　绘画的审美意识

鄂伦春族古代绘画艺术描绘的是民族狩猎生产生活，再现了鄂伦春人的日常生活和信仰活动；现代油画则张扬了审美意识、传统文化的核心价值和民族艺术的审美品质，人类的审美意识任民族艺术跨越了时空之维。

一　鄂伦春族地区原始岩画

岩画是最古老的绘画形式，在文字发明之前，岩画是人类画在石头上的"史诗"。鄂伦春族地区原始岩画是继内蒙古自治区额尔古纳左旗交劳呵道、右旗阿娘尼两处岩画以及黑龙江省海林县牡丹江右岸群力屯岩画发现之后的东北林区型岩画群，主要分布在内蒙古自治区鄂伦春自治旗与黑龙江省大兴安岭地区,岩画所处的地区多是鄂伦春族过去游猎生活的地带和现在生活的地域,"东北林区型岩画的作者,当为现今通古斯满语民族的远祖与先世"①。如此看来,这些岩画应当是远古狩猎民族先祖的杰作。在鄂伦春语中,"奥尼道尔"是"石头上有刻字"之意,"阿尼阿达"的意思是"有画的山石";在鄂伦春族口述文学中也有岩画记录,如魏贵祥讲的《恩都力治蟒猊》中提到"恩都力"战胜"蟒猊"后,就在这座山的大石砬子上画自己搭箭弯弓的画像,时刻准备射杀卷土重来的"蟒猊",这位"恩都力"是早先鄂伦春族的一名神猎手变的。② 远古的岩画成为鄂伦春族最初审美意象诞生的标志。

鄂伦春族地区岩画试图在恒久的岩石上通过造型艺术印上有限的生命,以使生命达成永恒,"原始艺术除了它直接的审美意义外,对于狩猎民族也有一种实际的重要性"③。鄂伦春族地区岩画主要表现信仰文化与狩猎文化,其形式主要是赭红色的线条,画在高大突兀的岩石上,岩画的地点多在深山老林之中,遭到不同程度的损毁与破坏:有修路时完全被炸掉的岩画,如大兴安岭地区塔河县修建塔河西戈公路时毁坏的"奥尼道尔"岩画,还有被专家带走的岩画,如大兴安岭地区漠河县北部山中的岩画与新林区翠岗林场施业区五支线147林班的太阳神岩画的一半。除了鄂伦春自治旗托扎敏民族乡神指峰岩画因涂鸦破坏被铁栅栏保护起来之外,其他岩画仍面临着继续被人为损坏的危险。没有保护哪来的研究与传承?这不仅关系到大兴安岭的利益、民族的利益、国家的利益,也关系到全人类的利益。

鄂伦春族地区岩画与鄂温克族地区岩画、蒙古族地区的岩画有渊源,但艺术表现更为简单质朴,构图更加简洁粗犷。1987年12月,赵振才在《北方文物》发表的《大兴安岭原始森林里的岩画古迹》打开了鄂温克族地区交劳呵道岩画和阿娘尼岩画的研究之门,"画题几乎仅限于人和动物,这也是狩猎部落

---

① 盖山林:《世界岩画的文化阐释》,北京图书馆出版社2001年版,第127页。
② 参见王朝阳采写《古里猎民村鄂伦春民间故事集》,北方文艺出版社1991年版,第110—111页。
③ [德]格罗塞:《艺术的起源》,蔡慕晖译,商务印书馆1984年版,第239页。

生活现实的征象和标志"①。岩画是历史与艺术的一面镜子,可以探索艺术早期的发生、发展的脉络,找寻并重建中国北方历史文化的渊源。

鄂伦春族地区岩画线条粗犷,是先民直接用手指画成的,在阿木尔林业局长山林场 92 林班的手印岩画中,好像完成创作的人试图在石头上擦净手上的颜料一样,"绘画材料当是含有氧化铁或氧化锰钴土构成的褚石颜料"②,这不能不说是先民们在岩石的"画布"上用人体之"笔"、人血或动物血之"颜料"创造的"恒久艺术",闪烁着沧桑之美、韧性之美、生命之美、生态之美和永恒之美。

鄂伦春族地区岩画的表现手法有写实和写意两种,"当时制作岩画的作者,就是终日尾随在动物后面,有特别锐敏的观察力,这种观察力反映在艺术上,写实就成了他们艺术创作的主要倾向"③。鄂伦春族地区原始岩画的题材大体可分为五类。

(一)人与环境合为一体的自然崇拜,尤其是天体崇拜之巨石崇拜与太阳崇拜。首先彰显巨石崇拜意识,大部分岩画都绘制在距山脚几米高的地方,仰望山石呈现欲压之势,人显得无限渺小。太阳是人类共尊之神,北方的极寒地带的太阳神占据了神位的顶点,岩画大多面南或面东无疑具有崇拜太阳的含义。大兴安岭地区阿木尔林业局长山林场 92 林班岩画《太阳和有着光芒的太阳》的画面有两轮太阳,岩石纹络将两者分开,有一轮光芒万丈的太阳图案,没有光芒的太阳许是被乌云或高山遮住了,静止的画面变成了时空交错的运动,巨大的空间感与无限的时间感完美地结合在一起,刹那间感受到永恒。大兴安岭地区新林区翠岗林场施业区 5 支线 147 林班岩画《凸出的太阳》中太阳图案是"外圆内点式",独立绘在一块凸起的岩石上。

(二)敬畏生命的图腾崇拜。驯鹿图腾与人的图形表达生命和谐的相依之美,关于鹿的口头文学有《鹿为什么四只眼》《鹿原来有四只眼睛》《鹿为啥哭

---

① 赵振才:《大兴安岭原始森林里的岩画古迹》,《北方文物》1987 年第 4 期。
② 同上。
③ 盖山林:《中国岩画》,广东旅游出版社 1996 年版,第 218 页。

瞎了两只眼睛》《鹿角为何分岔、鹿皮为何带花》《鹿回头的故事》等。鄂伦春人将鹿当成美丽善良的使者，《鹿角为何分岔，鹿皮为何带花》讲小鹿为龙子治病，用自己的血管与心血治好了小白龙的心脏病，又用自己的角和茸滋补了龙子的身子，它舍己救人的精神感动了黑熊，黑熊用胆汁治好了小白龙失明的眼睛。龙王献给小鹿金银财宝，它什么也不要，"老龙王实在过意不去，临别赠它一顶珊瑚紫金冠，一件珍珠黄缎袍。后来，那顶分岔的珊瑚紫金冠，就在鹿的头上生了根，变成了分枝的鹿茸角。那身珍珠黄缎袍呢，变成了黄地儿白花的花鹿皮了。"① 鄂伦春人根据鹿的生长规律发明了"鹿候历"，依照动物繁殖的规律有选择地捕猎。在大兴安岭地区阿木尔林业局长山林场施业区内 92 林班岩画《人与驯鹿图腾》中大驯鹿伫立在 6 个跳舞者之上，驯鹿的大眼睛和大角彰显人类原初"以大为美"的观念，"在他们粗制的图形中可能得到对于生命的真实的成功，这往往是在许多高级民族的慎重推敲的造像中见不到的。原始造型艺术的主要特征，就是在这种对生命真实和粗率合于一体。"② 驯鹿的前面有一个人在走，这个人也许是举行这次祭神的萨满，"在西伯利亚林带岩画综合体的早期形成阶段，萨满图像常常与野兽图形并列一起，因为按照古代猎人的概念，氏族公社的生死存亡都取决于野兽的意愿。后来，萨满图形开始逐渐画在带宗教舞蹈的仪式构图的中央部分。"③ 画中的人物围着驯鹿或许是巫术猎鹿或养鹿仪式。

（三）舍弃细节的人体崇拜与祖先崇拜。人类由崇拜人体本身转而崇拜祖先，人之形体的岩画大多高高在上，鄂伦春自治旗托扎敏民族乡神指峰岩画《4 个倒立的人》体现了信仰的力量高于善，"美所具有的是非内在的超越。即，美并不内在于实在的存在物中，只存在于超越层次的意识中"④。信仰与艺术的联合体现了思想之美、人格之美、神圣之美和创造之美。大兴安岭地区

---

① 黑龙江民族研究所：《鄂伦春民间故事选》（上），内部资料，1996 年，第 151—152 页。
② ［德］格罗塞：《艺术的起源》，蔡慕晖译，商务印书馆 1984 年版，第 145 页。
③ ［苏］E.A. 奥克拉德尼科娃：《西伯利亚的萨满岩画》，孙运来译，吉林省民族研究所《萨满教文化研究》（第二辑），天津古籍出版社 1990 年版，第 199 页。
④ ［日］今道友信：《美的相位与艺术》，周折平等译，中国文联出版公司 1988 年版，第 8 页。

新林区翠岗林场5支线147林班的《祭人体太阳神》是一位神人同形的太阳神，头部是一个万丈光芒的太阳，右边是一个不连贯的"十"字形，右下方是献给太阳神的牺牲，人体与自然图腾结合颇像埃及的狮身人面像，线与线、形与形所呈现的生命张力具有森林生态艺术特色。

（四）团结协作、生死相依、知足常乐的狩猎生产生活。鄂伦春族地区原始岩画直接反映和再现了狩猎生活，动物图形与人形相伴随，"往往就是他们所看见而感到直接兴趣的东西——如动物和人。像他们这样的一种专门狩猎的民族对于植物的忽视，乃是必然的事"①。这源自人们对生活的观察和思考，如蒙古阿勒泰岩刻《猎舞图》"是一个非常热闹的多种动作与多种活动的人物集于一处的场面"②。在远古时期，"阿那格"或"鄂姆那格"（鄂伦春语"集体狩猎"）、祭祀是日常生活，原始岩画表现了人们团结协作共同狩猎的场面，有明显的实用性。"艺术对于民族生活最有效和最有益的影响，还在于能够加强和扩张社会的团结。"③ 鄂伦春族地区狩猎岩画的共同特点是狩猎者没有任何工具和武器，人物只有跑、走、跳等肢体动作，祈求、取悦神灵获得狩猎成功。大兴安岭地区新林区施业区147林班岩画《驯鹿观人舞》中人手拉手围着跳舞，一只驯鹿静静地观看着人们，图案达成静止与跃动的微妙平衡和默契。大兴安岭地区阿木尔林业局长山林场92林班岩画《生死之征》的石块呈下垂之势，产生紧张感、危险感与压迫感，画面被两边的岩石山体围成夹击之势，一些人向一个猎物跑去，"那些狩猎民族所特有的种种人和兽的神似的绘画和雕刻，很明白地对我们显出来，那是特别在狩猎民族中发展到了十分完全的生存竞争的能力在审美上的成功"④。鄂伦春族地区原始岩画艺术的震撼力来自大自然的形式和绘画语言的审美力量，"艺术既表现人们的感情，也表现人们的思想，但是并非抽象地表现，而是用生动的形象来表现。艺术最主要的特点

---

① ［德］格罗塞：《艺术的起源》，蔡慕晖译，商务印书馆1984年版，第136页。
② 陈兆复、邢琏：《世界岩画》（Ⅰ亚洲卷），文物出版社2010年版，第109页。
③ ［德］格罗塞：《艺术的起源》，蔡慕晖译，商务印书馆1984年版，第239页。
④ 同上书，第169—170页。

就在于此"①。人类在没有语言的时期及没有文字的民族多用艺术表达日常生活,"在原始艺术中独创的图谱是很少有的,而无论在装饰上、绘画上或雕刻上都很流行着那位原始艺术家模拟日常生活事件的图样"②。鄂伦春自治旗托扎敏民族乡神指峰岩画《自由活动图》中人物自由地做着各种动作,"这个开始只有纯粹的感觉的动物,还不知道怎样利用大自然赐予他的禀赋,从没想过向大自然索取什么东西:他的生活状况就是如此"③。鄂伦春自治旗托扎敏民族乡神指峰岩画《日常生活图》没有任何冲突,只有宁静与和美进入人的心灵。

(五)从具象到抽象、从写意到象征的符号岩画,"尽管我们认为文化中有一种指向美学的倾向,其中还能找到文化与高文化之间的联系,但符号化过程才是最原始、最基本的"④。鄂伦春地区岩画不仅保留了早期萨满的图像,而且也有宗教祭祀仪式客体的符号。大兴安岭地区新林区翠岗林业局施业区55林班岩画《两个神鼓图案》中交叉成的"十"形,"在岩画中也可以见到单独的萨满法具图案:有带十字梁或'角'的圆状神鼓、带'腿'的虚构的蛇——阿尔泰人萨满的助手"⑤。另外,鄂伦春族地区岩画有难以分辨的图形及无法解读的符号之谜,如鄂伦春自治旗阿里河镇库勒气沟天书岭岩画《印章式图案》限于一个方框内,3排"十"字形符号,每排3个,共计9个。大兴安岭地区阿木尔林业局长山林场施业区内92林班岩画《粗线条组成的图案》线条很粗,对线条的过度关注忽略了整体的内容,"原始民族造型艺术非但不能证明是宗教的,而且也不足显示是审美的"⑥。鄂伦春族地区岩画是远古狩猎民

---

① [俄]普列汉诺夫:《没有地址的信》,《普列汉诺夫美学论文集》(Ⅰ),曹葆华译,人民出版社1983年版,第308页。
② [德]格罗塞:《艺术的起源》,蔡慕晖译,商务印书馆1984年版,第52页。
③ [法]卢梭:《论人与人之间不平等的起因和基础》,李平沤译,商务印书馆2007年版,第86页。
④ [美]克莱德·克鲁克洪等:《文化与个人》,高佳等译,浙江人民出版社1986年版,第67页。
⑤ [苏]E.A.奥克拉德尼科娃:《西伯利亚的萨满岩画》,孙运来译,吉林省民族研究所《萨满教文化研究》(第二辑),天津古籍出版社1990年版,第199页。
⑥ [德]格罗塞:《艺术的起源》,蔡慕晖译,商务印书馆1984年版,第150页。

族生活和心灵的记录和图示,"人类已经老了,但人依然还是个孩子"①。鄂伦春族地区岩画篇幅不是很大,图形大多数彼此都不发生关系,"大兴安岭岩画有一个明显的特征,那就是所描绘的物像大多是孤立的、个别的客体,它好像与周围环境没有什么联系,似乎是存在于世界之外"②。一是受限于绘画所在石头本身的大小;二是创作本意就在于突出所表现的内容;三是一次完成"这一个"绘画内容。陈兆复在《古代岩画》中论述了北方草原岩画与古代游牧民族的关系:"他们像鹰一样从草原上掠过,只留下一些岩画的遗迹,散落在悬崖峭壁和荒烟蔓草之间。"③

迄今为止,鄂伦春族地区岩画共发现73处,3850余幅图像包括内蒙古大兴安岭阿里河林业局的15处2000余幅;黑龙江省大兴安岭地区7个县区58处1850幅岩画,已被国家文物局确定为全国重点考古项目,在狩猎民族绘画史上,更是十分难得的实证性材料。

二 现代油画

1949年以前,鄂伦春族的绘画艺术并不发达,比不上雕刻和刺绣,也比不上其他北方民族,"这些图画在许多方面都不如乌德赫人的图画,奥罗奇人的图画比较简单,更少彩调和更少种类"④。画的内容主要有花草动物、花纹图案、地图和神像等,绘画工具主要是木炭或毛笔,颜料有红、绿、紫、黑等,一般画在摇篮边、桦皮盒边和布上,"画的多是花草、小鸟、蝴蝶、神像等"⑤。鄂伦春人过去家家都有神像绘画。鄂伦春族地图是用铅笔画的自然地形图,主要画出河、山的位置和方向,并用满文标注名称。

白英是鄂伦春族第一位画家,他通过个人的民族基因、艺术天分和长期的

---

① [法]卢梭:《论人与人之间不平等的起因和基础》,李平沤译,商务印书馆2007年版,第80页。
② 赵振才:《大兴安岭原始森林里的岩画古迹》,《北方文物》1987年第4期。
③ 陈兆复:《古代岩画》,文物出版社2002年版,第207页。
④ 孙运来编译:《黑龙江流域少数民族造型艺术》,天津古籍出版社1990年版,第322页。
⑤ 赵复兴:《鄂伦春族游猎文化》,内蒙古人民出版社1991年版,第290页。

刻苦努力让油画成为鄂伦春族艺术的一部分。白英现任中国民族博物馆民族艺术研究员、北京美协会员、鄂伦春民族研究会常务理事、中国少数民族美术促进会理事、香港鄂伦春族基金会董事。1961年5月18日生于内蒙古自治区鄂伦春自治旗托扎敏民族乡木奎猎民村的普通猎民家，父亲白雅尔图。1976年，白英拜顾德清为启蒙老师，1981年9月至1985年7月就读于中央民族大学美术系油画专业，获得艺术学学士学位。[①] 白英曾多次在俄罗斯莫斯科、韩国全州、中国香港、新加坡等地举办个人画展，主要有人物画、风景画和静物画。

（一）人文意识追求

鄂伦春族文化中的人文概念指向人的现实性、理想性和生态性，人是欣赏美、创造美的主体，"美也许的确是个主观的问题，但它就像康德所坚持的那样具有普遍性"[②]。白英的《少女与神话》用"民族黄"营造了淡远宁静的诗意，因为黄色也是鄂伦春人献祭给神灵的颜色。这并不是符号堆砌，姑娘的服装是不是穿错了季节？桦皮盒是否放错了地方？猎具是否取自博物馆的架子上？艺术家建构的是文化的神话，"丰富的想象力，不是产生于总想提供一点新鲜玩意的欲望，而是来自一种使旧的内容重新复活的需要。它产生于一种新颖的见解，即认为一个人或一种文化能够本能地包罗整个内部世界和外部世界的见解。"[③] 白英在《走出森林》中反思人的本质、人在宇宙间的地位、人与人的关系、人与生态的依恋，"这幅作品表现的是，作为大自然之子的鄂伦春人走出了哺育他们的大森林怀抱，伴随而来是传统文化的丧失。尽管如此，鄂伦春人的骨架还在，他们的生命仍在延续，一个民族的灵魂没有消亡"[④]。艺术品的版权是艺术家的，欣赏权却是大众的，"每件艺术品也都是和观众中每

---

① 参见鄂伦春自治旗史志编纂委员会编《鄂伦春自治旗志（2000—2009）》，内蒙古文化出版社2011年版，第974页。
② ［美］阿瑟·丹托：《美的滥用：美学与艺术的概念》，王春辰译，江苏人民出版社2007年版，第17页。
③ ［美］鲁道夫·阿恩海姆：《艺术与视知觉》，滕守尧译，中国社会科学出版社1984年版，第196页。
④ 刘晓春：《鄂伦春历史的自白》，远方出版社2003年版，第281页。

一个人所进行的对话"①。人们通过审美愉悦把握存在的意义和人生的真谛,"审美经验总是超过审美"②。面对民族文化的未来,白英心怀忧虑地说:"走出森林后,鄂伦春民族面临的是传统文化的消失。鄂伦春民族创造的'狩猎文化'是中华民族多姿多彩文化的一部分,是民族文化的瑰宝。传统文化消失得太快,得加紧保留,保护这份遗产,弘扬优秀民族文化,给后代留下宝贵的文化财富。"③

(二)民族意识的弘扬

油画作为一种"西学东渐"的艺术,无论是借鉴西方、吸纳百家,还是寻祖皈依,艺术家在构思和创作的过程中,不能不怀有一种深沉而强烈的民族意识,力争表现理想化的象征符号,充溢着超凡脱俗的神圣之美、想象之美和凄凉之美,"文化的美在根本上是一种内在的美,它只有从内部才能触及外部世界。文化的王国在根本上是灵魂的王国"④。《四方山的神祇》的画面是一个孤独的老妇人固执地望着四方山的方向,她一定听到了神话故事《四方山的鸟声》。四方山山下的鄂伦春部落中有一对相依为命的兄妹,哥哥阿赫亥上山打猎后,妹妹乌娜吉被"满盖"(魔鬼)掠去,阿赫亥没能追上恶魔,仙女灵芝和埃米艳帮助阿赫亥打死恶魔,仙女埃米艳爱上了阿赫亥没有及时飞回天上,"恩都力"将之贬为凡间小鸟,小鸟年年月月在四方山鸣叫,歌唱人间的美好和思念。⑤

白英借用油画推动着民族的自尊、自立、自信、自强,正如敖荣凤所言:"他站在高山之巅,去思考自己的民族,品味自己的土地,用他的作品去抒发自己的情感,去传播一个民族的呐喊,给繁花似锦的中国乃至世界画坛呈现一

---

① [德]黑格尔:《美学》(第一卷),朱光潜译,商务印书馆1996年版,第335页。
② [美]杜威:《艺术即经验》,高建平译,商务印书馆2005年版,第362页。
③ 敖荣凤:《森林的颂者——记鄂伦春族第一代画家白英》,《鄂伦春研究》1999年第2期。
④ [美]赫伯特·马尔库塞:《审美之维》,李小兵译,生活·读书·新知三联书店1989年版,第15页。
⑤ 参见大兴安岭地区民间文学集成编委会编《大兴安岭民间文学集成》(上),内部资料,1987年,第165—166页。

道亮丽的风景线。"①《红马》借用红马的形象怀念狩猎文化之"根",在鄂伦春族文学中,马具有神力,帮助主人上天入地,最终战胜邪恶的力量,如莫希那在《陪嫁的马》中提到:个子小小的"昆克乌娜吉"(虱子姑娘),因为"蟒蜺"(魔鬼)知道了她的名字,她只好嫁给"蟒蜺",幸亏她家的小红马救了她,在临死之时对主人说:"主人啊主人,我给你们报了仇,我也不行了。我死了以后,你们用我的四条腿做四根柱子,用我的脊梁骨当房梁,用我的肋巴骨和我的皮当房盖,用我的肉抹墙,用我的头,当你们的枕头。这样,你们就会过好日子。千万千万按我的话去做呀!"②额尔登卦讲的异文《小红马》是,小红马死后又回来探望"昆克乌娜吉":"我也是怕你想我才回来的。不过,我已经什么能力也没有了,只是叫你看着得到一点安慰吧。"③白英作品《我们的祖先》表征民族的祖先图腾已变为模糊的记忆,"对图腾艺术来说,无论是原生态的图腾艺术,还是转形态的图腾艺术,图腾幻象所凝聚着的生命感受和生命意象,都有着丰富的社会意义和精神内涵。"④白英支持1996年鄂伦春族自治旗政府颁布的禁猎决策,"动物也是生命,是我们人类的朋友"⑤。但白英也承认:"我就是一个有信仰的人。我崇拜我们的祖先,崇拜我们的'白那恰'。我用木头刻制了很多神偶,把他们摆放在安静的画室,每天用心灵与他们交流,以真诚供奉'白那恰'。"⑥白英还说:"而且萨满教谁也说不清楚,只有萨满自己知道这个事情,他不会,不会跟别人说的,要研究萨满教吧,你自己成为萨满,差不多能研究透,要不,你自己不是萨满,这根本就说不透。"⑦民族艺术家不能忘记自己的祖先,否则就是无根和忘本,如白剑的诗《寻找祖先》:"当我想起那首民谣的时候/我就想起祖先迁移到这里/我来到森

---

① 敖荣凤:《森林的颂者——记鄂伦春族第一代画家白英》,《鄂伦春研究》1999年第2期。
② 峻林等编著:《鄂伦春民间故事集成》,内蒙古文化出版社1997年版,第489页。
③ 同上书,第484页。
④ 郑元者:《图腾美学与现代人类》,学林出版社1992年版,第142页。
⑤ 敖荣凤:《森林的颂者——记鄂伦春族第一代画家白英》,《鄂伦春研究》1999年第2期。
⑥ 刘晓春:《鄂伦春历史的自白》,远方出版社2003年版,第281页。
⑦ 被访谈人:白英。访谈人:王丙珍。访谈时间:2014年9月19日。访谈方式:电话。访谈地点:鄂伦春自治旗阿里河镇。

林里寻找祖先的足迹/看到的是一片片森林在呐喊/在呐喊/他们在诉说着古老的故事/他们不让我走,让我坐在草地上/听他们诉说古老的故事/让我想起祖先/我的心回荡/回到了祖先迁移的路上。"① 2013年5月3日,老猎人孟和提到某件艺术品时说:"白英回来过,我给白英了。"② 2014年2月4日,孟淑红也说:"我家装盐的桦皮盒,没盖,白英要,刘建(她丈夫)给了。"③ 笔者相信一个民族艺术家能够承载起这个民族加在他灵魂上的重担。

(三)主体意识的觉醒

鄂伦春族绘画艺术创作者在历史的长河中默默流过,没有留下名字,甚至很少保存下作品,多以民族创作、集体创作、"佚名"创作为主体,在人类文明史中的记载是空白的。白英在听民族诉说、在向民族诉说、在为民族诉说:"作画就是我的语言,我表述的工具。我们是一个弱小的民族,需要通过不同方式让更多的人了解,认识我们这个民族。"④ 白英选择了油画,"艺术就像技术一样,处身于和依赖于实存的世界,创造出思想和实践的另一天地。"⑤ 白英作品《阿里河》呈现"身在异乡为异客"的故乡情愫,梦中都是家乡的味道,阿里河是故乡的河,猎狗在河边失去了嗅觉,"当我奋斗一生,到了迟暮之年,我会回来,回到我的故乡,这里是我的根,我会把我的忠骨埋在这青山绿水中。"⑥ 白英建造了寄托自我、文化与民族的艺术家园,"历史叙述社会生活,艺术则叙述个人生活"⑦。白英油画是对自然环境、民族精神的深刻理解

---

① 白剑:《寻找祖先》,《鄂伦春》1995年第1期。
② 被访谈人:孟和。访谈人:王丙珍。访谈时间:2013年4月28日。访谈地点:鄂伦春自治旗托扎敏乡木奎猎民村被访谈人家中。
③ 被访谈人:孟淑红。访谈人:王丙珍。访谈时间:2014年2月4日。访谈地点:大兴安岭地区呼玛县白银纳民族乡被访谈人家中。
④ 敖荣凤:《森林的颂者——记鄂伦春族第一代画家白英》,《鄂伦春研究》1999年第2期。
⑤ [美]赫伯特·马尔库塞:《审美之维》,李小兵译,生活·读书·新知三联书店1989年版,第101页。
⑥ 敖荣凤:《森林的颂者——记鄂伦春族第一代画家白英》,《鄂伦春研究》1999年第2期。
⑦ [俄]车尔尼雪夫斯基:《艺术与现实的审美关系》,周扬译,人民文学出版社1975年版,第98页。

和亲身感受,"这种责任感不是现在才有的,也不是别人加给我的,是从我出生时它就存在的"①。创作主体通过作品求得精神的解脱、情感的寄托、迷惑的宣泄、心灵的净化和片刻的愉悦。

鄂伦春族狩猎文化需要每个鄂伦春人自觉地保护和传承,"现在,传统游猎文化知识仅仅为少数老人保留,鄂伦春族群体的森林游猎文化变成了个体记忆。"② 传承与创造民族文化之美不在于力量的大小、作品的多少,而在于民族文化的良心和责任感,"中国少数民族的许多画家就是这样生活在内地人看来民风民俗十分神奇别有情调的地方,以他们的方式在传承着中国文化艺术中最动人的部分,并在传承中演进,或借鉴外来艺术的语言与工具融合在本民族的艺术中推进本民族艺术的发展。"③ 总之,"这个人"没有经历民族的过去,却通过血脉传承了民族文化;"这个人"正经历着民族的现在;并且能够用艺术的形式"预见"未来,这样的艺术家才是真正的民族艺术家,这样的人创作的作品才是真正的民族艺术品。

第二节　欢歌乐舞的审美情趣

鄂伦春族音乐和舞蹈是生产生活、思想感情和意识形态的表现,是反映民族性格和审美情趣的艺术。鄂伦春族歌舞的审美情趣反映了追求自然美、生活美和艺术美的态度,主要是指呈现在审美意象中的情景交融、虚实相生及其审美想象空间。

---

① 何欣:《永恒的森林记忆——访鄂伦春族画家白英》,《中国民族》2008 年第 3 期。
② 同上。
③ 钟志金:《当代中国少数民族美术综论》,《西北民族大学学报》(哲学社会科学版)2003 年第 6 期。

一　生活的体验

在人类文化的初级阶段，音乐与舞蹈、诗歌是三位一体的。音乐为跳舞伴奏，鼓声和歌声为舞者提供节拍旋律、和声与复调。鄂伦春族民歌按体裁分为"赞达仁"即山歌、"吕日格仁"即鄂伦春族歌舞的总称、萨满调和"摩苏昆"即说唱文学四类：其一，"赞达仁"分为有词和无词两类，如《放歌兴安岭》《黄骠马的乳汁》《猎人之歌》《樟树之歌》《打猎归来》《美的歌喉》《我坐在树下唱歌》《摇篮曲》等，其中《美的歌喉》赞美了艺术的力量，"当她站在高山顶上唱起占达仁，/白云不再游动，/百鸟也都停下，/真是美的歌喉，/那衣斯那耶斯那耶！"①《我坐在树下唱歌》歌唱歌声："我坐在白桦树下唱，/白桦树都跟着转起圈来。/我坐在杨树底下唱，/杨树都生出芽子来。/我坐在空心柳树下唱，/空心柳都动起心来。/我坐在青松树下唱，/青松的叶子都飞旋起来。/我坐在椴树下边唱，连椴树也喘息起来。"② 其二，"吕日格仁"分为领合式、互动式和模仿式。③ 领合式是"罕贝舞"的伴奏，歌唱鄂伦春人生活的歌，一人领舞、领唱，众人齐唱，在篝火旁跳"罕贝舞"；互动式为相互对歌、对舞；模仿式是模仿动物嬉戏、搏斗的舞蹈，如黑熊搏斗舞等。其三，萨满调包括请神调、来神调和送神调，请什么神就唱什么调。萨满祭祀先搭好接迎神的"白它拉替"（神架）、熏香神衣、安排好神偶、摆好供品，萨满就唱起请神调："我请诸神下凡，/依格雅，/我唤醒神来到人间。/依格雅，/已经准备好了完整的祭品，/依格雅，/神要喝血我这里有犴。"④ 当所请的神灵降临以后，萨满为神代言，"我叫谢恩，是人间的祖神，到天空又变成春风神，请用香味弥漫的'阿

---

① 呼伦贝尔盟文联、呼伦贝尔盟文化局编：《达斡尔鄂温克鄂伦春民歌》，内蒙古人民出版社 1981 年版，第 329 页。
② 同上书，第 330—331 页。
③ 参见关志英《鄂伦春族传统民歌种类及发展现状》，《大家》2012 年第 16 期。
④ 黑龙江省塔河县民间文学三套集成编委会：《塔河民间文学集成》，内部资料，1987 年，第 343 页。

叉'熏我的神位，使我变成了高尚的神……"① 跳神仪式结束，萨满唱送神调："呀格呀格呀格耶，/呀格耶，/呀格呀格呀，/呀格耶，/上天了，/我走了。/呀格耶呀格耶。"② 其四，"摩苏昆"（边说边唱），曲调有固定和不固定两种，短则小段故事，长则达数十天，如《英雄格帕欠》《波尔卡内莫日根》《布提哈莫日根》《双飞鸟》《雅林觉罕和额勒黑汗》《鹿之歌》等。"摩苏昆"有"摩如苏昆"（悲调说唱）和"乌伦恩沁"（喜调说唱）。李水花讲唱的《"摩苏昆"的由来》讲一对无父母的兄妹相依为命，妹妹乌娜吉汗自打哥哥娶了媳妇就受到欺凌，邻居的儿子乌特汗常常帮助乌娜吉汗干活，并认她做了亲妹妹。凶狠嫂子送乌娜吉汗当"团圆"媳妇，相爱的两个人被生生分开。乌特汗得知乌娜吉汗已被丈夫活活打死了。乌特汗走到哪儿，乌娜吉汗的歌就传到哪儿，天长日久，猎人就称这种说唱故事为"摩苏昆"。③《英雄格帕欠》讲道："我的歌让座哟，/应该有人来做客相陪，/因为我打来的野物哟，/怎么也吃不没。/要是有个帮手哇，/岂不更美？/我的袍子铺盖哟，/已经破得零零碎碎，/我的歌哟有谁来听？/我想的乌那季又是谁？/只有到梦里去找寻。"④《波尔卡内莫日根》讲波尔卡内莫日根看中了乌娜季，想帮助她解除灾难，为她一家报仇。"天上飞的，地上走的，水里游的，都躲不过我'嗖嗖'射飞的利箭，一个个当时就得断气。我是出了名的射箭手，不是口口声声说大话。有个阿尔塔内莫日根，名字好听，可武艺差远啦。库雅尔，库雅若，库雅尔，库雅若。"⑤ 总之，鄂伦春族民歌主要歌唱对自然的热爱、狩猎生产生活、男女爱情、包办婚姻、苦难生活、劝酒、宗教信仰、英雄事迹和新社会、新生活等。

鄂伦春人爱唱歌，"兴安岭有多少树，兴安岭就有多少歌"⑥。猎手也成为歌手，"马背左边挂箭筒，马背右边驮歌篓"⑦。演唱形式主要有合唱、对唱与

---

① 关小云、王宏刚：《鄂伦春族萨满教调查》，辽宁人民出版社1998年版，第66页。
② 同上书，第159—160页。
③ 参见峻林等编著《鄂伦春民间故事集成》，内蒙古文化出版社1997年版，第127—136页。
④ 孟淑珍译：《英雄格帕欠》，北方文艺出版社1993年版，第8—10页。
⑤ 孟淑珍：《黑龙江摩苏昆》，黑龙江人民出版社2009年版，第85页。
⑥ 娜日斯编：《达斡尔 鄂温克 鄂伦春谚语精选》，内蒙古文化出版社1993年版，第85页。
⑦ 同上。

独唱。合唱往往是在集会上或者鄂伦春妇女共同采集的时候,"摩苏昆"中常有男女主人公的爱情对唱,"早先,山里的猎民有对歌的习惯。不管认不认识,求人帮忙,保媒拉纤,求婚求爱,打趣逗乐都少不了对歌子,唱出来的词儿爱绕着弯子,比喻着说,可有意思了"①;鄂伦春人唱歌成了习惯,"就是骂人也想唱歌,也唱呢"②。额尔登卦老人是在开玩笑,如《开玩笑的歌》唱道:"你说你唱歌好嗓音,/我听着却像那罕达犴的叫声。/你说你长得好模样,/我看你倒像个四不像。"③

鄂伦春族年轻的歌手有鄂伦春自治旗的"鄂伦春族三姐妹"曲云、白焱、白娟,呼玛县白银纳民族乡的孟艳华是"鄂伦春族百灵鸟"。敖长福这样理解民歌:"厚重的艺术天赋,古老的表达方式,漫长的张力……加上鄂伦春男人深沉憨厚,以及鄂伦春女人的热烈和能干。这就是鄂伦春人自己酿造出来的大岭歌谣。"④ 鄂伦春民歌重调不重词,歌词即兴创作,所以,没有内容的音乐无从被翻译,正如意大利谚语"翻译即背叛",每个曲调都是"召唤结构","音乐好像只是在表达它自己,这是最美的美学幻想"。⑤ 据额尔登卦老人讲:

> 说实话,如果你会鄂伦春语言,就会唱,如果你不会,就不会唱。
>
> 我就好唱,看见山跟山对歌,看见鸟跟鸟对歌,大动物的声音可以发出来,飞龙鸟、小狍子,就喜欢声音,一辈子就这样。
>
> 看见花儿,就想起美的姑娘,就跟花唱歌。我小时候,不知道自己唱得好,人家娱乐、打猎,篝火节唱、跳,我们就可以唱、跳,跳大神也那样,我感到很快乐,哪儿有唱歌,讲一遍我就会。
>
> 山上生活也没有乐器,除了自己的歌声、别人的歌声,只有动物,一

---

① 孟淑珍:《黑龙江摩苏昆》,黑龙江人民出版社2009年版,第152页。
② 被访谈人:额尔登卦。访谈人:王丙珍。访谈时间:2013年1月14日。访谈地点:鄂伦春自治旗阿里河镇被访谈人家中。
③ 呼伦贝尔盟文联、呼伦贝尔盟文化局编:《达斡尔鄂温克鄂伦春民歌》,内蒙古人民出版社1981年版,第336页。
④ 敖长福:《大岭歌谣》,《鄂伦春》2008年第4期。
⑤ Edward W. Said, *Music at the Limits*, New York: Columbia University Press, 2008, p.148.

切都可以学，还有野鹰的声音，晚上，哭一样的声音，心情不好的人听到就哭呀。口弦琴的声音，唱的声音都是鸟的声音，大雁，唱出来自己的声音、情绪，也能唱别人的情绪。自己唱唱，一百个人有一百种唱法，没有死规定。①

2012 年 2 月 24 日，鄂伦春族老人葛永杰提起去河边抓鱼时唱的歌：

跳神调有 2 个调，上河沿就唱这个调。我 8 岁解放，10 岁才上学，上到五年级，6 年级没上，妈妈病了，识字，治小孩受惊吓的。

心情好了就唱，我就唱："开春了，天暖和了，花也开了，山里边，狍子满山跑，'撒吉亚'（喜鹊）懂事的好人，找个好婆家。"

我在河沿小时候的事，花花绿绿的，好看的花儿，想起来儿时的事，从前我姥姥唱过的歌，夏天来个记者，上河边，穿服装采都柿。

爸爸教学开枪，看见狍子就打，一帮帮的，那里狍子多，赛马第二名，打靶半自动，第二名。②

2014 年 2 月 4 日，笔者在大兴安岭地区呼玛县调研时，孟淑芳唱了一段"摩苏昆"：

那呀那哟，那呀那哟，现在已经春天了，那呀那哟，草已长高了，大地也（绿了），那呀呀，老山芹也长出来了，那呀那哟，山葱也长出来了，我和姐姐妹妹们采那个野菜，老山芹、山葱，晒干了以后，冬天吃。那呀那哟。③

两个歌者都唱着体验过的生活之歌，伴着一种永恒的情感和美好的回忆，

---

① 被访谈人：额尔登卦。访谈人：王丙珍。访谈时间：2013 年 1 月 29 日。访谈地点：鄂伦春自治旗阿里河镇被访谈人家中。
② 被访谈人：葛永杰。访谈人：王丙珍。翻译：葛永杰。访谈时间：2012 年 2 月 24 日。访谈地点：大兴安岭地区塔河县十八站民族乡吴继成家中。
③ 被访谈人：孟淑芳。访谈人：王丙珍。翻译：孟淑芳。访谈时间：2014 年 2 月 4 日。访谈地点：大兴安岭地区呼玛县白银纳民族乡关扣妮家中。

"音乐欣赏虽然是一种一次性的活动,但它们却能够在我们的记忆中重现。"①生活体验与审美记忆紧密关联。

鄂伦春族舞蹈在过年、过节和集会时跳,一般青年妇女较多,老太太和小孩也有跳的,男人只是个别的。② 鄂伦春族舞蹈主要分为宗教舞蹈、仪式舞蹈、模拟舞蹈和娱乐舞蹈。宗教舞蹈主要有萨满舞和黑熊搏斗舞蹈。萨满舞蹈通常在"斜仁柱"里或外跳,傍晚燃起篝火开始跳,萨满舞步主要有碎步原地转、单腿画圈、前踏、后退、跺地、急促地走动、原地双腿跳、移动双腿跳等剧烈动作。跳萨满舞蹈要选硬实的地面,声音的气势才够。目前,此类表演仪式往往选择在河边的沙滩上,会陷进去,根本跳不起来。黑熊搏斗舞始于鄂伦春人的熊崇拜,扮演熊的人戴着"得日尔垫"(桦树皮制成的假面具),舞者通常是两个或三个男人,模拟黑熊搏斗动作,并有一人来劝解。仪式舞蹈主要有"依和纳仁"。"依和纳仁"是一种祭祀舞蹈,戴着"得日尔垫"的众舞者将1人围在中央,中间的人通常是老者在传族谱,所有人都蹲着蹦跳或蹲跳旋转,边跳跃边逆时针行进,再顺时针跳跃,外围人以衬词"那耶希那耶"附和,表示牢记传承的意思。模拟舞蹈主要有"群球嫩"(树鸡舞)、"依哈嫩"(跳舞)和"红普嫩"(采红果舞)等。"群球嫩"是模拟树鸡蹦跳和飞翔动作的女性舞蹈,也是儿童喜欢的游戏舞蹈,舞者两人或四人手叉在腰上蹲着,像树鸡在林间那样来回跳动,这种舞蹈与俄罗斯的那乃族、埃文基族和萨哈共和国的儿童舞蹈非常相似。2014 年 6 月 19 日,俄罗斯的哈巴罗夫斯克少年民间演出团来鄂伦春自治旗交流演出,演出的原生态歌舞节目表明传承情况良好。"依哈嫩"是庆祝狩猎丰收的双人女性舞蹈,两人手拉手转两圈翻一个身,模拟把猎物放马背上的动作,象征马来回地转圈。"红普嫩"是模拟妇女采集的双人女性舞蹈,舞者做出围着树采果子的姿势,面对面地逆时针转圈、鼓掌。娱乐舞蹈主

---

① [美]林赛·沃特斯:《美学权威主义批判:保尔·德曼、瓦尔特·本雅明、萨义德新论》,昂智慧译,北京大学出版社 2000 年版,第 337 页。
② 参见全国人民代表大会民族委员会办公室编《逊克县鄂伦春民族乡情况:鄂伦春族调查材料之三》,内部资料,1959 年,第 104 页。

要有"鄂呼兰德呼兰""依和鲁""哲和哲""达汗达""格呼日格""阿苏亚""得勒古嫩"(扇舞)、"鲁力该嫩"(大闹一场)等,此类歌舞是以呼号的头音或曲子名称来命名的集体舞,通常无乐曲伴奏,舞者自呼自跳,如"阿苏亚"是男女都能参加的集体舞蹈,跳舞时人数多少不限,表演时先由一人领唱,大家随之且歌且舞,内容多是歌唱打猎胜利而归的英雄,"乡亲们围着篝火唱着歌,跳着'阿苏呀'舞"①。"得勒古嫩"是四人女性舞,两人站在固定的地方,另外两个人分别走"8"字围绕固定的两人跳,像摇扇子那样,晃动手中的红绿绸子。"鲁力该嫩"是一种环形女性集体舞,舞者手拉手围成一圈,全身稍向里弯曲,左右跳动,手放在大腿根稍向下处,移动时按逆时针方向,表示"移动的家"和"家的移动"。

在鄂伦春族舞蹈中,表示两性关系意义的舞蹈很少见,"狩猎民族的舞蹈一律是群众的舞蹈"②。狩猎民族舞蹈是群体化、民族化和社会化的。但我们也不能忽略人类学家的田野所见,"我也曾看到过由单独一个男人或一个女子,或也由两人跳的舞蹈,比如一男一女跳的啄木鸟和公鸡舞、熊舞等,但是这些舞蹈已处于退化状态。"③鄂伦春族舞蹈已达成记忆、审美、娱乐等多重意义,"多数原始舞蹈的目的是纯粹审美的,而其效果却大大地出于美以外。没有其他一种原始艺术像舞蹈那样有高度的实际的和文化的意义。"④

二 情感的表露

音乐是情感的语言,舞蹈是"活动的雕刻","通过音乐来打动的就是最深刻的主体内心生活;音乐是心情的艺术,它直接针对着心情"⑤。鄂伦春族歌

---

① 参见隋书金整理《吴达内的故事》,北方文艺出版社1962年版,第51页。
② [德]格罗塞:《艺术的起源》,蔡慕晖译,商务印书馆1984年版,第170页。
③ [俄]史禄国:《北方通古斯的社会组织》,吴有刚等译,内蒙古人民出版社1985年版,第503页。
④ [德]格罗塞:《艺术的起源》,蔡慕晖译,商务印书馆1984年版,第169—170页。
⑤ [德]黑格尔:《美学》(第三卷上),朱光潜译,商务印书馆1981年版,第332页。

曲是表达情感的艺术,"一切艺术都是创造出来的表达人类情感的知觉形式"①。鄂伦春人热爱并留恋这片大森林,郭其柱演唱的《喜欢》表达了鄂伦春人和大自然的血肉联系,"机警的梅花鹿,/喜欢高高的山峰;/力大的狂犴,/喜欢深邃的山谷;/自由的哲罗鱼,/喜欢深汀的水;/勇敢的鄂伦春,/喜欢富饶美丽的兴安岭。"②孟提木杰唱的《什么最美丽》唱道:"在犴的眼里树枝最美丽,/在飞鸟的眼里天空最美丽,/那呀那呀,/那衣那耶,/那衣那耶;/在百灵鸟的眼里春天最美丽,/在猎人的眼里兴安岭最美丽,/那呀那呀,/那衣那耶,/那衣那耶。"③兴安岭不仅是鄂伦春人身体的安居之所,更是灵魂的所在之处。

鄂伦春人的情歌流露了真情之美和自然之美。2012年2月25日,笔者听葛淑贤演唱了《心心相印的人》:"喜鹊愿落在白桦林中,/我愿嫁给聪明能干的猎手,/那衣耶,/那衣耶,/那衣耶,/那衣耶,/那衣耶;/蚂蚁安身在松树上,/我愿嫁体贴、关心、保护我的人,/那衣耶,/那衣耶,/那衣耶,/那衣耶,/那衣耶。"④葛淑贤黯然想起去世的丈夫孟元涛,并回忆了两人曾经的爱情对唱,孟元涛唱《出围送别》:"在那清清的呼玛河上游,/有只两头尖尖的桦皮船。/桦皮船上站着年轻的猎民,/姑娘在岸上对他把手招。/你往呼玛河上游走,/在乌拉银河口等着我。"⑤葛淑贤对唱《等着我吧》:"往呼玛河上游走的是,/穿红杠子的小伙子那衣那耶,/你往呼玛河上游走,/那呀那呀呀那衣呀呀。/走到乌拉银河口的地方,/等着我吧。"⑥

鄂伦春族老人大都会唱《摇篮曲》,曲调大致相同,衬词"啵啵咧"也一致,以额尔登卦的唱词为例:"宝贝睡吧,/你爸爸打猎去了,/正在回家的路上;/宝贝睡吧,/你妈妈挤奶去了,/正在回家的路上;/宝贝睡吧,/爷爷奶奶在休

---

① [美]苏珊·朗格:《艺术问题》,滕守尧译,中国社会科学出版社1983年版,第75页。
② 程延庆、隋书金:《鄂伦春民歌集:黑龙江省少数民族文学艺术调查资料汇编》(之一),黑龙江省群众艺术馆编,内部资料,1961年,第17页。
③ 呼玛县文学三套集成编委会:《呼玛民间歌谣谚语集成》,内部资料,1987年,第2—3页。
④ 被访谈人:葛淑贤。访谈人:王丙珍。翻译:葛淑贤。访谈时间:2014年2月25日。访谈地点:大兴安岭地区塔河县十八站林业宾馆。
⑤ 呼玛县文学三套集成编委会:《呼玛民间歌谣谚语集成》,内部资料,1987年,第96页。
⑥ 同上书,第95页。

息,/连猎狗都睡了,/宝贝呀,/你快睡吧。"①

2014年2月7日,笔者听孟艳华边说、边唱、边哭地讲起爱唱歌、录歌的事:

> 我从来没有上舞台唱过歌、上外面唱过歌,我就在家唱,原先的土房,不是有木头梯子嘛,上那房顶唱去,因为啥,我……我14岁爸爸妈妈就去世了嘛,我想哭,哭不出来,我就上房顶……房顶,我想起啥歌,我就唱啥歌,香港的歌我都会唱,邓丽君了,林晓妹了,张晓惠了,什么玩意儿的,就是好(hào)演唱的。
>
> 全白银纳那时候后面都没有多少房,我们家在大西头那块,离我家砖房,还得走半里路吧,紧西头那个房子,夏天也好,冬天也好,我发泄的方式是唱歌,我就开始唱,我们邻居就开始骂我"精神病呀,整天哭嚎的",实际我没哭,我就唱悲歌了,我就唱……唱,发泄好了,唱个3首、5首歌,我就下来,我就睡觉了。我就那么过来的,我14岁,就我父母都没了,我有两个妹妹、两……一个弟弟,结果,我结婚之前,两个妹妹、一个弟弟全死光了,现在,就剩我自己了,我跟任何人,我都没说过。②

2014年2月11日,《达尔初仁(保护神)》的演唱者魏美英对笔者说:

> 听说你来了,我就怕你找我,让我唱歌,这几天过年,我总是想死去的两个儿子,3个孩子(有1个是女儿,现住在呼玛县),2个儿子全喝死了,喝大酒也行,哪怕在我身边,我一个人在家过年,孤单寂寞,都没结婚,大儿子正月十二生日,(今天)正好正月十二。③

---

① 胡庆武、莫日根布库录制:《鲜卑山天籁》,2011年版。
② 被访谈人:孟艳华。访谈人:王丙珍。访谈时间:2014年2月7日。访谈地点:大兴安岭地区呼玛县白银纳民族乡被访谈人家中。
③ 被访谈人:魏美英。访谈人:王丙珍。访谈时间:2014年2月11日。访谈地点:大兴安岭地区呼玛县白银纳民族乡被访谈人家中。

这样孤苦伶仃的两个人，一个用歌声去表达，一个却再唱不出任何一首歌，同样的人生之悲，不同的生活状态，艺术不过是人类表达情感的一种可能性的选择，"在音乐里这种主客的差别却消失了"①。车尔尼雪夫斯基认为"歌唱实际上是一种悲欢的表现，绝不是由于我们对美的渴望而产生的"②。如《吴达内的故事》中乡亲们为吴达内欢唱："吴达内是勇敢的人，/吴达内是正义的人，/吴达内战胜了'牤逆'，/吴达内是胜利的人。/从此我们不再受害，/从此我们又有了野兽飞禽，/从此兴安岭是我们大伙的，/从此我们真正做了这地方的主人。/感谢你啊吴达内，/我们辈辈不能忘记你这位英雄。"③ 在萨义德看来"音乐是一种表达的艺术，但又没有能力本义地、具体地说出它表达的是什么"④。因为音乐表达着人类所有的情感，"艺术品本质上就是一种表现情感的形式，它们所表现的正是人类情感的本质"⑤。

身体的语言作为人类最早的语言形态是情感的表达，鄂伦春族舞蹈既有舞者的审美体验，也有"主动观众"的审美快乐，成为狂欢的激情游戏，最终达成共同舞蹈，"狂欢处世态度拥有强大蓬勃的改造力量和不可遏止的生命力"⑥。鄂伦春族舞蹈动作激烈，随着节奏的规律融入了生命的劲力，"舞蹈演员所创造的却是一个力的世界，这个力的世界是通过一系列姿势的连续展现而显示出来的"⑦。《篝火会歌》体现了鄂伦春人热情豪放的性情和团结的民风，"兄弟们，/哥儿们，/咱们手拉手呀团结紧，/咱们抬起腿呀团结紧。"⑧

在鄂伦春族社会的历史进程中，青年男女的爱情婚姻曾受到包办婚姻的阻

---

① [德] 黑格尔：《美学》（第三卷上），朱光潜译，商务印书馆1981年版，第332页。
② [俄] 车尔尼雪夫斯基：《艺术与现实的审美关系》，周扬译，人民文学出版社1975年版，第68页。
③ 隋书金整理：《吴达内的故事》，北方文艺出版社1962年版，第51页。
④ Edward W. Said, *Music at the Limits*, New York: Columbia University Press, 2008, p.149.
⑤ [美] 苏珊·朗格：《艺术问题》，滕守尧译，中国社会科学出版社1983年版，第7页。
⑥ [俄] 米哈依尔·巴赫金：《陀思妥耶夫斯基诗学问题》，刘虎译，中央编译出版社2010年版，第118页。
⑦ [美] 苏珊·朗格：《艺术问题》，滕守尧译，中国社会科学出版社1983年版，第10页。
⑧ 黑龙江省塔河县民间文学三套集成编委会：《塔河民间文学集成》，内部资料，1987年，第355页。

碍，压抑了人性和情感。歌舞《鄂呼兰、德呼兰》歌颂四姐妹反抗包办婚姻的勇气，四姐妹爱着本族猎人，父母却将她们嫁给一个异族财主，在一个黑夜，四姐妹每人拿着一颗发亮的玉石逃走了。最小的妹妹却丢失了玉石，她悄悄地吊死了，三个姐姐得知妹妹的遭遇，在越来越高亢地反复咏唱和越来越激烈的舞蹈中传达热爱生命、追求自由和幸福的心声，"鄂呼兰、德呼兰，/介微勒加奎，/坐在岩石上刺绣我的烟荷包，/介微勒加奎，/红岩上坐满了鲜红的姑娘……"①据鄂伦春族老人白英卦说："鄂呼兰，德呼兰，一代一代人传下来的，托河的有，玩的时候唱跳，过去老太太都会跳，在外面跳。"② 当下，鄂伦春人快乐地唱着、跳着《鄂呼兰、德呼兰》，在人们的欢声笑语中，早已不再有往日的悲戚。

三　信仰的思考

宗教信仰是一种意识形态，伴随着理性的思索和审美的表现形式，"通过肉体，通过眼光、神色或是较富于精神性的音调和言语，把精神的最内在的生活和存在揭露出来"③。宗教信仰繁荣的时代通常是艺术兴盛的时期，"在人们把精神享受看得高于肉体享受、把感情看得重于智慧的年代里，人们感到了宇宙的感情和意味"④。据鄂伦春族老人葛淑贤说："看山花花绿绿红红的，味也好，与鱼交道，不让抽烟，不让有动静，奶奶供神，小草人，2个，狍子熟了，肉供着，跪着，神唠念、叨咕：'da（别吵吵）、da、da，一路平安，老天爷，帮我发财吧，我给你磕头。'"⑤ 在鄂伦春人看来，唱歌、跳舞不仅是娱乐，而且是敬神的方式，人们相信歌舞是人神沟通的语言，"歌儿把我接到人

---

① 全国人民代表大会民族委员会办公室编：《鄂伦春自治旗托扎明努图克情况：鄂伦春族调查材料之二》，内部资料，1957年，第45页。
② 被访谈人：白英卦。访谈人：王丙珍。访谈时间：2014年1月27日。访谈地点：鄂伦春自治旗托扎敏乡被访谈人家中。
③ ［德］黑格尔：《美学》（第二卷），朱光潜译，商务印书馆1979年版，第331页。
④ ［英］克莱夫·贝尔：《艺术》，周金环等译，中国文联出版公司1984年版，第63页。
⑤ 被访谈人：葛淑贤。访谈人：王丙珍。访谈时间：2012年2月24日。访谈地点：大兴安岭地区塔河县十八站民族乡林业宾馆。

间，歌儿把我送上圣天"①。

　　人类最初的乐器是发声器官，鄂伦春制作的乐器有"朋努卡"即口弦琴、"文图文"即萨满鼓、"乌力安"即鹿哨、"底布千卡文"即狍哨等。"朋努卡"是一种铁制的口衔乐器，细长形的尾部是一个半圆形，前端是一个弯折的弹簧，弹奏者用左手拿着弯曲的半圆形，琴簧的前端向外，上下齿轻触细端，用右手食指从外向内轻拨琴簧，通过改变双唇形状吹出强弱之音，声音很小，音调悲楚或快乐。黑龙江省黑河市逊克县的鄂伦春人形容其为"两个山的中间乌鸦叫——鄂伦春人自制的口琴"②，鄂伦春族自治旗托扎敏乡的鄂伦春人形容其为"在两座山之间，有'开心'鸟叫——鄂伦春人吹自制的口琴"③。鄂伦春族审美趣味的差异性说明忧伤或快乐与乐器本身无关，全在人的内心。传说俄罗斯远东的涅夫赫人的口弦琴是骨头制成的，《勇敢的阿兹猛》讲述了口弦琴的来历：少年阿兹猛"另外还拿了一小块骨头片，如果在路上很寂寞，就可以拿出来吹奏……他就把自己的小骨片送给了台拉兹，还做给他看，应该怎样奏法……台拉兹开心极了，他把小骨片放在口里，用牙齿夹紧，用舌头奏起来。小骨片鸣呜叫着，嗡嗡响着：有时像海风在吹，有时像拍岸的波浪，有时像树木在簌簌响，有时像黎明时的鸟声，有时又像金花鼠吱吱地叫"④。"文图文"为萨满鼓，"鼓到如今还是大部分狩猎民族的唯一乐器"⑤。萨满神鼓的鼓声可以标记拍子和节奏。"乌力安"模拟雌鹿的叫声吸引雄鹿，用松木削成牛角形，挖开木心合上后用绳扎紧，用力吸吮而不是吹细端处才能发出声音，"达斡尔人不会用猎笛呼鹿，不过以后也有人从鄂伦春人那里学会了"⑥。随着所模仿的动物成为图腾，这种生产工具演变为图腾乐器或神灵，鄂伦春人忌讳

---

①　娜日斯编：《达斡尔　鄂温克　鄂伦春谚语精选》，内蒙古文化出版社1993年版，第85页。
②　全国人民代表大会民族委员会办公室编：《鄂伦春族情况：鄂伦春族调查材料之一》，内部资料，1957年，第45页。
③　全国人民代表大会民族委员会办公室编：《逊克县鄂伦春民族乡情况：鄂伦春族调查材料之三》，内部资料，1959年，第100页。
④　[苏] 德·纳吉什金：《黑龙江民间故事》，梁珊译，少年儿童出版社1955年版，第5—15页。
⑤　[德] 格罗塞：《艺术的起源》，蔡慕晖译，商务印书馆1984年版，第222页。
⑥　[日] 畑中幸子：《鄂伦春调查》，张光佩译，《北方民族》1991年第1期。

随便吹鹿哨，否则要刮大风。"皮卡兰"或"底布千卡文"是用桦树皮叠成的一种狍哨，模拟狍崽的叫声引诱母狍前来，虽可作乐器，却禁止乱吹，有禁止随意滥杀之意。

鄂伦春族舞蹈多为模仿动物的舞蹈，"在满足、活泼和合律动作和摹拟欲望时，还贡献一种从舞蹈里流露出来的热烈的感情来洗涤和排解心神，这种katharsis就是亚里士多德（Aristotle）所谓悲剧的最高和最大的效果"①。如"黑熊搏斗舞"保留了模拟舞蹈的原始形态，表现了熊图腾崇拜的审美形式。跳舞时，三人为一组模拟黑熊搏斗，其中的两人面对面站立、双手放在膝盖上，双腿半蹲，双脚跺地，前后扭动双肩，发出"哼木、哼木"的声音，两个舞者擦肩而过时，以肩互撞或用力呼叫，表现势均力敌、互不相让的架势，第三个人在旁也以同样的动作参加进去，以蹲、跳表示劝解，直至一方认输，表现出鄂伦春人勇敢、坚强、好胜的民族性格，"摹拟式舞蹈的后一种形式实为产生戏剧的雏形，因为从历史的演进的观点看来，戏剧实在是舞蹈的一种分体"②。舞蹈艺术表现信仰之思，"宗教想象在社会中占统治地位时，艺术与宗教就无法分离"③。

鄂伦春人喜欢围着篝火跳"依哈安克依阿罕贝替"（集体罕贝舞），舞者按鼓点踏脚，双手随节奏交替背手、举手，同时喊着"阿罕贝""阿罕贝"，双手轮流平举过额，举目眺望远方，传说这一套动作和喊的号子源于盼望亲人归来的故事，初特温《罕贝舞的由来》讲"西日克尔"（黑龙江沿岸的大山林）里有一户猎人家，有老头、老太太、儿子、媳妇和6岁的孩子，儿子外出去打猎8天没回来，第9天开始，媳妇和孩子到处寻找，媳妇不停地呼喊着丈夫的名字"阿罕——贝""阿罕——贝"，好多天都没有找到他，家人都认为没什么指望了，这一天，家人突然看见猎人从远方走来，全家人喊呀、叫呀、蹦呀、跳呀，老太太拿起一根木棒，"砰！砰！砰！"地敲起装满干柳蒿芽菜的皮口袋；老头一边点

---

① ［德］格罗塞：《艺术的起源》，蔡慕晖译，商务印书馆1984年版，第167页。
② 同上书，第167—168页。
③ ［美］苏珊·朗格：《情感与形式》，刘大基等译，中国社会科学出版社1986年版，第467页。

上篝火，一边摇晃着身子叫着儿子的名字"阿罕——贝""阿罕——贝"；媳妇边挥动手臂边"通！通！"跳着，按节奏喊着丈夫的名字；孩子也高兴地围着圈蹦着；猎手下马后也跟着围着篝火跳了起来。打那以后，经过不断加工，有了伴歌、皮鼓、口弦琴，便有了人人爱唱、个个爱跳的罕贝舞。① 鄂伦春族现代篝火舞具有广场舞的性质，类似于白俄罗斯民间舞蹈中的成对群舞——"小圆圈"舞，其基本动作是沿圆圈移动和变换位置。②

鄂伦春族音乐、舞蹈、口述文学集中展现的平台是一年一度的"古伦木沓阿聂"（篝火节），这个节日风俗缘于鄂伦春人的火神信仰，最早的民俗活动意在敬拜火神，也有占卜、跳神等活动。鄂伦春族老人额尔登卦讲的《火神的故事》提到老两口想搬到人多点的部落去住，叮嘱儿子把火弄灭再走，免得烧了森林。儿子两次没有灭掉火后，就往火里尿尿，还用棍子打，用刀子扎。老猎人遇到一个高高的红头发老人站在火堆上哭泣，说老猎人的儿子打他、扎他，逼他喝尿。老猎人急忙跪下叩头："老人家，火神爷爷，请恕罪，小孩子不懂事，神仙是不怪罪凡人的。我一定把您接到新居去，永远供奉您。"③ 从此，老猎人无论搬到哪里，都把火神供奉起来，额尔登卦说："我们民族有火神信仰，要用土或灰埋，若用刀扎，老太太都是血，别管白头发、红头发，反正是一个老太太。我不知道'居拉西其'（灶神），这是你们汉族的节日，我们只有火神，随时随地祭火神。"④

鄂伦春族歌舞的审美趣味既是审美主体与客体相互作用的结果，也有在审美体验中逐渐积淀而形成的审美取向，"直接感受美比了解如何去感受美是更好些。具有想象力和欣赏力，热爱最好的东西，在静观万物之时悠然神往于理想境界的信仰"⑤。鄂伦春族民歌和舞蹈回归人的本性和民族

---

① 参见孟淑珍整理《鄂伦春民间文学》，黑龙江省民族研究所内部资料，1993年，第258—265页。
② 参见［俄］T.特卡勤科《乌克兰、白俄罗斯民间舞蹈》，鲜继平等译，艺术出版社1957年版，第95页。
③ 峻林等编著：《鄂伦春民间故事集成》，内蒙古文化出版社1997年版，第97页。
④ 被访谈人：额尔登卦。访谈人：王丙珍。访谈时间：2013年1月14日。访谈地点：鄂伦春自治旗阿里河镇被访谈人家中。
⑤ ［美］乔治·桑塔耶纳：《美感》，缪灵珠译，中国社会科学出版社1982年版，第7页。

性,"放下猎枪的大兴安岭骏马的子孙们,当你们从高高的大兴安岭走下来,留下一些勇敢给自己取暖,留下一些自信给自己取暖,留下一些真诚给自己取暖,留下一首在原始大森林里带回来的唯一歌谣,揣进怀里为自己取暖吧"①。如白剑的诗歌《味道》:"随着回忆散步在山神留下的河边/浓浓地溶合野果露水特有的新鲜气息/怀念盘旋众人心中崇拜的神鹰/怀疑曾有过的歌声和味道/在神态安详的黑夜中路过/孤独寂静过往人群不安的倒影中//风回头听到呼吸声很浓/有味的歌声/回头看着熟睡的众人/味道渐渐散去。"②

鄂伦春自治旗的乌兰牧旗和大兴安岭地区呼玛县白银纳乡鄂伦春族民间艺术团是两大表演团体,自 2006 年以来,鄂伦春族歌舞已被列入非物质文化名录的项目有篝火节、口弦琴、"赞达仁"、萨满舞蹈、"吕日格仁舞"、斗熊舞、萨满祭祀仪式等,传承人有额尔登卦、延楚林、葛淑贤、吴瑞兰、杜玉兰和关扣妮等。

第三节 民间工艺的审美取向和表达

鄂伦春族民间工艺的种类和品种主要有兽皮制品、桦皮制品、革制品、毛织品、柳编、木制品、骨制品、铁制品、铅制品、饰品、玩具、雕刻、刺绣、剪纸等,涉及鄂伦春族生产生活的各个层面。当下,鄂伦春族的桦皮制品、兽皮制品享誉世界,因为鄂伦春人将这项工艺坚持得最为长久,鄂伦春人工艺品的审美观念表现在审美标准、审美意象和审美享受三个层面。

---

① 敖长福:《大岭歌谣》,《鄂伦春》2008 年第 4 期。
② 白剑:《味道》,《鄂伦春》2000 年第 1 期。

一　审美标准的两个维度

审美标准是指审美主体通过审美感受、审美趣味、审美经验、审美理想和审美评价达成的尺度和原则，"与传统美学密切相关的纯艺术，经常包含了实用的因素"①。民间工艺品的使用价值总是先于审美价值，"人最初是从功利观点来观察事物和现象的，只有后来才站到审美的观点上来看待它们"②。民间工艺的审美标准在于功利性和审美性，"艺术创作的行为本身是一种美学和实用的综合——在其中创作艺术对象的技巧和知觉参与用一种相互响应的方式融合"③。鄂伦春族工艺的审美标准定位于生活美的展示、环境美的借用、情感的载体和历史的见证。

鄂伦春族民间手工艺首先要满足大众的日常生活，它的美不可能只局限于欣赏，但功利性并不是审美标准的终结，"这只是一种审美方式，并非全部。其危险在于，它可能会排除其他可以被看作'艺术'的努力和尝试"④。在鄂伦春族的审美意识中，美和真、善并行，美可以战胜恶，"真正的美本身就能驱除邪恶"⑤。

在日常生活中，鄂伦春人的装饰对象几乎涵盖从家庭用具、住宅的覆盖物到各种服饰，构成了兽皮文化、桦皮文化、刺绣文化和剪纸文化，文化"指整个人类环境中由人所创造的那些方面"⑥。鄂伦春人制作的物品是为有用而为之，"每一艺术品都提供关于世界和我们自身的某种信息和知识……我们可以

---

① ［美］阿诺德·伯林特：《环境美学》，张敏等译，湖南科学技术出版社2006年版，第2页。
② ［俄］普列汉诺夫：《一封没有地址的信（1899—1900）》，《普列汉诺夫美学论文集》，曹葆华译，人民出版社1983年版，第395页。
③ ［美］阿诺德·伯林特：《生活在景观中——走向一种环境美学》，陈盼译，湖南科学技术出版社2006年版，第71页。
④ ［美］迈克尔·欧文·琼斯：《什么是民间艺术？它何时会消亡——论日常生活中的传统审美行为》，游自荧译，《民间文化论坛》2006年第1期。
⑤ 空特勒：《鄂伦春风情剪画》，中国文联出版社1998年版，第129页。
⑥ ［美］克莱德·克鲁克洪等：《文化与个人》，高佳等译，浙江人民出版社1986年版，第4页。

从艺术品中习得某种将作为日常生活实际的指南知识"①。鄂伦春女人想方设法制作的花纹和图案却是非功利的、审美的,如男女皮袍的开衩处,只用一条粗线就足以防止开裂,却用羊角纹、云纹装饰男性服装,用大朵的花纹和图案装饰女性服装,"娴熟的技术,吃苦耐劳的精神,梳理着张张兽皮,巧手做了皮衣皮裤,既遮风挡雨,驱寒保暖又美化了生活,兽皮制品是鄂伦春独有的服饰文化。"②同样,在针线盒和烟袋上点缀精致的花纹用意在于增加其审美价值。

鄂伦春人主要用木头、树皮等天然材料制作日用品,主要利用的是桦树。鄂伦春族是"依靠桦树和鹿生存的民族"③,清代学者方式济在《龙沙纪略》中记载:"鄂伦春地宜桦,冠、履、器皿、庐帐、舟渡,皆以桦皮为之。"④白彦讲的《白桦岭的传说》讲银鄂部落和金鄂部落大战,山神请雷神、雨神帮忙和解:"南山和北山哪,本是一重天!喝的是一河水呀,同猎在兴安。都是亲兄弟呀,何必相摧残?愿春雨洒遍青山哪,兄弟熄硝烟。箭杆变成白桦林呀,携手共团圆!"⑤

鄂伦春族雕刻主要用于桦皮制品,既有充满动感的图案,又有连贯的几何图形,"鄂伦春地产桦,其皮坚韧,可制器具,小舟及庐帐皆桦皮为之"⑥。远古时代,鄂伦春人应该是以桦树皮为衣的,但没有考古材料证实。鄂伦春女人用马的鬃毛编织成马尾眼镜,可以有效地预防雪地对眼睛的伤害,"通古斯人对西伯利亚环境适应的结果,采用了或者是发明了眼罩。这种眼罩对于不习惯春天的日光受白雪强烈的反射的人是绝对必要的,不然眼睛就会患一种特殊的

---

① 陈学明等编:《让日常生活成为艺术品——列菲伏尔、赫勒论日常生活》,衣俊卿译,云南人民出版社1998年版,第264页。
② 呼玛县人民政府印制:《关桃芳桦树镂刻艺术》,内部资料,2013年,第6页。
③ [日]秋叶隆:《大兴安岭东北部鄂伦春族调查报告》(一),[日]大间知笃三等《北方民族与萨满文化——中国东北民族的人类学调查》,迁雄二、色音编译,中央民族大学出版社1995年版,第5页。
④ 方式济、曹廷杰撰,天都山臣辑:《龙沙纪略·东三省舆图说·建州女真考》,中华书局1991年版,第20页。
⑤ 隋书金:《鄂伦春族民间故事选》,上海文艺出版社1988年版,第151—153页。
⑥ 万福麟修,张伯英纂:《黑龙江志稿》(卷一),文海出版社1965年版,第676页。

炎症"①。在好莱坞电影中,牛仔所戴的眼罩已演变为个性审美形象的一部分,这类装饰品的起源可以追溯到鄂伦春人的先祖和他们的生境。

　　鄂伦春族手工艺产品在满足用的过程中,始终体现着人与物、物与自然、人与自然间的相互协调与平衡,保存难、传承更难,传承不是一个人传一个人,而是民族与文化的认同,"宣告认同就是制造力量"②。空特勒创作的《不是梦》担忧着民族文化的前程:"恣意飘拂的冬风/带给你一片流泪的树叶/叶子的上面/有叶纹/叶纹的每一端/都是一条路/你在里面跌跌撞撞地行走/窝窝囊囊软软沓沓等待运气/时间在叶子的边缘上/慌慌乱乱地滑走了/无声无息。"③

　　鄂伦春族民间艺人的创造虽然是个体行为,但却体现了集体的审美要求,非功利性的审美标准促成了追求心灵的自由、情感的寄托、精神的解放和自我娱乐的方式。鄂伦春族女性常常随身携带绣有漂亮花纹的小针线包,里面放着针和线,如鄂伦春族谜语:"一只狍子没屁股,身子后边拖着肠子——针和上面的线。"如同男人出门必带猎刀和猎枪一样,在传说故事中,女主人公在遇到不测的时候也要在离开家的紧急时刻带走针和线,好像那是她创造生命的全部。

　　鄂伦春族工艺品的组合色彩与花纹里隐藏着民族的神话与传说,承载着民族的情感、部落的情感和个人的情感,"如果不了解许多民族的传说和故事,就无法了解他们的雕刻和一些装饰图案"④。传说鄂伦春人就是桦树皮做成的,在逊克县鄂伦春族流传着神话《女萨满》:"传说,天神'恩都力'用桦皮创造了鄂伦春人,教会他们用木棒和石头打死野兽,用桦树皮做容器。"⑤ 这一点验证了鄂伦春人不在桦皮制品上雕刻人形的主观原因,那么,鄂伦春人为什么

---

①　[俄]史禄国:《北方通古斯的社会组织》,吴有刚等译,内蒙古人民出版社1985年版,第222页。
②　[西]曼纽尔·卡斯特:《认同的力量》,黄荣湘译,社会科学文献出版社2006年版,第257页。
③　空特勒:《不是梦》,《鄂伦春》1989年第1期。
④　[俄]弗拉基米尔·雅可夫列维奇·普罗普:《神奇故事的历史根源》,贾放译,中华书局2006年版,第468页。
⑤　野草编著:《逊克民间故事》,内部资料,2013年,第41页。

要在桦皮上雕刻花纹和图案呢？玛拉依尔·万沙布讲的《桦皮图》讲1个猎人领着3个孩子生活，娶了一个寡妇对3个儿子真是坏透了，把他们哥仨从家里撵走了，"乌他气"（老祖宗）看他们实在可怜，就给他们一张桦皮图，上面画着马、猪、犴、狍子、梅花鹿、天鹅、大雁、飞鸟……想要什么就有什么。后妈贪心地抢夺桦皮图，桦皮图被撕成3片变成3条大桦皮船，哥仨和天鹅坐上了桦皮船，大水淹死了爸爸和后妈，从此，老大的子孙得名"敖老千服"，老二的子孙得名"毕拉尔千服"，老三的子孙在库平乌地尔尖多因一带游猎。[①]桦皮图案具有创造与毁灭善、恶的双重力量，鄂伦春族工艺传说与氏族的产生有了渊源。

鄂伦春族工艺是情感的艺术，就像鄂伦春男子对打猎"情有独钟"一样，鄂伦春妇女对手工艺品也深爱有加，"它们感动我们的是出于对生命的爱，并不是出于对其审美价值的判断"[②]。在鄂伦春族神话传说中，艺术的一切"皮格马利翁效应"都是"爱的效应"。塔克塔萨讲的《画鸟》讲一个寡妇的孩子特别爱画鸟，母亲去世后，有个爱鸟的富人收留了讨饭为生的他，有一天，他正在画鸟的一只翅膀，小姐看见了，不由叫了一声："画得太像了！"害得他没有画完："那是我心中的鸟，我把它画成了，它就飞了。可惜被小姐给冲了。"富人只好将小姐嫁给他，他画完翅膀后，神鸟就飞走了。[③]鄂伦春人用理性的思想和浪漫的审美情怀将艺术、爱情和生命融为一体。

鄂伦春族民间工艺与文明演进的历史相适应，以记忆的方式表达着审美观念，诺敏镇猎民村涂艾丽说："过去的桦皮盒、桦皮桶没有接头，取材时一截圆的，将里面的弄出来，就是一个圆桶，不透水。"[④]由此看来，制作桦皮盒不仅仅是技术活，还要依靠人类的聪明才智和民族记忆。据考古资料，黑龙江

---

① 参见黑河地区民间文学集成编委会《黑河地区民间文学集成》（下），内部资料，1987年，第407—412页。
② ［英］罗宾·乔治·科林伍德：《艺术原理》，王至元等译，中国社会科学出版社1985年版，第39页。
③ 参见峻林等编著《鄂伦春民间故事集成》，内蒙古文化出版社1997年版，第358—362页。
④ 被访谈人：涂艾丽。访谈人：王丙珍。访谈时间：2014年1月3日。访谈地点：鄂伦春自治旗诺敏乡猎民村被访谈人家中。

省宁安县镜泊湖南端莺歌岭原始遗址发现已炭化的卷状或片状桦皮制品,距今有 2985±120 年的历史。① 审美体验成为衡量日常生活质量的重要依据,"由艺术作品那富有吸引的感性性质激起的、增强了的感知的快乐,是那令它从日常感知之流中表现出来的东西的一部分"②。鄂伦春族老人孟淑清说:"东西就是回忆,一种情感,想起我的长辈,我奶奶给我做小桶,不让我拎,我也去。我奶奶做得比这个漂亮。"③ 笔者在田野调研时,访谈的对象拿着一个工艺品就想起做它的人,还有"这个人"在生活中的关爱,讲起"这个人"的生活琐事,为了这份记忆和情感,访谈对象定会补充说:"再多的钱,我也是不卖的。"

"主体性是一种客观的东西,只要改变场景和背景,重新布置房间,或在一次空袭中摧毁它们,就足以使一个新的主体、一种新的身份在旧的废墟上神奇般地出现。"④ 鄂伦春族民间女艺人有白银纳的孟晓华、孟艳杰、孟彩芹、葛壵等;十八站的葛彩花;黑河的葛长云;鄂伦春自治旗的额尔登卦、孟金红、阿吉伦等,她们都是上了年纪的女人,年轻的姑娘大多不愿意学传统的活,鄂伦春族老人阿吉伦说:"做桦皮活又脏又累,没人愿意做,年轻人都刺绣去了,十字绣去了。"⑤ 在民间传说故事中,阿吉伦是鹿的女儿,鹿神将美丽的剪画术传给了她。⑥ 阿吉伦如同她的名字一样,是鄂伦春自治旗做桦皮制品一等一的巧手。2014 年 1 月 26 日,笔者见到了阿吉伦的两个徒弟白晶与何红花,她们是桦皮工艺的佼佼者。老年人做手工艺品,为子孙后代保存着;她们也教给族人制作技艺,因此,鄂伦春族工艺仍然"在路上"。

---

① 参见张太湘、朱国忱、杨虎《黑龙江宁安县莺歌岭遗址》,《考古》1981 年第 6 期。
② [美]理查德·舒斯特曼:《生活即审美——审美经验和生活艺术》,彭锋等译,北京大学出版社 2007 年版,第 99 页。
③ 被访谈人:孟淑清。访谈人:王丙珍。访谈时间:2014 年 2 月 5 日。访谈地点:大兴安岭地区呼玛县白银纳民族乡被访谈人家中。
④ [美]弗雷德里克·詹姆逊:《文化转向》,胡亚敏等译,中国社会科学出版社 2000 年版,第 51 页。
⑤ 被访谈人:阿吉伦。访谈人:王丙珍。访谈时间:2013 年 4 月 28 日。访谈地点:鄂伦春自治旗托扎敏乡希日特奇猎民村被访谈人家中。
⑥ 空特勒:《鄂伦春风情剪画》,中国文联出版社 1998 年版,第 99 页。

二 审美意象的传承

鄂伦春人最珍爱的审美意象是白桦,如《唱白桦》所唱"住在山里的鄂伦春人,喜爱那挺直秀丽的白桦。优美的歌声回荡在山林,唱那小白桦树快快长大"①。桦树皮工艺则以功能美、技术美、材料美、形式美、生态美和创造美形成了古朴典雅的桦皮文化,鄂伦春人根据桦树皮易于造型、防水、防潮、轻便、不易破损等优点,将之塑造成鄂伦春族的"彩陶"。此外,使用桦树皮制品的民族还有中国的鄂温克人、俄罗斯的埃文基人、加拿大和美国的印第安人等。

鄂伦春族剪纸在剪桦树皮的基础上吸取了编织、刺绣、桦皮工艺和兽皮制品等的花纹和图案,"鄂伦春人还用桦树皮剪鹿、犴、狍等野兽以及马、狗等家畜。由于他们观察这些动物深入细致,因此剪得生动逼真,深受儿童喜爱,是非常好的儿童玩具,从而也从这方面给我们遗留下不少艺术珍品。后来的剪纸可能就是由剪桦皮发展起来的。"② 纸张材料具有柔性而更易于展示繁复的图案和精致的审美效果,"这是由于它们使偶然因素服从于对起意指作用的经验材料的加工,因而也就是利用,以便使其更加完整。"③ 鄂伦春族剪纸具有特定的宗教色彩、日常生活内涵和象征意义,"鄂伦春的剪纸是整个民族宗教的结构,是图腾与自然生活的精华,而每一幅剪纸都是生活的一项内容。他们因为没有自己的文字,剪纸就成了表达生活的重要形式,而这些图案正是他们用剪纸叙述他们的神、叙述他们的祈祷。"④ 鄂伦春族兽皮制品、桦皮制品的刺绣与雕刻原型皆出自精巧的剪纸。

---

① 呼伦贝尔盟文联、呼伦贝尔盟文化局编:《达斡尔鄂温克鄂伦春民歌》,内蒙古人民出版社 1981,第 328 页。
② 赵复兴:《鄂伦春族游猎文化》,内蒙古人民出版社 1991 年版,第 290 页。
③ [法]克劳德·列维-施特劳斯:《野性思维》,李幼蒸译,中国人民大学出版社 1987 年版,第 38 页。
④ 空特勒:《鄂伦春风情剪画》,中国文联出版社 1998 年版,第 4 页。

鄂伦春族审美意象的传承体现在剪纸艺术上，鄂伦春人习惯将剪纸作品称为"剪纸画"，鄂伦春族剪纸艺术有着特定的宗教色彩、艺术背景、象征意义和审美价值。鄂伦春族现当代剪纸作为刺绣或雕刻的花样子，刺绣主要是在兽皮材料上，雕刻主要是在桦树材料上，先将花样子誊画在纸上或桦树皮上，依照花样剪出各种图案，照着样子刺绣或雕刻，"我绣完这个十字绣，也学民族刺绣，让别人给我剪样子，我做"①。

鄂伦春人主要在桦皮器皿上雕刻，主要有"阿参"（碗）、"阿汉"（盆）、"要灵开依"（水桶）、"红改"（篓）、"玛达拉"（烟盒）、"奥沙"（针线盒）、"充那"（圆底水桶）、"沙皮筒"（筷筒）、"库吉鲁"（香筒）、"笔合子"（帽盒）、"阿达玛拉"（桦皮箱）、"古约文"（拾果器）、"铁克沙"（桦皮围子）、"塔里木古"（桦皮船）等。② 现今的桦皮制品是为迎合旅游业而兴起的，有笔筒、茶叶筒、纸抽、牙签盒、小桦树皮船玩具等，鄂伦春族老人孟晓华说："桦皮碗有大有小，大的装肉，小的喝水，现在敬酒用，现在改革的，就这样的，那样的，早先都是日常用的东西，都是生活用具。"③ 桦皮制品的花纹主要有云纹、水纹、山形纹、直线纹、几何纹、圆形纹、锯齿纹、半圆纹、直线纹、折线纹、回形纹、心形云卷纹、角隅纹、蝴蝶纹、鹿头纹、羊角纹、扎枪纹、方箭纹等，多重的组合之后形成团花纹样、连续纹样、组合纹样等审美形式，"既是抽象的又是形象的，包含双重内涵的艺术形式"④。鄂伦春人很少在工艺品上雕刻人的形象，也很少使用动物的图案，他们多在木头上雕刻神像，鄂伦春人认为把一个人的面部刻画下来，等于摄取了这个人的灵魂，也许是鄂伦春人已获得了无数美的启迪和形象，用不着在人和动物身上下功夫吧。

鄂伦春人的传统雕刻艺术主要体现在"阿达玛拉"（桦皮箱）上，这是女

---

① 被访谈人：孟淑红。访谈人：王丙珍。访谈时间：2014年2月4日。访谈地点：大兴安岭地区呼玛县白银纳民族乡被访谈人家中。

② 参见全国人民代表大会民族委员会办公室编《鄂伦春族情况：鄂伦春族调查材料之一》，内部资料，1957年，第50页。

③ 被访谈人：孟晓华。访谈人：王丙珍。访谈时间：2014年1月30日。访谈地点：大兴安岭地区呼玛县白银纳民族乡被访谈人家中。

④ 闫利霞、鄂晓楠：《北方民族民间艺术与审美》，内蒙古教育出版社2010年版，第81页。

人们装贵重的服装、腰带、帽子和结婚用品的桦皮制品,形状有长方形、方形和椭圆形,桦皮箱的盖上和四周都刻有花纹,花纹是用"托克托文"(鹿、狴和狍子的下腿骨制成的雕刻工具)和小刀雕刻的,前者用来雕刻器皿上的花朵,后两者是用来雕刻花边的。雕刻的方法是先将桦皮剥光裁剪成制作器皿的大小和形状后,用河卵石或其他重物敲打"托克托文",把刻出或画出的花纹压出来。花纹雕刻好以后,染上红、黄、黑、蓝、白等颜色,再缝制成器皿,如果为了防虫耐用和光亮好看,可以涂上油。"阿达玛拉"的图案和颜色均有象征意义,箱盖中心的"珠勒都很"(四个逆时针螺旋曲回式内折直线图案)花纹象征婚后永远团圆;箱盖外围边沿和箱子周围的花纹"奎热格音"(直线右缺口回字形四方或多方连续图案)象征庄重,这种规规矩矩的图案象征婚后不能随便,女人应该忠于丈夫,对他永不变心。① "阿达玛拉"还刻有鄂伦春人最喜爱的"南绰罗"花纹(鄂伦春语,达斡尔语为"兴安杜鹃"花,俗称"达子香"),以"十"字形为花架,用云卷变形纹表示花瓣,未婚男子有了"南绰罗"花就不会感到孤独,"南绰罗花是鄂伦春族传统民俗图案的主要内容之一,包含了道德观念的本质"②。传统"阿达玛拉"上的花纹主要有红、黄、黑三色,红色象征女子之喜,黄色象征男子之喜,黑色是配色;"阿达玛拉"上的蓝色和白色象征女人遭到不幸或守寡。

鄂伦春族的刺绣主要用于兽皮制品包括狍皮、狴皮、鹿皮、灰鼠子皮、貂皮、猞猁皮等,狍皮制品最为普遍,"狍皮服的颜色多是狍皮的本色,还有黄色的狍皮服"③。狍皮制品包括"苏恩"(皮袄)、"阿拉开依"(皮裤)、"阿木苏"或"格勒开依"(皮套裤)、"陶布旦"(皮袜子)、"乌拉"(皮被)、"阿伦"(皮围子)、"考胡鲁"(单指皮手套)、"沙拉巴开依"(五指皮手套)、"瓦拉开依"(手闷子)、"古拉密"(红杠子皮衣)、"灭塔哈"(狍头皮帽)、"其哈密"

---

① 参见全国人民代表大会民族委员会办公室编《鄂伦春族情况:鄂伦春族调查材料之一》,内部资料,1957年,第34—35页。
② 刘玉亮:《中国北方捕猎民族纹饰图案与造型艺术》(鄂伦春族卷),黑龙江教育出版社2008年版,第57页。
③ 何青花、宏雷:《鄂伦春服饰》,民族出版社2010年版,第19页。

(狍爪皮靴)、"木伦"(狍爪套裤)、"奥沙师克嘎思"(狍爪皮裤)、"乌鲁呼参"(皮烟口袋)等;鹿皮制品包括"部克斯勘连呼"(鹿皮袄)、"部克斯开依"(鹿皮裤)、"部克斯木苏"(鹿皮套裤)、"部克斯翁梯"(鹿皮靴)、"部克斯沙拉巴开依"(鹿皮五指手套);犴皮制品包括"部都斯塔梯"(犴皮长袖袍)、"额拦葛布其"(犴皮坎肩)、"乌塔汉"(犴皮口袋)、"库克"(犴皮围裙)、"卡皮"(犴皮背包)、"齐春"(犴皮马鞭子)等。① 随着狩猎生产的终止,兽皮制品渐次退出了日常生活,成为博物馆的专利。狍爪拼接的皮制品最能体现鄂伦春人的生态理念和创造美的能力,如鄂伦春族老人孟晓华所言:"狍腿拼成褥子,多麻烦。为什么不嫌麻烦?被子用厚毛做的,厚毛暖和,线都是狍筋自己搓,再缝。"②

鄂伦春人喜爱刺绣,在兽皮上或布上绣色彩斑斓的图案,鄂伦春自治旗工艺大师白玉花担忧:"将来,要发展民族的工艺服装服饰这一块,还真就得发展仿皮面料,要不然,野生动物越来越少了,上哪里弄皮子啊。过去绣这些图案,都是直接在皮子上和布上绣,不像汉人似的,还得用个撑子啥的。我们鄂伦春人的传统工艺,不用这些东西,也不用画,直接就在上面绣。现在,眼睛不行了,只好先画个样子照着绣。"③ 鄂伦春人的刺绣方法有两种:其一是在各种皮制品上用花线刺绣,通常绣在萨满神衣、神帽、"苏恩"和"古拉密"(冬季和春秋穿的皮袍)上,男皮袍只镶边,绣的花纹也比较简单;女皮袍不仅镶有精美的花边,还在脖颈、大襟、袖口、开衩处绣有精致的花纹。"卡路奇"(布勒靴子)、"狄因开依"(短勒皮靴)、"卡巴达拉嘎"(烟荷包)、"考胡鲁"(皮手套)上的图案大部分是花朵与蝴蝶等;其二是用皮板剪成各种花纹,再补绣,如在"卡皮参"(皮背包)上补绣花纹和"森木特涅"(花边)。

鄂伦春人把狍筋、犴筋搓成线缝制兽皮制品和桦皮制品,民间传说《绣

---

① 参见全国人民代表大会民族委员会办公室编《鄂伦春族情况:鄂伦春族调查材料之一》,内部资料,1957年,第49—50页。
② 被访谈人:孟晓华。访谈人:王丙珍。访谈时间:2014年1月30日。访谈地点:大兴安岭地区呼玛县白银纳民族乡被访谈人家中。
③ 马连军:《皮衣桦篓秀兴安:访鄂伦春民族工艺大师》,民族出版社2013年版,第112—113页。

女》讲阿尔旦河的河水的颜色会变,达子香的花瓣落在水里,河水立刻变红;白桦树的叶子落上,河水就变绿;黑熊趟过去,就变黑;梅花鹿到河边饮水,河水就变黄,世界上有什么颜色,河水都能变出来。在阿尔旦河岸边,住着一对夫妻,丈夫莫日根是好猎手,妻子阿依玛能唱能缝,阿依玛剪了一个"阿尼哈"(娃娃)变成他们的女儿,名字就叫绣女。绣女捧起的河水竟是七彩丝线,绣女就开始绣花了,她还把手艺教给部落的人,鄂伦春人服饰上的刺绣花纹都是跟绣女学的。父母都去世后绣女感到孤单,就在犴皮上绣了一匹带有翅膀的马,她整整绣了9天9夜,绣完的马驮着她腾空而去,只有当阿尔旦河上升起彩虹的时候,人们才会见到她,她是为鄂伦春人送丝线来了。[①]

鄂伦春博物馆收集的手工艺品通常是比较新的,既现代又部分地保持了传统的审美风格。鄂伦春女人在各种物品上刺绣的花纹和图案具有象征、情感与审美意义,关吉瑞讲的《一块绣花手绢》提到猎手阿斯柯塔的父母在世的时候给他订了一门亲事,姑娘的后妈对她特别刻薄。阿斯柯塔娶亲之后就出征了,妻子送给他一块绣了达子香花的手绢。阿斯柯塔打了胜仗归来,却得知妻子病死了,绣花手绢上的花变成黑色的了。阿斯柯塔来到妻子坟前痛哭,泪珠滴在绣花手绢上,那发黑的花瓣渐渐变红了,他的妻子从坟里走了出来,两个人乘着那块绣花手绢,飞向太阳升起的地方。[②] 鄂伦春族版的"梁山伯与祝英台"用艺术使爱情超越了生死。

三 创造过程的审美享受

鄂伦春族工艺品体现了人们的现实和审美追求,包含着时代气息和民族历史文化之源,"每一个人,因为是人,都会在日常生活中参与传统的审美活动,

---

[①] 参见黑龙江民族研究所《鄂伦春民间故事选》(上),内部资料,1996年,第317页。
[②] 参见黑河地区民间文学集成编委会《黑河地区民间文学集成》(下),内部资料,1987年,第503页。

每一个人都拥有对形式的感觉，都渴望创造，都需要审美体验"①。手工艺家具有创造性，并且在创造中观照自己的本质力量，"它的材料取自于自身而不是别人，因此它不仅仅是技巧与劳力的产物而已"②。工艺家们在触动艺术灵感的时刻，心有所想，情有所依，感有所发，审美想象自由地驰骋达到"物我两忘"的审美境界，正是在这种"神游物外"中达成了审美主体的审美享受。如今，鄂伦春女人几乎人人都有花样子，既有传统古典的图案参照，也有现代的或电脑制作的图案。

　　鄂伦春人还创造了关于工艺的民间文学，当创造者做一只桦皮桶时，也许正是她创造了这则谜语："去的时候是肚子空空的，回来的时候肚子里有了胎——水桶子。"③当人们读这条谜语的时候，也应该猜到是鄂伦春女性做的桦皮桶，因为她在制作的时候，想到了她的身体——创造生命的身体，如是，艺术鲜活地占有了生命，因此，她在创造生命的过程中，感受到无限的伟大、自豪、知足和享受，"造型艺术的起始，借着这种创作所给予的愉快，对于原始民族的价值是不容轻视的"④。所以，她不需要留下、刻下或写下自己的名字，她们共有的名字是"母亲"，当然，无人可以与她分享这个秘密，除了她自己，只有她知道这艺术创作的全过程，这独享的快乐反而增加了她生活的重负和隐忍，鄂伦春族老人孟英梅说："做的背包、手套全卖了，有来收的，有的是，桦皮盒的花是老一辈的，不知道名字，没有牙做不成桦皮盒，上底的时候用牙咬。"⑤审美享受也带来了超越的意识，向真、向善、向美地超越生活、痛苦和不幸的藩篱。现代人则可以用胶来黏合，不再需要用牙咬了，在科技的

---

① [美]迈克尔·欧文·琼斯：《什么是民间艺术？它何时会消亡——论日常生活中的传统审美行为》，游自荧译，《民间文化论坛》2006年第1期。
② [英]雷蒙·威廉斯：《关键词：文化与社会的词》，刘建基译，生活·读书·新知三联书店2005年版，第344页。
③ 全国人民代表大会民族委员会办公室编：《鄂伦春族情况：鄂伦春族调查材料之一》，内部资料，1957年，第44页。
④ [德]格罗塞：《艺术的起源》，蔡慕晖译，商务印书馆1984年版，第152页。
⑤ 被访谈人：孟英梅。访谈人：王丙珍。访谈时间：2013年4月28日。访谈地点：鄂伦春自治旗托扎敏乡希日特奇猎民村被访谈人家中。

进步中，艺术失去了内透的生命力。

  鄂伦春族民间工艺多是女性心灵手巧之创造，"在我们鄂伦春这一带，女人们一般都是做皮活，雕刻桦皮，这就是女人们的活法"①。鄂伦春族男子建造"斜仁柱"、桦皮船以外，还制作骨器、木器、铅器、铁器、饰品和玩具，他们通常制作萨满鼓、鹿哨、犴骨筷子、猎夹、子弹等。在鄂伦春族传统社会中，妇女非常辛苦，担当多种家务劳动，还要熟皮子，制作工艺品。"很少卖钱，一般都是换用的和吃的东西。"② 甚至在逢年过节的时候，她们仍然忙着制作工艺品，"过年不动剪子，这是你们汉族的说法"③。当人们欣赏说唱艺术的时候，往往被爱情故事和英雄精神所打动，如莫宝凤、李水花讲的《双飞鸟》讲乌娜吉的二嫂看她给心上人绣花："我的小姑子哟，有一双灵巧的手！绣的蝴蝶会舞，绣的鱼儿会游，绣的鸟儿会叫，绣的树枝会摇，绣的小溪会流。""烟花包上绣的鸟儿，一只是你一只是谁？红腰带上绣的鱼儿，一条是你一条是谁？是西山定亲的小子？矮墩墩的真不配！是巴因欠家那小子，傻乎乎的真不配！"④ 我们不要错以为谈恋爱是鄂伦春女人的自由，"女儿的婚姻，都是父母做主决定的，没有出现过女儿本人找对象的。"⑤ 如今，鄂伦春女人制作的手工艺品顶起了家庭的经济大梁，额尔登卦自豪地说："鄂伦春族姑娘会唱、会跳、会绣、会搓线、缝东西，像我这样爱好的，谁唱得好，我就想办法学会它。"⑥

  鄂伦春族现当代工艺结合传统狩猎生产生活创造了狩猎民族审美意象，鄂伦春族剪纸艺术家阿冬（1979— ）的作品呈现了鄂伦春人狩猎英雄"莫日

---

 ① 空特勒：《鄂伦春女人》，作家出版社2001年版，第68页。
 ② 《民族问题五种丛书》内蒙古自治区编委会：《鄂伦春族社会历史调查》（第二集），内蒙古人民出版社1985年版，第179页。
 ③ 被访谈人：孟淑红。访谈人：王丙珍。访谈时间：2014年2月4日。访谈地点：大兴安岭地区呼玛县白银纳民族乡被访谈人家中。
 ④ 孟淑珍译：《英雄格帕欠》，北方文艺出版社1993年版，第224—227页。
 ⑤ 《民族问题五种丛书》内蒙古自治区编委会：《鄂伦春族社会历史调查》（第二集），内蒙古人民出版社1985年版，第177页。
 ⑥ 被访谈人：额尔登卦。访谈人：王丙珍。访谈时间：2013年1月29日。访谈地点：鄂伦春自治旗阿里河镇被访谈人家中。

根"、白桦林中少男少女在跳舞、人们围着篝火跳舞、母亲和摇篮等；民间剪纸艺术大师孟金红（1944— ）用珠光手工卡纸作为剪纸材料，剪出细腻的造型和图案，2013年8月，古里乡被评为"剪纸之乡"；鄂伦春族老人阿内淑梅（1944— ）擅长设计花草图案，鄂伦春族老人吴瑞英看着阿内淑梅剪的图案说："她（阿内淑梅）剪着玩的，不是做皮活用的。"① 2014年1月8日，鄂伦春民间剪纸艺术家莫玉清（1963— ）为了过年设计了两幅图案，分别有喜鹊、福字加上鄂伦春族的祥云纹，"创造民族图案，不加不行，汉族人不加民族图案，前面一个摇车，后面一个孩子，我想设计骑马、背枪、女人、孩子、上网查图案去。现代的加传统的图案，没有传统的不行，太简单的不行，设计人们围着篝火跳舞。"② 鄂伦春族现当代剪纸已不再为做皮活而设计，拓展了个人艺术空间，最大限度地追求材料美、形象美和生态美。

  黑河市鄂伦春族桦皮画艺术家莫鸿苇（1960— ）和呼玛县白银纳民族乡民间画家关桃芳（1966— ）用桦树镶嵌画展示了鄂伦春人的神话传说和日常生活，寄托了对民族文化最美好的回忆和祝福。莫鸿苇将桦树皮工艺、民间文学和生活情趣结合起来在鄂伦春族工艺史上留下了自己的名字，"1989年，我吸收本民族传统，制作桦树皮手工艺品的同时，经过精心设计以桦树皮为基本材料，鄂伦春神话为题材，采用传统民间花纹及抽象的艺术手法制作一批具有鲜明民族特色的桦皮镶嵌画……作为一个新的画种，填补了中国美术史上的空白。"③ 关桃芳怀着坚定的萨满信仰观念，创作了桦树皮镂刻艺术，承担起鄂伦春族文化传承的责任，"我的作品就能说明一切，第一我热爱自己的民族，让世人了解我们民族的文化，发扬鄂伦春族文化，谁能阻挡我的艺术道路？我有耐力和执着。"④

---

  ① 被访谈人：吴瑞英。访谈人：王丙珍。访谈时间：2014年1月10日。访谈地点：鄂伦春自治旗古里乡被访谈人家中。
  ② 被访谈人：莫玉清。访谈人：王丙珍。访谈时间：2014年1月8日。访谈地点：鄂伦春自治旗古里乡被访谈人家中。
  ③ 鸿苇：《鄂伦春人与桦皮文化》，《鄂伦春研究》1997年第1期。
  ④ 被访谈人：关桃芳。访谈人：王丙珍。访谈时间：2014年2月10日。访谈地点：大兴安岭地区呼玛县白银民族乡被访谈人家中。

第四章　鄂伦春族艺术和工艺的审美表现

　　2006年，鄂伦春族桦皮制作技艺被列入我国第一批国家级非物质文化遗产名录。2007年，鄂伦春族桦树皮镶嵌画被黑龙江省列入非物质文化遗产名录，传承人是莫鸿苇。2009年，鄂伦春族剪纸被列入黑龙江省非物质文化遗产名录，传承人是关金芳和妮安佳，同年，鄂伦春族刺绣被列入黑龙江省级非物质文化遗产名录，传承人为关小云。鄂伦春族工艺面临原材料的困境及技艺的将要失传，但仍在步履维艰地向前，正如大兴安岭地区版画家赵晓澄所言："一方面是民族民间艺术仍然具有一定的活力，另一方面是举国上下对民间文化遗产的保护与抢救的呼声益高，这就是目前民族民间艺术面临的传承与发展或者说是生存与终结的最终必然选择。"[①] 鄂伦春族传统工艺品大多出自普通鄂伦春女人之手，大多数工艺品都没有留下制作者的姓名，这些无名的技艺精英们上承本民族的工艺传统，下启当代鄂伦春族美术，为民族审美文化创造了宝贵的物质和精神财富。

---

① 张敏杰：《猎民绝艺：鄂伦春族狍皮制作技艺》，黑龙江人民出版社2011年版，第122页。

结　语

人类生活在同一个地球上，全球化既影响日常生活，也对世界性事件产生影响，然而，"一种文化现象是'全球性'的事实并没有表明这种文化现象人人皆知或关注地球表面上的每一个个体"①。在狩猎文化和森林文化渐行渐远的夹缝中，鄂伦春人在坚守着、传承着、创造着，向全世界展示一个北方狩猎民族文化的差异与多元。非物质文化遗产确定了民族文化传承人及作者合法的署名权，随着非物质文化遗产在中国的全面展开，鄂伦春族森林文化得到了关注与拯救，然而，对一个没有本民族文字的少数民族而言，这是远远不够的，正如鄂伦春族现当代诗人白剑武的《小鸟》："它挣扎着飞/飞到了一个安静舒适的地方/等它清醒过来/却发现自己在一个/鸟笼里。"② 如果鄂伦春族审美文化就这样被"隔离"进博物馆或仅仅成为舞台上的"表演"，它的生态环境性、本真性、连续性、发展性就会遭到破坏。

人类的审美文化是脆弱的，千万年的积淀可能很快消失，文化一旦消亡就不会复活。鄂伦春族审美文化作为活态文化，依托于民族语言、地域环境、宗教信仰、日常生活、民族艺术、时代精神与主体的传承与创造。当下，无论是其审美来源、生态环境、生活方式，还是传承、传播、创作方面都陷入了困境，鄂伦春族森林审美文化出现了"人亡艺绝"及"后继无人"的局面，"鄂

---

① Thomas Hylland Eriksen, *Small Place, Large Issues: an Introduction to Social and Cultural Anthropology*, London: Pluto, 2010, p.300.
② 白剑武：《小鸟》，《鄂伦春》2006年第1期。

结 语

伦春！你多像一艘古老而遍体鳞伤的船，千疮百孔是多灾多难的历史穿凿而成，不管船上的水手怎样地勇敢，怎样地竭尽全力，你仍然是那样的步履艰难"①。人类不得不面对生态环境被无情地破坏，"我们文化的灾难在于：它的物质发展过分地超过了它的精神发展。它们之间的平衡被破坏了"②。实质上，这绝对不单单是哪一个民族文化的困境。

鄂伦春族的森林生存方式和生态审美文化塑造了鄂伦春人的民族性格和精神，鄂伦春族审美文化的"破碎化"导致身份认同的危机，"宣告认同就是制造力量"③。民族文化存在和发展需要认同的力量。全球化时代，每个民族都处在突变、调适、碰撞和融合之中，在这个生态环境恶化、社会变迁与文化转型时期，在现代文化的挤压之下，鄂伦春族审美文化呈现碎片化、表演化发展趋势。全球化对民族文化既提出了挑战，也提供了机遇，民族文化无论大小都有传承与创新的机会，"它们的健康程度取决于它们的活力、新陈代谢的能力以及它们与其语境的正面相互作用"④。处于断层的鄂伦春族审美文化可能面临被吞没的危险，其生存与发展需要以保护环境为前提，以回归精神家园为依托，以人为根基，以教育为手段，以族人代代相承的文化自觉，用生命去传承和创造本民族审美文化。

我们每天只吃一种食物会乏味，人类只有一种生活方式是不可能存在的，人与人之间需要合作，文化与文化之间亦然，"世界文明不会是其他的，只能是世界范围内的各自保留其独特性的文化之间的联盟"⑤。森林是生态文明的载体，作为狩猎民族的鄂伦春族以森林文化建立了人和自然和谐共处的生存模式，以此为根基衍生的鄂伦春族审美文化，彰显了原始先民们敬畏自然的灵魂、顽强的生存意识、集体主义精神、勇敢刚毅的英雄气概，那些古朴的、诗

---

① 敖长福、敖荣凤：《走进鄂伦春》，《鄂伦春》2006年第2期。
② [法] 阿尔贝特·史怀泽：《敬畏生命》，陈泽环译，上海社会科学院出版社1992年版，第44页。
③ [西] 曼纽尔·卡斯特：《认同的力量》，黄荣湘译，社会科学文献出版社2006年版，第257页。
④ [古] 哥拉多·墨斯凯拉：《异已—自己/自己—异己：全球化与文化差异》，[斯] 阿莱斯·艾尔雅维茨主编《全球化的美学与艺术》，刘悦笛等译，四川人民出版社2010年版，第130页。
⑤ [法] 克劳德·列维-施特劳斯：《种族与历史·种族与文化》，于秀英译，中国人民大学出版社2006年版，第58页。

意的、生活的、生态的、生命的民族审美追求是后现代社会的审美消费化、审美趣味低俗化、审美理想蜕化、人文精神缺失的审美救赎。在人类文化多元发展的现实语境中，挖掘包括鄂伦春族在内的少数民族审美文化资源，研究大量存在于日常生活中的民间艺术、审美现象、审美观念、审美体验和审美意识，既利于凸显本民族的文化特色，又利于吸收外来的文化因子，从而关注边缘文化、区域文化、少数民族文化、底层文化，保持多元文化的对话与共存。多元文化的共同发展有益于人类社会的进步，"文化即在满足人类的需要当中，创造了新的需要。这恐怕就是文化最大的创造力与人类进步的关键"①。

民族审美文化研究是一个充满活力的课题，民族审美文化是存活于日常生活的本真的活态形态，如何消弭学术与演艺、文字与口语、采录与生活之间的隔阂，做到传承、传播、共享与创造互动兼顾，这是横亘于民族审美文化研究道路上的难题。由于本书结构和内容偏于求全，加之时间、精力、学术素养等问题，只对鄂伦春族审美文化的各项表面略有描述和提及，未能探究鄂伦春族审美观念对生态文化和其他民族的影响，未能深入地对诸文化事项展开美学批评。由于笔者局限于罗列材料，没能探寻深层的美学思想问题，没有触及鄂伦春族审美文化最本质的内在机理，对宗教文化蕴含的审美意识未能重点探讨，因而本论题没能完全展开，比较研究和参互文化研究介入的深度也不够，未能涉及的论题拓展工作，只好以待将来继续研究。

---

① ［英］马林诺夫斯基：《文化论》，费孝通译，华夏出版社2002年版，第100页。

参考文献

一 中文译著

[1]〔俄〕P.马克:《黑龙江旅行记》,吉林哲学社会科学研究所翻译组译,商务印书馆1977年版。

[2]〔俄〕史禄国:《北方通古斯的社会组织》,吴有刚等译,内蒙古人民出版社1985年版。

[3]〔日〕间宫林藏:《东鞑纪行》,《黑龙江省日报》(朝鲜文报)编辑部译,商务印书馆1974年版。

[4]〔日〕浅川四郎、永田珍馨:《兴安岭之王,使马鄂伦春》,内蒙古文化出版社1999年版。

[5]〔日〕永田珍馨:《满洲鄂伦春族研究》(第一篇),内蒙古东北少数民族社会历史调查组译,内部资料,1953年。

[6]〔日〕大间知笃三等:《北方民族与萨满文化——中国东北民族的人类学调查》,迁雄二、色音编译,中央民族大学出版社1995年版。

[7]〔日〕白鸟库吉:《东胡民族考》,方壮猷译,商务印书馆1934年版。

[8]〔日〕秋叶隆:《满洲民族志》,党庠周译,满日文化协会1938年版。

[9]〔英〕爱德华·泰勒:《原始文化》,连树声译,广西师范大学出版社2005年版。

[10]〔意〕维柯:《新科学》,朱光潜译,商务印书馆1989年版。

[11]〔美〕H.摩尔根:《古代社会》,杨东莼等译,商务印书馆1977年版。

[12]［法］列维-布留尔：《原始思维》，丁由译，商务印书馆2004年版。

[13]［德］格罗塞：《艺术的起源》，蔡慕晖译，商务印书馆1984年版。

[14]［俄］弗拉基米尔·雅可夫列维奇·普罗普：《神奇故事的历史根源》，贾放译，中华书局2006年版。

[15]［俄］米哈依尔·巴赫金：《陀思妥耶夫斯基诗学问题》，刘虎译，中央编译出版社2010年版。

[16]［法］列维-施特劳斯：《野性的思维》，李幼蒸译，商务印书馆1987年版。

[17]［法］列维-施特劳斯：《图腾制度》，渠敬东译，商务印书馆2012年版。

[18]［法］列维-施特劳斯：《种族与历史·种族与文化》，于秀英译，中国人民大学出版社2006年版。

[19]［奥］弗洛伊德：《图腾与禁忌》，杨庸一译，中国民间文艺出版社1986年版。

[20]［英］马林诺夫斯基：《巫术科学宗教与神话》，李安宅译，中国民间文艺出版社1986年版。

[21]［英］弗雷泽：《金枝》，徐育新等译，中国民间文艺出版社1987年版。

[22]［匈］米哈依-霍帕尔：《图说萨满教世界》，王杉译，内蒙古自治区鄂温克族研究会选编，内部资料，2001年。

[23]［美］本尼迪克特·安德森：《想象的共同体：民族主义的起源与散布》，吴叡人译，上海人民出版社2011年版。

[24]［美］爱德华·希尔斯：《论传统》，傅铿等译，上海人民出版社1991年版。

[25]［美］露丝·本尼迪克特：《文化模式》，王炜等译，社会科学文献出版社2009年版。

[26]［美］克莱德·伍兹：《文化变迁》，施维达等译，云南教育出版社

1989 年版。

[27]［美］C. 恩伯、M. 恩伯：《文化的变异——现代文化人类学通论》，杜杉杉译，辽宁人民出版社 1988 年版。

[28]［美］克莱德·克鲁克洪等：《文化与个人》，高佳等译，浙江人民出版社 1986 年版。

[29]［英］雷蒙·威廉斯：《关键词：文化与社会的词汇》，刘建基译，生活·读书·新知三联书店 2005 年版。

[30]［美］阿诺德·伯林特：《环境美学》，张敏等译，湖南科学技术出版社 2006 年版。

[31]［美］阿诺德·伯林特：《生活在景观中——走向一种环境美学》，陈盼译，湖南科学技术出版社 2006 年版。

[32]［美］蕾切尔·卡逊：《寂静的春天》，吕瑞兰等译，吉林出版社 1997 年版。

[33]［法］R. 格鲁塞：《从希腊到中国》，常书鸿译，浙江人民美术出版社 1985 年版。

[34]［美］芒罗：《东方美学》，欧建平译，中国人民大学出版社 1990 年版。

[35]［法］阿尔贝特·史怀泽：《敬畏生命》，陈泽环译，上海社会科学院出版社 1992 年版。

[36]［美］赫伯特·马尔库塞：《审美之维》，李小兵译，生活·读书·新知三联书店 1989 年版。

[37]［日］今道友信：《美的相位与艺术》，周折平等译，中国文联出版公司 1988 年版。

[38]［德］黑格尔：《美学》（第一卷），朱光潜译，商务印书馆 1996 年版。

[39]［德］黑格尔：《美学》（第二卷），朱光潜译，商务印书馆 1979 年版。

[40]［德］黑格尔：《美学》（第三卷上），朱光潜译，商务印书馆 1981 年版。

[41]［美］林赛·沃特斯：《美学权威主义批判：保尔·德曼、瓦尔特·

本雅明、萨义德新论》,昂智慧译,北京大学出版社 2000 年版。

[42] [德] 瓦尔特·本雅明:《本雅明文选》,陈永国等编,中国社会科学出版社 1999 年版。

[43] [美] 苏珊·朗格:《情感与形式》,刘大基等译,中国社会科学出版社 1986 年版。

[44] [美] 苏珊·朗格:《艺术问题》,滕守尧译,中国社会科学出版社 1983 年版。

[45] [英] 克莱夫·贝尔:《艺术》,周金环等译,中国文联出版公司 1984 年版。

[46] [英] 罗宾·乔治·科林伍德:《艺术原理》,王至元等译,中国社会科学出版社 1985 年版。

[47] [美] 鲁道夫·阿恩海姆:《艺术与视知觉》,滕守尧译,中国社会科学出版社 1984 年版。

[48] [法] 丹纳:《艺术哲学》,傅雷译,人民文学出版社 1963 年版。

[49] [德] 卡西尔:《人论》,甘阳译,上海译文出版社 2004 年版。

[50] [英] 马林诺夫斯基:《文化论》,费孝通译,华夏出版社 2002 年版。

[51] [美] 阿瑟·丹托:《美的滥用:美学与艺术的概念》,王春辰译,江苏人民出版社 2007 年版。

[52] [斯] 阿莱斯·艾尔雅维茨主编:《全球化的美学与艺术》,刘悦笛等译,四川人民出版社 2010 年版。

[53] [德] 马克思、恩格斯:《马克思、恩格斯论文学与艺术》(上),陆梅林辑注,人民文学出版社 1982 年版。

[54] [西] 曼纽尔·卡斯特:《认同的力量》,黄荣湘译,社会科学文献出版社 2006 年版。

[55] [英] 安东尼·吉登斯:《现代性与自我认同:现代晚期的自我与社会》,赵旭东等译,生活·读书·新知三联书店 1998 年版。

[56] [美] 乔纳森·弗里德曼:《文化认同与全球性过程》,郭建如译,商

务印书馆 2003 年版。

[57] [英] 迈克·费瑟斯通：《消解文化：全球化后现代主义与认同》，杨渝东译，北京大学出版社 2009 年版。

[58] 陈学明等编：《让日常生活成为艺术品——列菲伏尔、赫勒论日常生活》，衣俊卿译，云南人民出版社 1998 年版。

[59] [匈] 阿格尼丝·赫勒：《日常生活》，衣俊卿译，重庆出版社 1990 年版。

[60] [俄] 车尔尼雪夫斯基：《艺术与现实的审美关系》，周扬译，人民文学出版社 1975 年版。

[61] [俄] 普列汉诺夫：《普列汉诺夫美学论文集》（Ⅰ），曹葆华译，人民出版社 1983 年版。

[62] [美] 弗雷德里克·詹姆逊：《文化转向》，胡亚敏等译，中国社会科学出版社 2000 年版。

[63] [美] 弗雷德里克·詹姆逊著，王逢振主编：《詹姆逊文集第 3 卷：文化研究与政治意识》，蔡新乐等译，中国人民大学出版社 2004 年版。

[64] [美] 大卫·雷·格里芬编：《后现代精神》，王成兵译，中央编译出版社 1998 年版。

[65] [德] 康德：《实用人类学》，邓晓芒译，重庆出版社 1987 年版。

[66] [德] 康德：《判断力批判》，邓晓芒译，人民出版社 2002 年版。

[67] [德] 席勒：《审美教育书简》，张玉能译，译林出版社 2009 年版。

[68] [美] 理查德·舒斯特曼：《生活即审美——审美经验和生活艺术》，彭锋等译，北京大学出版社 2007 年版。

[69] [美] 杜威：《艺术即经验》，高建平译，商务印书馆 2005 年版。

[70] [英] 特里·伊格尔顿：《理论之后》，商正译，商务印书馆 2009 年版。

[71] [法] 斯达尔夫人：《论文学》，徐继曾译，人民文学出版社 1986 年版。

[72] [法] 孟德斯鸠：《论法的精神》（上），张雁深译，商务印书馆 1961 年版。

[73][德]海德格尔:《荷尔德林诗的阐释》,孙周兴译,商务印书馆2000年版。

[74][德]马丁·海德格尔:《演讲与论文集》,孙周兴译,生活·读书·新知三联书店2005年版。

[75][美]乔治·桑塔耶纳:《美感》,缪灵珠译,中国社会科学出版社1982年版。

[76][美]A. H. 马斯洛:《自我实现的人》,许金声等译,生活·读书·新知三联书店1987年版。

[77][意]马里奥·佩尔尼奥拉:《仪式思维——性、死亡和世界》,吕捷译,商务印书馆2006年版。

[78][美]唐诺·里齐:《大家来做口述历史》,王芝芝译,远流出版事业股份有限公司1997年版。

[79][美]詹姆斯·费伦:《作为修辞的叙事》,陈永国译,北京大学出版社2002年版。

[80][丹]克斯丁·海斯翠普编:《他者的历史——社会人类学与历史制作》,贾士蘅译,中国人民大学出版社2010年版。

[81][美]Barbara Aoki Poisson:《日本的阿伊努人》,岳中生译,中国水利水电出版社2005年版。

[82][美]乔治·E. 马尔库斯、米开尔·M. J. 费彻尔:《作为文化批评的人类学》,王铭铭等译,生活·读书·新知三联书店1998年版。

[83][英]保尔·汤普逊:《过去的声音:口述史》,覃方明等译,辽宁教育出版社2000年版。

[84][美]苏珊·S. 兰瑟:《虚构的权威:女性作家与叙述声音》,黄必康译,北京大学出版社2002年版。

[85][法]卢梭:《论人与人之间不平等的起因和基础》,李平沤译,商务印书馆2007年版。

[86][苏]德·纳吉什金:《黑龙江民间故事》,梁珊译,少年儿童出版社

1955年版。

[87] [美] 勒内·韦勒克、奥斯汀·沃伦：《文学理论》，刘象愚等译，江苏教育出版社2005年版。

[88] [英] 舍勒肯斯：《美学与道德》，王柯平等译，四川人民出版社2010年版。

[89] [法] 柏格森：《时间与自由意志》，吴世栋译，商务印刷所1989年版。

[90] [俄] 弗拉基米尔·雅可夫列维奇·普罗普：《神奇故事的历史根源》，贾放译，中华书局2006年版。

[91] [德] 威廉·狄尔泰：《体验与诗：莱辛·歌德·诺瓦利斯·荷尔德林》，胡其鼎译，生活·读书·新知三联书店2003年版。

[92] [德] 马克斯·舍勒：《人在宇宙中的地位》，李伯杰译，贵州人民出版社1989年版。

[93] [美] 保罗·沃伦·泰勒：《尊重自然：一种环境伦理学理论》，雷毅等译，首都师范大学出版社2010年版。

[94] [法] 爱弥尔·涂尔干：《宗教生活的基本形式》，渠敬东等译，商务印书馆2011年版。

[95] [法] 阿诺尔德·范热内普：《过渡礼仪》，张举文译，商务印书馆2012年版。

[96] [德] W.施密特：《原始宗教与神话》，萧师毅等译，上海文艺出版社1987年版。

[97] [法] 马赛尔·莫斯昂利·于贝尔：《巫术的一般理论献祭的性质和功能》，杨渝东等译，广西师范大学出版社2007年版。

[98] [法] 维克多·特纳：《仪式过程：结构与反结构》，黄剑波等译，中国人民大学出版社2007年版。

[99] [德] 米夏埃尔·兰德曼：《哲学人类学》，张乐天译，上海译文出版社1988年版。

[100] [德] 沃尔夫冈·伊瑟尔：《虚构与想象：文学人类学疆界》，陈定

家等译,吉林人民出版社 2003 年版。

[101] [俄] T. 特卡勤科:《乌克兰、白俄罗斯民间舞蹈》,鲜继平等译,艺术出版社 1957 年版。

二 中文著作

[1] 袁柯校注:《山海经校注》,上海古籍出版社 1980 年版。

[2] 郭璞注,邢昺疏:《尔雅注疏》,李传书整理,北京大学出版社 2000 年版。

[3] 司马迁:《史记》,上海古籍出版社 1997 年版。

[4] 班固撰,颜师古注:《汉书》,中华书局 1962 年版。

[5] 陈寿撰,裴松之注:《三国志》,中华书局 1982 年版。

[6] 范晔撰,李贤等注:《后汉书》,中华书局 1962 年版。

[7] 魏收撰:《魏书》,中华书局 1974 年版。

[8] 魏徵等撰:《隋书》,中华书局 1973 年版。

[9] 李延寿撰:《北史》,中华书局 1974 年版。

[10] 刘昫等撰:《旧唐书》,中华书局 1975 年版。

[11] 欧阳修,宋祁撰:《新唐书》,中华书局 1975 年版。

[12] 脱脱等撰:《辽史》,中华书局 1974 年版。

[13] 脱脱等撰:《金史》,中华书局 1975 年版。

[14] 宋濂等撰:《元史》,中华书局 1976 年版。

[15] 张廷玉等撰:《明史》,中华书局 1974 年版。

[16] 方式济、曹廷杰撰,天都山臣辑:《龙沙纪略·东三省舆图说·建州女真考》,中华书局 1991 年版。

[17] 西清:《黑龙江外记》,文海出版社 1967 年版。

[18] 孟定恭:《布特哈志略》,台湾学生书局 1967 年版。

[19] 何秋涛:《朔方备乘》,文海出版社 1964 年版。

[20] 傅恒等编著:《皇清职贡图》,辽沈书社 1991 年版。

[21] 阿桂等撰：《满洲源流考》，孙文华、陆文良点校，辽宁民族出版社 1988 年版。

[22] 徐宗亮：《黑龙江述略》，黑龙江人民出版社 1985 年版。

[23] 万福麟修，张伯英纂：《黑龙江志稿》，文海出版社 1965 年版。

[24] 吉林省民族研究所：《萨满教文化研究》（第一辑），吉林人民出版社 1988 年版。

[25] 吉林省民族研究所：《萨满教文化研究》（第二辑），天津古籍出版社 1990 年版。

[26] 于多三：《库玛尔路鄂伦春历史沿革概要》，东北少数民族调查组印，内部资料，1957 年。

[27] 东北少数民族社会历史调查组：《库玛尔路鄂伦春族档案材料》（第二册），内部资料，1958 年。

[28] 全国人民代表大会民族委员会办公室编：《鄂伦春族情况——鄂伦春族调查材料之一》，内部资料，1957 年。

[29] 全国人民代表大会民族委员会办公室编：《鄂伦春自治旗托扎明努图克情况——鄂伦春族调查材料之二》，内部资料，1957 年。

[30] 内蒙古少数民族社会历史调查组编：《逊克县鄂伦春民族乡情况——鄂伦春族调查材料之三》，内部资料，1959 年。

[31] 内蒙古少数民族社会历史调查组编：《黑龙江省呼玛县十八站鄂伦春民族乡情况——鄂伦春族调查材料之四》，内部资料，1959 年。

[32] 内蒙古少数民族社会历史调查组编：《鄂伦春自治旗木奎高鲁、爱辉县新生村和逊克县新鄂村补充调查报告——鄂伦春族调查材料之九至十一》，内部资料，1963 年。

[33] 内蒙古少数民族社会历史调查组编：《鄂伦春自治旗甘奎、托扎敏努图克和黑龙江省呼玛县十八站鄂伦春族社会历史补充调查报告——鄂伦春族调查材料之十三》，内部资料，1963 年。

[34] 蒋松秀、朱在宪：《东北民族史纲》，辽宁教育出版社 1993 年版。

[35] 黑龙江省地方志编纂委员会编:《黑龙江省志》第56卷《民族志》,黑龙江人民出版社1998年版。

[36] 王兆明主编:《新生鄂伦春族乡志》,黑龙江人民出版社2003年版。

[37] 大兴安岭地区史志鉴编纂委员会:《大兴安岭历史编年》,方志出版社2001年版。

[38] 吴文衔主编:《黑龙江考古民族资料译文集》(第一辑),黑龙江省博物馆内部发行,1991年。

[39] 方衍:《黑龙江少数民族简史》,中央民族学院出版社1993年版。

[40] 内蒙古少数民族社会历史调查组编:《达斡尔鄂温克鄂伦春赫哲史料摘抄·清实录》,内蒙古人民出版社1962年版。

[41] 鄂伦春自治旗史志编纂委员会编:《鄂伦春自治旗志》,内蒙古人民出版社1991年版。

[42] 鄂伦春自治旗史志编纂委员会编:《鄂伦春自治旗志(2000—2009)》,内蒙古文化出版社2011年版。

[43] 《民族问题五种丛书》内蒙古自治区编委会:《鄂伦春族社会历史调查》(第一集),内蒙古人民出版社1984年版。

[44] 《民族问题五种丛书》内蒙古自治区编委会:《鄂伦春族社会历史调查》(第二集),内蒙古人民出版社1985年版。

[45] 《林海雄鹰——白银纳的鄂伦春人》编委会:《林海雄鹰——白银纳的鄂伦春人》,内部资料,2006年。

[46] 李治亭主编:《关东文化大辞典》,辽宁教育出版社1993年版。

[47] 《呼伦贝尔年鉴》编辑部编:《呼伦贝尔年鉴》,内部资料,1993年。

[48] 杨锡春等编:《黑龙江省满语地名》,黑龙江朝鲜民族出版社2008年版。

[49] 十八站林业局志编审委员会:《十八站林业局志》,黄山书社1992年版。

[50] 凌纯声:《松花江下游的赫哲族》(上),民族出版社2012年版。

[51] 黑龙江省档案馆黑龙江省民族研究所编:《黑龙江少数民族》,内部资料,1985年。

[52] 史念海:《中国历史地理纲要》(下),山西人民出版社1992年版。

[53] 林盛中:《中国鄂伦春民族人口》,黑龙江人民出版社1989年版。

[54] 赵复兴:《鄂伦春族游猎文化》,内蒙古人民出版社1991年版。

[55] 杨英杰:《黑龙江边兴安岭里的鄂伦春民族》,东北人民出版社1952年版。

[56] 秋浦:《鄂伦春人》,民族出版社1956年版。

[57] 秋浦:《萨满教研究》,上海人民出版社1985年版。

[58] 内蒙古人民出版社编:《鄂伦春民间故事集》,内蒙古人民出版社1981年版。

[59] 黑龙江民族研究所:《鄂伦春民间故事选》(上),内部资料,1996年。

[60] 隋书金整理:《鄂伦春民间故事》,黑龙江人民出版社1980年版。

[61] 隋书金编:《鄂伦春民间故事选》,上海文艺出版社1988年版。

[62] 隋书金整理:《吴达内的故事》,北方文艺出版社1962年版。

[63] 巴图宝音:《鄂伦春族民间故事集》,中国民间文艺出版社1984年版。

[64] 孟淑珍整理:《鄂伦春民间文学》,黑龙江省民族研究所内部资料,1993年。

[65] 孟淑珍译:《英雄格帕欠》,北方文艺出版社1993年版。

[66] 孟淑珍:《黑龙江摩苏昆》,黑龙江人民出版社2009年版。

[67] 王朝阳:《花姑娘》,北方文艺出版社1991年版。

[68] 王朝阳采写:《古里猎民村鄂伦春民间故事集》,北方文艺出版社1991年版。

[69] 峻林等编著:《鄂伦春民间故事集成》,内蒙古文化出版社1997年版。

[70] 黑龙江民族研究所:《鄂伦春民间故事选》(上),内部资料,1996年。

[71] 黑河群众艺术馆:《刺尔滨河:献给鄂伦春民族定居三十周年》,内

部资料，1983年。

[72] 黑河地区民间文学集成编委会：《黑河地区民间文学集成》（上、下），内部资料，1987年。

[73] 黑龙江省呼玛县民间文学集成编委会：《呼玛民间故事集成》（第二集），内部资料，1987年。

[74] 呼玛县文学三套集成编委会：《呼玛民间歌谣谚语集成》，内部资料，1987年。

[75] 黑龙江省塔河县民间文学三套集成编委会：《塔河民间文学集成》，内部资料，1987年。

[76] 大兴安岭地区民间文学集成编委会编：《大兴安岭民间文学集成》（上），内部资料，1987年。

[77] 中国民间文艺研究会黑龙江分会编：《黑龙江民间文学》（1—23集），内部刊印，1981—1991年。

[78] 张凤铸、蔡伯文编：《鄂伦春民间文学选》，内蒙古人民出版社1980年版。

[79] 野草编著：《逊克民间故事》，内部资料，2013年。

[80] 鄂伦春自治旗文化馆编：《鄂伦春族民歌》，内部资料，1978年。

[81] 王丽坤主编：《鄂伦春传统民歌》，黑龙江民族研究所内部资料，1988年。

[82] 程延庆、隋书金：《鄂伦春民歌集：黑龙江省少数民族文学艺术调查资料汇编》（之一），黑龙江省群众艺术馆内部资料，1961年。

[83] 中国民间文艺研究会内蒙古分会编：《蒙古族、达斡尔族、鄂伦春族民间文学资料汇编》，内部资料，1984年。

[84] 王士媛、马名超、白杉编：《鄂温克族民间故事选》，上海文艺出版社1989年版。

[85] 王士媛等编：《赫哲族民间故事选》，上海文艺出版社1986年版。

[86] 乔志成：《中国达斡尔族民间故事集》，内蒙古文化出版社1986年版。

[87] 孟志东：《达斡尔族民间故事选》，上海文艺出版社 1979 年版。

[88] 萨音塔娜：《达斡尔民间故事选》，内蒙古人民出版社 1987 年版。

[89] 娜日斯：《达斡尔族民间故事百篇》，内蒙古文化出版社 1992 年版。

[90] 娜日斯编：《达斡尔、鄂温克、鄂伦春谚语精选》，内蒙古文化出版社 1993 年版。

[91] 呼伦贝尔盟文联文化局编：《达斡尔鄂温克鄂伦春民歌》，内蒙古人民出版社 1981 年版。

[92] 刘翠兰：《鄂伦春族》，中国水利水电出版社 2004 年版。

[93] 刘晓春：《鄂伦春历史的自白》，远方出版社 2003 年版。

[94] 关小云、王宏刚：《鄂伦春族萨满教调查》，辽宁人民出版社 1998 年版。

[95] 关小云、王宏刚：《鄂伦春族萨满文化遗存调查》，民族出版社 2010 年版。

[96] 韩有峰：《黑龙江鄂伦春族文化》，黑龙江教育出版社 2010 年版。

[97] 敖长福：《猎刀》，远方出版社 1995 年版。

[98] 空特勒：《鄂伦春风情剪画》，中国文联出版社 1998 年版。

[99] 空特勒：《鄂伦春女人》，作家出版社 2001 年版。

[100] 白杉、卜伶俐编：《北方少数民族萨满神话传说集》，呼伦贝尔盟少数民族古籍整理领导小组办公室内部刊印，1995 年。

[101] 何青花：《金色的岁月》，民族出版社 2006 年版。

[102] 何青花：《金色的森林》，民族出版社 2001 年版。

[103] 何青花、宏雷：《鄂伦春服饰》，民族出版社 2010 年版。

[104] 鄂·苏日台：《鄂伦春狩猎民俗与艺术》，内蒙古文化出版社 2000 年版。

[105] 鄂晓楠、鄂·苏日台：《原生态信仰文化》，内蒙古大学出版社 2006 年版。

[106] 闫利霞、鄂晓楠：《北方民族民间艺术与审美》，内蒙古教育出版社 2010 年版。

[107] 莫拉呼尔·鸿苇：《鄂伦春族莫拉呼尔·鸿苇画集》，香港金陵出版社 2001 年版。

[108] 刘玉亮：《中国北方捕猎民族纹饰图案与造型艺术》（鄂伦春族卷），黑龙江教育出版社 2008 年版。

[109] 马连军：《皮衣桦篓秀兴安：访鄂伦春民族工艺大师》，民族出版社 2013 年版。

[110] 呼玛县人民政府：《关桃芳桦树镂刻艺术》，内部资料，2013 年。

[111] 张敏杰：《猎民绝艺：鄂伦春族狍皮制作技艺》，黑龙江人民出版社 2011 年版。

[112] 凌云主编：《鄂伦春剪纸》，吉林人民出版社 2011 年版。

[113] 季敏：《赫哲、鄂伦春、达斡尔族服饰艺术研究》，黑龙江美术出版社 2006 年版。

[114] 朱天顺：《原始宗教》，上海人民出版社 1964 年版。

[115] 乌丙安：《神秘的萨满世界——中国原始文化根基》，生活·读书·新知三联书店 1989 年版。

[116] 吕大吉：《宗教学通论新编》，中国社会科学出版社 2010 年版。

[117] 张碧波、董国尧主编：《中国古代北方民族文化史》（专题文化卷），黑龙江人民出版社 1995 年版。

[118] 于乃昌、夏敏：《初民的宗教与审美迷狂》，青海人民出版社 1994 年版。

[119] 周宪：《美学是什么》，北京大学出版社 2002 年版。

[120] 张晶主编：《论审美文化》，北京广播学院出版社 2003 年版。

[121] 孙运来：《民族译文学集》（第一辑），内部资料，1983 年。

[122] 孙运来编译：《黑龙江流域少数民族造型艺术》，天津古籍出版社 1990 年版。

[123] 干志耿：《探颐索隐集》，黑龙江人民出版社 1993 年版。

[124] 马戎、周星主编：《田野工作与文化自觉》，群言出版社 1998 年版。

[125] 罗纲、刘象愚主编：《后殖民主义文化理论》，中国社会科学出版社 1999 年版。

[126] 陈望衡主编：《"美与当代生活方式"国际学术讨论会论文集》，武汉大学出版社 2005 年版。

[127] 余达忠主编：《生态文化与生态批评》，民族出版社 2010 年版。

[128] 曹俊峰、朱立元、张玉能：《西方美学通史》（第四卷），上海文艺出版社 1999 年版。

[129] 朱立元主编：《美学大辞典》，上海辞书出版社 2010 年版。

[130] 王伯敏主编：《中国少数民族美术史》（第一编），福建美术出版社 1995 年版。

[131] 邱紫华：《东方美学史》，商务印书馆 2003 年版。

[132] 郑元者：《图腾美学与现代人类》，学林出版社 1992 年版。

[133] 王健：《交通美学：理论与实践》，科学技术文献出版社 1992 年版。

[134] 邹启山主编：《联合国教科文组织人类口头和非物质文化遗产代表作申报指南》，文学艺术出版社 2005 年版。

[135] 盖山林：《世界岩画的文化阐释》，北京图书馆出版社 2001 年版。

[136] 陈兆复、邢琏：《世界岩画》（Ⅰ亚洲卷），文物出版社 2010 年版。

[137] 陈兆复：《古代岩画》，文物出版社 2002 年版。

[138] 钟敬文：《民俗学概论》，上海文艺出版社 1998 年版。

[139] 王肯：《1956 鄂伦春手记》，吉林人民出版社 2002 年版。

[140] 陈恕：《黑龙江北方民族音乐文化研究》，中央文献出版社 2004 年版。

[141] 吕微：《神话何为——神圣叙事的传承与阐释》，社会科学文献出版社 2001 年版。

[142] 覃守达：《审美人类学概论》，广西民族出版社 2007 年版。

[143] 吴雅芝：《最后的传说：鄂伦春族文化研究》，中央民族大学出版社 2006 年版。

[144] 栾延琴：《呼伦贝尔民族民间舞蹈》，内蒙古文化出版社 2007 年版。

三 期刊论文、学位论文及其他

[1] [日]泉靖一：《大兴安岭东南部鄂伦春族调查报告》，李东源译，《黑龙江民族丛刊》1986年第4期。

[2] [日]泉靖一：《大兴安岭东南部鄂伦春调查报告》（续），李东源译，《黑龙江民族丛刊》1987年第1期。

[3] [日]大木伸一：《苏联南哈巴罗夫地方的鄂伦春族》，赵复兴译，《内蒙古社会科学》1989年第2期。

[4] [日]畑中幸子：《鄂伦春调查》，张光佩译，《北方民族》1991年第1期。

[5] [俄]Д. Л. 鲍罗金、B. C. 萨布诺夫：《关于阿穆尔河沿岸地区中世纪考古文化族属问题的探讨》，郝庆云译，《北方文物》1995年第4期。

[6] [美]路丝·芬尼甘：《口述传统与口述历史》，许斌等编译，《湖北民族学院学报》（哲学社会科学版）2004年第1期。

[7] [美]迈克尔·欧文·琼斯：《什么是民间艺术？它何时会消亡——论日常生活中的传统审美行为》，游自荧译，《民间文化论坛》2006年第1期。

[8] [美]朱利安·H. 斯图尔特：《文化生态学》，潘艳等译，《南方文物》2007年第2期。

[9] 张太湘、朱国忱、杨虎：《黑龙江宁安县莺歌岭遗址》，《考古》1981年第6期。

[10] 孙进己：《鲜卑源流考》，《黑龙江文物丛刊》1982年第3期。

[11] 米文平：《鲜卑源流及其族名初探》，《社会科学战线》1982年第3期。

[12] 孟淑珍：《无名小河》，《鄂伦春》1985年第1期。

[13] 赵振才：《大兴安岭原始森林里的岩画古迹》，《北方文物》1987年第4期。

[14] 严文明：《中国史前文化的统一性与多样性》，《文物》1987年第3期。

[15] 林刚:《论鄂伦春族的萨满教文化》,《鄂伦春研究》1989年第1期。

[16] 空特乐:《不是梦》,《鄂伦春》1989年第1期。

[17] 敖长福:《热爱与了解浅谈》,《鄂伦春》1989年第1期。

[18] 西娃:《森林与猎人》,《鄂伦春》1989年第2期。

[19] 孟淑珍:《简谈鄂伦春谚语》,《鄂伦春研究》1994年第2期。

[20] 何留柱:《篝火节随想》,《鄂伦春》1994年第1期。

[21] 《鄂伦春》编辑部:《卷首语》,《鄂伦春》1995年第1期。

[22] 白剑:《寻找祖先》,《鄂伦春》1995年第1期。

[23] 空特乐:《母亲的声音》,《鄂伦春》1995年第2期。

[24] 关红英:《空空克》,《鄂伦春》1995年第2期。

[25] 莫拉乎儿·鸿苇:《鄂伦春人与桦皮文化》,《鄂伦研究》1997年第1期。

[26] 何青花:《鄂伦春族古交通工具——"依如达仁"》,《鄂伦春研究》1997年第1期。

[27] 敖荣凤:《历史性的跨越》,《鄂伦春》1997年第4期。

[28] 尹树义:《山林中的月亮与星辰——〈鄂伦春〉50期透视》,《鄂伦春》1998年第4期。

[29] 敖荣凤:《森林的颂者——记鄂伦春族第一代画家白英》,《鄂伦春研究》1999年第2期。

[30] 白剑:《味道》,《鄂伦春》2000年第1期。

[31] 孟松林:《鄂伦春民族价值观的变化》,《民族团结》2000年第2期。

[32] 王俏梅:《昂昂溪考古文化初论》,《理论观察》2001年第2期。

[33] 赵世林:《论民族文化传承的本质》,《北京大学学报》(哲学社会科学版)2002年第5期。

[34] 关红英、何青花:《浅议鄂伦春人对"火"的意识》,《鄂伦春研究》2003年第1期。

[35] 萨娜:《进入当代文明的边缘化写作》,《鄂伦春研究》2003年第2期。

[36] 钟志金:《当代中国少数民族美术综论》,《西北民族大学学报》(哲学社会科学版) 2003 年第 6 期。

[37] 朝戈金:《民俗学视角下的口头传统》,《广西民族学院学报》2003 年第 5 期。

[38] 敖继红:《放下猎枪的抉择》,《人与生物圈》2003 年第 6 期。

[39] 钟进文:《书写我们自己的历史与未来——人口较少民族的书面文学掠影》,《中国民族》2004 年第 6 期。

[40] 敖长福、敖荣凤:《不应该忘记的历史》,《鄂伦春》2005 年第 2 期。

[41] 敖长福、敖荣凤:《神圣的篝火》,《鄂伦春》2006 年第 1 期。

[42] 刘翠兰等:《鄂伦春人的处世行为》,《鄂伦春研究》2006 年第 1 期。

[43] 白剑武:《小鸟》,《鄂伦春》2006 年第 1 期。

[44] 敖长福、敖荣凤:《走进鄂伦春》,《鄂伦春》2006 年第 2 期。

[45] 于学斌:《文化人类学视野中的鄂伦春族居住文化》,《内蒙古社会科学》(汉文版) 2006 年第 3 期。

[46] 代红:《走出森林——记鄂伦春族画家白英》,《鄂伦春》2007 年第 2 期。

[47] 空特乐:《猎人与麦子》,《鄂伦春》2008 年第 2—3 期。

[48] 贾原:《鄂伦春与东北古民族的族源关系》,《前沿》2008 年第 3 期。

[49] 何欣:《永恒的森林记忆——访鄂伦春族画家白英》,《中国民族》2008 年第 3 期。

[50] 敖长福:《大岭歌谣》,《鄂伦春》2008 年第 4 期。

[51] 敖荣凤:《盖山一家人》,《民族文学》2008 年第 12 期。

[52] 杨春时:《"日常生活美学"批判与"超越性美学"重建》,《吉林大学社会科学学报》2010 年第 1 期。

[53] 希德夫:《鄂伦春人的"万物有灵"观念》,《内蒙古民族大学学报》2010 年第 1 期。

[54] 王纪:《鄂伦春族剪纸传承保护现状的调查与思考》,《文艺争鸣》

2010年第2期。

[55] 高小康:《从审美文化研究到审美文化生态研究》,《学术研究》2010年第11期。

[56] 季秀志:《我爱勇敢勤劳智慧的鄂伦春人》,《鄂伦春研究》2012年第1期。

[57] 白兰:《为什么保护狩猎文化:反思开发模式实现科学发展》,《鄂伦春研究》2012年第2期。

[58] 关志英:《鄂伦春族传统民歌种类及发展现状》,《大家》2012年第16期。

[59] 何文柱:《论鄂伦春民族精神与鄂伦春民族经济发展》,《鄂伦春研究》2013年第1期。

[60] 张慧平:《鄂伦春族传统生态意识研究——民族森林文化的现代解读》,博士学位论文,北京林业大学,2008年。

四 外文原著及期刊论文

[1] Alan Barnard, Jonathan Spencer, *The Routledge Encyclopedia of Social and Cultural Anthropology* (2nd ed), London; New York: Routledge, 2010.

[2] Barbara Miller, *Cultural Anthropology in a globalizing World*, Upper Saddle River, N. J.: Prentice Hall, 2011.

[3] Christoph Menke, *Force: a Fundamental Concept of Aesthetic Anthropology*, translated by Gerrit Jackson, New York: Fordham University Press, 2013.

[4] Clifford Geertz, *The Interpretation of Cultures*, Selected Essaysby Clifford Geertz, New York: Basic Books, 1973.

[5] Donald Worster, *The Wealth of Nature: Environment History and the Ecological Imagination*, Oxford: Oxford University, 1993.

[6] Edward W. Said, *Orientalism*, New York: Random House, 1979.

[7] Edward W. Said, *The World, the Text and the Critic*, Cambridge: Harvard University Press, 1983.

[8] Edward W. Said, *Culture and Imperialism*, New York: Vintage Books, 1993.

[9] Edward W. Said, *Representations of the Intellectual*, New York: Pantheon Books, 1994.

[10] Edward W. Said, *Power, Politics and Culture: Interviews with Edward W. Said*, edited and with an introduction by GauriViswanathan, New York: Pantheon Books, 2001.

[11] Edward W. Said, *Music at the Limits*, New York: Columbia University Press, 2008.

[12] Gayatri Chakravorty Spiva, *An Aesthetic Education in the Era of Globalization*, Cambridge: Harvard University Press, 2012.

[13] Hal Foster, *The Anti－aesthetic: Essays on Postmodern Culture*, Port Townsend, Washington: Bay Press, 1983.

[14] Isabel Carrera Suárez et al. eds, *Translating Cultures*, Oviedo: Dangaroo Press, 1999.

[15] Joseph Campbell, *The Masks of God: Primitive Mythology* (Volume I), London: Secker & Warburg, 1960.

[16] Joseph Campbell, *The Masks of God: OrientalMythology* (Volume II), London: Secker & Warburg, 1962.

[17] Marcel Mauss, *A General Theory of Magic*, Translated by Robert Brain, London and New York: Taylor & Francis—Routledge, 2001.

[18] Mark Q. Sutton and E. N. Anderson, *Introduction to Cultural Ecology* (2nd), UK: Rowmanand Littlefield Publishers, INC., 2010.

[19] Robert Perks and Alistair Thomson eds, *Theoral History Reader*,

London; New York: Routledge, 1998.

[20] Thomas HyllandEriksen, *Small Places, Large Issues: an Introduction to Social and Cultural Anthropology*, London: Pluto, 2010.

[21] GayatriChakravorty Spivak, "On Echo", *New Literary History*, 1993, (1).

[22] Herb Boyd, "Talking'bout the Oral Tradition", *New York Amsterdam News*, Vol. 103, No. 113, 2012.

[23] Nigel Nicholson, "Cultural Studies, Oral Tradition, and the Promise of Intertextuality", *The American Journal of Philology*, Vol. 134, No. 1, 2013.

[24] SamsiahBidin, SharinaSaad, Nurazila Abdul Aziz, Azlan Abdul Rahman, "Oral Tradition as the Principal Mean for the Cross—generational Transferor of Knowledge to Illuminate Semai People's Beliefs", *Procedia—Social and Behavioral Sciences*, Vol. 90, 2013.

[25] Whaley Lindsay, "The Growing Shadow Of The Oroqen Language And Culture", *Cultural Survival Quarterly*, Vol. 25, No. 2, 2001.

后　记

　　我很幸运，承蒙张政文老师的指定，最终选择了"鄂伦春族审美文化研究"作为论题。美学是一门哲思性很强的理论学科，在学习与调研的过程中，我一直在思索如何将美学理论与少数民族文化更好地结合起来，能够让我们走出西方主义、民族主义与狭隘主义的美学观。我选择"鄂伦春族审美文化"这种地域性强且富有民族气息的研究课题，既是一次机遇，也是一个挑战。我是汉族，自知对鄂伦春族文化生活体验不够，难以驾驭这样重大的课题。好在多年以来一直生活在大兴安岭地区，攻读硕士学位期间曾经多次深入调研鄂伦春族萨满神话，加之"近水楼台先得月"的地缘优势，既然文化身份不可改变，自有地域文化与生态文化情感渗入其间，正因如此，才得以完全消融了空间与心理的距离感与疏离感。

　　五年半来，能够如期地、顺利地完成博士学位论文，首先要衷心感谢我的导师于文秀教授。由于我生活在大兴安岭的边远区域，难免有种"自我边缘化"的意味，那里没有高端的学术平台，幸运的是，在平日学习中，导师不仅给予悉心的培养与指导，还资助我购买学术书籍。在毕业论文选题、改题、定题、写作、修改、定稿的过程中，导师更是给予莫大的支持、信任、肯定与帮助，我能在学业上取得进步与提高，都与导师的全面教导与鼓励分不开。在工作、日常生活和情感方面，我也得到了导师的支持、教益和疏导。导师的人文主义理念、严谨的治学风格、谦和的教导方式、温柔的心灵关怀是值得我一生珍惜、学习与效仿的。

其次，我特别感谢张政文老师的授业与解惑，正是张老师"追问式"的教学方式，训练了我的反思能力、创新思维与发散思维，使我不再"倒立"。张老师打开了我的哲学学业之门，使我初次体验了学习哲学的快乐、矛盾与痛苦。五年半的学习生活，我还得到了衣俊卿老师、张奎志老师、郑永旺老师、马汉广老师、郭玉生老师、曹晖老师、马天俊老师、曹俊峰老师、冯毓云老师、乔焕江老师的谆谆教诲，他们用师者的风范、学者的渊博与长者的关爱引领我不断成长。在论文的开题、中期检查及答辩阶段，承蒙《哲学研究》编辑部主任鉴传今与《中国社会科学内刊》主编孙麾两位专家的全程跟踪指教，由衷感谢答辩主席东北师范大学王确教授的指导与关爱。在此，我郑重地向他们表示最真诚的崇敬与谢意。

此外，我万分感谢内蒙古自治区的鄂伦春自治旗民族研究会、鄂伦春自治旗文联、鄂伦春自治旗文化馆、鄂伦春自治旗电视台、根河市文联、鄂温克民族研究会、鄂温克自治旗文联、莫力达瓦自治旗文联、呼伦贝尔市统计局、扎兰屯市统计局；黑龙江省的佳木斯市宣传部、同江市宣传部、双鸭山市饶河县非物质文化遗产中心、黑河市统计局、黑河市瑷珲区统计局、黑河市逊克县统计局、黑河市瑷珲区新生乡政府办、大兴安岭地区行政公署民族宗教局、大兴安岭地区行政公署旅游局、大兴安岭地区行政公署统计局、大兴安岭地区非物质文化遗产中心、大兴安岭地区史志办、大兴安岭地区图书馆、大兴安岭地区群众艺术馆、《北极光》杂志社、呼玛县文化馆、呼玛县宣传部、呼玛县文联、呼玛县白银纳民族乡政府、塔河县宣传部、塔河县文联、塔河县十八站鄂伦春民族乡政府等相关单位的大力协助，无偿地提供给我许多内部参考资料。

我还要由衷地感谢鄂伦春族学者、鄂伦春族老人和民间艺人及所有支持与配合调研的人们，他们是孟松林、敖长福、敖荣凤、关红英、孟宏雷、何文柱、白兰、白英、杜灯塔、额尔登卦、满古梅、孟金红、阿内淑梅、阿宝、吴沫沫、阿铁军、阿东、葛淑云、吴常玉、莫玉清、吴曲颂、何萍花、格尔巴杰、彩荣、孟英梅、孟和、何代希英、Buenbashan、白英卦、何文娟、关小云、葛淑贤、葛彩花、关扣妮、关金芬、孟巧英、孟晓华、孟彩红、魏美英、孟艳华、孟淑芳、孟淑红、孙淑兰、孙淑敏、莫宝凤、吴福红、葛长云、吴继成，还有吴文顺、刘洪涛、郭红、张金发、李祥……感谢他们无私的关爱、指导、帮助、合作与支持。多年来，他们不仅教会我如何做学问，而且教会我赤诚地生活，真诚地对待他人，一生做纯粹的人。在2014年的春节期间，大兴安岭地区呼玛县白银纳民族乡的鄂伦春人更是给我亲人般的关心、体贴和爱护，我真想留在那里过一种简单的、快乐的、朴实的、真情的人生。

同时，我真诚地感谢大兴安岭职业学院的领导、同事、父母、孩子与同学，他们给予我充足的调研时间、日常的监督、生活的照顾、无私的支持、默默的付出、真心的关爱与学业的探讨，感谢师姐张园，师妹马宇飞、张知博及师弟黄大军、吴铁柱、田刚健给予的照顾、指点和帮助。博士学位论文写作期间正是我承受生活沉重打击的时期，哭泣声和泪水成为文字和思想的全部见证，是年过七旬的父母每天为我做饭，照顾着我坚持走过人生最低落的阶段；是孩子提醒我为人母的责任与义务，然而，我愧对父母与孩子，我给予他们的爱和时间太少了。

大兴安岭是一片神奇的大森林，它承载着我心中的故乡情结，留下永远抹不去的学习、生活和工作的记忆，8年多的田野调研，值得我学习与珍惜的东西太多了，曾经得到过太多的真情、厚爱与友谊，夫复何言！"情感"和"生命"是专业学习所得与所思最多的四个字。将来的学习、科研、生活和工作之路仍很漫长，我将继续努力探索、用心研究、拼搏进取，执着地保持民族审美文化的本真性，保持对知识的执着和学术的真诚，为鄂伦春族审美文化的传承与发展贡献力量。

五年多来，体验了多少人生五味；见证过多少真、善、美；品尝过多少假、恶、丑。博士论文写作的过程既是日常的生活过程，也是自我认同与反思的过程，更是一种最好的审美生存方式和生活状态。我曾一度遗失了"如何生活下去"的勇气与方向，幸运的是，在博士论文的写作与反复修改中，在自我与跨文化认同的建构中，我得到了情感的慰藉、心灵的指引、理论的答案、自尊自信的力量和前进的方向。我反思在黑龙江大学读书的五年半，快乐过、幸

后 记

福过、知足过、收获过、伤心过、痛苦过、崩溃过、绝望过、反思过、失去过,唯有时间可以证明这一切,时间也将这一切存储在空间中,正如泰戈尔所言:"天空没有翅膀的痕迹,但我已飞过。"

再次感谢以上所有的单位和个人,我将此篇论文献给他们。

最后,我万分感谢黑龙江大学提供的良好的学习、科研与生活环境,在这里收获的点点滴滴,我要用一生反复去咀嚼、铭记与回味。

王丙珍

2014 年 9 月 26 日

加格达奇·兴安家园